本书系浙江外国语学院博达科研提升专项计划
"区域教育治理研究：现状及趋势"
（2023HQZZ6）课题研究成果

浙江外国语学院博达丛书

区域教育治理研究：现状及趋势

Quyu Jiaoyu Zhili Yanjiu

Xianzhuang Ji Qushi

孙绵涛　何伟强　吴卫东　袁晖光
吴亭燕　伍　宸　王　佳　马新生
李亚辉　阮建苗　陈玉玲　王　真　　著
冯翠典　周丽华　杨凯良　李春玲

重庆大学出版社

图书在版编目(CIP)数据

区域教育治理研究:现状及趋势 / 孙绵涛
等著. --重庆:重庆大学出版社,2023.2
ISBN 978-7-5689-3660-6

Ⅰ.①区… Ⅱ.①孙… ②何… ③吴… Ⅲ.①地方教
育—教育管理—研究—中国 Ⅳ.①G527

中国国家版本馆 CIP 数据核字(2022)第 234957 号

区域教育治理研究:现状及趋势
QUYU JIAOYU ZHILI YANJIU:XIANZHUANG JI QUSHI

孙绵涛 何伟强 吴卫东 袁晖光 等 著
策划编辑:唐启秀
责任编辑:丁薇薇 版式设计:唐启秀
责任校对:刘志刚 责任印制:张 策
*
重庆大学出版社出版发行
出版人:饶帮华
社址:重庆市沙坪坝区大学城西路 21 号
邮编:401331
电话:(023) 88617190 88617185(中小学)
传真:(023) 88617186 88617166
网址:http://www.cqup.com.cn
邮箱:fxk@cqup.com.cn(营销中心)
全国新华书店经销
重庆长虹印务有限公司印刷
*
开本:720mm×1020mm 1/16 印张:21.75 字数:380 千
2023 年 2 月第 1 版 2023 年 2 月第 1 次印刷
ISBN 978-7-5689-3660-6 定价:88.00 元

聚焦区域教育治理,形成研究特色和优势

——代 前 言

《区域教育治理研究:现状及趋势》终于与读者见面了,首先要感谢浙江外国语学院党委书记、教育治理研究中心学术委员会主任宣勇教授的精心指导,教育治理研究中心教师们的辛勤劳动,以及重庆大学出版社的大力支持。下面拟对写作和出版这本书的有关考虑做一些说明。

首先要交代为什么要研究区域教育治理和出版这本书。我们知道,每个研究机构都应有自己的研究特色和优势,做区域教育治理研究,出版这本书是形成浙江外国语学院教育治理研究中心的研究重点,为在今后的研究中逐步形成中心的特色和优势打下基础。这种选择是基于如下几个方面的考虑:一是由学校的发展定位所决定的。浙江外国语学院的前身是浙江教育学院,在浙江教育学院的基础上重新组建浙江外国语学院,是为浙江省对外开放培养外语人才服务的。教育治理研究中心是学校的重点研究领域之一,理所当然要为浙江省的社会经济发展服务,也就是要以区域教育治理的研究为浙江省的教育改革发展服务,特别是为基础教育的改革与发展服务,从而为浙江省的经济社会发展服务。当前,浙江省已是全国共同富裕示范区,浙外教育治理研究中心的主要任务,就是要从教育治理的角度为浙江省的教育如何为共同富裕建设服务出力献策。二是基于对全国教育治理研究现状的分析而得出的。目前全国几个有影响的从事教育治理的研究机构一般都设在重点大学,这些机构的研究重心基本上集中在国家的教育治理,而较少研究地方的教育治理。从当下检索到的研究文献来看,研究区域教育治理的文献还不多,区域教育治理也的确是当前教育治理研究中一个比较薄弱的地方。这也可能是浙外教育治理研究中心今后大有作为的地方。而选择教育治理研究中比较少的地方(区域)教育治理研究作为中心研究的突破口,与教育治理研究中心将自己的主要任务定位于为浙江省地方的教育改革发展服务是一致的,也是不谋而合的。

当然,我们把研究的重心放在区域教育治理,并不是说我们中心不研究国家教

育治理等领域的问题。相反，作为一个专业的教育治理研究机构，要理清教育治理的研究领域，有组织、有目的、有计划地做好其他教育治理领域的研究，以更好地为区域教育治理研究服务，彰显区域教育治理研究的特色。

教育治理的研究领域，从理论与实践的关系来说，有教育治理的理论研究，也有教育治理的实践研究；从研究的层次来说，有宏观（国家）教育治理研究，也有中观和微观（地方或区域）教育治理研究；从教育治理过程的范畴来说，有教育治理主体的研究，包括主体的价值研究、教育治理对象即内容的研究，有教育治理方法，包括保障的研究；从各级各类教育来说，有各类的普通教育治理研究、职业技术教育治理研究、特殊教育治理研究、民办教育治理研究、家庭教育治理研究、社会教育治理研究等，有各级的学前教育治理研究、初等教育治理研究、中等教育治理研究、高等教育治理研究（包括研究生教育治理研究），还有各级各类教育中的教育活动治理、教育体制治理、教育机制治理和教育观念治理研究等。在教育治理这几对大的范畴研究中，每样范畴中又有一些小的范畴要进行研究。

而在所有的这些治理研究中，不言而喻，教育治理的基本理论研究是基础性的研究，无论从事教育治理哪方面的研究，都必须以教育治理的基本理论研究为基础。浙外教育治理研究中心将区域教育治理作为自己的重点，当然也要重视教育治理的基本理论研究。实事求是地说，当前教育治理的基本理论方面的研究是非常不够的。作为专业的教育治理研究机构，一定要承担教育治理基本理论研究的责任，重视教育治理基本理论的研究，争取在这方面有自己独特的建树，为浙外教育治理研究中心从事区域教育治理研究提供新的研究视角和理论基础。当前在教育治理基本理论的研究中，我们认为有三个问题需要认真研究：一是要弄清东西方治理词源的本义。当前对治理的理解，比较流行的是把治理当成了协调、共享共治等的代名词，而见不到治理中管理、控制或统治的内容，这种对治理的理解是一种片面的理解。这种理解一般认为是从公共管理的角度来理解治理的。公共管理虽然是 20 世纪 90 年代后兴起的一种新的管理思潮，然而对这种管理思潮进行深入研究发现，它并没有离开治理的原意来谈治理问题。通过对东西方治理词源的原意及其演变考察发现，治理有管理和疏导两方面的原意。在公共管理中，由于公共生活日益重要，自治组织不断壮大，政府与市场和社会的关系日渐复杂，治理更多关注与疏导有关的协调、共享共治等方面来进行管理，公共管理中的治理并没有完全忽视与管理有关的控制和统治的内容。看来，那种把治理完全理解为与疏导有关的民主协调、共享共治等内容，说成是依据公共管理对治理的理解而提出的是站不住脚的。当下这种对治理的片面理解也影响了对教育治理的片面理解，认为教育治理就是要做好民主协调、共享共治即疏导的一个方面，而较少强调教育的统治和控制等管理的另一个面。我们现在谈教育改革，几乎都是教育治理中如何疏导的问题，好像没有教育管理的问题，教育改革的问题全都是如何协调、民主，如何共享共治等所谓公共管理的那一套，把一些行之有效的教育管理的内容全部抛在一边，使我们的教育治理的理论研究和实践改革陷入一种误区。这种状况应引起教育理论界和教育实践界的高度重视。作为专业的教育治理研究机构，我们愿意与兄弟研究机构一道研究和澄清这一问题，并全力扭转这一趋向。二是要从理论上弄清教育治理的基本范畴体系及其逻辑关系。在教育治理研究中，不乏针对教育治理框架结构的研究。然而，由于这些研究受到对治理和教育治理片面理解的影响，把教育治理仅仅理解成如何协调民主，如何共享共治等，并从这几个范畴为基本出发点来构建教育治理的框架结构，这种构建出来的教育治理的框架结构，不是反映教育治理中应有之义的全面的框架结构，而是一种片面的框架结构。我们主张从与管理有关的统治和控制，以及与疏导有关的协调民主、共享共治教育治理这两方面的原意出发，构建全新的教育治理全面的框架结构。三是要重视教育治理学科问题的研究。一个专门的较为成熟的研究领域，它的研究成果，不仅是这一问题领域的研究成果，而要上升为某一学科领域的研究成果。教育治理作为专门的且研究了多年的领域，现在理应有一种学科建构的自觉意识。教育治理虽然与教育管理学科有关，却又是教育管理学科所不能完全包容的，它有自己相对独立的研究对象、学科性质和学科范畴。现在开展教育治理学科论方面的研究正当其时。以上三个方面问题，浙外教育治理研究中心都组织了专门的教师进行了研究，且已基本成文。相信这些研究成果或迟或早会见之于有关学术杂志；相信这些研究成果，对形成浙外教育治理研究中心区域教育治理研究的特色和优势也将会起到重要的作用。

再说说我们中心是如何开展区域教育治理研究，并形成《区域教育治理研究：现状及趋势》这本书的。开展这项研究工作，采取了如下几个步骤：第一步是组建研究队伍，浙外教育治理研究中心是宣勇教授 2020 年领衔成立的挂靠在教育学院的校级研究机构。经过努力，现形成了与教育学院一班人马、两个牌子的融合式发展的运行模式，并在教育治理研究中心下面设立了教育治理理论与评价研究所、家庭教育治理研究所、学前教育治理研究所、基础教育治理研究所、高等教育研究所、数字化教育治理研究所、可持续发展教育治理研究所和全球教育治理研究所八个研究所。第二步是明确研究方向。经过一段时间的研究和讨论,中心现已基本形成区域教育治理与政府职能、学校发展与现代教育治理,以及校(园)长专业化发展与治理能力提升三个研究方向,并围绕这三个研究方向组建了学术攻关团队。第三步是制订研究计划。每个研究方向先制订"十四五"的研究计划,然后制订每年的研究计划;研究方向的每位教师根据四年的研究计划和每年的研究计划,制订本人四年和每年的研究计划。第四步根据三个研究方向和研究方向的若干子研究领域以及研究计划,确定三个方向各部分的撰写人。具体编写分工如下:前言是孙绵涛;第一个研究方向"区域教育治理中政府教育治理的研究现状及趋势探析"中,导语是何伟强,区域教育治理中教育政策与法规的研究现状及趋势探析是吴亭燕,区域教育治理中政府职能的研究现状及趋势探析是伍宸,区域教育治理中政府治理能力提升的研究现状及趋势探析是王佳,区域教育治理评价的研究现状及趋势探析是马新生、李亚辉、阮建苗;第二个研究方向"学校发展与治理现代化的研究现状及趋势探析"中,导语是吴卫东,学校教师专业发展的研究现状及趋势探析是吴卫东、陈玉玲,学校规划与文化的研究现状及趋势探析是王真,课程与教学领域的研究现状及趋势探析是冯翠典,家校社共育的研究现状及趋势探析是周丽华;第三个研究方向"校长专业化发展与治理能力提升的研究现状及趋势探析"中,导语是袁晖光,共同富裕价值取向下教育治理的研究现状及趋势探析是袁晖光,治理视野下校长专业化发展的研究现状及趋势探析是杨凯良、李春玲,校长专业化发展制度保障的研究现状及趋势探析是王佳。第五步是明确各部分的研究和撰写要求并开始研究和撰写。研究总体要求是:一是在文献收集部分,要按照"全""新""重"的要求收集各部分所有的文献。所谓"全"是指要收集到该部分的历史与现实的文献,国内与国外的文献,研究文献和政策法规文献;所谓"新"是指要收集各部分研究的最新进展的文献;所谓"重"是指要收集各个部分关键学者的研究文献,弄清各个研究领域比较有名的学者他们在做什么研究。二是在文献综述部分,要按照文献的研究内容、研究方法或视角,以及前人的研究与自己研究的关系等三个方面对收集到的文献进行评述,重点说明自己的研究与前人研究有何不同及自己的研究价值。各部分撰写的总体要求是,按重庆大学出版社的格式要求进行撰写。三是在文献梳理评述的基础上,弄清该部分还有哪些问题值得研究,并要说明为什么这些问题是下步要研究的，以及下步如何研究这些问题。四是通过文献综述和对本部分下步要研究问题的分析，结合当前本领域研究状况的分析，提出本部分今后研究的发展趋势。读者会发现，教师们基本上是按这些要求去研究，《区域教育治理研究：现状及趋势》这本书也基本上是按这些要求去撰写的。重庆大学出版社的唐启秀编辑对本书进行了悉心的指导和帮助，最后形成了这部书稿。

最后简要说说浙外教育治理研究中心下步将如何继续做好区域教育治理研究。首先是要按各部分现有拟定的研究问题继续进行研究，并取得较大的进展。其次是在研究方法上要多用调查研究方法对区域教育治理进行研究。目前这本书的研究主要采用的是文献法。然而，要做好区域教育治理的研究，仅仅依靠文献法是不够的。还必须运用访谈法、问卷法、个案研究法等调查法对区域教育治理的问题进行全面深入的研究。如对县、市、区教育局局长和学校的校长进行访谈，以一个县或一所学校为个案进行调查等来进行区域教育治理的专题研究。开展这样一些研究，才有可能使区域教育治理的研究做得更加扎实，收到更好的研究效果。再次是下步的区域教育治理的研究，要与中心四年研究计划和中心每位教师的四年及每一年的研究计划紧密结合起来，使研究计划中的研究问题得到更好更有效的落实。最后，中心的区域教育治理研究，要主动对接浙江省共同富裕示范区建设中教育改革与发展中的问题来展开研究，争取为浙江省的教育改革发展和共同富裕示范区的建设做出应有的贡献。

孙绵涛

2022 年 8 月

目　录

校长专业化发展与治理能力提升的研究现状及趋势探析

区域教育治理中政府教育治理的研究现状及趋势探析

导　语

何伟强

　　"区域教育治理中的政府职能方向"是"区域教育治理"研究领域的三大优先研究方向之一,其侧重于相对宏观的研究视角,具体细分为四个研究子方向:一是区域教育治理中的教育政策与法规研究;二是区域教育治理中各级政府的职责与功能研究;三是区域教育治理中政府治理能力提升研究;四是区域教育治理评价研究。

　　围绕上述四个研究子方向,团队成员对国家层面出台的相关政策法规进行了文献梳理,并对知网上已有的相关研究进行了文献分析,利用 matlab、citespace 等软件对已有研究的高频关键词、活跃作者与活跃机构等进行了量化分析,特别是对已有相关研究存在的问题进行了评述,并对未来有待深化的研究方向进行了讨论。具体如下:

　　子方向一:区域教育治理中的教育政策与法规研究。从近年国家陆续出台的一系列重要教育政策与法规文献来看,其中不乏涉及区域教育治理方面的内容,各级各类教育的区域教育治理政策与法规均有涉及。与之相应,国内有不少学者对相关政策文献进行了研究,既有理论层面的研究,也有实践层面的研究。也有不少学者对相关法规文献进行了研究,有的从比较研究视角探讨了教育治理法治化进程,有的采用实证分析方法对相关法律法规进行了探讨,还有的对地方教育立法、政府教育权力与责任等主题进行了讨论。综合地看,该方向已有较好的研究基础,尚存不足之处在于:涉及高校内外部治理的研究文献相对较多,而关于其他各级各类教育治理的研究文献相对较少;国家层面和区域层面的政策法规均有涉及,但针对具体政策法规的深度分析与系统研究稍显不足;应用性的研究相对较多,但基础理论研究还有待丰富等。

　　子方向二:区域教育治理中各级政府的职责与功能研究。"教育治理中的政府职能"是近年来重要的教育研究话题之一,研究主题大体包括:教育治理中政府职能的理论研究、高等教育治理中的政府职能研究、基础教育优质均衡发展中的政府职能研究等。基于对相关文献的发表时间分布、文献主题分布、学科分布、研究层次分布、文献重要作者分布、基金来源等方面的可视化分析发现,该方向的相关研究成果呈现出以系统的硕博士学位论文为主的显著特征,足见其具有重要的学术价值。然而,具体到探讨区域层面的"教育治理中的政府职能"的研究文献则不多见,亟待深化与开拓;高水平学术期刊发表的相关论文还不多,高水平的理论性研究成果还有待孵化。

子方向三:区域教育治理中政府治理能力提升研究。提升政府教育治理能力不仅是新阶段教育发展的重要命题,也是推进区域教育治理进程的重要途径。政府治理能力的强弱直接关系到教育治理图景的优劣,因而政府及学界都在不断探索政府治理能力提升的方法与路径。前期相关研究主要集中在政府治理能力的基础理论研究、政府治理能力提升研究包含以大数据与"互联网+"为背景的政府能力提升研究、区域教育治理能力现代化研究等方面。当前关于上述几个方面的研究热度依旧不减。其中,应用性研究成果较为丰硕,基础理论性研究还略显单薄;已有研究以宏观、中观的国家与区域政府治理能力为主要研究范畴,对于国外的政府治理能力经验的引介相对偏少;总体上以思辨论述为主,数据支撑的实证研究尚不多见等。

子方向四:区域教育治理评价研究。与该方向密切关联的关键词有教育评价、教育治理、教育治理评价、区域教育治理评价等,关于"教育评价"的研究文献非常多,北京师范大学、华东师范大学等研究机构的活跃度居于前列,邱均平、辛涛、王战军、刘志军、周洪宇、罗英姿等学者相对活跃,近5年来他们在C刊上发表了10篇及以上的相关学术论文。自2013年党的十八届三中全会以来,"推进国家治理体系和治理能力现代化"已上升到国家战略的高度,与之相应,教育治理作为国家治理的重要一环也日益被学界关注,关于"教育治理"的研究热度日益高涨。相比之下,关于"教育治理评价"的研究文献尚不多见,团队成员以"教育治理评价"为篇名进行精确查询,发现近五年来在C刊上仅刊载了十余篇相关学术论文,而以"区域教育治理评价"为篇名进行精确查询,更是寥寥无几。这是特别值得关注的一个现象。

基于团队成员的综合梳理,大致确立该研究方向的未来研究趋势:第一,借助专业化政策与法规的分析理论框架,加强对省域层面(尤其是浙江省)教育治理具体政策与法规的系统研究;第二,对当前区域教育治理现代化过程中政府职能发挥存在的问题做深入的研究,加强教育治理现代化背景下政府职能转变的基础理论研究;第三,聚焦于县域层面基础教育治理这一主题领域,着重将指向共同富裕的区域教育治理能力提升作为今后的研究生发点;第四,利用大数据的综合评价方法,将数字化区域教育治理评价研究作为团队今后的又一主攻方向。

区域教育治理中教育政策与法规的研究现状及趋势探析

吴亭燕

一、国家层面有关区域教育治理政策与法规的文本梳理

（一）国家层面有关区域教育治理政策的文本梳理

笔者在中华人民共和国教育部官网以"区域""县域""市域""省域"等为关键词进行搜索，时间限定为十八大 2022 年 4 月，并进行内容筛选，共得到 63 项政策文本。这些政策文本只有少数在标题中体现了"区域"，而大部分虽然没有在标题中直接写明"区域"二字，但在内容中包含了与区域教育治理相关的内容。国家颁布的区域教育治理方面的政策文本涉及颁布日期、颁布机关、政策名称及相关内容，详见表 1。

在这 63 项政策中，有关教育的综合政策 26 项，有关教育的单项政策 37 项（某些单项政策在内容上涉及多个方面，因此存在交叉），其中学前教育 4 项、义务教育 10 项、高中教育 7 项、高等教育 13 项、职业教育 7 项、民办教育 1 项、特殊教育 1 项。

表 1　区域教育治理相关政策文献汇总表（2013 年 1 月—2022 年 4 月）

序号	颁布日期	颁布机关	政策名称及相关内容
1	2022 年 4 月	教育部、中央宣传部、中央编办、国家发展改革委、财	《新时代基础教育强师计划》 二、具体措施 （八）深化精准培训改革。聚焦基础教育课程改革的理念、要求和教育教学方法变革，以中西部欠发达地区农村教师校长培训为重点，充分发挥名师名校长辐射带动作用，实施五年一周期的"国培计划"，示范引领各地教师全员培训开展。

续表

序号	颁布日期	颁布机关	政策名称及相关内容
1	2022年4月	政部、人力资源社会保障部、住房和城乡建设部、国家乡村振兴局	发挥国家教师发展协同创新实验基地建设的示范作用,通过建立标准、项目拉动、转型改制等举措,推动各地构建完善省域内教师发展机构体系,建强县级教师发展机构及培训者、教研员队伍。优化培训内容、打造高水平课程资源,建立完善自主选学机制和精准帮扶机制,创新线上线下混合式研修模式,提升中小学教师的信息技术应用能力和科学素养。 (十一)优化义务教育教师资源配置。深入推进县域内义务教育学校教师"县管校聘"管理改革,加大音体美、劳动教育、信息技术、心理健康教育等紧缺学科教师补充力度,重点加强城镇优秀教师、校长向乡村学校、薄弱学校流动,发挥优秀教师、校长的辐射带动作用,扩大优质资源覆盖面,整体提升学校育人能力。完善交流轮岗激励机制,将到农村学校或薄弱学校任教1年以上作为申报高级职称的必要条件,3年以上作为选任中小学校长的优先条件。城镇教师校长在乡村交流轮岗期间,按规定享受乡村教师相关补助政策。实施银龄讲学计划,鼓励支持乐于奉献、身体健康的退休优秀校长教师到乡村和基层学校支教讲学。加强乡村教师周转宿舍建设,支持地方完善住房保障体系,加大保障性住房供应力度,解决教师队伍住房困难问题。
2	2022年2月	教育部办公厅	《师范教育协同提质计划实施方案》 一、总体思路 按照"中央引领、地方支持、院校主体、社会参与"的原则,依托地方高水平师范院校、地方政府,支持中西部省份重点建设若干所服务脱贫地区、边境地区等特殊类型地区基础教育教师培养的薄弱师范院校。支持部分高水平师范院校建设国家师范教育基地。 四、保障措施 (一)建立健全组织协调机制。教育部负责提质计划的统筹协调、组织实施,建设专家咨询委员会,对提质计划实施进行跟踪指导,对实施成效进行周期性评估。相关高校和相关省份教育行政部门要加强提质计划实施的统筹,建立健全工作协调机制,调动各方力量予以支持。

续表

序号	颁布日期	颁布机关	政策名称及相关内容
3	2022年1月	教育部、财政部、国家发展改革委	《关于深入推进世界一流大学和一流学科建设的若干意见》 五、完善大学创新体系，深化科教融合育人 17.提升区域创新发展水平。加强高校、科研院所、企业等主体协同创新，建立协同组织、系统集成的高端研发平台，推动产学研用深度融合，促进科技成果转化，推进教育链、人才链、创新链与产业链有机衔接。立足服务国家区域发展战略，推动高校融入区域创新体系。充分发挥建设高校示范带动作用，通过对口支援、学科合建、课程互选、学分互认、学生访学、教师互聘、科研互助等实质性合作，强化辐射引领，带动推进地方高水平大学和优势特色学科建设，加快形成区域高等教育发展新格局，推动构建服务全民终身学习的教育体系，引领区域经济社会创新发展。
4	2022年1月	教育部、中央编办、司法部	《关于加强教育行政执法 深入推进校外培训综合治理的意见》 三、强化教育行政部门校外培训监管行政执法职责 8.明确各级权责。教育部主要负责拟订校外培训监管行政执法工作标准和规范并监督实施，指导监督全国校外培训综合执法工作，组织查处和督办全国性、跨区域校外培训重大案件。省级教育行政部门主要负责拟订本地校外培训监管行政执法工作实施方案，监督指导、组织协调辖区内校外培训监管行政执法工作，查处辖区内跨区域或具有重大影响的复杂案件及审批的线上培训机构案件。市级教育行政部门主要负责监督指导、组织协调辖区内校外培训监管行政执法工作。县级教育行政部门主要负责查处本地区校外培训违法违规行为。各级教育行政部门中负责校外培训监管的机构承担具体的校外培训监管行政执法职能。
5	2021年12月	教育部、国家发展改革委、民政部、财政部、人力资源社会保障部、国家卫生健康委、中国残联	《"十四五"特殊教育发展提升行动计划》 一、总体要求 (二)基本原则。坚持精准施策、分类推进。根据不同地区经济发展、人口分布等情况，因地制宜，合理布局，统筹推进区域内特殊教育改革发展。针对不同类别、不同程度、不同年龄残疾儿童青少年的需要，科学评估、合理安置、分类施教。

续表

序号	颁布日期	颁布机关	政策名称及相关内容
6	2021年12月	教育部	《中小学法治副校长聘任与管理办法》 第九条 县级或者设区的市级人民政府教育行政部门可以商有关部门组建由不同派出机关人员组成的法治副校长工作团队,服务区域内学校。 第十八条 地方教育行政部门应当定期对本区域内法治副校长的履职情况进行考评,对工作成绩突出的法治副校长,应当予以表彰、奖励或者会同派出机关联合予以表彰、奖励。
7	2021年12月	教育部、国家发展改革委、公安部、财政部、人力资源社会保障部、自然资源部、住房和城乡建设部、税务总局、医疗保障局	《"十四五"县域普通高中发展提升行动计划》 三、主要措施 (八)加强普通高中招生管理。强化招生管理省级统筹责任、地市主体责任、县级落实责任,全面落实公民办普通高中同步招生和属地招生政策,完善优质普通高中指标到校招生办法,规范特殊类型招生,促进县中多样化有特色发展。各地要全面建立地市级高中阶段学校统一招生录取网络平台,鼓励有条件的地方建立省级统一招生录取网络平台,加强招生工作监管,对违规招生行为加大查处力度。高校招生有关专项计划继续对基础教育薄弱地区予以支持。 (十一)实施县中托管帮扶工程。通过国家引导、地方支持、双向选择的方式,开展多种形式的县中托管帮扶工作,努力使每个教育基础薄弱县都得到支持,加快整体提升县中办学水平。教育部依托举办附属中学的部属高校,面向100个县托管100所县中,发挥示范引领作用;按照对口支援关系,组织东部发达地区省份,面向西部10省160个国家乡村振兴重点帮扶县开展组团式对口帮扶。各省(区、市)要组织有条件的地方高校开展县中托管帮扶工作。……地市级教育行政部门要积极组织区域内优质普通高中与薄弱县中开展联合办学、对口支援,每所优质普通高中至少托管帮扶1所薄弱县中。 四、组织领导 (十五)坚持党的全面领导。各地要高度重视县中发展提升工作,在党委和政府领导下,把县中发展提升工作作为推进区域教育现代化的重大举措,纳入重要议事日程,认真研究制定本地县中发展提升行动计划,积极推动解决县中发展提升面临的突出问题。完善普通高中办学管理体制,加强省级统筹,强化地市和县两级办学主体责任,鼓励各地探索建立以地市为主的办学管理体制,促进市域普通高中教育整体协调发展。

续表

序号	颁布日期	颁布机关	政策名称及相关内容
8	2021年12月	教育部、国家发展改革委、公安部、财政部、人力资源社会保障部、自然资源部、住房和城乡建设部、税务总局、医疗保障局	《"十四五"学前教育发展提升行动计划》 三、政策措施 (十)推动学前教育教研改革。坚持教研为幼儿园教育实践服务，为教师专业发展服务，为教育管理决策服务。加强学前教育教研工作，遴选优秀园长和教师充实教研岗位，每个区县至少配备一名学前教育专职教研员，形成一支专兼结合的高素质专业化学前教研队伍。完善教研指导责任区、区域教研和园本教研制度，实现各类幼儿园教研指导全覆盖。……充分发挥城镇优质幼儿园和乡镇中心幼儿园的辐射指导作用，推动区域保教质量整体提升。 四、组织实施 (一)加强组织领导。加强党对学前教育工作的全面领导，强化省级统筹，充分发挥市级区域中心作用，落实县级主体责任，以县为基础逐级编制学前教育发展提升行动计划，科学确定学前教育发展目标、重点任务、重要举措，列入党委政府工作重要议事日程，明确有关部门责任分工，采取有力措施，确保各项目标任务落到实处。
9	2021年8月	教育部、财政部	《关于实施职业院校教师素质提高计划（2021—2025年）的通知》 二、重点任务 (二)健全教师精准培训机制 5.健全校企合作机制。强化教师到行业企业深度实践，注重提升"双师"素养。……探索跨区域联合组织实施培训，推动东西部结对帮扶、区域间资源共享、经验交流。 《职业院校教师素质提高计划指导方案》 二、名师名校长培育 6.名校长（书记）培育。遴选职业院校校长（书记）参加培训，通过集中研修、跟岗研修、考察交流、在线研讨、返岗实践等方式进行培育，内容主要包括党中央、国务院关于职业教育和教师工作的重要政策、国际职业教育先进理念和实践、区域职业教育现代化、职业院校治理、职业院校人才培养模式改革、1+X证书制度、"三教"改革组织领导与实施、校企合作深化、教育教学成果培育、信息化建设管理和应用等。

续表

序号	颁布日期	颁布机关	政策名称及相关内容
10	2021年7月	中共中央办公厅、国务院办公厅	《关于进一步减轻义务教育阶段学生作业负担和校外培训负担的意见》 三、提升学校课后服务水平,满足学生多样化需求 11.……教育部门可组织区域内优秀教师到师资力量薄弱的学校开展课后服务。 五、大力提升教育教学质量,确保学生在校内学足学好 16.促进义务教育优质均衡发展。各地要巩固义务教育基本均衡成果,积极开展义务教育优质均衡创建工作,促进新优质学校成长,扩大优质教育资源。积极推进集团化办学、学区化治理和城乡学校共同体建设,充分激发办学活力,整体提升学校办学水平,加快缩小城乡、区域、学校间教育水平差距。 18.深化高中招生改革。各地要积极完善基于初中学业水平考试成绩、结合综合素质评价的高中阶段学校招生录取模式,依据不同科目特点,完善考试方式和成绩呈现方式。坚持以学定考,进一步提升中考命题质量,防止偏题、怪题、超过课程标准的难题。逐步提高优质普通高中招生指标分配到区域内初中的比例,规范普通高中招生秩序,杜绝违规招生、恶性竞争。
11	2021年6月	教育部、国家发展改革委、财政部	《关于深入推进义务教育薄弱环节改善与能力提升工作的意见》 一、总体要求 (一)指导思想。以习近平新时代中国特色社会主义思想为指导,认真贯彻党的十九大和十九届二中、三中、四中、五中全会精神,全面贯彻党的教育方针,坚持以人民为中心,坚持新发展理念,为学生全面发展和健康成长创造良好条件。持续改善学校基本办学条件,提高义务教育教学水平和质量,突出加强农村义务教育薄弱环节这个事关全局的重点,采取有效措施缩小城乡、区域差距,逐步实现义务教育资源均等化,巩固义务教育基本均衡成果,加快推进优质均衡发展和城乡一体化。 三、工作要求 (一)落实各级责任。要按照"省级统筹、以县为主"的管理体制,切实落实各级政府责任。中央统一部署义务教育薄弱环节改善与能力提升工作,教育部、国家发展改革委、财政部加强目标考核,健全工作推进机制。省级要加大统筹力度,

续表

序号	颁布日期	颁布机关	政策名称及相关内容
11	2021 年 6 月	教育部、国家发展改革委、财政部	强化对欠发达地区、民族地区、边境地区、革命老区义务教育的支持。市县教育、发展改革、财政部门要各负其责,密切合作,主动协调,加快项目执行,有序推进各项工作顺利开展。
12	2021 年 4 月	国务院	《中华人民共和国民办教育促进法实施条例》(2021 年修订版) 第五十七条 县级以上地方人民政府可以根据本行政区域的具体情况,设立民办教育发展专项资金,用于支持民办学校提高教育质量和办学水平、奖励举办者等。 第五十八条 县级人民政府根据本行政区域实施学前教育、义务教育或者其他公共教育服务的需要,可以与民办学校签订协议,以购买服务等方式,委托其承担相应教育任务。
13	2021 年 3 月	十三届全国人大四次会议	《中华人民共和国国民经济和社会发展第十四个五年规划和 2035 年远景目标纲要》 第九篇 优化区域经济布局 促进区域协调发展 第三十二章 深入实施区域协调发展战略 第六节 健全区域协调发展体制机制 建立健全区域战略统筹、市场一体化发展、区域合作互助、区际利益补偿等机制,更好促进发达地区和欠发达地区、东中西部和东北地区共同发展。提升区域合作层次和水平,支持省际交界地区探索建立统一规划、统一管理、合作共建、利益共享的合作新机制。完善财政转移支付支持欠发达地区的机制,逐步实现基本公共服务均等化,引导人才向西部和艰苦边远地区流动。完善区域合作与利益调节机制,支持流域上下游、粮食主产区主销区、资源输出地输入地之间开展多种形式的利益补偿,鼓励探索共建园区、飞地经济等利益共享模式。 第四十三章 建设高质量教育体系 第三节 提高高等教育质量 ……优化区域高等教育资源布局,推进中西部地区高等教育振兴。

续表

序号	颁布日期	颁布机关	政策名称及相关内容
14	2020年10月	中共中央	《中共中央关于制定国民经济和社会发展第十四个五年规划和二〇三五年远景目标的建议》 十二、改善人民生活品质,提高社会建设水平 44.建设高质量教育体系。全面贯彻党的教育方针,坚持立德树人,加强师德师风建设,培养德智体美劳全面发展的社会主义建设者和接班人。健全学校家庭社会协同育人机制,提升教师教书育人能力素质,增强学生文明素养、社会责任意识、实践本领,重视青少年身体素质和心理健康教育。坚持教育公益性原则,深化教育改革,促进教育公平,推动义务教育均衡发展和城乡一体化,完善普惠性学前教育和特殊教育、专门教育保障机制,鼓励高中阶段学校多样化发展。加大人力资本投入,增强职业技术教育适应性,深化职普融通、产教融合、校企合作,探索中国特色学徒制,大力培养技术技能人才。提高高等教育质量,分类建设一流大学和一流学科,加快培养理工农医类专业紧缺人才。提高民族地区教育质量和水平,加大国家通用语言文字推广力度。支持和规范民办教育发展,规范校外培训机构。发挥在线教育优势,完善终身学习体系,建设学习型社会。
15	2020年10月	中共中央、国务院	《深化新时代教育评价改革总体方案》 二、重点任务 (三)改革教师评价,推进践行教书育人使命 13.……鼓励中西部、东北地区高校"长江学者"等人才称号入选者与学校签订长期服务合同,为实施国家和区域发展战略贡献力量。
16	2020年10月	中共中央办公厅、国务院办公厅	《关于全面加强和改进新时代学校体育工作的意见》 三、全面改善办学条件 10.……把农村学校体育设施建设纳入地方义务教育均衡发展规划,鼓励有条件的地区在中小学建设体育场馆,与体育基础薄弱学校共用共享。小规模学校以保基本、兜底线为原则,配备必要的功能教室和设施设备。加强高校体育场馆建设,鼓励有条件的高校与地方共建共享。

续表

序号	颁布日期	颁布机关	政策名称及相关内容
17	2020 年 10 月	中共中央办公厅、国务院办公厅	《关于全面加强和改进新时代学校美育工作的意见》 三、全面深化教学改革 12.……鼓励有条件的地区建设一批高水平艺术学科创新团队和平台,整合美学、艺术学、教育学等学科资源,加强美育基础理论建设,建设一批美育高端智库。
18	2020 年 9 月	教育部、国家发展改革委、工业和信息化部、财政部、人力资源社会保障部、农业农村部、国务院国资委、国家税务总局、国务院扶贫办	《职业教育提质培优行动计划(2020—2023 年)》 二、重点任务 (十)实施职业教育创新发展高地建设行动 26.整省推进职业教育提质培优。 主动适应国家区域发展战略,在东中西部布局 5 个左右国家职业教育改革省域试点。按照"一地一案、分区推进"原则,在学校设置、重点项目建设等方面加大政策供给,支持试点省份探索新时代区域职业教育改革发展新模式。引导地方落实主体责任,完善地方职业教育工作部门联席会议制度,推动各部门形成工作合力,优化职业教育办学体制机制,加强治理体系和治理能力现代化建设,探索职业学校毕业生高质量就业模式等。 27.合力打造职业教育样板城市。 国家、省、市三级推动,建设 10 个左右国家职业教育改革市域试点。
19	2020 年 8 月	教育部、中央组织部、中央编办、国家发展改革委、财政部、人力资源社会保障部	《关于加强新时代乡村教师队伍建设的意见》 一、准确把握时代进程,深刻认识加强新时代乡村教师队伍建设的重要意义和总体要求 2.总体要求。紧紧抓住乡村教师队伍建设的突出问题,促进城乡一体,加强区域协同,定向发力、精准施策,破瓶颈、强弱项,大力推进乡村教师队伍建设高效率改革和高质量发展。力争经过 3—5 年努力,乡村教师数量基本满足需求,质量水平明显提升,队伍结构明显优化,地位大幅提高,待遇得到有效保障,职业吸引力持续增强,贫困地区乡村教师队伍建设明显加强。 三、创新挖潜编制管理,提高乡村学校教师编制的使用效益 6.挖潜调整乡村学校编制。挖潜调剂出来的各类事业编制资源优先用于补充中小学教职工编制,保障乡村教育事业发展需要。根据乡村学校布局结构调整、城乡区域人口流动、乡村学生规模变化等情况,调整人员编制配置,满足乡村教

续表

序号	颁布日期	颁布机关	政策名称及相关内容
19	2020年8月	教育部、中央组织部、中央编办、国家发展改革委、财政部、人力资源社会保障部	育需要。加大教职工编制统筹配置和跨市县调整力度,原则上以省为单位,每2—3年调整一次,市县根据生源变化情况可随时调整。鼓励地方探索教师跨学科、跨学段转岗机制,并为转岗教师提供专业化的转岗培训,缓解英语、音体美、综合实践等学科(领域)教师短缺矛盾。鼓励地方通过跨校兼课、教师走教等方式实现区域内教师资源共享。超编学校确需补充专任教师的,要加大现有人员编制跨校结构性调整统筹力度,保障开齐开足国家规定课程。 六、拓展职业成长通道,让乡村教师获得更广阔的发展空间 16.拓展多元发展空间。乡村教师是乡村人才的重要来源,要加大从优秀乡村教师中培养选拔乡村振兴人才的力度。实施好"农村学校教育硕士师资培养计划",扩大培养院校范围,让更多符合条件的乡村教师有学习深造的机会。实施教育系统"鹊桥工程",对两地分居的乡村教师,由人力资源社会保障、教育部门联合实施,通过在省域内跨区域协商对调等交流方式,解决两地分居问题。
	2020年7月	教育部办公厅、工业和信息化部办公厅	《现代产业学院建设指南(试行)》 三、建设原则 坚持创新发展。创新管理方式,充分发挥高校与地方政府、行业协会、企业机构等双方或多方办学主体作用,加强区域产业、教育、科技资源的统筹和部门之间的协调,推进共同建设、共同管理、共享资源,探索"校企联合""校园联合"等多种合作办学模式,实现现代产业学院可持续、内涵式创新发展。 四、建设任务 (六)搭建产学研服务平台。鼓励高校和企业整合双方资源,建设联合实验室(研发中心),发挥学校人才与专业综合性优势,围绕产业技术创新关键问题开展协同创新,实现高校知识溢出直接服务区域经济社会发展,推动应用科学研究成果的转化和应用,促进产业转型升级。 (七)完善管理体制机制。强化高校、地方政府、行业协会、企业机构等多元主体协同,形成共建共管的组织架构,探索理事会、管委会等治理模式,赋予现代产业学院改革所需的人权、事权、财权,建设科学高效、保障有力的制度体系。充分考虑区域、行业、产业特点,结合高校自身禀赋特征,优化创新资源配置模式,增强"自我造血"能力,打造高校产教融合的示范区,实现教育链、创新链、产业链的深度融合。

续表

序号	颁布日期	颁布机关	政策名称及相关内容
21	2019年12月	中共中央、国务院	推动教育合作发展。协同扩大优质教育供给,促进教育均衡发展,率先实现区域教育现代化。研究发布统一的教育现代化指标体系,协同开展监测评估,引导各级各类学校高质量发展。依托城市优质学前教育、中小学资源,鼓励学校跨区域牵手帮扶,深化校长和教师交流合作机制。推动大学大院大所全面合作、协同创新,联手打造具有国际影响的一流大学和一流学科。鼓励沪苏浙一流大学、科研院所到安徽设立分支机构。推动高校联合发展,加强与国际知名高校合作办学,打造浙江大学国际联合学院、昆山杜克大学等一批国际合作教育样板区。共同发展职业教育,搭建职业教育一体化协同发展平台,做大做强上海电子信息、江苏软件、浙江智能制造、安徽国际商务等联合职业教育集团,培养高技能人才。
22	2020年3月	中共中央、国务院	《中共中央 国务院关于全面加强新时代大中小学劳动教育的意见》 一、充分认识新时代培养社会主义建设者和接班人对加强劳动教育的新要求 (三)基本原则。坚持因地制宜。根据各地区和学校实际,结合当地在自然、经济、文化等方面条件,充分挖掘行业企业、职业院校等可利用资源,宜工则工、宜农则农,采取多种方式开展劳动教育,避免"一刀切"。 四、着力提升劳动教育支撑保障能力 (十二)……农村地区可安排相应土地、山林、草场等作为学农实践基地,城镇地区可确认一批企事业单位和社会机构,作为学生参加生产劳动、服务性劳动的实践场所。建立以县为主、政府统筹规划配置中小学(含中等职业学校)劳动教育资源的机制。 (十四)……各地区要统筹中央补助资金和自有财力,多种形式筹措资金,加快建设校内劳动教育场所和校外劳动教育实践基地,加强学校劳动教育设施标准化建设,建立学校劳动教育器材、耗材补充机制。 (十五)……各地区要建立政府负责、社会协同、有关部门共同参与的安全管控机制。

序号	颁布日期	颁布机关	政策名称及相关内容
23	2020年2月	教育部	《县域学前教育普及普惠督导评估办法》 第四条 督导评估坚持以下原则: (一)科学规划。各地按照国家学前教育发展的总体目标,结合本行政区域经济社会发展水平,制定县域学前教育普及普惠督导评估总体规划和年度计划,统筹推进督导评估认定工作。
24	2020年2月	中共中央办公厅、国务院办公厅	《关于深化新时代教育督导体制机制改革的意见》 四、进一步深化教育督导问责机制改革 (十四)健全复查制度。各级教育督导机构对本行政区域内被督导事项建立"回头看"机制,针对上级和本级教育督导机构督导发现问题的整改情况及时进行复查,随时掌握整改情况,防止问题反弹。
25	2019年11月	中共中央	《中共中央关于坚持和完善中国特色社会主义制度,推进国家治理体系和治理能力现代化若干重大问题的决定》 五、坚持和完善中国特色社会主义行政体制,构建职责明确、依法行政的政府治理体系 (四)……优化政府间事权和财权划分,建立权责清晰、财力协调、区域均衡的中央和地方财政关系,形成稳定的各级政府事权、支出责任和财力相适应的制度。构建从中央到地方权责清晰、运行顺畅、充满活力的工作体系。 六、坚持和完善社会主义基本经济制度,推动经济高质量发展 (三)……构建区域协调发展新机制,形成主体功能明显、优势互补、高质量发展的区域经济布局。 八、坚持和完善统筹城乡的民生保障制度,满足人民日益增长的美好生活需要 (二)构建服务全民终身学习的教育体系。……推动城乡义务教育一体化发展,健全学前教育、特殊教育和普及高中阶段教育保障机制,完善职业技术教育、高等教育、继续教育统筹协调发展机制。支持和规范民办教育、合作办学。构建覆盖城乡的家庭教育指导服务体系。

续表

序号	颁布日期	颁布机关	政策名称及相关内容
26	2019年6月	国务院办公厅	《关于新时代推进普通高中育人方式改革的指导意见》相关内容 由于我国普通高中教育发展区域、城乡和校际差距较大，特别是从高考综合改革试点情况来看，一些学校还存在校舍设施资源不足、师资紧张和教学组织管理不健全等问题，为此，实施选课走班既要依据学科人才培养规律、高校招生专业选考科目要求和学生兴趣特长，又要坚持实事求是，充分考虑各地各校的实际情况和办学差距，因地制宜、有序推进，不搞"一刀切"。
27	2019年6月	教育部	《关于职业院校专业人才培养方案制订与实施工作的指导意见》 省级教育行政部门要把专业人才培养方案制订与实施工作作为提高人才培养质量的重要抓手，结合区域实际进一步提出指导意见或具体要求，推动国家教学标准落地实施。 学校可根据区域经济社会发展需求、办学特色和专业实际等合理增加专业人才培养方案要素。
28	2019年3月	教育部	《关于切实加强新时代高等学校美育工作的意见》 三、高校美育工作的主要举措 （四）增强服务社会的能力水平。高校美育要主动融入国家和区域发展战略服务经济社会发展。……支持高校参与基础教育的美育教学改革、课程教材建设等工作。……挖掘高校艺术场馆的社会服务功能……深化国际人文交流合作。
29	2019年2月	中共中央、国务院	《中国教育现代化2035》 完善落实机制。构建全方位协同推进教育现代化的有效机制，把我国社会主义政治优势转化为推进教育现代化的制度优势，集中力量办大事，依靠部门大协同、区域大协作，推进教育现代化。
30	2019年2月	中共中央办公厅、国务院办公厅	《加快推进教育现代化实施方案（2018—2022年）》 推进教育现代化区域创新试验是推动形成区域教育发展新格局的战略重点，推进共建"一带一路"教育行动是提升我国教育国际影响力的重要举措，深化重点领域教育综合改革是教育现代化的动力源泉。

序号	颁布日期	颁布机关	政策名称及相关内容
30	2019 年 2 月	中共中央办公厅、国务院办公厅	八是推进教育现代化区域创新试验。创新体制机制,探索新时代区域教育改革发展的新模式。高起点高标准规划发展雄安新区教育,优先发展高质量基础教育,加快发展现代职业教育,以新机制新模式建设雄安大学。深化粤港澳高等教育合作交流,促进教育资源特别是高等教育相关的人才、科技、信息等要素在粤港澳大湾区高效流动。构建长三角教育协作发展新格局,进一步加大区域内教育资源相互开放的力度,搭建各级各类教育协作发展与创新平台,实现资源优势互补和有序流动。促进海南教育创新发展,依托海南自由贸易试验区打造新时代教育全面深化改革开放的新标杆。
31	2019 年 1 月	国务院办公厅	《关于开展城镇小区配套幼儿园治理工作的通知》 《通知》明确要求:针对摸底排查出的问题,从实际出发,认真制定有针对性的整改措施,按照"一事一议""一园一案"的要求逐一进行整改。各地应结合本地实际,制定实施细则,细化政策措施,涉及一些具体操作性问题,应当严格按照国家和地方的相关政策规定,研究提出有针对性的处理意见,确保治理工作平稳有序推进,取得实效。
32	2018 年 8 月	国务院办公厅	《国务院办公厅关于进一步调整优化结构提高教育经费使用效益的意见》 要建立健全国家教育标准体系,科学核定基本办学成本,全面建立生均拨款制度。到 2020 年,各地要制定区域内各级学校生均经费基本标准和生均财政拨款基本标准并建立健全动态调整机制。另一方面,"扩"社会投入的机制。 重点保障义务教育均衡发展。针对目前义务教育学校"城市挤、乡村弱"、区域差别依然较大等问题,要巩固完善城乡统一、重在农村的义务教育经费保障机制,逐步实行全国统一的义务教育公用经费基准定额,推动建立以城带乡、整体推进、城乡一体、均衡发展的义务教育发展机制。 聚焦服务国家重大战略。围绕党的十九大作出的人才强国、创新驱动发展、区域协调发展等战略部署,统筹支持"双一流"建设,持续支持地方高校转型发展和中西部高等教育发展。

续表

序号	颁布日期	颁布机关	政策名称及相关内容
33	2018年8月	教育部、财政部、国家发展改革委	《关于高等学校加快"双一流"建设的指导意见》 地方政府要加大地方区域统筹,有关部门要加强政策支持和资金投入引导,加强建设过程的指导督导,完善评价和建设协调机制。形成多元投入、合力支持、协同推进的建设格局。加强对各类需求的针对性研究、科学性预测和系统性把握,主动对接国家和区域重大战略,加强各类教育形式、各类专项计划统筹管理,优化学科专业结构,完善以社会需求和学术贡献为导向的学科专业动态调整机制。
34	2018年7月	教育部、财政部	《银龄讲学计划实施方案》 助力农村教育发展的现实需要。十八大以来,教育事业全面发展,中西部农村教育明显加强。但从长远来看,农村教育仍是教育发展的短板。……实施银龄讲学计划,增加农村教师补充渠道,通过引领示范,加强农村教师队伍建设,提高农村学校办学水平,让农村的孩子都能享受公平而有质量的教育。
35	2018年4月	教育部	《高等学校人工智能创新行动计划》 二、重点任务 (三)推动高校人工智能领域科技成果转化与示范应用 18.支持地方和区域创新发展。根据区域经济及产业发展特点,围绕国家重大部署,加强与京津冀、雄安新区、长三角地区、粤港澳大湾区、东北地区、中西部地区等区域和地方合作,支持高校、政府和企业共建一批人工智能领域协同创新中心、联合实验室等创新平台和新型研发机构,推动高校人工智能领域的基础性、原创性研究与地方、企业需求对接,加速地方转型升级和区域创新发展。
36	2018年4月	国务院办公厅	《关于全面加强乡村小规模学校和乡镇寄宿制学校建设的指导意见》 一、总体要求 (三)主要目标。到2020年,基本补齐两类学校短板,进一步振兴乡村教育,两类学校布局更加合理,办学条件达到本省份确定的基本办学标准,经费投入与使用制度更加健全,教育教学管理制度更加完善,城乡师资配置基本均衡,满足两类学校教育教学和提高教育质量实际需要,乡村教育质量明显提升,基本实现县域内城乡义务教育一体化发展,为乡村学生提供公平而有质量的教育。

续表

序号	颁布日期	颁布机关	政策名称及相关内容
37	2018 年 3 月	教育部、国家发展改革委、财政部、人力资源社会保障部、中央编办	《教师教育振兴行动计划(2018—2022 年)》 三、主要措施 (六)教师教育改革实验区建设行动。支持建设一批由地方政府统筹,教育、发展改革、财政、人力资源社会保障、编制等部门密切配合,高校与中小学协同开展教师培养培训、职前与职后相互衔接的教师教育改革实验区,带动区域教师教育综合改革,全面提升教师培养培训质量。 (七)高水平教师教育基地建设行动。综合考虑区域布局、层次结构、师范生招生规模、校内教师教育资源整合、办学水平等因素,重点建设一批师范教育基地,发挥高水平、有特色教师教育院校的示范引领作用。……制定县级教师发展中心建设标准。以优质市县教师发展机构为引领,推动整合教师培训机构、教研室、教科所(室)、电教馆的职能和资源,按照精简、统一、效能原则建设研训一体的市县教师发展机构,更好地为区域教师专业发展服务。
38	2018 年 2 月	教育部、国家发展改革委、工业和信息化部、财政部、人力资源社会保障部、国家税务总局	《职业学校校企合作促进办法》 开展大样本试点。要积极实施职业教育产教融合工程和产教融合试点,研究制订并启动实施"十百千"产教融合行动计划,围绕服务"中国制造 2025"等,根据区域发展战略和产业布局,遴选 10 个左右省份、100 个左右城市、1 000 家左右示范职业学校(职教集团)和企业开展产教融合建设试点。……继续指导建设一批校企深度合作项目,重点服务一批"隐形冠军"企业,助推我国产业转型升级。推出一批职业教育集团优秀案例,重点支持建设一批行业指导的跨区域大型职业教育集团。
39	2018 年 1 月	中共中央、国务院	《关于全面深化新时代教师队伍建设改革的意见》 创新和规范中小学教师编制配备。盘活事业编制存量,优化编制结构,向教师队伍倾斜,采取多种形式增加教师总量,优先保障教育发展需要。有条件的地方出台公办幼儿园人员配备规范、特殊教育学校教职工编制标准。加大教职工编制统筹配置和跨区域调整力度,省级统筹、市域调剂、以县为主,动态调配。

续表

序号	颁布日期	颁布机关	政策名称及相关内容
40	2018年1月	教育部、国务院扶贫办	《深度贫困地区教育脱贫攻坚实施方案(2018—2020年)》 通过《实施方案》,以"三区三州"为重点,以补齐教育短板为突破口,以解决瓶颈制约为方向,推动教育新增资金、新增项目、新增举措向"三区三州"倾斜。力争到2020年,"三区三州"等深度贫困地区教育总体发展水平显著提升,实现建档立卡贫困人口教育基本公共服务全覆盖。保障各教育阶段建档立卡学生从入学到毕业的全程全部资助,保障贫困家庭孩子都可以上学,不让一个学生因家庭经济困难而失学。更多建档立卡贫困学生接受更好更高层次教育,都有机会通过职业教育、高等教育或职业培训实现家庭脱贫,教育服务区域经济社会发展和脱贫攻坚的能力显著增强。
41	2017年12月	国务院教育督导委员会办公室	《加快中西部教育发展工作督导评估监测办法》 第一条 为深入贯彻落实党的十九大精神,推动改变教育区域发展不平衡状况,缩小东中西之间差距,促进教育公平,提高教育质量。 第三条 督导评估监测工作坚持以下原则: (一)横向联动。通过建立工作协调机制,联合发展改革、财政、人力资源社会保障等有关部门齐抓共管,合力推进工作落实。 (二)纵向推动。通过建立工作推进机制,形成国家、省、市、县四级政府纵向到底、共同推进的工作局面。 (三)动态调控。通过开展评估监测,实时掌握工作动态和推进过程中遇到的困难,有针对性提出推进建议。 (四)督促指导。通过开展专项督导,督促指导各地不断健全机制、完善措施,推动工作目标实现。
42	2017年9月	中共中央办公厅、国务院办公厅	《关于深化教育体制机制改革的意见》 四、政策措施 (二)理顺学前教育管理体制和办园体制。建立健全"国务院领导、省地(市)统筹、以县为主"的学前教育管理体制。省市两级政府要加强统筹,加大对贫困地区的支持力度。落实县级政府主体责任,充分发挥乡镇政府的作用。以县域为单位制定幼儿园总体布局规划,新建、改扩建一批普惠性幼儿园。 《意见》指出,要完善义务教育均衡优质发展的体制机制。……切实改变农村和贫困地区教育薄弱面貌,着力提升乡村教育质量。要多措并举化解择校难题。加快义务教育学校

续表

序号	颁布日期	颁布机关	政策名称及相关内容
42	2017年9月	中共中央办公厅、国务院办公厅	标准化建设,加强教师资源的统筹安排,实现县域优质资源共享。 落实艰苦边远地区津贴、乡镇工作补贴,以及集中连片特困地区和艰苦边远地区乡村教师生活补助政策。完善老少边穷岛等贫困艰苦地区教师待遇政策,依据艰苦边远程度实行差异化补助,做到越往基层、越往艰苦地区补助水平越高。 国家财政性教育经费使用,坚持向老少边穷岛地区倾斜,向家庭经济困难学生倾斜,向薄弱环节、关键领域倾斜。
43	2017年7月	国务院办公厅	《关于深化医教协同进一步推进医学教育改革与发展的意见》 当前,我国医学教育仍存在结构不尽合理的问题,主要表现在:总体招生规模偏大、个别高校单点招生数量过多,区域间医学教育发展水平差距大,急需紧缺专业人才培养不足。 优化区域结构,教育部、国家卫计委与省级人民政府共建一批医学院校,教育部、国家中医药局与省级人民政府共建若干所中医药院校,发挥辐射带动作用;加大对中西部医学院校的政策资金支持力度,开展专家支援、骨干进修等形式,缩小区域间差距。
44	2017年5月	国务院办公厅	《对省级人民政府履行教育职责的评价办法》 第二章 评价的内容。主要包括省级人民政府贯彻执行党的教育方针情况,落实国家教育法律、法规、规章和政策情况,各级各类教育发展情况,统筹推进本行政区域教育工作情况,加强教育保障情况,学校规范办学行为情况。
45	2017年1月	国务院	《国家教育事业发展"十三五"规划》 一、以新理念引领教育现代化 (一)发展环境。教育公平取得重要进展。城乡和区域教育发展差距进一步缩小,大中城市义务教育阶段"择校热"有所缓解,国家助学制度更加完善,农村义务教育学生营养改善计划深入实施,贫困地区学生的体质健康得到改善,进城务工人员随迁子女、农村留守儿童、残疾学生受教育权利得到更好保障,中西部地区特别是农村学生接受优质高等教育的机会明显增加。 四、协调推进教育结构调整 (一)推进区域教育协调发展。优化教育资源区域布局。科学规划、分类指导、统筹推进东部、中部、西部和东北地区教育发展。新增教育资源重点向革命老区、民族地区、边疆地

续表

序号	颁布日期	颁布机关	政策名称及相关内容
45	2017年1月	国务院	区、集中连片特困地区倾斜。推动东部地区率先实现教育现代化。支持东北地区加快提升教育服务支撑老工业基地全面振兴的能力。加快中西部地区教育发展，优化顶层设计，整合工程项目，加强最薄弱环节，深入实施中西部高等教育振兴计划和中西部高校基础能力建设工程，支持中西部本科高校改善办学条件，提高办学水平，办好一批高水平大学，立足中西部经济社会发展实际，大力发展职业教育，增加中西部优质教育资源，提升教育发展综合实力，进一步缩小与东部发达地区差距。继续实施支援中西部地区招生协作计划、农村和贫困地区定向招生专项计划，扩大农村贫困地区学生接受优质高等教育机会。进一步支持赣南等原中央苏区和其他重点贫困革命老区教育发展。 支持国家重大区域发展战略实施。推动"一带一路"建设相关省区市教育合作。加大对"一带一路"建设核心区高等教育和职业教育发展的支持力度。落实京津冀协同发展战略，探索跨行政区划的教育协同发展体制机制，推动三省市教育协同发展，有序疏解北京非首都功能。加强长江经济带教育互联互通，完善区域教育协作机制，引导高等教育、职业教育资源布局与产业由东向西梯度转移相衔接。支持国家重点改革试验区教育创新，及时总结推广试点经验并制度化。 六、统筹推动教育开放 (一)优化教育对外开放布局。打造区域教育对外开放特色。支持东部地区整体提升教育对外开放水平，率先办出中国特色、世界水平的现代教育。加大政策倾斜力度，支持中西部地区、东北地区不断扩大教育对外开放的广度和深度。引导沿边地区利用地缘优势，推进与周边国家教育合作交流。
46	2017年1月	教育部、财政部、国家发展改革委	《统筹推进世界一流大学和一流学科建设实施办法(暂行)》继承创新，即充分考虑"211工程""985工程"等高等教育重点建设基础，继承好已有建设成效，同时创新建设管理模式，充分调动各方面的资源和力量，促进高等教育区域协调发展。
47	2016年12月	教育部、国家发展改革委、民政部、财政部、	《教育脱贫攻坚"十三五"规划》 三、任务举措 (五)集聚教育脱贫力量。实施教育扶贫结对帮扶行动。在县域内实施城区优质幼儿园对口帮扶乡镇中心幼儿园。在市域范围内实施优质义务教育学校对口帮扶农村薄弱义务

续表

序号	颁布日期	颁布机关	政策名称及相关内容
47	2016年12月	人力资源社会保障部、国务院扶贫办	教育学校,鼓励东部地区开展义务教育结对帮扶。在省域内实施省市优质普通高中对口帮扶贫困县普通高中。除在省域内实施职业教育对口帮扶外,组织东部地区职教集团对口帮扶集中连片特困地区地市(州、盟)职业教育发展。依托东部高校对口支援西部高校计划对口帮扶集中连片特困地区高校。
48	2016年1月	教育部	《依法治教实施纲要(2016—2020年)》 三、深入推进教育部门依法行政 (一)依法全面履行教育行政管理职能。深入推进扩大省级政府教育统筹权改革,强化省级政府依法统筹推进区域内基本教育公共服务均等化职责,强化市县政府的执行职责。 (五)构建多元参与的教育治理体制。进一步依法健全教育督导制度,切实发挥教育督导机构和督学的作用。加快国家教育标准体系建设,改革、完善教育标准起草与审查机制,到2020年形成系统、完善的国家教育标准体系。完善教育领域的第三方评估机制,建立健全教师资格、学位、学业水平、教育质量、课程等领域的专业评价制度。加强对社会化教育活动规律特点的研究,健全市场监管标准、体制,发挥好市场机制在教育资源配置中的作用,形成多元参与的教育治理格局。
49	2015年10月	教育部、国家发展改革委、财政部	《教育部 国家发展改革委 财政部关于引导部分地方普通本科高校向应用型转变的指导意见》 二、指导思想和基本思路 2.基本思路——坚持省级统筹、协同推进。转型的责任在地方。充分发挥省级政府统筹权,根据区域经济社会发展和高等教育整体布局结构,制定转型发展的实施方案,加强区域内产业、教育、科技资源的统筹和部门之间的协调,积极稳妥推进转型发展工作。 三、转型发展的主要任务 4.……围绕中国制造2025、"一带一路"、京津冀协同发展、长江经济带建设、区域特色优势产业转型升级、社会建设和基本公共服务等重大战略,加快建立人才培养、科技服务、技术创新、万众创业的一体化发展机制。

续表

序号	颁布日期	颁布机关	政策名称及相关内容
50	2015年9月	教育部、财政部	《教育部 财政部关于改革实施中小学幼儿园教师国家级培训计划的通知》 二、工作重点 (五)打造本土化团队,服务乡村教师区域与校本研修。省级教育行政部门按照专家与本地区中小学幼儿园教师比不低于1:500建立省级教师培训专家团队,主要承担乡村教师培训的项目设计、课程研制、资源开发、巡回指导和绩效评价等工作,一线优秀教师教研员不少于60%。县级教育行政部门按照培训者与本地乡村教师比不低于1:30建立县级教师培训团队,重点遴选一线优秀教师教研员,主要承担网络研修、送教下乡和校本研修的组织实施工作。省级教育行政部门要建立完善省级培训专家团队和县级教师培训团队的管理机制,统一认定、强化激励,细化考核,动态调整。"示范性项目"重点开展省级培训专家团队专项培训,"中西部项目和幼师国培项目"置换脱产研修重点培训县级教师培训团队成员。 (六)优化项目管理,建立乡村教师常态化培训机制。有效利用高等学校优质资源,充分整合县域资源,建立高等学校、县级教师发展中心、片区研修中心、校本研修四位一体的教师专业发展支持服务体系。依托教师网络研修社区,分学科(领域)成立教师工作坊,形成区域与校本研修良性运行机制。
51	2015年9月	教育部	《职业院校管理水平提升行动计划(2015—2018年)》 三、保障措施 (一)加强组织领导。教育行政部门是组织实施行动计划的责任主体。教育部负责行动计划的总体设计、全面部署和监督指导,掌握重点任务推进节奏;省级教育行政部门要结合本地实际,研究制订行动计划实施方案并细化工作安排,将本地区行动计划实施方案报教育部备案,并加大统筹推进力度,加强对本行政区域各地市、县级教育行政部门组织实施行动计划和有关重点工作的检查指导。职业院校是具体落实行动计划的责任主体。

续表

序号	颁布日期	颁布机关	政策名称及相关内容
52	2015 年 7 月	教育部、国家发展改革委	《教育部 国家发展改革委关于下达 2015 年全国普通高等教育招生计划的通知》 三、促进高等教育区域和城乡入学机会公平。 各地、各部门要认真落实好 2015 年度支援中西部地区招生协作计划、农村贫困地区定向招生,以及农村学生单独招生、地方重点高校招收农村学生、定向南疆招生等各类专项计划。进一步加强对上述招生计划安排和执行各环节的管理,通过增量安排和存量调整,足额安排专项计划。有关生源省份,要增强服务意识,切实做好招生录取等环节的管理和服务工作,进一步缩小区域和城乡入学机会差距,畅通农村和贫困地区学子纵向流动的渠道,形成保障农村学生上重点高校的长效机制。
53	2015 年 7 月	教育部	《教育部关于深入推进职业教育集团化办学的意见》 二、加快完善职业教育集团化办学的实现形式 4.积极鼓励多元主体组建职业教育集团。各地教育行政部门要积极争取政府支持,发挥政府对职业教育集团化办学的统筹规划、综合协调、政策保障和监督管理作用。支持示范、骨干职业院校,围绕区域发展规划和产业结构特点,牵头组建面向区域主导产业、特色产业的区域型职业教育集团。支持行业部门、中央企业和行业龙头企业、职业院校,围绕行业人才需求,牵头组建行业型职业教育集团。支持地方之间、行业之间的合作,组建跨区域、跨行业的复合型职业教育集团。积极吸收科研院所和其他社会组织参与职业教育集团,不断增强职业教育集团的整体实力。 8.提升职业教育集团服务区域协调发展的能力。职业教育集团要服务国家区域发展战略和主体功能区战略,统筹成员学校的专业布局和培养结构,为各地根据资源禀赋和比较优势发展各具特色的区域经济提供人才支撑。鼓励农村地区、民族地区、贫困地区围绕区域支柱产业和特色产业,明确职业教育集团办学定位,重点培养新型职业农民、服务民族文化传承创新、推动贫困家庭脱贫致富。要整合集团各类资源,充分发挥优质资源的引领、示范和辐射作用,实现以城带乡、以强带弱、优势互补,推动职业院校标准化、规范化和现代化建设。

续表

序号	颁布日期	颁布机关	政策名称及相关内容
54	2015年7月	教育部	《教育部关于深化职业教育教学改革全面提高人才培养质量的若干意见》 三、改善专业结构和布局 （八）优化服务产业发展的专业布局。要建立专业设置动态调整机制，及时发布专业设置预警信息。各地要统筹管理本地区专业设置，围绕区域产业转型升级，加强宏观调控，努力形成与区域产业分布形态相适应的专业布局。要紧密对接"一带一路"、京津冀协同发展、长江经济带等国家战略，围绕各类经济带、产业带和产业集群，建设适应需求、特色鲜明、效益显著的专业群。要建立区域间协同发展机制，形成东、中、西部专业发展良性互动格局。支持少数民族地区发展民族特色专业。
55	2015年5月	教育部、文化部、国家新闻出版广电总局	《教育部 文化部 国家新闻出版广电总局关于加强新时期中小学图书馆建设与应用工作的意见》 二、重点任务 （六）不断提高信息化水平。各地要将中小学图书馆信息化建设纳入区域和中小学信息化建设整体规划，创造条件积极推进中小学数字图书馆及配套阅览条件建设。要充分发挥教育主干网、城域网、校园网的作用，以县级网络中心为依托推进数字图书馆和信息资源中心建设，辐射县域内学校。逐步建立起县级、地市级、省级中小学数字图书馆网络体系，为中小学图书馆、公共图书馆馆际数字资源共享搭建教育资源公共服务平台。县级以上数字图书资源中心要能够满足区域学校教育教学和广大师生电子阅读需求，确保师生便捷获取数字图书和电子期刊等数字资源。要逐步实现中小学图书馆管理信息化和服务形式网络化，探索动态实现区域内中小学图书馆纸质图书、报刊的联合采编、公共检索、馆际互借等功能。
56	2015年4月	教育部	《教育部关于做好2015年重点高校招收农村学生工作的通知》 为……畅通农村和贫困地区学子纵向流动渠道。 一、继续实施农村贫困地区定向招生专项计划 2.严格报考条件。国家专项计划实施区域为832个贫困县（包括所有集中连片特殊困难县和国家级扶贫开发重点县，含新疆生产建设兵团在新疆南疆三地州的22个团场），以及重点高校录取比例相对较低的河北、山西、安徽、河南、广东、

续表

序号	颁布日期	颁布机关	政策名称及相关内容
56	2015年4月	教育部	广西、四川、贵州、云南、甘肃等省区。考生具有本省(区、市)实施区域当地连续3年以上户籍和当地高中连续3年学籍并实际就读、符合当年统一高考报名条件、父母或法定监护人具有当地户籍的,均可报考本省(区、市)实施区域的国家专项计划。有关省(区、市)可根据实际情况制订具体报考条件及实施办法。
57	2014年8月	教育部、财政部、人力资源和社会保障部	《教育部 财政部 人力资源和社会保障部关于推进县(区)域内义务教育学校校长教师交流轮岗的意见》 五、全面推进义务教育教师队伍"县管校聘"管理改革 加强县(区)域内义务教育教师的统筹管理,推进"县管校聘"管理改革,打破教师交流轮岗的管理体制障碍。县级教育行政部门会同有关部门制定本县(区)域内教师岗位结构比例标准、公开招聘和聘用管理办法、培养培训计划、业绩考核和工资待遇方案,规范人事档案管理和退休管理服务。学校依法与教师签订聘用合同,负责教师的使用和日常管理。教师交流轮岗经历纳入其人事档案管理。 国家层面推动义务教育教师队伍"县管校聘"示范区建设,总结推广各地成功经验,全面推进"县管校聘"管理改革,为教师交流轮岗工作提供制度保障。各地也要从本地实际情况出发,大胆探索教师队伍管理新机制。 六、切实落实校长教师交流轮岗工作的责任主体 校长教师交流轮岗实行"省级统筹、以县为主"的工作机制。在党委政府统一领导下,各级教育、组织、编制、财政、人力资源社会保障等部门要形成联动机制,加强统筹规划、政策指导和督导检查,共同推进校长教师交流轮岗工作。教育部门要科学制定校长教师交流轮岗实施办法,指导和协调交流轮岗工作。组织部门要按照校长管理权限,会同教育部门全力推进校长交流轮岗工作。机构编制部门要会同有关部门根据义务教育事业发展规划、生源变化和学校布局调整等情况,切实加强教职工编制动态管理。财政部门对校长教师交流轮岗给予必要的经费支持。人力资源社会保障部门要在"县管校聘"管理改革、岗位设置、聘用管理、职务(职称)评聘等方面对校长教师交流轮岗给予政策支持。

续表

序号	颁布日期	颁布机关	政策名称及相关内容
57	2014 年 8 月	教育部、财政部、人力资源和社会保障部	各县(区)要根据县域内义务教育校长教师队伍的实际情况,合理制定校长教师交流轮岗工作实施方案,科学编制校长教师交流轮岗中长期规划和年度交流计划,并落实到校、到人。要明确校长教师交流轮岗的具体要求和支持政策,加强对优秀校长和教学名师的培养,建立校长教师交流轮岗工作长效机制。建立校长教师交流轮岗政策的信息公开制度,切实维护参与交流轮岗的校长教师合法权益。县级教育行政部门研究制定的本地校长教师交流轮岗工作实施方案须经县级人民政府批准后实施。
58	2014 年 6 月	教育部	《教育部关于进一步推进长江三角洲地区教育改革与合作发展的指导意见》 "长三角地区",范围包括上海市、江苏省、浙江省、安徽省。 二、加快教育合作重点领域改革步伐 1.深化教育领域综合改革;2.推进区域高等教育管理体制改革;3.推进区域教育办学体制改革;4.推进区域人才培养模式改革;5.推进区域性招生考试制度改革;6.积极探索建立区域基础教育公共服务体系;7.共同构建区域现代职业教育体系;8.加快推进区域教育国际交流与合作。 三、创新区域教育合作体制机制 1.加强区域高校校际合作;2.共建区域教育协作发展平台;3.构建区域内优质教育资源共享平台;4.推进区域性师资队伍建设合作。 四、完善工作机制 1.支持建立长三角地区教育协作发展协调机制;2.加强长三角地区教育协作与发展研究。
59	2014 年 2 月	教育部	《中国特色新型高校智库建设推进计划》 三、整合优质资源,建设新型智库机构 4.加强高等学校软科学研究基地建设。以综合性大学现有的高水平战略研究机构为基础,培育一批面向国家和国际重大科技战略问题的国家级智库。培育、鼓励行业特色院校组建行业、产业科技发展战略研究中心,形成全面覆盖的行业、产业发展战略与政策研究支撑网络。面向区域发展需要,在高校培育一批面向区域产业发展需要的特色政策咨询机构。

续表

序号	颁布日期	颁布机关	政策名称及相关内容
60	2014年1月	教育部	《教育部关于推进学校艺术教育发展的若干意见》 二、抓住重点环节,统筹推进学校艺术教育 6.加强区域内艺术教育统筹力度,多渠道解决艺术师资短缺问题。要根据课程方案规定的课时数和学校班级数有计划、分步骤配齐专职艺术教师,重点补充农村、边远、贫困和民族地区镇(乡)中心小学以上学校的艺术教师。实行县(区)域内艺术教师交流制度,鼓励艺术教师采取"对口联系""下乡巡教"等形式到农村学校任教。要依托高等学校,特别是师范院校培养合格的中小学艺术教师,在农村学校设立教育实习基地,积极开展顶岗实习。鼓励中小学优秀骨干教师担任高校艺术教育专业的兼职教师,指导学生教学实践。专职艺术教师不足的地区和学校,可由具有艺术特长的教师和管理人员经必要专业培训后担任兼职艺术教师,鼓励聘用社会文化艺术团体专业人士、民间艺人担任学校兼职艺术教师。 四、加强组织领导,完善艺术教育保障机制 12.保障经费投入和设施设备配置。各地教育财政投入中要保证艺术教育发展的基本需求,确保艺术教育经费随教育经费的增加相应增长。鼓励多种形式筹措资金,增加艺术教育投入。要合理配置艺术教育资源,扩大优质教育资源覆盖面,推进区域内艺术教育均衡发展。县级教育行政部门要在当地政府的统筹协调下,把农村学校艺术教育设施设备建设纳入本地推进义务教育均衡发展的有关项目规划,并保证配置到位。各级各类学校要执行国家制定的配置标准,充分发挥场馆等设施设备的功能,满足艺术教育教学和大型艺术活动需求。
61	2013年12月	教育部、国家发展改革委、财政部	《教育部 国家发展改革委 财政部关于全面改善贫困地区义务教育薄弱学校基本办学条件的意见》 为……统筹城乡义务教育资源均衡配置,加快缩小区域、城乡教育差距,促进基本公共教育服务均等化,经国务院同意,现就全面改善贫困地区义务教育薄弱学校基本办学条件提出以下意见。 四、有关工作要求 (三)制定方案。县级人民政府及其教育、发展改革、财政等部门要根据在国家教育体制改革领导小组备案的农村义务教育学校布局专项规划,针对每一所存在基本办学条件缺口

续表

序号	颁布日期	颁布机关	政策名称及相关内容
61	2013年12月	教育部、国家发展改革委、财政部	的学校制订专门方案,明确弥补缺口的途径、时间安排和资金来源,形成本地区改善薄弱学校基本办学条件的时间表、路线图。地市级人民政府要做好指导和协调工作。省级人民政府要从实际出发,分清轻重缓急,在汇总各县(区)方案的基础上制定本省(区、市)改善贫困地区薄弱学校基本办学条件的实施方案。 (四)保障经费。……省级人民政府要加大省级财政投入,优化财政支出结构,最大限度地向贫困地区义务教育倾斜,做好改善基本办学条件建设需求与相关资金的统筹和对接,防止资金、项目安排重复交叉或支持缺位。地市和县级人民政府要加大经费投入、严格经费管理,按规划确保各项资金落实到位和管理使用安全高效,抓好项目实施。
62	2013年9月	教育部	《教育部关于进一步加强中小学校长培训工作的意见》 四、改进培训方式,发挥校长学习主体作用 ……探索建设校长网络研修社区,积极开展区域内、区域间校长网上协同研修,推动校际间、城乡间校长网上结对帮扶,形成校长学习发展共同体,实现校长培训常态化。
63	2013年5月	教育部	《教育部关于2013年扩大实施农村贫困地区定向招生专项计划的通知》 一、充分认识扩大专项计划的重要意义 经过多年努力,目前农村学生上大学的机会公平问题已初步得到解决,区域间高考录取率差距明显缩小,但上重点高校的比例仍然偏低。 二、扩大实施专项计划的基本要求 2.扩大区域。2013年专项计划覆盖区域将在2012年面向680个集中连片特殊困难县(包括371个民族自治县、252个革命老区县和57个陆地边境县)基础上,扩大到832个县(包括所有国家级扶贫开发重点县,含新疆生产建设兵团在新疆南疆三地州的22个团场),以及重点高校录取比例相对较低的河北、山西、安徽、河南、广东、广西、四川、贵州、云南、甘肃等省、区。

　　从上述这些政策文本的具体内容来看,国家层面的教育整体政策中,区域教育治理的关注点在健全区域协调发展体制机制、教育对外开放、推进教育现代化区域创新试验、区域教师教育综合改革、高水平教师教育基地建设行动、教育脱贫攻坚、加快中西部教育发展等方面。学前教育中区域教育治理的关注点在加强组织领导、加强党对学前教育工作的全面领导、强化省级统筹、充分发挥市级区域中心作用、落实县级主体责任、县域学前教育普及普惠、城镇小区配套幼儿园治理等方面。义务教育中区域教育治理的关注点在明确各级教育行政部门职责、城乡一体、乡村教师队伍建设等方面。高中教育中区域教育治理的关注点在联合办学、托管帮扶、各级教育行政部门职责、高考综合改革试点等方面。高等教育中区域教育治理的关注点在区域协同创新、产学研用融合、现代产业学院、多元主体协同、融入国家和区域发展战略服务经济社会发展、"双一流"建设、学科专业动态调整机制等方面。职业教育中区域教育治理的关注点在校企合作、产教融合、"双师"素养、跨区域联合培养培训机制、探索新时代区域职业教育改革发展新模式、优化职业教育办学体制机制、加强治理体系和治理能力的现代化建设、职业院校专业人才培养等方面。民办教育中区域教育治理的关注点在民办教育发展专项资金,政府与民办学校签订协议、购买服务等方面。特殊教育中区域教育治理的关注点在根据不同地区经济发展、人口分布等情况,因地制宜,合理布局,统筹推进区域内特殊教育改革发展等方面。每个层次具体的政策内容关注点,详见表2。

　　同时我们也可以看到,国家的区域教育治理重点目前在义务教育与高等教育,高中教育与职业教育次之,学前教育、民办教育和特殊教育的区域教育治理的政策文本较少。因此下一步应该加强对上述薄弱领域的政策支持。

表2　区域教育治理相关政策文献的层次与内容

层次	数量	政策内容关注点
教育整体	26	健全区域协调发展体制机制、教育对外开放、推进教育现代化区域创新试验、区域教师教育综合改革、高水平教师教育基地建设行动、教育脱贫攻坚、加快中西部教育发展等。
学前教育	4	加强组织领导、加强党对学前教育工作的全面领导、强化省级统筹、充分发挥市级区域中心作用、落实县级主体责任、县域学前教育普及普惠、城镇小区配套幼儿园治理等。

续表

层次	数量	政策内容关注点
义务教育	10	明确各级教育行政部门职责、城乡一体、乡村教师队伍建设等。
高中教育	7	联合办学、托管帮扶、各级教育行政部门职责、高考综合改革试点等。
高等教育	13	区域协同创新、产学研用融合、现代产业学院、多元主体协同、融入国家和区域发展战略服务经济社会发展、"双一流"建设、学科专业动态调整机制等。
职业教育	7	校企合作、产教融合、"双师"素养、跨区域联合培养培训机制、探索新时代区域职业教育改革发展新模式、优化职业教育办学体制机制、加强治理体系和治理能力的现代化建设、职业院校专业人才培养等。
民办教育	1	民办教育发展专项资金,政府与民办学校签订协议、购买服务等。
特殊教育	1	根据不同地区经济发展、人口分布等情况,因地制宜,合理布局,统筹推进区域内特殊教育改革发展。

从发布时间情况来看,如表 3 所示,从十八大至 2022 年 4 月,包含区域教育治理相关内容的政策文件数量整体呈上升趋势,在 2020 年达到最大值,这说明国家层面的政策越来越多地纳入区域教育治理的内容,因此区域教育治理是一个值得深入研究的领域。

表 3　所选政策文件发布时间情况统计表

年份	政策名称及相关内容	数量
2022 年	《新时代基础教育强师计划》	4
	《师范教育协同提质计划》	
	《关于深入推进世界一流大学和一流学科建设的若干意见》	
	《关于加强教育行政执法 深入推进校外培训综合治理的意见》	
2021 年	《"十四五"特殊教育发展提升行动计划》	9
	《中小学法治副校长聘任与管理办法》	
	《"十四五"县域普通高中发展提升行动计划》	
	《"十四五"学前教育发展提升行动计划》	
	《关于实施职业院校教师素质提高计划(2021—2025 年)的通知》	

续表

年份	政策名称及相关内容	数量
2021 年	《关于进一步减轻义务教育阶段学生作业负担和校外培训负担的意见》 《关于深入推进义务教育薄弱环节改善与能力提升工作的意见》 《中华人民共和国民办教育促进法实施条例》(2021 年修订版) 《中华人民共和国国民经济和社会发展第十四个五年规划和2035 年远景目标纲要》	9
2020 年	《中共中央关于制定国民经济和社会发展第十四个五年规划和二〇三五年远景目标的建议》 《深化新时代教育评价改革总体方案》 《关于全面加强和改进新时代学校体育工作的意见》 《关于全面加强和改进新时代学校美育工作的意见》 《职业教育提质培优行动计划(2020—2023 年)》 《关于加强新时代乡村教师队伍建设的意见》 《现代产业学院建设指南(试行)》 《教育部等八部门关于加快和扩大新时代教育对外开放的意见》 《中共中央 国务院关于全面加强新时代大中小学劳动教育的意见》 《县域学前教育普及普惠督导评估办法》 《关于深化新时代教育督导体制机制改革的意见》	11
2019 年	《中共中央关于坚持和完善中国特色社会主义制度,推进国家治理体系和治理能力现代化若干重大问题的决定》 《关于新时代推进普通高中育人方式改革的指导意见》 《关于职业院校专业人才培养方案制订与实施工作的指导意见》 《关于切实加强新时代高等学校美育工作的意见》 《中国教育现代化2035》 《加快推进教育现代化实施方案(2018—2022 年)》 《关于开展城镇小区配套幼儿园治理工作的通知》	7

续表

年份	政策名称及相关内容	数量
2018 年	《国务院办公厅关于进一步调整优化结构提高教育经费使用效益的意见》 《关于高等学校加快"双一流"建设的指导意见》 《银龄讲学计划实施方案》 《高等学校人工智能创新行动计划》 《关于全面加强乡村小规模学校和乡镇寄宿制学校建设的指导意见》 《教师教育振兴行动计划(2018—2022 年)》 《职业学校校企合作促进办法》 《关于全面深化新时代教师队伍建设改革的意见》 《深度贫困地区教育脱贫攻坚实施方案(2018—2020 年)》	9
2017 年	《加快中西部教育发展工作督导评估监测办法》 《关于深化教育体制机制改革的意见》 《关于深化医教协同进一步推进医学教育改革与发展的意见》 《对省级人民政府履行教育职责的评价办法》 《国家教育事业发展"十三五"规划》 《统筹推进世界一流大学和一流学科建设实施办法(暂行)》	6
2016 年	《教育脱贫攻坚"十三五"规划》 《依法治教实施纲要(2016—2020 年)》	2
2015 年	《教育部 国家发展改革委 财政部关于引导部分地方普通本科高校向应用型转变的指导意见》 《教育部 财政部关于改革实施中小学幼儿园教师国家级培训计划的通知》 《职业院校管理水平提升行动计划(2015—2018 年)》 《教育部 国家发展改革委关于下达 2015 年全国普通高等教育招生计划的通知》 《教育部关于深入推进职业教育集团化办学的意见》 《教育部关于深化职业教育教学改革全面提高人才培养质量的若干意见》 《教育部 文化部 国家新闻出版广电总局关于加强新时期中小学图书馆建设与应用工作的意见》 《教育部关于做好 2015 年重点高校招收农村学生工作的通知》	8

续表

年份	政策名称及相关内容	数量
2014 年	《教育部 财政部 人力资源和社会保障部关于推进县(区)域内义务教育学校校长教师交流轮岗的意见》	4
	《教育部关于进一步推进长江三角洲地区教育改革与合作发展的指导意见》	
	《中国特色新型高校智库建设推进计划》	
	《教育部关于推进学校艺术教育发展的若干意见》	
2013 年	《教育部 国家发展改革委 财政部关于全面改善贫困地区义务教育薄弱学校基本办学条件的意见》	3
	《教育部关于进一步加强中小学校长培训工作的意见》	
	《教育部关于 2013 年扩大实施农村贫困地区定向招生专项计划的通知》	

国家层面颁布的政策文件中只有 4 个政策文本在标题中提到"区域":《教育部 财政部 人力资源和社会保障部关于推进县(区)域内义务教育学校校长教师交流轮岗的意见》《教育部关于进一步推进长江三角洲地区教育改革与合作发展的指导意见》《县域学前教育普及普惠督导评估办法》《"十四五"县域普通高中发展提升行动计划》。

第一个文件提到要加强县(区)域内义务教育教师的统筹管理,推进"县管校聘"管理改革,校长教师交流轮岗实行"省级统筹、以县为主"的工作机制。第二个文件针对的区域为长三角地区,包括上海市、江苏省、浙江省、安徽省,区域教育合作的重点包括教育综合改革、高等教育办学体制改革、区域人才培养模式改革、区域性招生考试制度改革、区域基础教育公共服务体系、区域现代职业教育体系、区域教育国际交流与合作等。第三个文件要求制定县域学前教育普及普惠督导评估总体规划和年度计划,统筹推进督导评估认定工作。第四个文件指出要完善普通高中办学管理体制,加强省级统筹,强化地市和县两级办学主体责任,鼓励各地探索建立以地市为主的办学管理体制,促进市域普通高中教育整体协调发展,实施县中托管帮扶工程等。

从上述几个政策文件可以看出在区域治理方面,国家重点关注县域层面的教育治理、基础教育,优先发展长三角地区,因此区域教育治理的切入点可以从县域层面的教育治理、区域基础教育治理和长三角地区区域教育的经验总结开展。我们接下来在进行区域教育治理的政策分析时，要注意将国家整体教育政策与各级各类教育政策进行衔接与融合，并将国家教育政策与地方区域性的教育治理政策进行连接与贯通；在分析具体地方的区域教育治理政策时，也要牢牢把握住国家各级各类教育政策在区域教育治理中的重点。

（二）国家层面有关区域教育治理法规的文本梳理

下面对国家层面法规文献中与区域教育治理相关的内容进行梳理，共搜索到10个相关法规文本，如表4所示。从整体来看，在法规文本中与区域教育治理相关的内容主要涉及各级各类政府在本行政区域内对教育领域的权责，特别是在统筹规划、学生入学、师资培养、资源配置、经费保障、监督管理、服务提供等方面。

在国家法律法规数据库中，以"教育"为关键词，且发文机构选定为全国人大和全国人大常委会进行搜索，得到法律文本7篇：《中华人民共和国教育法》（2021年修订）、《中华人民共和国义务教育法》（2018年修订）、《中华人民共和国职业教育法》（2022年修订）、《中华人民共和国民办教育促进法》（2018年修订）、《中华人民共和国高等教育法》（2018年修订）、《中华人民共和国国防教育法》（2018年修订）和《中华人民共和国家庭教育促进法》（2021年颁布）。

以"教育"为关键词，且发文机构选定为国务院、国家监察委员会、最高人民检察院、最高人民法院进行搜索，得到行政法规文本6篇：《中华人民共和国民办教育促进法实施条例》（2021年修订）、《教育督导条例》（2012年颁布）、《高等教育管理职责暂行规定》（1986年颁布）、《残疾人教育条例》（2017年颁布）、《高等教育自学考试暂行条例》（2014年颁布）、《征收教育费附加的暂行规定》（2011年颁布），但搜索后发现该6篇法规文本中没有与区域教育治理相关的表述。

在国家法律法规数据库中，以"教育治理""区域""协同""协调""普及"等为关键词进行搜索，得到的相关法规文献为0篇；以"均衡"为关键词进行搜索，得到地方性法规2篇：《南通市义务教育优质均衡发展条例》（2020年颁布）、《无锡市义务教育均衡发展条例》（2014年颁布）；以"普惠"为关键词进行搜索，得到地方性法规1篇：《汕头市人民代表大会常务委员会关于促进和保障农村学前教育普惠健康规范发展的决定》（2019年颁布）。我们可以看到在区域教育治理方面，江苏省与广东省是走在前列的，关注的区域教育治理的内容主要包括义务教育与学前教育。因此在后续研究中可以加强对以上省市区域教育治理经验与理论的探究。

表4　区域教育治理相关法规文献汇总表

序号	颁布日期	制定机关	法规名称及相关内容
1	2022 年 4 月 20 日	全国人民代表大会常务委员会	《中华人民共和国职业教育法》 第八条　国务院建立职业教育工作协调机制,统筹协调全国职业教育工作。 国务院教育行政部门负责职业教育工作的统筹规划、综合协调、宏观管理。国务院教育行政部门、人力资源社会保障行政部门和其他有关部门在国务院规定的职责范围内,分别负责有关的职业教育工作。 省、自治区、直辖市人民政府应当加强对本行政区域内职业教育工作的领导,明确设区的市、县级人民政府职业教育具体工作职责,统筹协调职业教育发展,组织开展督导评估。 县级以上地方人民政府有关部门应当加强沟通配合,共同推进职业教育工作。 第二十九条　县级以上人民政府应当加强职业教育实习实训基地建设,组织行业主管部门、工会等群团组织、行业组织、企业等根据区域或者行业职业教育的需要建设高水平、专业化、开放共享的产教融合实习实训基地,为职业学校、职业培训机构开展实习实训和企业开展培训提供条件和支持。 第六十一条　国家鼓励和支持开展职业教育的科学技术研究、教材和教学资源开发,推进职业教育资源跨区域、跨行业、跨部门共建共享。 国家逐步建立反映职业教育特点和功能的信息统计和管理体系。 县级以上人民政府及其有关部门应当建立健全职业教育服务和保障体系,组织、引导工会等群团组织、行业组织、企业、学校等开展职业教育研究、宣传推广、人才供需对接等活动。
2	2021 年 4 月 29 日	全国人民代表大会	《中华人民共和国教育法》 第十五条　国务院教育行政部门主管全国教育工作,统筹规划、协调管理全国的教育事业。 县级以上地方各级人民政府教育行政部门主管本行政区域内的教育工作。 县级以上各级人民政府其他有关部门在各自的职责范围内,负责有关的教育工作。

续表

序号	颁布日期	制定机关	法规名称及相关内容
3	2018 年 12 月 29 日	全国人民代表大会	《中华人民共和国义务教育法》 第十二条　适龄儿童、少年免试入学。地方各级人民政府应当保障适龄儿童、少年在户籍所在地学校就近入学。 父母或者其他法定监护人在非户籍所在地工作或者居住的适龄儿童、少年,在其父母或者其他法定监护人工作或者居住地接受义务教育的,当地人民政府应当为其提供平等接受义务教育的条件。具体办法由省、自治区、直辖市规定。 县级人民政府教育行政部门对本行政区域内的军人子女接受义务教育予以保障。 第十五条　县级以上地方人民政府根据本行政区域内居住的适龄儿童、少年的数量和分布状况等因素,按照国家有关规定,制定、调整学校设置规划。新建居民区需要设置学校的,应当与居民区的建设同步进行。 第三十二条　县级以上人民政府应当加强教师培养工作,采取措施发展教师教育。 县级人民政府教育行政部门应当均衡配置本行政区域内学校师资力量,组织校长、教师的培训和流动,加强对薄弱学校的建设。 第四十三条　学校的学生人均公用经费基本标准由国务院财政部门会同教育行政部门制定,并根据经济和社会发展状况适时调整。制定、调整学生人均公用经费基本标准,应当满足教育教学基本需要。 省、自治区、直辖市人民政府可以根据本行政区域的实际情况,制定不低于国家标准的学校学生人均公用经费标准。 特殊教育学校(班)学生人均公用经费标准应当高于普通学校学生人均公用经费标准。
4	2018 年 12 月 29 日	全国人民代表大会常务委员会	《中华人民共和国民办教育促进法》 第八条　县级以上地方各级人民政府教育行政部门主管本行政区域内的民办教育工作。 县级以上地方各级人民政府人力资源社会保障行政部门及其他有关部门在各自的职责范围内,分别负责有关的民办教育工作。

续表

序号	颁布日期	制定机关	法规名称及相关内容
5	2018年12月29日	全国人民代表大会常务委员会	《中华人民共和国高等教育法》 第十三条　国务院统一领导和管理全国高等教育事业。 省、自治区、直辖市人民政府统筹协调本行政区域内的高等教育事业,管理主要为地方培养人才和国务院授权管理的高等学校。 第六十二条　国务院教育行政部门会同国务院其他有关部门根据在校学生年人均教育成本,规定高等学校年经费开支标准和筹措的基本原则;省、自治区、直辖市人民政府教育行政部门会同有关部门制订本行政区域内高等学校年经费开支标准和筹措办法,作为举办者和高等学校筹措办学经费的基本依据。
6	2018年4月27日	全国人民代表大会常务委员会	《中华人民共和国国防教育法》 第六条　国务院领导全国的国防教育工作。中央军事委员会协同国务院开展全民国防教育。 地方各级人民政府领导本行政区域内的国防教育工作。驻地军事机关协助和支持地方人民政府开展国防教育。 第七条　国家国防教育工作机构规划、组织、指导和协调全国的国防教育工作。 县级以上地方负责国防教育工作的机构组织、指导、协调和检查本行政区域内的国防教育工作。
7	2021年10月23日	全国人民代表大会常务委员会	《中华人民共和国家庭教育促进法》 第六条　各级人民政府指导家庭教育工作,建立健全家庭学校社会协同育人机制。县级以上人民政府负责妇女儿童工作的机构,组织、协调、指导、督促有关部门做好家庭教育工作。 教育行政部门、妇女联合会统筹协调社会资源,协同推进覆盖城乡的家庭教育指导服务体系建设,并按照职责分工承担家庭教育工作的日常事务。 县级以上精神文明建设部门和县级以上人民政府公安、民政、司法行政、人力资源和社会保障、文化和旅游、卫生健康、市场监督管理、广播电视、体育、新闻出版、网信等有关部门在各自的职责范围内做好家庭教育工作。 第七条　县级以上人民政府应当制定家庭教育工作专项规划,将家庭教育指导服务纳入城乡公共服务体系和政府购买服务目录,将相关经费列入财政预算,鼓励和支持以政府购买服务的方式提供家庭教育指导。

续表

序号	颁布日期	制定机关	法规名称及相关内容
7	2021 年 10 月 23 日	全国人民代表大会常务委员会	第二十六条 县级以上地方人民政府应当加强监督管理,减轻义务教育阶段学生作业负担和校外培训负担,畅通学校家庭沟通渠道,推进学校教育和家庭教育相互配合。 第二十七条 县级以上地方人民政府及有关部门组织建立家庭教育指导服务专业队伍,加强对专业人员的培养,鼓励社会工作者、志愿者参与家庭教育指导服务工作。 第二十八条 县级以上地方人民政府可以结合当地实际情况和需要,通过多种途径和方式确定家庭教育指导机构。 家庭教育指导机构对辖区内社区家长学校、学校家长学校及其他家庭教育指导服务站点进行指导,同时开展家庭教育研究、服务人员队伍建设和培训、公共服务产品研发。
8	2014 年 1 月 16 日	无锡市人民代表大会常务委员会	《无锡市义务教育均衡发展条例》 第四条 义务教育均衡发展实行市人民政府统筹协调,县级市、区人民政府为主管理的体制。 市、县级市、区人民政府应当把义务教育均衡发展纳入国民经济和社会发展规划,均衡配置办学资源,提高保障水平,建立健全责任机制和评估考核机制,缩小城乡之间、区域之间、学校之间办学条件和办学水平的差距。 第五条 市教育行政部门负责本市行政区域内义务教育均衡发展的综合协调和管理工作。 县级市、区教育行政部门具体负责本辖区内义务教育均衡发展的组织实施工作。
9	2020 年 12 月 9 日	南通市人民代表大会常务委员会	《南通市义务教育优质均衡发展条例》 第三条 义务教育优质均衡发展实行县级人民政府为主的管理体制。 市、县级人民政府应当把义务教育优质均衡发展纳入国民经济和社会发展规划,全面落实教育优先发展战略,科学配置区域内的教育资源,缩小城乡之间、区域之间、学校之间的办学水平和教育质量差距。
10	2019 年 12 月 30 日	汕头市人民代表大会常务委员会	《汕头市人民代表大会常务委员会关于促进和保障农村学前教育普惠健康规范发展的决定》 二、建立健全全市统筹、区(县)人民政府为主、镇人民政府(街道办事处)参与的农村学前教育管理体制。坚持政府主导、社会参与、公办民办并举,充分调动各方面积极性,

续表

序号	颁布日期	制定机关	法规名称及相关内容
10	2019 年 12 月 30 日	汕头市人民代表大会常务委员会	促进和保障农村学前教育普惠健康规范发展。市人民政府建立学前教育联席会议制度,将农村学前教育工作列入对区(县)人民政府履行教育职责评价指标体系。区(县)人民政府应当参照市学前教育联席会议制度,建立健全相应的协调机制,破解本行政区域内制约农村学前教育事业普惠健康规范发展的体制机制障碍,研究和协调解决农村学前教育存在的问题,促进农村学前教育事业发展。 八、……市和区(县)教育行政管理部门应当建立农村幼儿园对口帮扶机制,组织市和区(县)的公办幼儿园对口帮扶农村幼儿园。

二、区域教育治理政策学术文献的搜集与研究现状分析

(一)文献检索基本情况

在中国知网中搜索篇名"区域教育治理+政策",共有论文 0 篇;搜索主题"区域教育治理"+篇名"政策",共有论文 1 篇;搜索篇名"区域教育治理",共有相关文献 107 篇,其中硕士论文 5 篇,首篇文献发表于 2009 年。文献发表时间分布如图 1 所示,所涉主题如图 2 所示,学科分布如图 3 所示,研究层次如图 4 所示,文献来源如图 5 所示,基金来源如图 6 所示。

❶ 数据来源:文献总数:107篇;检索条件:(题名%='区域教育治理');检索范围:中文文献。

总体趋势分析

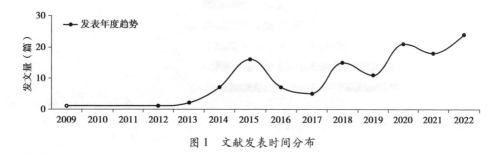

图 1　文献发表时间分布

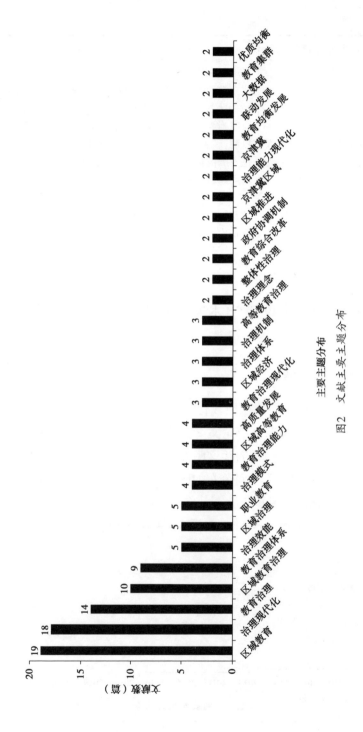

图2　文献主要主题分布

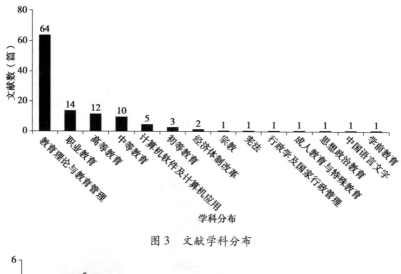

图3 文献学科分布

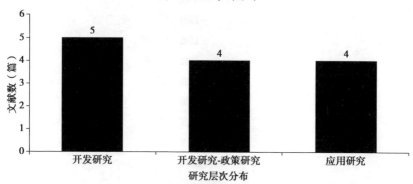

图4 文献研究层次分布

从文献发表时间来看,区域教育治理政策方面的文献数量经历过几次起伏,分别在 2015 年、2018 年、2020 年达到三个研究高峰,相对而言,2016 至 2017 年、2019 年、2021 年热度稍减(见图1)。文献的主要主题聚焦在"区域教育""治理现代化""教育治理""区域教育治理""教育治理体系""治理效能""区域治理""职业教育"等方面(见图2)。文献的学科分布主要集中在"教育理论与教育管理""职业教育""高等教育""中等教育"等学科(见图3)。文献的研究层次方面,"开发研究"、"开发研究-政策研究"、"应用研究"均有所涉及且比重相近(见图4)。文献的主要来源包括《教育家》《人民教育》《未来教育》《中小学管理》《江苏教育》《职业技术教育》《职教论坛》《国家教育行政学院学报》《基础教育参考》等期刊(见图5)。文献基金主要来源于国家社会科学基金、全国教育科学规划课题、教育部人文社会科学研究项目等(见图6)。

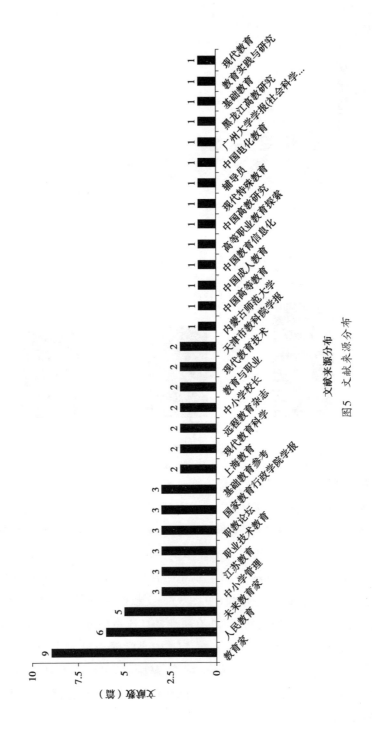

文献来源分布

图5 文献来源分布

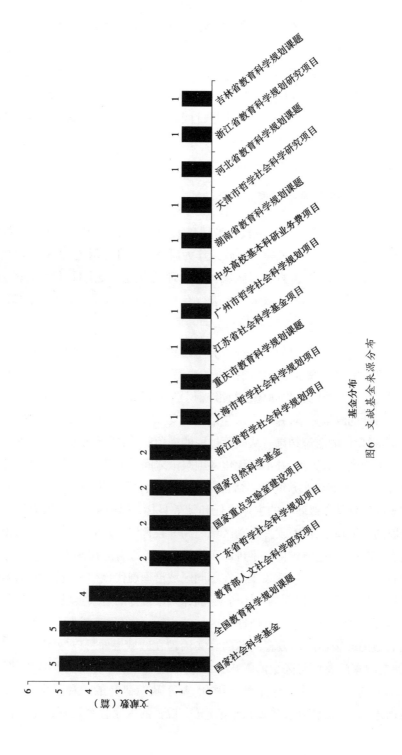

图6 文献基金基金来源分布

从文献发表时间分布图可以看出:2015 年、2018 年、2020 年分别有一次高峰,可以推测这与 2013 年《中共中央关于全面深化改革若干重大问题的决定》、2016年《推进共建"一带一路"教育行动》、2019 年《中国教育现代化 2035》和《加快推进教育现代化实施方案(2018—2022 年)》等重要文件的发布密切相关。区域教育治理作为教育治理现代化的重要组成部分,目前具有较为丰富的研究成果,说明其具有重要的学术研究价值,但专业化政策分析的研究较少,区域教育治理的政策研究是研究者可以继续深入开展研究的领域。

(二)文献主要研究成果和观点

通过阅读筛选,获得与"区域教育治理政策"相关的论文 10 篇,论文多将教育政策作为研究背景进行介绍,或将教育政策作为研究对策进行阐述,或从区域教育治理政策出发开展理论研究,但直接对区域教育治理政策进行专业性教育政策分析的学术文献较少,因此可以从具体政策入手进行专业化教育政策分析,开展后续研究。

1.将区域教育治理政策作为工具的研究

张发旺在谈及推进区域高等教育协调发展的有效保障,完善协同治理的战略统筹机制时,将"完善支撑全方位协同推进的政策供给"放在了首位。政策的制定和实施需要在对所需解决的公告问题进行准确识别的基础上,通过构建具有价值合理性和技术可行性的政策方案,并对合法化后的政策文本进行有效的执行来达到政策预期目标,实现良好的政策结果。从政策过程的视角看,需要基于不同区域的实际构建适宜的政策制度及其工具,并不断优化各项政策之间的配套衔接;从政策主体的角度看,需坚持中央统筹与地方负责相结合,中央政府要加强顶层规划与设计,明确区域内地方政府特别是省级政府的主体责任和绩效目标,区域内地方政府需要认真执行中央政府的政策规定,同时发挥推动区域内高等教育协调发展的积极性;从政策供给的角度看,完善支撑全方位协同推进的政策供给需要综合运用好市场化、社会化等多样化的政策工具,识别不同政策工具在不同区域治理现代化推进过程中的适用性,搭建政策目标和政策结果之间的坚实桥梁,确保政策目标的有效实现。

王连照认为只有地方政府把握好区域的本质,做好地方诊断,才能有针对性地制定出有效的政策措施。教育问题的真实治理在区域层面可以做到最大程度的及时,以回应国家的关切与区域的需求。在这个过程中,政策本质上是一种权宜,它是动态演变的,是有历史有未来的。因此,基于政策研究的一种科学的、成熟的区域教育治理理论可以实现,并贡献于渐进的、旨善的国家教育治理理论。区域教育治理在中共教育综合改革背景中有着重要的方法论意义。

刘鹏照以《青岛市中小学校管理办法》在教育管办评分离的探索为例,聚焦学校依法办学,认为在国家治理体系和治理能力建设的改革背景下,教育行政部门要以构建政府、学校、社会新型关系为核心,以法治为引领,建立和完善现代学校制度,以此推动和实现教育治理体系和治理能力现代化。

郭华巍针对浙江省在教育治理体系现代化改革中,为实现省委省政府提出的"教育政策最好,发展环境最优"的目标提到,建立中国特色现代教育治理体系,加强教育领域的法律治理是其重要保障,着眼于要统筹落实好全面依法治教、全面依章办学、全面依规评教、全面高效服务;同时充分发挥浙江省政策环境优势,根据习近平总书记在八一学校视察时所指出的八个方面的体制改革,制定《浙江省深化教育体制机制改革的实施意见》,努力建成具有中国特色、浙江特点、世界水平的现代教育体制机制。

郄海霞、刘宝存针对 2013 年 9 月习近平总书记提出的"一带一路"倡议,以及国家制定的《丝绸之路经济带和 21 世纪海上丝绸之路建设战略规划》和《推动共建丝绸之路经济带和 21 世纪海上丝绸之路的愿景与行动》等,对如何构建"一带一路"教育共同体,提出了如下政策建议:在制定教育合作新框架方面,制定包容性合作政策、完善相关法律和制度、在高等教育层次建立学分转换系统和学位互授机制、建立区域性的资格框架制度、加强教育质量监测和治理保障领域的合作等;在搭建区域教育合作新平台方面,打造"一带一路"教育战略联盟、设立"一带一路"教育发展基金、建设"一带一路"教育大数据平台等。

王寰安、蔡春在《京津冀协同发展规划纲要》的基础上,从京津冀教育协同发展的背景和特点、地位和功能、面临的问题和挑战、发展路径和机制等方面对京津冀教育协同发展进行了总结。在发展路径上,孙宵兵认为京津冀教育要做统一规划和部署,可以由三地协同制订京津冀"十三五"经济社会和教育发展统一规划,只有这样才能使大家在理念、思路、制度和举措上一致,才能把京津冀教育协同发展问题真正落实。

吴岩等紧密结合《国家中长期教育改革和发展规划纲要(2010—2020 年)》的主要战略任务,在"三关系、四模式"的中国高等教育区域发展新理论的基础上,提出京津冀区域应确立高等教育先导发展战略,实施政府主导、科教驱动的区域高等教育发展新模式。该研究将政策、理论与实践相结合,探索了京津冀区域高等教育发展的新模式。

2.与区域教育治理政策相关的理论研究

李威、陈鹏对西部高等教育的政策进行了分析，认为早期对西部高等教育政策的理解工具论色彩十分浓厚，是在经济学效率思维下的公平的价值转向，即追求朴素的数量平等。在2013年《中西部高等教育振兴计划（2012—2020年）》政策文件出台后，西部高等教育研究从跨域式发展模式步入了振兴模式，从西部高等教育的工具论转向本体论。2015年，国务院印发《统筹推进世界一流大学和世界一流学科建设总体方案》，学者们全面分析了西部高等教育在学科建设要素等各个方面的差异，并进一步关注了西部高等教育的本体论问题，对西部高等教育本身的反思和概念建构有了新的认识。他们认为，振兴西部高等教育不仅是一种争取更多资源配置的政策话语，同时还要站在西部高等教育本身的全局性功能和地方性知识生产的基础上，以一种文化持有者的眼界来认识西部高等教育，在政策话语和知识生产上克服他者困境，突破资源依赖的传统发展模式，重视以人为基础的制度创新。

刘剑虹、秦启光提出政府协调机制的规则体系，包括"外生规则"即正式的成文法规，以及"内生规则"即非正式的社会文化规范。这些规则构成了高等教育治理的主要参与者之间互动的制度环境与框架。"外生规则"与政策相关，而"内生规则"其内容没有严格的界定，更没有外部权威机构来制定和实行。因此，可以把结合地区实际的内生规则嵌入高等教育法律规范中，完善地方高等教育法制建设。

吴岩等在综合《国务院关于编制全国主体功能区规划的意见》和其他长三角、珠三角区域教育文件的基础上，分析高等教育和经济社会的发展存在的"先导""伴生""跟随"三种关系。在此关系下，根据所在区域的特征和主要的动力机制，进一步提出我国高等教育区域发展应该采取"政府主导、科教驱动；市场主导、经济驱动；政府扶持、生态驱动；混合动力、多元驱动"四种模式。

（三）相关研究述评

从研究主题来看，区域教育治理政策方面的研究主要集中在教育政策在治理过程中的工具性以及在理论研究方面的指导性，对国外区域教育政策的研究范围上，国家层面的政策和区域层面的政策都有所涉及，也有将上述两个层面的政策结合起来的研究，但缺少对具体政策的文本分析等研究。研究方法上，总体上以论述为主，针对具体某一政策或某一系列政策的系统研究较为缺乏。研究类型上，理论研究与应用研究都有涉及，应用研究较多，但基础理论研究还有待丰富。

因此，后续研究可以借助专业化教育政策分析的理论，对某一具体区域教育政策或某一系列的区域教育政策开展内容分析、过程分析、环境分析、价值分析等研究。研究内容上可以对国外区域教育治理政策进行分析,为我国区域教育治理提供借鉴。

三、区域教育治理法规学术文献的搜集与研究现状分析

(一)文献检索基本情况

在中国知网中搜索篇名"区域教育治理+法(精确)",共有论文 0 篇;搜索主题"区域教育治理"+篇名"法",共有论文 1 篇;搜索篇名"教育治理+法(模糊)",共有相关文献 37 篇,其中硕士论文 1 篇,首篇文献发表于 1997 年,文献发表时间分布如图 7 所示,文献主要主题分布如图 8 所示,文献学科分布如图 9 所示,文献基金来源如图 10 所示。

❶数据来源:文献总数:37篇;检索条件:((题名%'教育治理')AND(题名%'法'));检索范围:中文文献。

总体趋势分析

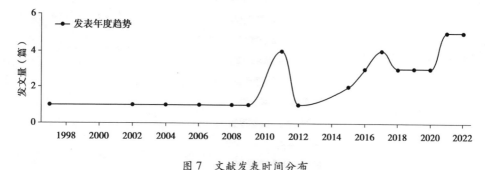

图 7　文献发表时间分布

从文献发表时间来看,区域教育治理法律方面的文献从 2010 年开始增多,分别在 2011 年、2017 年、2021 年达到三个研究高峰(见图 7)。文献的主要主题聚焦在"高等教育治理""高等教育""《高等教育法》""治理结构""现代大学治理""《中华人民共和国高等教育法》""新《民促法》""民办高校""大学内部治理结构""促进法"等(见图 8)。文献的学科分布主要集中在"高等教育""行政法及地方法制""法理、法史""教育理论与教育管理"等(见图 9)。文献基金主要来源于国家社会科学基金、全国教育科学规划课题、浙江省哲学社会科学规划课题等(见图 10)。

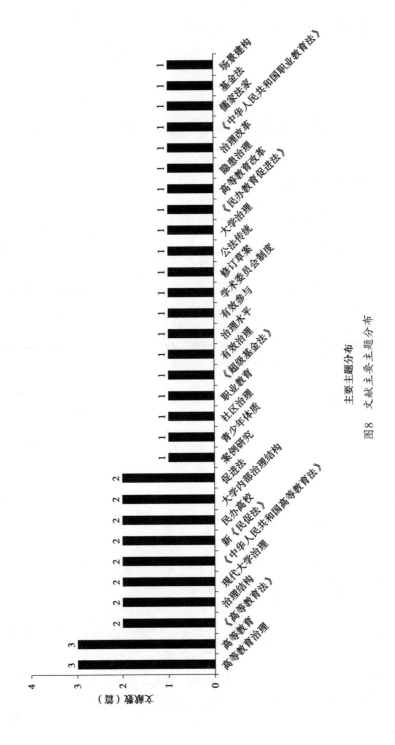

图8　文献主要主题分布

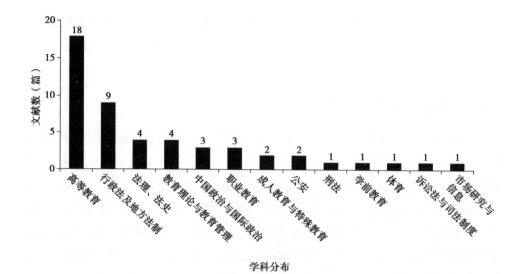

图9　文献学科分布

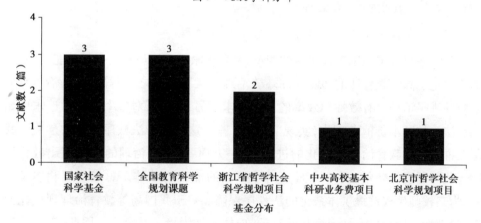

图10　文献基金来源分布

从文献发表时间分布图可以看出:2011年、2017年、2021年分别有一次高峰(见图7),可以推测这与2010年《国家中长期教育改革与发展规划纲要》的发布、2013年《中共中央关于全面深化改革若干重大问题的决定》、2015年《中华人民共和国教育法》《中华人民共和国高等教育法》的修订以及2016年《中华人民共和国民办教育促进法》的修订、2021年《中华人民共和国教育法》《中华人民共和国民办教育促进法实施条例》等重要法律的修订密切相关。

教育治理的法规研究作为教育治理现代化的重要组成部分,目前具有较为丰富的研究成果,说明其具有重要的学术研究价值,但在区域教育治理的法律研究方面的研究较少,因此区域教育治理的法规研究是研究者可以继续深入开展研究的领域。

(二)文献主要研究成果和观点

在原有 34 篇文献的基础上,通过阅读并筛选上述 34 篇论文的引文文献,获得与"区域教育治理法律"相关的论文 37 篇,文献研究大概分为以下几个主题:一是总结他国经验或者进行比较研究,从而为我国教育治理法治化提供经验借鉴;二是对具体的法律法规或案件进行实证分析或文本分析;三是关于地方教育立法;四是关于教育法治;五是关于政府权责的研究;六是针对大学治理的研究;七是其他主题的研究。在教育治理法律的研究领域中,活跃的作者有:申素平(中国人民大学)、胡劲松(华南师范大学)、湛中乐(石河子大学)、张新平(南京师范大学)、阚阅(浙江大学)、王思懿(上海交通大学)等。

1.借鉴他国经验,推动我国教育治理法治化进程

申素平总结了五国教育法治的变革,发现国家出于治理对效率与效能的追求,不断强化了高等教育法的功能性,形成"治理的法",换言之,高等教育法治本身应回应并满足治理对有效性和效率的基本需求。另一方面,对效率效能的追求应始终在法治的基本价值范围内,实现"法的治理",这有赖于法秩序整体的形成。我国在推进高等教育治理法治化的进程中,一方面要构建"治理的法",突出教育法律规范与制度的效能;另一方面,应坚持"法的治理",从体系思维与权利本位出发,为高校师生权益提供体系化的法秩序保障。对于我国高等教育治理现代化而言,治理性困境与体系性困境是并存的,而体系性困境尤其突出。因此,需要从以下三个方面实现基于体系性控制的高校治理法治化:更加注重高等教育法的功能性与回应性;推进高等教育整体法秩序的体系化;构建精细的利益平衡机制,实现权利义务总体平衡。

申素平从教育法治的视角,分别对中、美中学的校规进行了比较研究。研究发现我国校规存在以下问题:未分清学生义务的性质和层次、对学生义务的表述不够清晰、责任规定不能与义务对应且形式单一、缺乏权利救济方面的规定。我国学校可针对以上四方面的问题改进校规,实现校规从管理本位到权利本位的转变。

阚阅讨论了欧盟教育治理中的开放协调法(Open Method of Coordination),开

放协调法实现了从"硬治理"(hard governance)到"软治理"(soft governance)的转变,其主要目的是更有效地适应欧洲一体化发展的"硬政治"需求。作为欧盟"软治理"的重要工具,开放协调法发端于欧盟就业和经济政策改革,成型于里斯本峰会,其应用领域在不断拓展。在教育领域中,开放协调法通过形成共同目标、设立基准和指标、制定国家或地方战略以及开展监测与同伴活动四个步骤,有力推动了欧盟成员国教育政策的趋同。实践证明,该工具有效地发挥了多元治理的作用、改善了成员国的教育表现、加速了欧盟的教育一体化,但是与此同时也面临着数据可比性存疑、缺乏相应约束机制以及民主赤字问题凸显等问题和挑战,仍需要进一步发展完善。

2.对法律法规及案件进行实证分析

申素平通过对全国397部地方性教育法规的实证分析,对地方教育立法的司法使用性进行了考察,这有助于更好地观测地方教育立法的实际运行状况。发现其存在总体被引频次不高、地域差异显著、被引条款相对集中和主体适用偏好不同四个特点,国家教育管理体制、教育诉讼的受案条件与范围、地方教育立法的法律位阶、立法质量和法规基数等因素影响了前述特点的形成。因此建议从立法环节提升地方教育立法质量、通过先行立法为立法不足的领域提供依据和推动地方性教育法规的传播与更新三条路径,增强地方教育立法的司法适用性。

申素平通过对2010—2015年高教领域300多起诉讼案件的分析,发现我国高教领域诉讼案件数量逐年增长,争议范围逐步扩大,高校与师生间的纠纷为主要类型。高校管理中存在着自制规章制度不合法或适用不当、权力行使程序不规范、忽视积极履行信息公开法定义务等问题。高校应重视诉讼案件,从认识、制度和程序等方面进一步提高依法治校的水平。

胡劲松通过对德国各州法律进行文本分析,总结了德国义务教育立法的主体、内容及其特征。德国义务教育立法权属于各州,立法主体包括州议会和州政府。德国义务教育的有效法律渊源既包括各州议会制定的学校法或义务教育法,也包括各州政府根据学校法授权而发布的义务教育法规命令。德国义务教育法律主要规范义务教育对象、义务教育年龄和年限、义务教育类型和形式,以及义务教育法律责任。德国义务教育法律重在调整行为、设定义务和规范程序。反观我国《义务教育法》的颁行,尽管它在我国普及义务教育进程中曾经发挥过极其重要的保障作用,尽管2015年的修订进一步完善了经费保障和法律责任等相关内容,但从规范立法和科学立法的角度而言,其立法标准和立法逻辑始终不甚明晰,内容仍然相对庞杂,对主要法律关系行为的调整也不够突出。德国义务教育的立法经验,可以为我国义务教育立法的继续完善提供有针对性和有益的借鉴。

胡劲松通过对 31 个省区法规文本的梳理和分析发现,地方立法循守上位法规定有余,创造性解决地方特殊需求则明显不足。未来地方立法应当准确定位"硬法"规制与"软法"引导的关系,确保地方立法效能;正确把握保守性立法与创新性立法的关系,凸显地方立法特色;科学规范"兜底"发展和"差异"发展资源,实现地方立法宗旨。

葛新斌基于广东省东莞市的实地研究,对非户籍常住人口子女义务教育的地方立法与政策进行了探索。研究认为真正落实中央政府现行的"两个为主"政策,就必须在逐步推进宏观财政体制和户籍制度改革的同时,加强对非户籍常住人口的地方教育立法和政策创新工作,以便为有效缓解非户籍常住人口子女的义务教育问题,构筑良好的法制基础和政策框架。

王思懿通过对美国、英国、新加坡三国的分析,探讨了新公共治理范式下高等教育系统的变革趋势。从新公共治理范式下世界各国高等教育治理模式的变革来看,以美国、英国、新加坡为代表的国家植根于多元主义、大学自治与社会参与的传统,注重发挥社会集体规制和大学自我规制对国家规制的制约作用,通过健全大学章程和行业规范保障大学自治,从而有效地规避了新公共管理过度强调"竞争、效率、绩效和问责"所造成的负面影响。借鉴国际经验,应通过国家法律秩序的"框架立法""分类设计"与"地方创新"培育大学自治秩序和行业规范的生长,建构起国家法律秩序与大学自治秩序、外部规制与内部规制之间理性界分和良性互动的"混合法"规制结构。

3.对地方教育立法的思考

申素平对北京市地方教育立法进行了回顾与思考。1978 年以来,北京市地方教育立法经过起步探索、快速繁荣、规范发展和完善深化四个阶段,先后制定 8 部地方性教育法规、3 部规章并进行了多次立法修订,初步形成具有首都特色的地方教育法制体系。但仍存在教育立法不足、迟滞与政策依赖问题,应从完善立法机制、改进立法技术和加强后教育立法活动等方面进一步完善北京市地方教育立法。

胡劲松认为现行地方教育立法在立法功能、调整内容以及法规制定过程方面存在"三重三轻"现象:在立法功能方面,地方教育立法重法律实施轻法规创制;在调整内容方面,地方教育立法重行政管理轻权利平衡;就法规制定过程而言,地方教育立法则重教育部门主导而轻多部门联动。有效发挥地方教育立法的保障和促进作用,需要协调好实施法律与创制法规、约束公权与保障多主体权利、教育部门主导与多部门联动三对关系。

吴会会针对广东省义务教育发展面临着城乡、区域和校际不均衡的困境,提出了破解的途径,即迫切需要通过地方立法为国家法律的具体落实、政府职能的法律约束、学校权责的明确规定、教师队伍的稳定提升和学生权利的维护救济奠定制度基础。

4.对教育法治的探讨

申素平对我国高等教育法治70年的发展史进行了梳理,我国高等教育立法在新中国成立后曲折起步,改革开放后伴随法治理念的确立而快速发展,至今已形成初步的法律规范体系并在依法治国背景下加快建设高等教育法治体系。高等教育法治为我国高等教育事业的健康发展提供了规范依据和重要保障,未来应继续深化法治理念,完善高等教育法律体系和制度,强化教育行政执法,重视司法在高等教育法治中的功能。

申素平提出谋划教育改革时要有规则至上、权力制约与权利保护、程序正义等法治思维。启动教育改革时要依法、找法,推进教育改革时要用法、靠法。法治不仅是深化教育改革的手段,也是深化教育改革的目标。

申素平区分了法制(rule by law)与法治(rule of law)两个概念。法制是法律制度(系统)的简称,它包括以法为核心的整个法律上层建筑系统,是起法律调整作用的实体工具。法制是对一国法律制度完善与否的客观事实判断。法制建设以立法为核心,着重于法律规范数量的完备性,强调有法可依。法治则不同,亚里士多德在《政治学》中提出了法治的经典定义:"法治应包含两重意义:已成立的法律获得普遍的服从,而大家所服从的法律又应该本身是制定得良好的法律。"相对于侧重立法的"法制","法治"更强调立法、法的实施、法的监督与保障、守法及党内法规完善全环节的联动效应,从而展现出一个完整的中国社会主义法治体系。法治概念的提出及其内涵的确认深刻影响了我国的教育改革。

申素平对改革开放40年我国教育法治建设进行了回顾与展望。改革开放以来,我国教育法治建设实现了从法制到法治的观念转变和实践转型。教育立法快速发展,初步形成中国特色社会主义教育法律体系。教育纠纷从不可讼到逐步可讼,司法成为推动教育法治进步的重要力量。同时,教育法治建设也面临着滞后性:实践上教育立法数量不够、质量不高,司法面临受理困难、说理不足等问题。理论上对法治理念现有成果的消化仍然存在偏差与不足,更遑论反哺法治理论的进一步发展。在研究方法上也更多地停留在立法论的层次,对解释论缺乏足够的研究,尚未形成体系化的解释方法。面向新时代,需进一步强化教育法治的价值理念,并从立法、执法、司法、守法等方面推进教育法治现代化。

申素平分析了新时代我国教育法治建设面临的问题及对策。当前,我国教育法治建设虽已取得一定成就,但仍面临新的挑战。教育立法理念、内容、速度和质量无法适应现代教育发展的新动向、新类型和新样态;教育执法体系不能适应教育治理的转型需要;教育纠纷解决机制无法满足权利救济的及时、有效和多元需求。为此,需要从中国实践出发,加快教育立法进程,完善教育法律体系;规范教育执法行为,创新教育执法机制;肯定教育诉讼价值,完善纠纷解决机制。如此,方能稳步推进中国教育法治现代化。

5.对政府教育权力与责任的研究

申素平探讨了省级政府高等教育统筹权的问题。省级政府是推动高等教育发展的重要主体,加强省级政府高等教育统筹是我国高等教育管理体制改革的重要内容。应通过区分举办者权利和行政管理者权力的思路来厘清省级政府高等教育统筹权的内涵,落实省级政府的举办者权利,扩大省级政府的行政管理权力并予以法律保障,在此基础上进一步推进省级政府高等教育统筹。

胡劲松针对《民办教育促进法》的修订,对民办教育主体行为规范进行了研究。研究发现现行民办教育立法的行为规范中,义务性规范远多于授权性规范,"作为"规范远多于"不作为"规范,"应当"规范又远多于"必须"规范。其中,针对政府的义务性规范最少,针对举办者的强制义务性规范最多,针对国家主体的行为规范则均为权义复合性规范。要实现民办教育立法的促进功能,应明确对政府的强制义务性规范,弱化对举办者的不作为规范,强化对学校的授权性规范。

葛新斌以珠江三角洲地区公立中小学为例,探究了政府与学校关系的现状与变革。研究认为,人们对政府教育职权以及学校办学自主权的片面认识,促成了现实中政府与公立中小学校相互关系的紧张。在改革中,首先,要根据政府所占公立学校产权的份额,确立相应的产权治理机制,进行公立学校的各项改制试验;其次,可以通过创制、改造和剥离等方式建立"中介性机构",减少两者的直接冲突,并有利于实现政府职能的转变;最后,要淡化公立学校教师的"身份",消除其特权,使其仅仅作为一种专业人员,服务于学校任务的完成。

6.针对大学治理的研究

湛中乐通过对《中华人民共和国高等教育法》的修改与完善进行评论,探究了大学治理的重要保障。大学治理与依法治教,是高等教育领域深化改革的"双轮驱动"。一方面,通过大学治理结构的优化,来提高大学的治理能力;另一方面,通过依法治教,来构建于法有据、科学合理的大学治理体系,促进高等教育的发展。2015 年 12 月,全国人大常委会对《中华人民共和国高等教育法》进行了若干重要的修改,涉及高等教育的方针与任务、高等学校设立的目的与审批权限、高校学术委员会制度、高等教育质量评估以及高等教育投入机制等内容,亮点颇多,但是也存在诸多值得反思和进一步完善的地方。应将大学自治与大学法治相结合,全面推动现代大学制度的建立,加快建成一批世界一流大学和一流学科,真正实现《中华人民共和国高等教育法》的立法目的和全面提升高等教育质量的重要目标。

苏春景探讨了大学治理和高等教育立法建设的关系,提出改革高等教育外部办学体制,厘定大学与社会关系;完善学术委员会制度,构建高校内部学术治理体系。大学治理与依法治教相向而行,实现大学治理法治化,是建设世界一流大学之根本要义。

张君辉分析了近年英、法、日三国高等教育改革中政府与高校治理关系调试的国际经验。英、法、日三国的高等教育改革尽管动因不同,但都体现了简政放权的改革趋势;尽管高等教育管理体制不同,但都试图通过市场调节构建高校与政府的新型关系;简政放权、市场调节并不意味着放任不管,三国教育行政部门积极寻求政府管理与高校自治之间的平衡点,以合作共赢为目的,促进高等教育蓬勃发展,提高高等教育全球竞争力。

王敬波通过《中华人民共和国高等教育法》的修改,探讨了大学治理的法治与自治。如下放高校审批权限,进一步简政放权,深化我国高等教育体制改革;厘清教育公益性与学校分类管理的关系,为社会参与高等教育清除制度障碍;扩大学术委员会权限,规范高校学术权力行使;加大对于违法行为的处罚力度,优化学术环境。为落实《中华人民共和国高等教育法》,政府需要根据不同的学校性质,设置不同的监管制度和方式,实现学校的分类管理。高校需要进一步细化制度,明确学术委员会与其他学术机构的关系、权限、议事规则等。

吕红军探讨了新《民办教育促进法》下民办高校的治理结构，民办高校治理结构问题本质上是管理的问题，其目的就是在国家法律框架下促进民办高校的快速健康发展。在国家新《民办教育促进法》出台的大背景下，民办高校内部治理结构的框架体系包括以党的建设为核心的内部治理政治主线，以大学章程为核心的内部治理制度体系，以各利益主体权力配置为重点的内部治理权力结构。外部治理结构应该以制度建设为核心，以政策落实为重点，从国家政策、省级政策、社会第三方参与三个层面协调推进，形成共赢的局面。

黄厚明通过评论新修改的《高等教育法》，探析了现代大学治理的学术委员会制度。学术委员会制度建设是现代大学治理的基础，这不仅源于科学研究自由这一基本权利的社会权属性，还源于学术委员会制度的建立并不必然会保障科学研究自由，所以必须通过不断地加强规范性法律文件和章程建设来推进现代大学治理。学术委员会制度建设经历了雏形阶段、《高等教育法》依法规定和依法修改阶段，推进了现代大学治理。目前我国高校学术权力仍然处于"依附"状态，因此，必须进一步修改和完善《高等教育法》等相关法律法规和高校学术委员会章程，建设一个相对独立的学术委员会。

姚荣探究了高等教育治理的场景建构。国家管制与学术自治并存的双重结构，构成大陆法系国家和地区大学自治公法规制的经典内涵。在新公共管理运动的冲击下，传统的大学法制因其效率低下与僵化而备受诟病。当前，强化功能导向与维系公法传统，创设法律空间与设置法律界限，构成公法视野下高等教育治理变革的双重面向。大陆法系的经验表明，高等教育治理的场景建构，是新旧制度要素相互整合的必然选择。将新的制度要素置于公法规制的传统与框架秩序之中，既能够降低高等教育改革的阻力，又能够增强高等教育治理的合宪性与合法性。通过国家与大学之间订立合同关系、建立"第三方"高等教育质量保障机构、创设大学法人治理模式等一系列"场景"的建构，大陆法系国家和地区的高等教育治理变革，始终在传统与现代、公共服务与市场竞争、自治与责任之间保持着特定的张力。

朱福惠以我国高等教育法第十一条为依据，对我国公立大学内部治理结构的"去行政化"进行了探讨。大学章程应当确立符合大学教学与科研规律的内部组织管理体系，明确教育行政主管部门与大学的监督与被监督关系。

范佳洋提到德国政府主要依据高等教育法来调整大学的内部治理结构。为了避免法律不当干预大学自治，一方面，高等教育法明确大学的法人地位，以此划定政府与大学的制度边界;另一方面,高等教育法必须接受合宪性审查,以确保法律的结构性规定有利于高校践行基本权利。以德国经验为鉴,我国应明确高校法律地位的公法意义,确保大学章程对校内治理结构的合理安排,并通过备案审查制度监督教育类法律文件的合法性,以提升高校内部治理的效能。

崔雅歌采用内容分析法,对近十年的高等教育治理研究进行了文献综述,对高等教育治理的基本理论研究、现代化研究、大学校长与学术自治、国际比较研究等方面进行了分析,并指出未来高等教育治理研究趋势体现在研究内容由分散到集中,研究视角由宏观到微观、非学术领域的专业化研究者占较大比重,研究方法更为多元。

阎峻的硕士论文探讨了高等教育法视野下的我国现代大学治理结构。论文通过对现代、大学、现代大学、大学治理结构等相关概念的厘定,探究了利益相关者理论、法人理论、委托代理理论等有关现代大学治理结构的理论。在此基础上,对国内外现代大学治理结构的历史沿革及其特征进行了梳理分析,对我国大学治理结构存在的主要问题及其原因做了探析,并从高等教育法的视角提出建构我国现代大学治理结构的政策建议:在外部治理结构上,建构有限责任和服务型的政府,建构有限自治与自主的大学以及建构高等教育评估中介机构的主张;在内部治理结构上,建构现代大学内部权责划分的制约平衡机制,协调行政权力与学术权力二者之间的关系以及实行学院参与型治理结构模式的观点。

7.其他主题的研究

申素平分析了学校安全治理现代化的基本原则与未来取向。传统学校安全治理研究局限于功能主义或规范主义的单一进路,难以实现安全/秩序基础价值与自由/权利终极价值之间的调和。推进学校安全治理现代化,应坚持二者的结合与统一,以建立合法性与最佳性的二维治理结构。从二者结合的视角来看,学校安全治理应遵循合法性原则、风险预防原则、行政效能原则、参与性原则以及应责性原则。以之审视我国治理现状,当前仍存在行政规制过度、治理理念落后、规范文件过多、治理主体单一、风险分配失衡等问题。对此,应以权责明晰的实体规则实现风险预防、以正当程序与法律原则实现权利保障、以主体与规则多元化实现合作治理。

潘海生从《中华人民共和国职业教育法修订草案》探析了国家职业教育治理思路。其中《中华人民共和国职业教育法修订草案(征求意见稿)》(简称《修订草案》)呈现了未来推进职业教育治理现代化的制度蓝本,表明了推进职业教育治理体系现代化的制度逻辑起点，展示了推进职业教育治理能力现代化的行动思路。《修订草案》勾勒出未来职业教育治理体系与治理能力现代化的基本框架：职业教育治理主体由单一向多元转变，职业教育治理方式由管理向善治转变，职业教育治理结构由层级制向网状式结构转变以及职业教育治理评价的分层化和标准化。同时，从《修订草案》也可洞悉未来推进职业教育治理体系与治理能力现代化的行动路径：一是以多元驱动发展，形成多主体协同治理的职业教育治理格局；二是以统筹推动发展，提升政府宏观统筹能力；三是以协调促进发展，增强社会组织协调能力；四是以自治看待发展，赋予职业学校更多的办学自主权。

刘磊探讨了新《民办教育促进法》背景下政府对民办园的有效治理，分析了学前教育市场的功用与限度。学前教育的本质属性表明政府提供并不是学前教育公益性的内在规定性，学前教育供给的市场介入和市场机制具有合理性与合法性。然而，追逐利润是资本的天然属性，这就注定了学前教育市场与生俱来的内在限度。新《民促法》背景下，我国的学前教育市场进入了发展的关键期和重大转折期。当下，政府对民办园的分类管理和扶持须着眼于学前教育市场的功用和限度，从吸引民间资本投资学前教育、加强民办园的质量监管和弥补市场失灵三个方面入手，在积极推进民办园分类管理改革的过程中始终关注扩大有质量的普惠性学前教育资源供给，最大限度实现营利性和非营利性两类民办园的社会效益。

刘凯从新修订的《民办教育促进法》的视角探究了非营利性民办高职教育治理的困境与出路。非营利性民办高职教育发展面临产权制度不完善、信息公开不到位、治理机制不健全和扶持政策不清晰等困境。为保障非营利性民办高职教育健康发展，需要落实法人制度、健全信息公开机制、完善治理架构和健全扶持机制。

张新平研究了软法治理视角下的义务教育学校标准化建设。从软法治理视角来看，义务教育学校标准化建设是一个从标准的制定、实施、评价到形成实效的动态治理过程。办学标准在软法框架中可划分为"作为技术工序的标准"和"作为行为规范的标准"两个层次，呈现多元主体协商合意、公共权威补充维护和位阶排列灵活呈现的运行特征。办学标准在运行中的"软约束力"主要指向对政府行政裁量的规制和对学校办学行为的规范，具体体现为干预与矫正政府决策、推动政府创造性表达、激励学校因势利导、赋予学校社会压力和引导学校良善履职等。实效产生的同时，也存在着一些负面效应，究其原因是软法自身理性不足和外在非理性因素的影响。基于此，建构学校标准化建设的最佳秩序需反思"标准运行及其运行实效",处理好教育治理的阶段特性、地方教育共治的观念格局、软硬法并进的规范体系三个问题。

（三）相关研究述评

从研究主题来看,区域教育治理法规方面的研究主要集中在高校内外部治理的法规探讨,对其他各级各类教育治理的法规层面的研究较少。研究范围上,基本上国家层面的法律和区域层面的法规都有所涉及,也有对具体法规进行文本分析的研究。研究方法上,总体上以比较的方法、历史的方法和文本分析的方法为主,针对具体某一法规或某一系列法规的系统研究较为缺乏。研究类型上,理论研究与应用研究都有涉及,宏观理论研究较多,但针对某一区域教育治理的理论研究和应用研究还有待丰富。

因此,后续研究可以借助法律法规专业化分析的理论,对某一具体区域教育治理进行实体法研究与程序法研究。研究内容上可以专注某一区域,进行教育治理法律法规的理论研究与应用研究。另外,《中华人民共和国教育法》和《中华人民共和国职业教育法》分别于 2021 年 4 月和 2022 年 4 月进行了修订,也可以根据二者修订的内容展开相应的研究。

四、本方向的研究趋势分析

根据上述对区域教育治理政策与法规研究现状的分析,我们发现:首先,缺少区域教育治理政策与法规的理论性研究,缺少对具体区域教育治理政策的专业化分析和国外区域教育治理政策方面的研究。其次,政策内容上,政策文献多集中在义务教育与高等教育,而高中教育、职业教育、学前教育、民办教育和特殊教育的政策较少。最后,区域层次上,国家政策更多关注县域层面,缺少市域与省域层面的政策内容,可以重点分析县域层面的区域教育治理,同时在市域和省域的区域教育治理方面进行拓展研究。因此,我们后续的研究可以从以下几个方面展开:

其一,加强区域教育治理中政策与法规的基础研究。包括区域教育治理政策与法规的基础理论研究、区域教育政策的专业化分析(内容分析、过程分析、环境分析、价值分析等)与区域教育法规的专业化分析(实体法研究与程序法研究等)。特别关注新颁布、新修订的政策与法规,结合区域教育治理的理论,对政策与法规的新变化进行分析解读。

其二，坚持对义务教育与高等教育区域教育治理的深入研究，同时拓展其他各级各类教育在教育治理政策与法规方面的研究，重点关注高中教育、职业教育、学前教育、民办教育和特殊教育等。

其三，鉴于对宏观政策与法规的研究较多，因此后续研究可以加强对地方政策与法规的研究，结合地方区域特色，通过实地调研的方式，探究相关政策与法规在该地区的落实的情况与效果。例如，围绕"浙里优学"这张金名片，系统梳理浙江省政府及各县市政府关于城乡教育一体化建设方面的教育政策法规，讲好浙江基础教育故事；围绕"浙有善育"这张金名片，系统梳理浙江省政府及各县市政府关于儿童友好型城市/社区/学校建设方面的教育政策法规，讲好浙江学前教育故事。

参考文献

[1] 崔雅歌.近十年高等教育治理研究综述——基于内容分析法的视角[J].河北大学成人教育学院学报,2018,20(3):110-117.

[2] 范佳洋.德国高等教育法对大学内部治理结构的规范及启示[J].现代教育科学,2020(6):150-156.

[3] 葛新斌,胡劲松.政府与学校关系的现状与变革——以珠江三角洲地区公立中小学为例[J].华南师范大学学报(社会科学版),2001(6):86-92.

[4] 葛新斌,胡劲松.非户籍常住人口子女义务教育的地方立法与政策探索——一项基于广东省东莞市的实地研究[J].华南师范大学学报(社会科学版),2007(5):95-101.

[5] 郭华巍.以"政策最优、环境最好"为目标 扎实推进浙江教育治理现代化[J].教育家,2018(4):21-23.

[6] 胡劲松.流入地政府不提供平等义务教育条件的可诉性[J].中国教育法制评论,2012(1):48-58.

[7] 胡劲松.义务与授权:民办教育主体行为规范研究——基于修订《民办教育促进法》的思考[J].教育发展研究,2014,34(7):60-66.

[8] 胡劲松,陈朝勇.地方义务教育立法:问题与对策——基于省级义务教育地方性法规的文本分析[J].华南师范大学学报(社会科学版),2016(3):75-81.

[9] 胡劲松.德国义务教育立法:主体、内容及其特征——基于各州法律的文本分析[J].华东师范大学学报(教育科学版),2018,36(6):135-143.

[10] 胡劲松.地方教育立法:困境及其对策[J].中国教育法制评论,2020(2).

[11] 黄厚明.推进现代大学治理的学术委员会制度探析——兼评新修改的《高等教育法》[J].湖北社会科学,2016(11):170-174.

[12] 阚阅,谷滢滢."软治理"中的"硬政治":论欧盟教育治理中的开放协调法[J].教育发展研究,2021,41(Z1):106-115.

[13] 李威,陈鹏.振兴西部高等教育:真实的命题而非虚妄的猜忌[J].重庆高教研究,2021,9(1):56-65.

[14] 刘剑虹,秦启光.政府协调机制:我国区域高等教育治理的重要课题[J].国家教育行政学院学报,2013(5):10-14.

[15] 刘凯,傅树京.非营利性民办高职教育治理:困境与出路——基于新修订的《民办教育促进法》视角[J].职业技术教育,2021,42(9):38-43.

[16] 刘磊.新《民促法》背景下政府对民办园的有效治理——基于对学前教育市场功用与限度的分析[J].教育科学,2018,34(6):10-18.

[17] 刘鹏照.以法治推动区域教育治理现代化[J].国家教育行政学院学报,2019(1):38-41.

[18] 吕红军.新《民办教育促进法》下民办高校的治理结构研究[J].黄河科技大学学报,2018,20(6):1-7.

[19] 欧阳恩剑,胡劲松.我国职业教育法治化的路径选择[J].高教探索,2018(1):93-98.

[20] 潘海生,程欣.从《中华人民共和国职业教育法修订草案》探析国家职业教育治理思路[J].中国职业技术教育,2020(10):14-19.

[21] 郄海霞,刘宝存."一带一路"教育共同体构建与区域教育治理模式创新[J].湖南师范大学教育科学学报,2018,17(6):37-44.

[22] 申素平,李娟娟.中美中学校规比较研究——教育法治的视角[J].中国教育学刊,2011(12):83-86.

[23] 申素平,郝盼盼.我国高教法治现状分析——基于高教诉讼案件的视角(2010—2015)[J].复旦教育论坛,2017,15(2):34-39.

[24] 申素平.以权利制约权力:教育改革40年的法治命题[J].探索与争鸣,2018(8):24-26.

[25] 申素平,段斌斌,贾楠.新时代我国教育法治建设面临的问题与对策[J].复旦教育论坛,2018,16(1):23-27.

[26] 申素平,周航,郝盼盼.改革开放40年我国教育法治建设的回顾与展望[J].教育研究,2018,39(8):11-18.

[27] 申素平,邓雨薇.我国高等教育法治70年发展史[J].教育发展研究,2019,39(17):33-38.

[28] 申素平,郝盼盼.运用法治思维和法治方式深化教育改革[J].中国高等教育,2019(Z3):61-63.

[29] 申素平,袁晨钧.北京市地方教育立法的回顾与思考[J].中国人民大学教育学刊,2019(3):

5-19.

[30] 申素平,左磊.论省级政府高等教育统筹权[J].中国高教研究,2019(5):13-18.

[31] 申素平,周航.学校安全治理现代化:基本原则与未来取向[J].教育研究,2020,41(8):121-132.

[32] 申素平,周航."治理的法"与"法的治理":国际高等教育法治的功能趋向与体系控制[J].中国高教研究,2022(3):37-44.

[33] 申素平,王子渊.地方教育立法的司法适用考察——基于全国397部地方性教育法规的实证分析[J].北京大学教育评论,2022,20(1):132-148.

[34] 苏春景,张济洲.《高等教育法》修改亮点和大学治理法治化[J].中国高等教育,2017(21):51-53.

[35] 孙国花,刘元国.美法俄英四国青少年体育教育透视:身体素质与意志品质双重培养——兼论我国青少年体质治理改革的启示[C].第十一届全国体育科学大会论文摘要汇编.南京,2019:6795-6796.

[36] 王寰安,蔡春.创新区域教育治理结构,促进京津冀教育协同发展——"京津冀教育协同发展"高峰论坛综述[J].首都师范大学学报(社会科学版),2016(1):122-126.

[37] 王敬波.大学治理的法治与自治之维——写在《中华人民共和国高等教育法》修改之际[J].中国高教研究,2016(6):37-41.

[38] 王连照.教育问题区域治理的主要场域与关键事项[J].教育研究,2018,39(2):64-67.

[39] 王思懿.迈向"混合法"规制结构:新公共治理范式下高等教育系统的变革趋势——基于美国、英国、新加坡三国的分析[J].中国人民大学教育学刊,2017(2):38-49.

[40] 吴会会,胡劲松.地方立法:义务教育均衡发展的制度基础——基于广东省的研究[J].教育导刊,2015(9):19-22.

[41] 吴岩,刘永武,李政,等.建构中国高等教育区域发展新理论[J].中国高教研究,2010(2):1-5.

[42] 吴岩,王晓燕,王新凤,等.探索京津冀区域高等教育发展新模式——学习《国家中长期教育改革和发展规划纲要(2010—2020年)》的思考[J].中国高教研究,2010(8):1-7.

[43] 阎峻.高等教育法视野下的我国现代大学治理结构研究[D].合肥:安徽大学,2011.

[44] 姚荣.公法传统与功能导向之间:高等教育治理的场景建构——基于大陆法系国家和地区的经验考察[J].现代教育管理,2021(2):119-128.

[45] 湛中乐.大学治理的重要保障——兼评《中华人民共和国高等教育法》的修改与完善[J].中国高教研究,2016(6):31-36.

[46] 张发旺.区域高等教育协调发展:多维目标选择与战略统筹机制[J].中国高教研究,2020(8):6-10.

［47］张君辉.政府与高校治理关系调适的国际经验——基于近年英、法、日三国高等教育改革分析［J］.教育研究,2015,36(9):152-158.

［48］张新平,何晨玥.软法治理视角下的义务教育学校标准化建设［J］.教育研究,2017,38(11):41-49.

［49］朱福惠.我国公立大学内部治理结构的"去行政化"探讨——以我国高等教育法第十一条为依据［C］.通过章程的大学治理.北京,2011:72-76.

［50］左崇良,胡劲松.基于校企双主体办学的高等教育治理体系构建［J］.职业技术教育,2016,37(28):14-21.

［51］左崇良,胡劲松.美国高等教育治理体系的结构与特征［J］.职业技术教育,2016,37(34):69-74.

区域教育治理中政府职能的研究现状及趋势探析

伍　宸

一、文献搜集及研究现状分析

（一）文献搜集

笔者以"教育治理""区域教育治理""政府职能"等为关键词或主题词在中国知网做文献搜索，共获得相关文献 120 余篇，其中硕博士论文 42 篇，学术期刊论文 68 篇，首篇文献发表于 2004 年。文献发表时间分布如图 1 所示，所涉主题分布如图 2 所示，学科分布如图 3 所示，研究层次分布如图 4 所示，重要作者分布如图 5 所示，基金来源如图 6 所示。

❶ 数据来源：文献总数：121篇；检索条件：（（主题%='教育治理' or 题名%='教育治理'）AND（主题%='政府职能' or 题名%='政府职能'））；检索范围：中文文献。

总体趋势分析

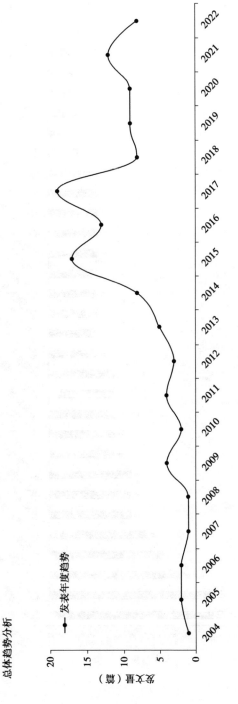

图1　文献发表时间分布

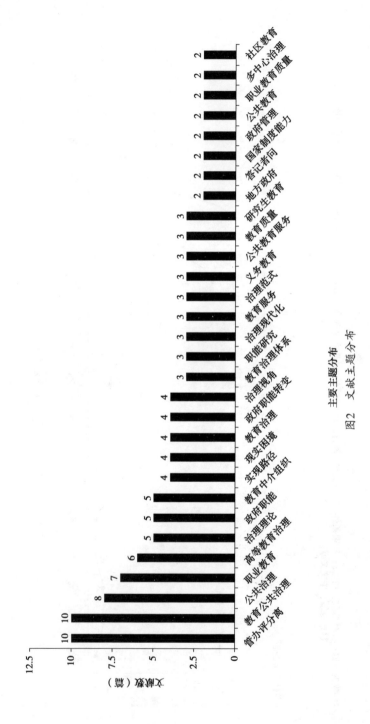

图2 文献主题分布

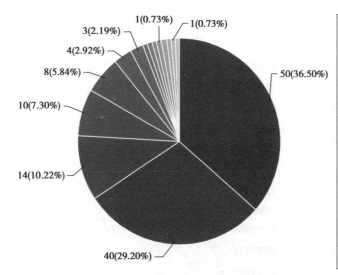

图 3　文献学科分布

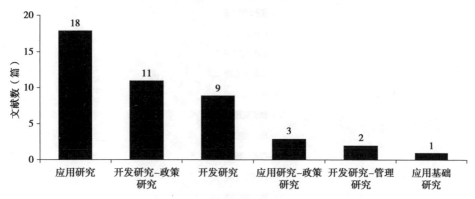

图 4　文献研究层次分布

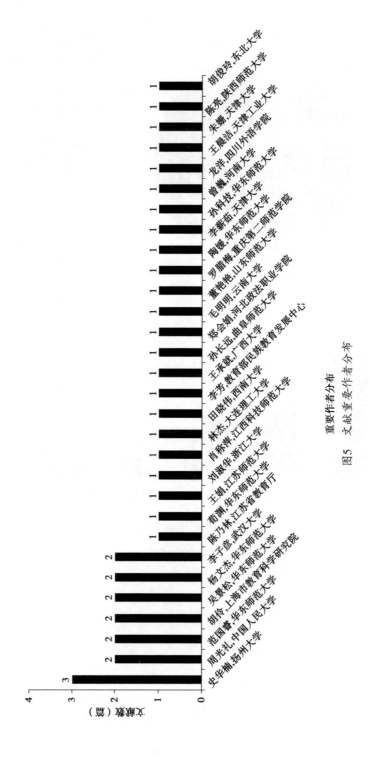

图5　文献重要作者分布

重要作者分布

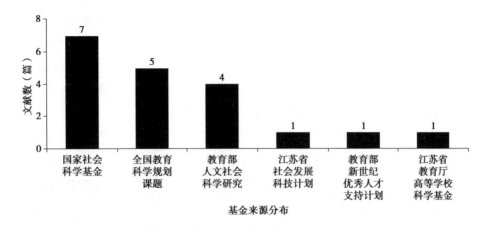

图6　文献基金来源分布

通过对文献进行简单的可视化分析后我们可以发现，"教育治理中的政府职能"这一研究领域已经成了近年来教育研究中重要的研究话题之一，且产出了较为丰富的研究成果，其研究成果以学术期刊论文为主，且系统的硕博士学位论文也较为丰富。以培养我国教育学术研究人才为主的硕博士教育如此关注这一话题，说明了其重大的学术价值。与此同时，冠以"区域"的高水平期刊论文并不多，说明这还是一个非常有学术潜力的研究领域，亟待继续深化研究开拓。本次文献搜集做到了全覆盖，搜集到了最新的文章并将其中的重点文章做了遴选，通过筛选后获得与本研究主题高度相关的文献30余篇，并以此作为文献研究的基础材料。

（二）研究现状分析

1.教育治理中政府职能的理论研究

党的十八届三中全会通过的《中共中央关于全面深化改革若干重大问题的决定》明确提出推进国家治理体系和治理能力现代化。国家治理体系涵盖社会公共事务的方方面面，教育是其重要组成部分，其中教育治理的现代化则是国家治理体系现代化的重要内容。从"管理"走向"治理"不仅是概念上的转换，更是政府职能的根本转变。管理强调的是政府作为单一主体自上而下对社会的控制，而治理则强调政府通过与其他主体的相互合作，共同解决社会公共事务。因此，教育治理现代化的核心是政府教育管理职能的转变。

（1）教育治理现代化过程中政府职能转变价值取向

学术论文《教育治理现代化视域下政府教育管理职能的转变》提出，任何一个组织为了能够在社会选择中生存下去,必须保护其得到社会确认的核心价值。核心价值代表了支撑组织运行的关键认知结果,是支持组织存在合理与合法性的基本理由。因此,政府职能转变需要坚持如下几个方面的价值取向:一是以公共价值作为政府教育管理职能转变的目标;二是以治理作为政府教育管理职能转变的模式。

(2)教育治理过程中政府职能转变存在的问题

相比于中华人民共和国成立初期,我国现阶段的政府教育管理职能得到很大的完善,政府通过放权赋予学校一定的办学自主权,并且通过培育和引导社会中介组织来承担教育评估等方面的职能。但我国政府的教育管理职能的转变仍处于探索阶段,还存在一定的问题。

论文《教育治理现代化视域下政府教育管理职能的转变》指出这些问题主要体现在如下几个方面:一是政府的教育管理职能转变不到位,主要表现在政府的教育管理职能范围界定不清以及政府的职能履行方式不恰当;二是学校的自主性不足,主要表现在财政和权力上的依赖;三是教育中介组织的参与不成熟,主要表现在教育中介组织的教育咨询或教育评估功能缺失,活动领域主要集中在教育扶贫或教育资助等方面;教育中介组织的独立性和自主性匮乏,官办色彩浓厚,甚至有些教育社会组织的定位就是政府的直属单位,如国家留学基金委等,他们的经费由政府拨款,人员任用受政府的控制;教育中介组织的能力不足,社会公信力低。

论文《突破藩篱:高水平推进教育治理现代化的战略选择》提出:近年来,我国在教育治理现代化建设过程中进行了诸多探索,积累了诸多有益的经验,政府职能转变进一步加强,学校主体地位进一步凸显,社会组织参与能力增强,但同时也面临教育治理的观念与意识须加强;教育治理的权力边界模糊,学校自主办学机制有待完善;社会组织参与渠道不畅、参与机制不健全;教育法治与教育制度体系有待进一步完善;教育制度优势转化为教育治理效能还存在相当差距等诸多问题。

论文《政府"元治理"角色的职能定位与实现路径——基于教育管办评分离改革视角》分析指出:政府在履行教育职能的过程中,其角色定位的混乱主要表现在越位、错位与缺位三个方面。所谓越位,主要指政府权限范围内外的角色越位。所谓错位,主要指政府多重角色与分化角色的错位。长期以来,政府集学校举办者、办学者、管理者于一身,这种"三合一"的多重角色所造成的直接后果就是政校不分的混乱局面。所谓缺位,主要指政府的主要角色和次要角色的缺位。按照管办评分离改革的目标和要求,政府的主要角色应侧重于宏观调控,抓学校的办学方向等大政方针,应该是"掌舵"而不是"划桨",应该是办"教育"而不是办"学校",应该是当好"裁判"而不是直接下场"踢球"。

论文《政府教育管理职能转变的研究路向》进一步指出:政府教育管理职能转变,有时也称作政府教育管理职能的重塑或重构,它是指政府教育管理职能的变革和发展,即政府在一定时期内管理教育的职权与职责,功能的转变与变化。当前,政府教育管理职能转变滞后于教育事业发展的需要,教育管理体制中集权制严重,中央和地方统筹管理教育的权限需要进一步明晰;办学体制中的办学主体单一性落后于经济体制的多元性,政府办学占绝对控制地位的格局没有被打破,民办教育和其他办学形式比重过小;政府职能转变进程与教育机构和整个社会资源配置方式的市场化进程相比相对滞后;学校缺乏充分的办学自主权,在很多领域还存在政府包办和垄断的现象;教育法律法规的建立和完善滞后于教育改革和发展的实际,有的法规甚至制约了教育的发展。

(3)教育治理中政府职能转变的路径

教育治理现代化并不是完全摒弃政府的管理,而是需要重新厘清政府教育管理职能的范围和履行职能的方式,推动形成政府、学校、社会组织和市场等主体共同参与教育事务管理的治理模式。具体而言:一是调整教育行政的价值取向;二是加强政府自身建设;三是更新政府的职能范围和履职方式;四是建立现代学校制度;五是提升教育中介组织的能力。

论文《教育治理:以共治求善治》提出:共治必然导致分权。原来政府作为单一管理主体所拥有的教育管理权力,要分解和转移给参与共同治理的多元主体;这种分权主要包括政府向学校"下放"权力、向社会组织和市场"转移"权力;其核心在于通过放权赋能,加强各主体协同共治以激发不同教育主体的活力。

论文《突破藩篱:高水平推进教育治理现代化的战略选择》进一步指出:要加强和完善党对教育工作的全面领导,坚持和完善协商民主制度,进一步深化"放管服"结合改革,完善政府教育规划、教育监管与教育服务相结合的教育治理新机制;优化府际权责关系与协调机制,适度超越层级和部门界限,从"部门中心主义"向"流程治理"转化,实现同一教育事务多层级、多部门上下左右协同治理的权力运行新模式;健全顶层设计与基层探索有机结合的长效机制,鼓励和支持社会多元主体共同参与,激发地方政府、学校、市场、社会组织的教育活力和广泛参与,促进不同教育治理主体间的良性互动,构建制度化、常态化的共治共建共享教育治理格局。

论文《政府"元治理"角色的职能定位与实现路径——基于教育管办评分离改革视角》指出，教育管办评分离改革，政府"元治理"是关键。在政府"元治理"角色的理论渊源中不难发现，政府治理的价值追求和角色体认，为加快教育治理模式的适应性改革、合理型塑政府"元治理"角色提供了依据和路径。具体内容包括：一是在顶层设计和权力配置中型塑"导向者"角色；二是在职能掌舵和行业监管中型塑"监督者"角色；三是在依法办学和培育市场中型塑"服务者"角色；四是在关系调整和协同互动中型塑"协调者"角色。

论文《中国教育由管制向公共治理的转变路径——以城镇化视阈下政府教育管理职能转变为视角》提到《国家中长期教育改革和发展规划纲要（2010—2020年）》明确指出："各级政府要切实履行统筹规划、政策引导、监督管理和提供公共教育服务的职责，建立健全公共教育服务体系，逐步实现基本公共教育服务均等化，维护教育公平和教育秩序"，这为转变政府教育管理职能，促进教育科学发展指明了方向。为此，该论文提出以下建议。一是职能理念：教育行政管理向教育公共管理转变；二是职能定位：全能行政型政府向有限服务型政府转变；三是职能程度：集权管理向分化管理转变；四是职能方式：微观直接管理向宏观间接管理转变；五是管理机制：教育管制向教育治理转变。

2.高等教育治理中的政府职能研究

通过对文献的可视化分析发现，在研究教育治理中的政府职能这一话题时，高等教育是一个比较集中的研究领域，所占文献比例接近3成。通过文献梳理，在研究高等教育治理中的政府职能时，研究者们主要得出了如下一些研究观点：

在博士学位论文《高等教育治理现代化进程中的政府角色定位及其实现》中，研究者提出：高等教育治理现代化进程中要建立起人本理念下"政府主导、高校主体、社会主动"的现代高等教育治理主体结构。在这一主体结构中，政府要发挥好主导作用，就需要从以下三个方面实现：一是改进政府角色的观念认知，以共治的理念实现善治，包括深化多元治理意识、强化"元治理"责任、坚持人本理念为统领；二是完善政府角色的规范制度，包括建立法律为核心的制度体系、改进高等学校章程建设制度、探索高校决策性理事会制度、健全高等教育信息公开制度、创设中介组织自主发展环境、优化高等教育权责清单制度；三是创新政府角色的行为手段，以协同的方式实现高效，包括探索试点高等教育契约治理、积极运用数据驱动治理、提升政府决策的科学与民主并增强其反思"校准"能力。

在博士学位论文《高等教育治理中的权力关系及其优化》中,研究者提出:第一,在中央集权模式下,地方高等教育治理的主体地位仍有待进一步提高。省级政府应当进一步通过加强部省共建和省级政府统筹权,在央地高等教育分权和协同方面做出更多有益的探索。第二,在行政集权模式下,政府各部门对高等教育治理的影响力巨大;发展与改革、财政、人力资源与社会保障等政府部门行政权力的运行在一定程度上塑造着高等教育治理的基本格局;"碎片化"的行政管理不利于高等教育治理的整体效能,需要在整体性治理理念下,进一步提升政府协同治理能力。第三,在政校关系上,围绕高等教育"放管服"结合改革、政府放权、高校落实自主权、构建高等教育公共服务体系步入新的阶段。地方政府应当通过进一步推进省级高等教育"放管服"改革,建立高等教育行政权力与责任清单、高校自主管理权力与责任清单等模式,进一步厘清政府与高校的管理边界。第四,在政-社-校关系上,围绕高等教育"管办评"分离改革,政府管高等教育,大学办高等教育,社会评高等教育的格局初步形成,但仍然需要进一步推动政府从微观管理为主向宏观管理为主的模式转变;进一步增强社会力量参与高等教育治理的作用,重点孵化和培育社会第三方参与高等教育治理和高等教育评估的有效机制。第五,在高校内部关系上,更加尊重学术逻辑和师生主体地位的治理模式正在形成,但政府部门仍然是主导高校权力运行的决定性力量。高校内部的学术权力、院系权力、师生权力仍然需要得到进一步的彰显,并在治理变革中实现学术治理与行政管理的高度耦合。

此外,硕士学位论文《区域高等教育治理中的政府协调机制研究——省、市政府间关系的视角》还提出,构建我国区域高等教育治理中政府协调机制的路径表现在三个方面:增强薄弱主体力量、转变政府职能、创造良好的制度保障。

论文《高等教育改革发展中政府管理职能转变与实践反思》指出,转变政府高校管理职能的重要目标是实现高等教育内涵式发展:坚持高等教育优先发展,加快政府管理职能转变是核心内容;加快高等教育治理现代化,深入推进"放管服"改革是重要抓手;落实和激发高校办学活力,找准政府管理角色定位是关键环节;实现高等教育新的历史使命,落实高校建设主体责任是有效保障。

3.基础教育优质均衡发展中的政府职能研究

在博士学位论文《中国义务教育优质均衡发展过程中的政府职能研究》中研究者提出:一是通过对善治和理性思维的探讨,实现政府主导下义务教育相关政策工具的有效运用。二是对各级政府在义务教育优质均衡发展过程中的职能分工进行了调整与归纳,明确了各级政府职能的重点内容。三是通过对各部门在义务教育发展过程中职能的清晰界定,推进义务教育协同治理机制的有效完善。四是完善义务教育民主决策机制,以实现义务教育事业发展中自由与秩序的有效构建。五是通过构建由政府监督、社会监督和法律监督组成的全方位、多主体的综合性监督体系,在各领域事业的相互配合、相互促进下,内外结合,共同实现义务教育优质均衡发展目标。

在论文《教育治理现代化视域下政府教育管理职能的转变》中作者提出:教育治理现代化强调政府、学校、市场、教育中介组织等对教育公共事务的共同参与,为政府教育管理职能的转变提供新的路径。目前,我国政府教育管理职能的转变面临政府职能转变不到位、学校自主性欠缺及教育中介组织发育不成熟等问题。要更好地推进政府教育管理职能的转变,政府需要调整其教育行政的价值目标、优化自身的组织结构和调整其职能范围以及履职方式;学校应完善自身的管理体制,建立现代学校制度;教育中介组织需要加强自身能力建设,提高承接政府转移以及职能的能力。

博士学位论文《约束下的变通:县域政府教育治理——以中部某县为例》在回答"县域教育是如何治理的"这一问题过程中,以"结构性关系对行动的扩展和限制"的社会学基本视角为出发点,关注教育治理实践过程的内部和外部真实世界。在参考和反思治理理论和教育治理研究的基础上,研究者认为县域教育的治理主体是政府,因此教育治理很大程度上就是指政府治理教育。

4.其他研究

(1)比较视野的研究

其他相关文献主要从比较视角分析了欧美等发达国家教育治理过程中的政府职能研究。比如博士学位论文《美国高等教育公共治理中政府职能研究》对美国高等教育治理过程中的政府职能做了全面梳理。文章从高等教育公共治理的内涵和特点入手,研究美国的政府职能与美国政府在新公共管理中的职能,并将二者进行对比,得出其特点。

硕士学位论文《美国州政府与公立大学的关系研究——以加州大学为例》通过对加州政府与加州大学的权力关系研究,绘制出了加州政府与加州大学关系的"权力图谱",从而对美国州政府与公立大学的关系进行一个全面整体的思考。透过"权力图谱",本文得到以下研究结论:一是加州政府依据高等教育公共治理权介入加州大学内部事务的范围广阔;二是加州大学在董事会人事事务上拥有相对充足的自治权;三是加州立法机关对加州大学内部事务介入的力度最大。

（2）多种类型教育治理的政府职能

还有一些文献对民办教育、职业教育治理中的政府职能等话题做了探讨。

博士学位论文《民办高等教育领域中政府治理机制研究》提出:一是落实民办高校法人财产权,建立退出变更机制;二是构建差异化的公共财政资助体系,拓展资金筹措渠道,规范财务管理;三是明确教师分类思路,保障教师合法权益;四是构建政府宏观管理、行业组织提供服务、社会组织积极参与的综合服务体系。

博士学位论文《民办高等教育领域中政府治理机制研究》提出:"分类治理"是我国政府发展民办高等教育的良治之道,需要做到依法公平治理,对营利性与非营利性民办高校共同公益性的确认与保障;依校差别治理,对不同类型的民办高校实行差异化治理;依区自主治理,因地制宜地实行对民办高校的治理。并在此基础之上,对民办高校实施分类治理提出了具体措施,一是落实民办高校法人财产权,建立退出变更机制;二是构建差异化的公共财政资助体系,拓展资金筹措渠道,规范财务管理;三是明确教师分类思路,保障教师合法权益;四是构建政府宏观管理、行业组织提供服务、社会组织积极参与的综合服务体系。

二、本方向研究趋势分析

（一）文献特点

通过对"教育治理中的政府职能"这一研究主题的文献进行初步回顾我们可以发现,这是当前正在不断受到广泛关注的研究领域,正处于研究的逐渐成熟和爆发期。但通过文献回顾我们也可以发现其中的一些问题:一是区域教育治理中的政府职能研究还远远不够,成熟的学术研究文献还不多;二是研究成果呈现形式主要以硕博士学位论文为主,高水平学术期刊论文还不多;三是关于教育治理的政府职能的高水平理论性研究成果还不多。在研究方法上,以理论性的思辨研究和政策研究为主;在研究问题上,主要以教育治理过程中政府职能发挥存在的问题剖析和政府职能转变的路径为主。与此同时,关注区域教育治理中政府职能的研究文献几乎没有,说明这还是一个尚待开发的"富矿"。

（二）未来研究展望

基于文献回顾和分析,对这一领域未来的研究展望如下:一是加强对"区域教育治理政府职能"的基础理论性研究,尽快建立起理论分析框架并持续产出高水平学术论文;二是加强国际比较研究,尤其是对欧美等发达国家的系统性研究;三是进一步确定重点研究方向和领域,因为区域教育治理中的政府职能所涉及的研究领域很多,既包括高等教育,也包括基础教育和职业教育等领域。

具体来说,该领域主要包括如下三个方面的研究内容:一是加强教育治理现代化背景下政府职能转变的基础理论研究,尤其是对政府职能转变的价值取向等做更深入的哲学理论分析和建构;二是对当前区域教育治理现代化过程中政府职能发挥存在的问题做深入的研究;三是对区域教育治理中政府职能转变做政策类对策性研究。

参考文献

[1] 陈德胜.约束下的变通:县域政府教育治理——以中部某县为例[D].南京:南京师范大学,2016.

[2] 褚宏启.教育治理:以共治求善治[J].教育研究,2014,35(10):4-11.

[3] 胡耀宗.政府教育管理职能转变的研究路向[J].国家教育行政学院学报,2009(12):36-40.

[4] 李洪佳.教育治理现代化视域下政府教育管理职能的转变[J].黑龙江高教研究,2017(5):49-52.

[5] 彭玮婧.高等教育治理现代化进程中的政府角色定位及其实现[D].长沙:湖南师范大学,2021.

[6] 秦启光.区域高等教育治理中的政府协调机制研究——省、市政府间关系的视角[D].宁波:宁波大学,2013.

[7] 孙梦阳.中国义务教育优质均衡发展过程中的政府职能研究[D].长春:东北师范大学,2021.

[8] 史华楠,沈娟娟.政府"元治理"角色的职能定位与实现路径——基于教育管办评分离改革视角[J].教育发展研究,2016,36(9):31-38.

[9] 唐静.民办高等教育领域中政府治理机制研究[D].武汉:华中科技大学,2017.

[10] 万文平.美国高等教育公共治理中政府职能研究[D].沈阳:东北大学,2011.

[11] 王璐.美国州政府与公立大学的关系研究——以加州大学为例[D].南昌:江西农业大学,2017.

[12] 杨丽.中国教育由管制向公共治理的转变路径——以城镇化视阈下政府教育管理职能转变为视角[J].北京科技大学学报(社会科学版),2013,29(2):109-113.

[13] 杨文杰,范国睿.突破藩篱:高水平推进教育治理现代化的战略选择[J].华东师范大学学报(教育科学版),2021,39(8):94-106.

区域教育治理中政府治理能力提升的研究现状及趋势探析

王　佳

　　推动教育治理能力现代化不仅是新阶段教育发展的重要命题,也是推进区域教育治理进程的重要途径。教育治理中的核心主体之一是政府,政府治理能力的强弱直接关系到教育治理图景的好坏。政府自身及学界都在不断探索政府治理能力提升的方法、路径。以下在政府治理能力的相关研究基础之上,进一步将治理视野缩小到区域教育治理场域,着重对区域教育治理中政府治理能力提升的研究进行梳理、述评,以期发现该领域的研究空间与未来发展趋势。

一、文献搜集与研究现状分析

(一)文献搜集

　　1.关于政府治理能力的相关文献概览

　　以"政府治理能力"为主题词,运用 CNKI 搜索引擎,共获得 2 635 篇文章。从图 1 中可以看到相关文献从 2013 年逐步增多,这标志着学界开始关注政府治理能力,这与 2013 年中共十八届三中全会通过的《中共中央关于全面深化改革若干重大问题的决定》(以下简称《决定》)高度相关,《决定》是推进国家治理体系和治理

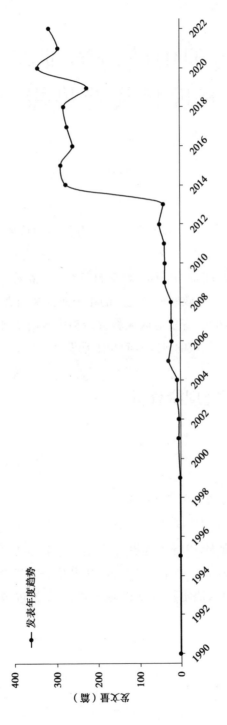

图1 "政府治理能力"相关文章发表年度趋势

能力现代化总的指导思想、全面改革的路线图和重大的战略部署。文章发表数分别在 2015 年和 2020 年达到峰值,研究的热点主要集中在政府治理能力的现代化、地方政府能力建设以及大数据背景下政府的治理能力等维度,见图 2。

2.关于区域教育治理的相关文献概览

以"区域教育治理"为主题词,运用 CNKI 搜索引擎,共搜索到学术文章 198 篇。从图 3 中可以看到相关文献从 2013 年逐步增多,这标志着学界开始关注区域教育治理。文章发表数分别在 2015 年和 2020 年达到峰值,研究的热点主要集中在区域教育、区域教育治理现代化、教育治理体系、职业教育治理等维度,见图 4。

(二)研究现状分析

1.关于政府治理能力的研究现状分析

目前关于政府治理能力的研究主要集中在以下三方面:

(1)基础理论研究

理论背景:20 世纪 80 年代以来,随着治理理论的兴起,公共管理范式开始经历从统治向治理的转变。在全球治理变革的形势下,我国政府管理也从理念上和实践上发生了从善政逐步走向善治的变化。在实现国家治理体系和治理能力现代化的总目标引领下,更多的目光聚焦在政府治理能力这一研究对象上。

林婷通过相似概念厘析对"政府治理能力"与"现代化"这两个概念进行关联探析,运用比较、关联等研究方法定义政府治理能力现代化的内涵,力图改善对这一概念运用中存在的混用、误用、滥用等问题。许才明等介绍了基层政府治理能力建设的要素、困境、契机与思路,强调了合理发挥政府的"主导"和"引导"功能。易学志探析了政府治理能力的基本要素与内涵:合法性能力——政府治理存在和运行的基础,也是政府治理能力的基本条件;透明能力——政府公开政府过程的能力;承担责任的能力——政府机构及其工作人员承担责任的制度与能力;法治能力——政府依法治理的能力;回应能力——政府机构及其工作人员对公民的要求做出及时而负责任的反应的能力;高效管理能力——政府运行所需要的资源得到了优化配置,并取得了良好结果。

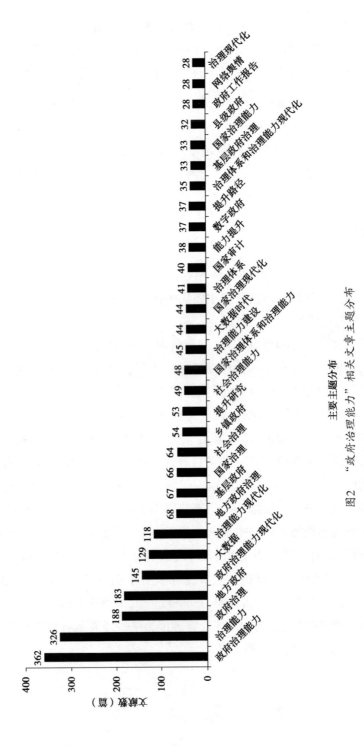

图2 "政府治理能力"相关文章主题分布

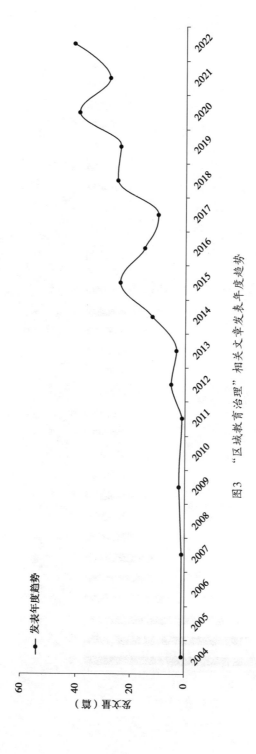

图3 "区域教育治理"相关文章发表年度趋势

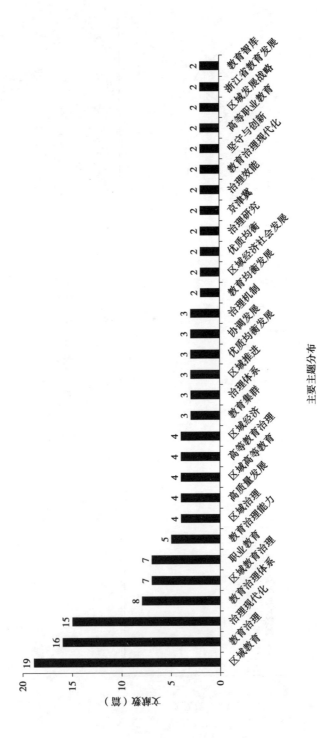

图4 "区域教育治理"相关文章主题分布

（2）以大数据、"互联网+"为背景的政府能力提升相关研究

相关背景:李克强总理在 2015 年召开的十二届全国人大第三次会议的《政府工作报告》中,首次提出了"互联网+"行动计划。之后,国家不仅顶层设计和实施了促进经济增长的"互联网+"行动计划,还指出要全面推广电子政务与网上办公。在此背景下,党的十八届四中全会又提出网络强国战略,再次强调实施"互联网+"行动计划和国家大数据战略。作为这一战略的重要组成部分,"互联网+政府"也受到社会各界的强烈关注。

学者们主要探索了作为提升政府治理能力重要工具之一的"互联网+政务",并分析了互联网驱动政府治理能力提升的新机遇——以民为本、优化参与、多元共治、成本降低等。王捷针对当前"互联网+"推动政府治理能力提升存在的思维观念滞后、信息技术水平及其配套设施建设不平衡、部门信息壁垒、共享度不高、复合型人才供给不足等问题,提出了"互联网+"助推政府治理能力提升的对策建议——树立互联网思维,制订智慧施政计划,创新技术与完善配套基础设施,实现数据共享与网络安全防范同行,促进复合型人才培养与队伍建设,抓紧有关信息立法的法制建设。这也直接关系着地方政府在区域治理中能否顺应时代的发展潮流,自觉转变思维,不失时机地借助互联网的强大功能,加强自身职能,提高政府治理能力,推进政府治理能力现代化,同时对国家治理能力现代化目标的实现起着至关重要的作用。孟天广等提出"大数据驱动的政府治理能力"依托治理理论和实践,结合了互联网技术革命,是一种互联网和海量数据支撑的、涵盖了更广泛内涵的政府治理能力;概括了政府治理能力建设在大数据时代所呈现出的新发展、新动态和新前景,集中反映在功能拓展、技术支撑和应用创新三方面。并结合理论发展和实践应用,指出当前中国应大力强化基于大数据的开放政府、智慧政府、回应政府和濡化政府等模式创新,以全面提升政府决策能力、吸纳能力、整合能力、濡化能力和传统政府能力。陈建先等紧扣大数据的预测性与数据性两大特征,侧重介绍了全球范围内的"数据革命",特别是数据治理政府的构建,对提升政府治理能力具有重要的借鉴意义。陈建先主要介绍了英国的大数据采集与存储技术和环境数据在城市交通拥堵、医疗卫生管理方面的作用;意大利将大数据分析与挖掘技术用于能源消费、预测,以及提升交通规划格局、改进能源消耗结构;美国将大数据可视化技术与犯罪治理相结合,可预防踩踏事故发生、治理区域重点污染等;新加坡将大数据通信技术和智慧城市相结合,借此改进民意舆情预判、保障安全消费环境

等。袁方分析了大数据在政府治理中的作用,提出以大数据助推政府治理能力提升的实现路径有:设立数据主管部门、加强顶层设计、学习借鉴国外经验、鼓励改革创新、形成规范标准与法律制度等。

(3)政府治理能力提升

邱志强认为地方政府的治理能力体系应包含:协同治理能力、创新治理能力、依法治理能力、高效治理能力和危机治理能力。在此基础上提出了地方政府治理能力提升的具体路径:形成多元治理格局,坚持以人为本、简政放权、依法行政、与时俱进的原则,着力创新治理方式,切实提高行政权力运行效能;运用现代科技打造政府高效治理服务平台;突出应急系统建设,掌握危机治理主动权;加快培育适应政府治理现代化的人才队伍。于水等研究了元治理模式,基于对元治理的内涵与特征、治理的悖论、元治理的优势等分析,论述了元治理模式下政府的治理逻辑,即政府应是制度的制定者、目标的协调者和责任的承担者。从元治理的视角看,政府治理能力提升需要从国家治理层面进行总体的制度安排,通过制度、规则和策略划分政府、市场和社会的界限。研究表明,政府应重视公共组织的内部元治理,打造"强政府";加强对市场和社会的外部元治理,培育"大社会";明确元治理目标,塑造法治型政府和服务型政府;构建国家治理体系,提升政府(元治理者)的治理能力。陈义平等从政府权力作用方式变革的角度探索了社会治理能力的提升。张夏力关注了价值引领对政府的社会治理能力的提升作用,提出了价值引领是社会治理创新的先导,提升政府治理能力必须加快价值取向的转变,应树立社会本位意识、民生为本意识、服务优先意识、依法管理意识以及公共治理意识,在此基础上正确界定政府与社会组织的关系,推进社会治理能力的发展。李维宇等着重分析了民族地区基层政府治理面临的政府空壳化、人员素质不高、公共事务复杂化以及政府异化等困境,提出从健全机制、转变职能、优化治理体系、夯实服务队伍等维度提高民族区域治理目标。武光太以河南省发展现状为例,认为只有加强地方政府治理能力才能助推中原崛起,其中提高河南地方政府治理能力的对策有以下几种:转变政府职能,建立强势的、有限的服务型政府;强化法治意识,培育地方政府依法治理社会的能力;将政府置于更激烈的竞争之下,增强政府内外的竞争压力;引入现代化的管理技术,改进政府的社会管理方式。沈荣华分析了提升地方政府治理能力的三种逻辑,分别是政府系统内部的纵横结构理性化逻辑、地方政府治理与市场经济发展的适应性逻辑以及地方政府治理与社会发展的协同性逻辑。针对当前地方政府治理理念不清、政务公开不完善、地方保护及公民参与不强等问题,高峰等提出了采取树立服务型政府治理理念、开展跨区域合作治理、完善政务信息公开和鼓励公民参与等措施,以提升我国地方政府的治理能力。

2.关于区域教育治理的研究现状分析

(1)区域教育治理的基础研究

赵磊磊等分析了区域教育治理的目标,并从目标实现的角度提出了区域教育治理的四条路径。具体而言,区域教育治理的目标主要有三个:改善区域教育服务水平,提升区域教育质量;关怀弱势群体,促进区域教育公平;优化教育资源配置,提升区域教育效率。区域教育治理的四条路径:加强区域教育制度建设,构建区域教育制度体系;发挥政府的主导作用,优化区域教育治理结构;增强教育治理主体的凝聚性,提升区域教育治理能力;借力信息技术,促进区域教育治理信息化。王海莹从区域教育治理体系改革的取向切入,提出改革的途径。其中,改革的取向分别是以生为本、公平正义、民主和依法治教。改革的具体路径是弄清区域教育治理主体、主体间结构变化、主体间关系制度安排,具体而言包含政府与学校层面:政府权力的"下放"与"转移"、学校自治与内部治理体系改革。杨清分析了区域教育治理体系现代化的内涵、原则与路径,他认为:区域教育治理体系现代化是区域教育从传统的权力集中、政府导向的管理现状,向多主体参与、合作共治的教育治理形态变迁的过程。推动区域教育管理的现代性变革,须在坚持本土性、整体性、渐进性和公共性原则的基础上,明确区域教育治理的三维目标,构建多元协调的主体体系,建立听证式的决策体系,完善问责式的执行体系,创新参与式的监督体系。李作章分析了区域治理现代化的价值、意义、要点与体系构建,其中价值体现在支撑国家重大决策、提升区域教育整体质量、均衡分配区域教育资源、满足区域人民多元化教育需求等方面;要点在于推进区域教育治理现代化要立足现实需求,坚持多元参与、确保公平高效、维护公平正义,不断提升区域教育治理的科学性和合理性;体系建构体现在实践行动中,应充分发挥地方政府在区域教育治理现代化中的主导作用,强化区域社会组织的支持作用,明确区域学校的主体作用,构建完善的区域教育治理现代化体系。王连照着重提出了要注意教育问题区域治理的主要场域以及关键事项,他指出教育问题区域治理主要发生在区域内与区域间两个场域,关键在于关注问题生成的区域背景,立足发展,做好地方诊断;关注问题转化的区域形变,守真务本,以重点突破带动整体推进;关注问题解决的区域路径,以看齐意识积极践行国家治理现代化意志；关注问题治理的区域评价，督查完善，强化问题解决的区域适应性；治理为本、区域先行，落实立德树人的根本任务；深化教育领域综合改革，实现教育治理现代化服务。何水、高向波分析了教育治理能力的关键要素，其中教育治理理念是先导要素、教育治理体系是前提要素、教育治理资源是基础要素、教育治理工具是支撑要素、教育治理机制是保障要素，并在此基础上提出通过重塑教育治理理念、完善教育治理体系、优化教育资源配置、创新教育治理工具、健全教育治理机制，推进教育治理能力现代化。王占仁提到了教育决策者的观念更新对教育治理能力现代化的重要性，具体来说，教育决策者的观念更新应体现在：视治理为"对问题进行筛选和排序""机遇与挑战并存"以及"一种政治行为""多元治理主体的意见表达和民主参与"。丁晗介绍了教育治理能力现代化的基本含义与背景，然后从其主要内容、基本要求和实现途径几个方面展开论述，为落实教育改革提供了理论依据。

（2）"互联网+教育"教育信息化相关研究

研究背景：随着"互联网+"的全面推进，教育面临的不仅是教与学层面的改革，更是数据支持下教育管理和治理模式的变革。2018年4月，教育部颁布的《教育信息化2.0行动计划》中提出，要"优化教育业务管理信息系统，深化教育大数据应用，全面提升教育管理信息化支撑教育业务管理、政务服务、教学管理等工作的能力"。2019年2月，中共中央、国务院发布的《中国教育现代化2035》中明确提出未来将进一步发挥大数据在教育科学决策中的作用："推进教育治理方式变革，加快形成现代化的教育管理与监测体系，推进管理精准化和决策科学化。"2019年5月，国际人工智能与教育大会上多个国家所共同达成的《北京共识——人工智能与教育》，同样提出数据对教育决策的重要性："意识到应用数据变革基于实证的政策规划方面的突破。考虑整合或开发合适的人工智能技术和工具对教育管理信息系统（EMIS）进行升级换代，以加强数据收集和处理，使教育的管理和供给更加公平、包容、开放和个性化。"可见，大数据为教育治理服务的精准化提供了可能，但同时实现这种可能需要技术、服务、组织体系、政策等各方面联动。

相关研究有：郑勤华等回溯了数据影响教育决策的历史，以及其他国家教育数据整理的方法认为，基于大数据的精准教育治理服务需要从需求导向、政策引领、多部门联动、数据治理、平台建设、模型研发，以及应用迭代等环节逐步实现。另外，他还提出了当前讨论教育治理转型的具体路径主要集中在学校层面，如何推动当前学校层面以上的区域教育信息化治理值得思考;并结合新冠肺炎疫情环境,指出"互联网+教育"成了"停课不停学"的不二选择,全民开展网络教育既是对我国教育信息化实践的一次突击性大考,也为我国的"互联网+教育"提供了难得的实践、反思、总结以及指导下一阶段发展的机会。而如火如荼的实践也反映出全社会在"互联网+教育"的理念、方法、能力和管理等方面都准备不足,尤其在如何利用信息技术实现教育治理模式的变革上缺乏理论支持。最后,他给出了在教育信息化治理方向上的政策建议:在搭建或优化区域教育治理服务体系时,可以从制定规划、组建团队、搭建平台、汇聚数据、深化应用、机制保障六个策略方向入手,如图5所示。

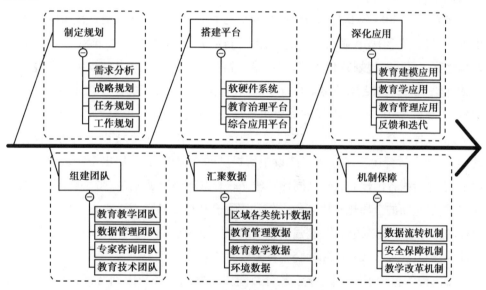

图5　基于大数据的教育治理服务体系

杨现民等对数据驱动的教育现代化进行了定义,分析了数据驱动教育治理现代化的实践框架,即数据驱动教育治理现代化需考虑三个层次(宏观国家教育治理、中观区域教育治理和微观学校教育治理)、四个环节(教育决策、教育执行、教育监督和教育评估)、三大目标(底线目标、重要目标、终极目标)和N类数据(人口、教育、经济、医疗卫生等)。在此基础上分析了目前的现实挑战:相关制度不健全、治理主体数据素养低、专业人才匮乏、平台条件不完善、研究薄弱等。最后提出了相应的实施路径:我国应实施制度优化工程、数据素养提升工程、基础平台建设工程、研究引领工程、治理模式改革工程等五大工程来切实推进和实现数据驱动的教育治理现代化。张生等着重从区域教育信息化的变革入手,从教育行政部门、学校、社会公众多视角分析了当前区域教育信息化的现状、问题与原因,提出以公共教育服务与教育治理理念为指导开展区域教育信息化工作的新思路,并明确了将信息技术作为面向公众的信息和服务传播渠道、作为面向多元主体的沟通与绩效提升工具两条实践思路。

(3)大区域概念下区域教育治理能力现代化研究

在区域教育治理议题下,学者们主要将研究视野放在了区域教育治理模式的创新探索等方面,并且聚焦全球范围的"区域",中国在地缘政治当中的区域位置,可以视作大区域概念。

研究背景:2013 年 9 月和 10 月,习近平总书记出访中亚和东南亚国家时正式提出了"一带一路"倡议。随后,国家相关部门制定了《丝绸之路经济带和 21 世纪海上丝绸之路建设战略规划》(以下简称"一带一路"),发布了《推动共建丝绸之路经济带和 21 世纪海上丝绸之路的愿景与行动》。教育作为人文交流的重要载体和人才培养的核心,既是"一带一路"倡议的重要组成部分,也是"一带一路"建设的核心。2016 年 7 月,教育部牵头制定了《推进共建"一带一路"教育行动》(以下简称《教育行动》),阐述了教育在"一带一路"建设中所提供的支撑作用,并提出中国教育要行动起来,倡导沿线各国建立教育共同体。建立教育共同体是实施"一带一路"倡议的迫切要求,也是新的全球化时代区域合作和国际合作的必然要求。教育共同体不同于以往的教育双边或多边合作,它强调沿线国家作为整体共同参与,以共同利益和共同责任为核心,促进区域和国际社会教育领域的共荣共通、合作共赢。

郤海霞等梳理了"一带一路"教育共同体的概念发展与内涵特征,介绍了教育共同体的构建策略。在"一带一路"的大区域背景下,由于各国政治体制、经济基础和文化传统的差异,因此不能以某个国家、某个政府为主导,各国政府应该是一个有机联合体。教育共同体的治理模式要突破传统的政府主导或市场驱动模式,更好地发挥民间机构和非政府组织(NGO)的作用,在区域教育治理中建立政府与非政府组织、企业、学校"合作式的网络化"治理模式。"合作式的网络化"治理是新区域主义的治理模式。20 世纪 90 年代,针对全球经济重构及其影响下的大都市区形态空间的变化,学术界在以集权为特征的"传统区域主义"、以分权为特征的"公共选择"学派基础上提出了以合作式的网络化治理为特征的"新区域主义"。郤海霞等提出区域教育治理模式创新应体现在:第一,构建多元开放的治理主体;

第二,理顺多元主体间的权责关系;第三,建立制度化的区域合作机制;第四,创新办学模式,加强跨境办学、多层次国际合作办学。但该研究并没有具体分析治理模式中各国政府应当如何承担治理的职责。胡跃昀、刘宝存以拉美高教所为研究对象,研究教科文组织如何推动拉美高等教育一体化的建设和发展。

(4)省域区域概念下区域教育治理能力现代化研究

更多的学术研究视野聚焦在国内各省份区域的教育治理能力方面:

a.区域教育治理能力现代化

盛明科等分析了现阶段省级政府教育统筹制度方面存在的问题,并提出了相应的优化方案,进而推进教育治理体系与教育治理能力现代化的实现。具体而言,省级政府教育统筹制度存在的问题体现在权威约束力较低、配套制度不健全、监督评估机制不完善以及政府间职责不明确等,可尝试以均等化价值取向优化省级政府教育统筹制度,通过创新教育统筹制度运行思维,以良好的制度环境保障教育统筹制度的执行。刘鹏照基于法治视角,提出了明晰政校权责、推行按章办学与学校管理权限清单制度、解决热点痛点问题等治理方案。

b.区域义务教育发展体制机制

研究背景:"让更多的人接受更好的教育"正在成为我国东部地区普遍的社会诉求和教育发展的基本价值取向;《国家中长期教育改革和发展规划纲要(2010—2020年)》恰逢其时地指出,"均衡发展是义务教育的战略性任务"。要满足人民群众日益增长的对优质教育资源的需求,最为有效的方式莫过于推进区域义务教育均衡而优质地发展,然而这种推进无可避免地要面临若干体制和机制上的挑战。

费蔚在梳理从"管理"到"治理"——教育优质均衡发展的理念变革的基础上,分析了浙江省杭州市的区域义务教育现代治理原初实践模式——教育优质均衡的"名校集团化"模式的特点与局限,并尝试在杭州江干区的教育现状上提出教育优质均衡的"新教育共同体"模式,即以现代教育治理为理念,协同高校、科研机构等多方力量,整合多种资源、创新体制机制,在四大新区和薄弱区块形成"教育研训共同体""区域联盟共同体"等五种"新教育共同体"类型。形成了多主体共同参与的组织网络,构建了"特色联建、资源联享;教师联聘、学生联招;活动联合,中小联动"等运行机制,持续推动区域义务教育优质均衡发展。程艳霞探索了学区的管理模式,从捆绑式的区域管理到学区制治理的跨越,分析了近些年我国在学区制探索上的经验以及存在的问题,如学区限于组织和统筹,不具备管理控制功能;学区内合作与流动不足，缺乏共享与激励机制；校长和教师学区归属感不强，学区制缺乏"内动力"；学区捆绑发展流于形式，学校之间文化冲突明显等。在此基础上，明确了学区制探索要聚焦于"自治""主动""内生""开放"的教育治理属性，突破强制性的捆绑式管理方式，明确政府与学区的权力边界，实现政府与学区、学区与学区、学区与学校、学区与社会等的双向共建；实现学区文化主动融合与制度配套的跟进，保障学区治理"常态化"；运用教育领域与信息技术领域的跨界互动思维，建成资源共享的"智慧学区"。林子敬选取了北京海淀区上地学区制改革的案例，探究了该制度下对教育资源的整合与共享，以及对区域教育高位优质均衡发展的推动。陆云泉着重介绍了北京市海淀区区域教育治理与学校治理之间的新型教育治理模式——学区制及其定位与内涵，以及治理组织结构核心——学区委员会和学区管理中心的职能定位。

　　c.大数据背景下的区域教育治理

　　研究背景：近年来，大数据技术已经成为教育信息化转型研究与实践的热点。2018 年，教育部在发布的《教育信息化 2.0 行动计划》中提出："要提高教育信息化水平，充分利用云计算、大数据等新技术，助力教育教学、管理和服务的改革发展。"积极推进大数据技术与教育教学的深度融合，是实现新时代教育治理现代化发展的必经之路。当前，区域教育治理现代化的研究正朝着"数据平台支撑，应用场景驱动"的方向前进。大数据作为研究区域教育治理问题的"原料"，对于提升教育治理水平有不可估量的作用。然而，在区域教育治理过程中，如何规划和发展教育大数据、如何完善教育大数据平台的建设等问题有待进一步解决。

　　范炀等对面向区域教育治理的大数据平台研究现状进行概述，针对当下教育治理大数据平台建设的瓶颈，构建了互联网感知大数据驱动的智能化大数据平台，并展示了该平台在区域教育治理领域的三个应用方向——区域基础教育发展评估模型的构建（图 6）、区域教育水平与经济发展的关系分析和基础教育资源配置的实况分析。

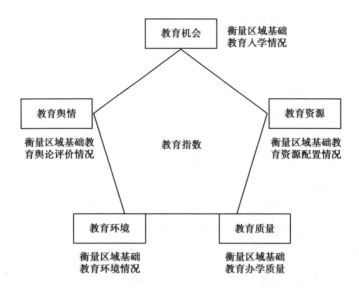

图6 区域基础教育发展评估模型

有学者将大数据与教育政策相结合,为中国教育治理现代化与决策科学化提供思考路径。还有学者以大数据为视角研究大学的治理能力,认为"大数据是一种积极的治理资源,有利于拓展大学治理的主体范围,提升主体对治理对象的科学认知,实现大学治理的公共价值诉求。但大数据对大学治理的有效实施、大学的信息公开、治理成本控制都提出了挑战"。任胜洪等侧重分析了大数据背景下区域教育治理现代化的机遇、挑战和路径,其中挑战表现为治理主体对大数据的价值认识不足、区域教育治理大数据思维意识淡薄、大数据应用的方法和技术滞后、大数据共享平台制度建设不足。他指出:正确认识大数据的价值并强化大数据思维意识是区域教育有效治理的首要前提,加强大数据应用方法和技术的培训、研究是区域教育有效治理的关键,健全和完善大数据共享平台制度建设是区域教育有效治理的必要途径。宋宇等侧重分析了教育治理中数据采集、存储和处理技术相对落后,大数据较少发挥预测预警功能,区域中不同数据平台和统计口径之间难以贯通,信息安全风险方面的瓶颈,并提出以数据驱动的方式建立区域教育治理评价指标体系,更新区域教育治理的数据采集、存储与处理技术,在监测与评价基础上发挥大数据的教育预测与预警功能,以多元异构大数据的融合分析促进区域教育资源的贯通,建立区域教育治理大数据安全运行机制等为区域教育治理赋能。王永颜分析了大数据时代教育治理能力现代化的历程、数据需求等,并探讨了大数据在教育治理能力现代化构建中的技术帮助、智力支持、方法选择以及现实动力价值。在此基础上,他分析了大数据时代教育治理能力现代化构建面临的教育大数据欠缺,教育治理主体对大数据认识不足,教育领域大数据发展规划起步晚、任务重等现实挑战。最后王永颜指出大数据时代教育治理能力现代化构建的实施路径:借助大数据技术收集教育数据,打造教育大数据平台;提升教育治理主体及其人员的大数据素养;响应国家教育信息化发展规划,将大数据工作落实到教育治理的行动中。陈良雨等以大数据为背景切入教育治理能力现代化,发现大数据为教育治理能力现代化进程带来各种机遇。与此同时,他指出我国教育治理能力现代化仍面临诸多困境,如教育治理过程中治理效率的挑战、信息孤岛的阻碍、人才短缺的牵制以及制度设计的缺失等。基于此,尝试通过从强化数据治理思维、加强教育治理数据库建设、探索大数据人才培养机制以及突出大数据法律与制度建设等入手,开拓大数据背景下教育治理能力现代化的路径选择。徐玉特提出在大数据为政府教育协同治理能力提升带来机遇的同时,也应认识到当前我国政府在教育数据的整合性、开放性、共享度、权威性等方面面临的挑战。这需要政府向开放政府转型,提升政府数据的公信力,提高政府数据的整合能力,加强对数据开放和共享的立法、执法能力,建立教育数据专门机构负责对数据的研发等。

d.区域教育治理实践

有学者从全面、真实、与时俱进地了解我国发达地区家长心中对"美好教育"的理解和期望出发,选取杭州市作为调研地区,运用实证调研方法,基于 16 万余份家长问卷数据的分析发现:家长期待学生发展呈现全面性和均衡性,特别重视"健康"相关素养;对学校和课堂中"因材施教"的关注度更高;对教师"读懂学生"相关素养要求更强烈等。基于上述发现,发达地区在区域治理政策分析与设计上应以家长为"盟友",发挥家长的力量;推进以"因材施教"为核心,超越课堂教学层面、学校乃至区域教育生态的系统变革;降低区域教育治理的重心,激发基层活力等。管杰以北京丰台区方庄的教育集群为例,阐述了教育集群作为区域教育治理新模式的结构、体系、特征,该教育集群从以资源共享为主要特点的初级区域教育共同体,发展到以课程为中心的区域生态教育共同体,再走向以打通各学段学生出口、改变区域教育结构为主要任务的现代化区域教育共同体,对探索区域教育治理体系具有生动、深刻的借鉴意义。王正青等运用 2013—2016 年义务教育均衡发展评估数据,从场地、设施、师资三个维度,对八大综合区基础性办学条件的均衡程度与发展水平进行实证研究发现:东部沿海地区小学和初中之间的均衡程度相差最小,西北地区小学的基础性办学条件绝对值高且均衡程度高。进而提出了为促进义务教育均衡发展,下阶段应从优化顶层设计、健全制度保障、强化政府责任、缩小区域差距、改革经费制度、改善办学条件、优化师资队伍等方面着力。章天爱以浙江省为例,对浙江省 11 个市的教育水平差异情况进行分析,作为政府政策咨询的基础。黄忠敬从微观视角切入,探索共享课程建设推进区域教育优质均衡发展,在此过程中,政府从"管理"向"治理"转变,教育改革由单个学校向跨校选择转变,由点状发展向整体区域发展转变,由均衡发展向优质均衡发展转变。方铭琳梳理了部分地区区域教育治理效能提升的经验,以上海实施区域教育发展环境质量评估引入第三方对地方政府的评估,以及北京的学区制、集团化和集群式办学并举为例,提出了提升区域治理效能的关键落脚点在于遵循机制创新中"破"与"立"的基本逻辑;维护制度刚性,严格执行制度;构建新型共治关系,激发中小学办学活力以及构建科学的区域教育发展评价体系。有学者创新性地从学生发展质量视角提出了区域教育治理现代化、区域学生发展质量与区域义务教育发展质量的逻辑关联,并以区域学生发展质量评价为依据,设计了面向区域教育治理的学生画像标签体系(如图7 所示),为区域教育治理现代化提供工具支持,并以区域教育治理现代化促进区域义务教育发展质量。最后其以上海市 P 区为例,对该研究所设计的学生画像进行实际画像构建,并对画像的科学性和有效性进行验证,从而证明该研究所设计的学生画像对提升区域教育治理现代化和区域义务教育发展质量有较好的应用效果。黄政结合重庆教育治理体系的现状,强调加快构建全面覆盖、运转高效、结果权威、问责有力的重庆教育督导体制机制,对推进重庆教育治理体系和治理能力现代化具有重大意义。

e.区域基础教育治理

詹春青分析了基础教育治理现代化的内涵,并从制度建设、技术手段、治理结构、法治教育等方面提出基础教育治理现代化的现实路径。

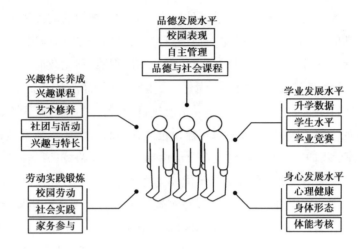

图 7　学生画像标签体系

f.区域高等教育治理

韩一松深入分析了区域高等教育协调治理中的省、市矛盾,包括结构性、体制性和调控性矛盾,并借鉴国外区域高等教育协调治理的机制,如英国区域高等教育治理中的"委员会"协调、美国区域高等教育治理中"第三种力量"的自我协调、法国区域高等教育治理改革中形成的"契约合同"等做法,进而通过国际比较,提出完善我国区域高等教育治理机制的路径可以从增强薄弱主体力量、转变政府职能以及建立健全协调规则体系三方面进行完善。张发旺探索了区域高等教育协调发展的机制关键在于多维目标选择与战略统筹机制;分析了区域高等教育协调发展的目标选择是基于区域差异和地方特色的高质量发展、统筹发展和整体提升。他在此基础上提出其有效保障是建立完善区域高等教育现代化的战略统筹机制,包括完善支撑全方位协同推进的政策供给、区域有序合作与公平竞争、发达地区与欠发达地区协同发展的统筹、有效顺畅的省际沟通与协调以及服务国家和区域重大战略的统筹机制等。刘剑虹等在界定区域高等教育治理中政府协调机制的概念与特征、分析政府协调治理区域高等教育内容的基础上,探索构建区域高等教育治理中政府协调机制的路径。李彦荣探索了区域教育治理过程中地区教育研发机构的建设问题。地区教育研发机构如何促进区域教育治理和提升公共服务能力是全国教育改革发展的时代命题。该研究从地区教育现代化进程中对教育智库建设必要性的阐释出发,提出了通过促进区县教育研训机构转型为教育研发机构,来承担起地区教育智库作用的思路,还提出了实现转型的具体方法与路线。

g.区域职业教育治理

研究背景：经过三十多年的改革与发展，我国高等职业教育领域取得了显著成就，也经历了由增长范式向发展范式的变革。在这个变革中，高职教育的区域创新属性越发突显，很多新观点、新模式和新经验在实践中不断被创造、传播和借鉴。十八大提出"加快发展现代职业教育""加快推进产教融合、校企合作"等。

在此背景下，周晶等总结了当前区域高职教育发展范式中主体偏离、话语权缺失、产教结合引致不足、协同治理机制不完善等问题，同时也指出了地方政府在治理过程中，虽然以地方为主，但存在主动性不足、创造性不足、政出多门、多头管理等弊病。探寻到可以获得共识的"发展模型"或"发展框架"，即形成区域高职教育发展的共同价值观体系、功能服务体系、市场引致体系和协同治理体系。肖凤翔等认为，立足区域的高职教育治理本质上是协调区域内多元主体及其教育资源关系的综合改革，并从价值关系、互动关系和监督关系向度剖析区域高职教育治理过程与实践，明晰立足区域的高职教育治理具有系统性、趋向性、协同性的基本特征，进而提出立足"制度+技术"创新，实现制度层级与技术应用融合、组建高职教育集团、打造高职教育集团品牌、改进校企协同开发机制，促进治理资源的"多体融合"、构建基于数据的治理评价指标体系，完善第三方治理评估机制是切实推进区域高职教育治理实效的有益探索。向芳青等则从课程教学转型的微观视角，探究了区域地方高校社会科学由传统学术型向应用型转变的方法与路径。王珩安借鉴"整体政府"理论，探索了政府职业教育治理能力现代化的现实困境与改进路径。该理论的"横向合作""纵向协调""服务连贯"等基本特征为强化政府治理的整体性提供了有益启示。为了政府能够充分发挥整体功能，推进政府治理能力的现代化，必须深化职业教育职能部门的机构改革，健全职业教育政策执行的监督机制，创新职业教育服务的信息化供给模式。赵文碧对职业教育治理能力现代化的标准体系进行了构建，主要从治理理念现代化、治理制度现代化、治理方式法治化、治理主体多元化、治理技术信息化等指标入手为职业教育治理指明未来的发展方向。邱旭光以浙江省高职教育区域发展为实证蓝本，研究了其布局与资源配置，提出了创新高职教育发展观念，由单纯的经济学市场观转变为社会学视域下的"公平—市场观"；实行"适度集中，定点倾斜；政府担责，市场运行"的机制；省级统筹，市场配置，调整院校区域布局与规模结构；创新高职教育投资管理体制，合理适配教育资源和切实依据产业布局和民生需求设置专业等五方面的治理策略。唐明良等也关注了职业教育治理体系的构建,一方面分析了现代职业教育治理体系的构建背景,提出了构建原则;另一方面指出要从建立职业教育治理法律体系、完善职业教育治理结构体系、健全职业教育治理内容体系和打造职业教育治理评估体系等四方面提升治理主体的治理能力,以促进我国职业教育的跨越式发展。

h.教育治理中政府能力陷阱

刘凤梅指出高校教育治理现代化在现实中遭遇了政府的能力陷阱,导致高校教育治理主体、权力配置、制度体系、能力创新、治理体系方面的现代性欠缺。希望通过发挥政府的"元治理"职能,通过加快政府职能转变、做好制度的顶层设计、制定权力清单和负面清单来推进高校教育治理现代化的实现。陈良雨同样研究了教育治理现代化语境中政府能力陷阱的表现:单一行政性教育治理手段的沿袭、教育决策集权性治理方式的倚重、教育公共服务参与的单中心倾向以及教育治理风格上管理与服务关系的失衡,并分析了以上能力陷阱造成的影响与破解关键。具体而言,要攻破教育治理现代化中的政府能力陷阱,关键在于政府对权变型教育治理思维、有限型教育治理能力、学习型教育治理模式、创新型教育治理方法的理解与应用。

(三)研究述评

1.政府治理能力相关研究述评

从研究内容可见,当前对于政府治理能力现代化、区域如何提升政府治理能力以及大数据背景下的政府治理能力提升的研究热度依旧不减。研究范围上,涵盖基础理论研究与应用性研究,但基础理论性研究还略显单薄,应用性研究成果较为丰硕;研究视野上,以宏观、中观的国家与区域政府治理能力为主要研究范畴,尽管涵盖中、外政府治理能力,但对国外的经验介绍偏少;研究方法总体上以论述为主,实证研究较少。具体而言:

1)关于基础理论研究。目前,学界对基础性概念,如"政府治理能力""现代化"等进行了厘定,同时对政府治理能力的基本要素等做了分析。但整体上基础性理论研究的成果还不多,研究方法以理论分析为主。

2)以大数据、"互联网+"为背景的政府能力提升相关研究。当前发达的网络技术方兴未艾,"互联网+政务"成为目前各级各类政府提升治理能力的重要工具,因而关于此背景下的学术讨论也逐步走向热门。学者们在此议题下主要将目光集中在传统政府治理与互联网背景下政府治理在观念、信息技术水平、基础建设等方面的差异,指出面向未来信息化的政府能力跃迁目前受制于各部门的信息壁垒、共享度不高以及复合型人才供给不足等。基于此,还进一步探讨了着力提升"大数据驱动的政府治理能力"的路径、介绍了全球经验等。此部分的研究方法侧重于对比研究,往往综合了理论介绍与实践经验。

3)关于政府治理能力提升方面的研究。从研究内容上看,该部分的研究成果较多、研究基础扎实。具体而言,学者们从治理能力体系的要素,治理能力提升的价值观念、治理原则、治理逻辑、政府权力作用方式变革、制度安排等维度进行了较为深入的探究,同时也关注了民族地区基层政府治理的困境与出路。研究不仅涉及全国范围的普适性政府能力提升路径,还将研究视野定位在地方政府治理能力的现状剖析与提升建议。研究方法主要是理论分析与案例分析相结合。

2.区域教育治理相关研究述评

从上述研究主题可见,学界对于区域教育治理的研究较为广泛、深入,不仅探索了国际大区域范围上,我国在"一带一路"中的大区域教育治理担当与挑战,还将关注点集中在国内、省域范围的教育治理维度。特别是互联网背景下的区域教育治理和职业教育区域治理吸引了较多学者的关注。研究视野既有宏观的治理路径探索,也有微观的课堂教学试验,还有中观的学区制度改革,这些研究的落脚点都踩在区域教育治理水平的提升上;研究主体也较为广泛,有教师、学校,但更多的是政府;研究方法上更加多元,既有理论论述,又有实证探索。具体到各个维度的研究,述评如下:

1)区域教育治理的基础研究。该部分目前已经有了较多的探讨,涉及区域教育治理的目标设定、改革取向、决策者观念、主要场域,还有学者探索了区域教育治理体系现代化的理论问题,如背景、内涵、内容、要求、原则、路径、价值、意义、要点、能力关键要素与体系构建等,这为落实教育改革提供了理论依据。整体研究视野覆盖广泛,研究方法上多以理论分析为主,缺少实证案例的佐证。

2)"互联网+教育"教育信息化相关研究。该领域也已经开始受到关注,目前来看相应的成果还不足,但成果探讨的方向颇具现实指导意义。已有学者从理论视野探索了数据驱动教育现代化的定义,并分析了数据驱动教育治理现代化的实践框架,如划分了宏、中、微观的教育治理层次,考虑了教育从决策、执行到监督和评估的环节,设定了底线、重点、终极目标,谈及了人口、教育、经济、医疗等多维数据,最后提出了应从制度、数据素养、基础平台、研究引领、治理模式改革等五大方面进行工程建设。研究还涵盖了多元主体视角下教育信息化的现状、问题与原因，进而提出改进思路。研究方法上以理论分析居多，实践案例较为匮乏。

3）大区域概念下区域教育治理能力现代化研究。目前已经有学者关注到了中国在地缘政治如"一带一路"中，教育治理能力现代化的探索，笔者将这种有别于国内区域间、区域内部的区域，专门指向国家在全球范围内的区域教育治理，称之为：大区域概念下的教育治理问题。该方面的研究论述还很少，有学者梳理了"一带一路"教育共同体的概念发展、内涵与特征，介绍了教育共同体的构建策略，还提出了开放多元的创新治理模式，以及在跨境办学、国际合作办学中政府治理的职责。有学者关注了其他国家/组织，如教科文组织如何推动了拉美高等教育一体化的建设和发展。在研究视野上，放眼中国在国际地缘上的教育治理发展，也关注其他国家教育机构推动地区发展的情形。

4）省域区域概念下区域教育治理能力现代化研究。该部分的研究总体上较充分，研究成果较为丰富。从研究主体上看，既研究了政府，又关注了学校；既涉及了区域教育治理能力现代化中的政府统筹、权责等制度安排的理论分析，也包含了杭州、北京等地区的教育治理实践案例。同时也关注了大数据背景下区域教育治理的平台建设瓶颈，并提出相应的机遇、挑战和路径等。从教育对象上看，研究关注了区域基础教育、高等教育、职业教育的治理问题，但基础教育中的研究非常不足，民族教育、终身教育等都还未有涉及，这也为后续研究提供了可能。

二、本方向研究趋势分析

（一）关于政府治理能力的研究趋势分析与未来研究聚焦

关于政府治理能力，未来可从微观的视角，运用论述、实证、案例等多维方法展现政府治理能力中的问题或闪光点。研究内容上可以尝试结合时代特点，尤其是在疫情时代，对政府治理的反应速度、应对能力等都提出了更高的挑战，政府如何展现更优秀的治理能力是时代热点，更是时代使命。具体而言，可从下述角度进行探索：

1）关于基础理论研究方面。理论系统建构的必要性毋庸赘言，但研究成果并不多见。学界后续的理论建设，如政府能力提升的理论体系建构等，依旧有很大的研究空间。本方向可聚焦于"国家政府治理能力理论建构""区域政府治理能力图谱""民族地区政府治理能力要素"等方面的理论议题。

2）以大数据、"互联网+"为背景的政府能力提升相关研究方面。在研究空间上还有很大的探索前景,如可以进一步挖掘全球范围内的政府构建数据治理模式的特点、长处,还可以尝试聚焦在政府构建数据治理模式的成功案例剖析,以及当前如何在规范标准与法律制度的安排上做更多的探索。本方向可从"互联网+政务的国外案例介绍""互联网+政务的区域优秀经验剖析""互联网+政务的政府壁垒突破"等维度入手。

3）关于政府治理能力提升方面。在未来的研究探索上,关于政府能力提升的理论体系建构依旧迫切。此外,案例研究如何能在深度、实效上更具借鉴意义,加强操作层面的探索,避免仅是浮于表面的口号式的(完善政务信息公开、鼓励公民参与等)理论建议也值得探讨。本方向可重点探究"政府治理能力提升的人员培训""政府治理能力提升的制度安排""政府治理能力提升的操作手册"等,重点在于深度挖掘、不断细化提升政府治理能力的可操作性。

（二）关于区域教育治理能力的研究趋势分析与未来研究聚焦

整体上看,当前对区域教育治理能力的研究在未来相当长一段时间内都会是研究的热点。关于区域教育治理,对国家在国际地缘政治区域上的教育治理还有很大的研究空间。另外,应加强对义务教育领域的教育治理,还可将指向共同富裕的区域教育治理能力提升等作为今后可能的研究生发点。具体的方向与研究问题可以从以下方面进行考虑:

1）区域教育治理的基础研究。可尝试结合更多的案例作为基础研究的论据补充,使研究更具理论厚重感与说服力。本方向可立足浙江省,做"浙江省教育治理能力的理论建构与经验""浙江省教育治理图景设计与可行性探索"研究等。

2）"互联网+教育"教育信息化相关研究。本方向可继续尝试研究"浙江省教育治理中的数据库平台建设",该问题的研究探索非常必要,这对改善教育数据不透明、提升浙江教育治理决策、加速教育治理反应、改善教育治理环境、提升多元主体参与有重大意义。此外,探索"浙江省校际层面的教育治理数字化赋能""浙江省教育治理数字化体系建设"都有充分的研究空间。

3）大区域概念下区域教育治理能力现代化研究。作为地方外国语学院,应该也有能力在未来更加着眼"大区域概念下的教育治理问题",可尝试探索"孔子学院的全球教育治理模式分析与创新""一带一路背景下亚洲教育共同体建构""国际教育组织在不同地区的教育治理策略研究"等。

4)省域区域概念下区域教育治理能力现代化研究。本方向可尝试重点研究"区域教育治理的数据共享价值与路径""浙江学前教育的数字治理探索""浙江基础教育的数字治理路径""共同富裕的浙江教育经验"等内容,一方面加强理论的构建,另一方面探索实践的案例。

参考文献

[1] 陈建先,王萌萌.发达国家"大数据技术+"对政府治理能力提升之鉴[J].领导科学,2015(15):22-23.

[2] 陈良雨,陈建.大数据背景下的教育治理能力现代化研究[J].现代教育技术,2017,27(2):26-32.

[3] 陈良雨.教育治理现代化视阈下政府能力陷阱研究[J].教育发展研究,2015,35(12):11-15.

[4] 陈鹏.智能治理时代的政府:风险防范和能力提升[J].宁夏社会科学,2019(1):74-78.

[5] 陈义平,黄方.政府的权力作用方式变革与社会治理能力提升[J].山西农业大学学报(社会科学版),2014,13(6):541-546.

[6] 程艳霞.从捆绑式区域管理到学区制治理的跨越[J].中国教育学刊,2016(11):29-32.

[7] 丁晗.加快推进教育治理能力现代化研究[J].吉林省教育学院学报,2017,33(2):122-126.

[8] 方铭琳.高质量发展时代提升区域教育治理效能的研究[J].人民教育,2020(9):13-17.

[9] 费蔚.从管理到治理:区域推进义务教育优质均衡发展的体制机制创新[J].教育发展研究,2014,33(Z2):13-20.

[10] 费蔚.教育"新共同体":推进区域教育优质均衡发展新范式[J].中小学管理,2019(9):37-40.

[11] 冯明,俞晓东.发达地区家长的真实教育期望——以杭州市"家长心中的美好教育"调研为例[J].上海教育科研,2020(12):38-43.

[12] 范楠楠.治理理念下区域教育科研指导方式的转型[J].教育科学论坛,2018(7):32-35.

[13] 范炀,茹瀚月,李超,等.面向区域教育治理的智能化大数据平台研究[J].现代教育技术,2021,31(9):63-70.

[14] 管杰.教育集群:区域教育治理新模式[J].中小学管理,2015(2):11-13.

[15] 高峰,刘丽.提升我国地方政府治理能力的对策[J].经济研究导刊,2012(11):151-152.

[16] 韩一松.国际比较视野下的区域高等教育协调治理机制完善路径选择[J].中国成人教育,2018(5):45-48.

[17] 和德道.我国乡镇政府治理能力研究——以广东省简政强镇改革为例[D].广州:中共广东

省委党校,2015.

[18] 何水,高向波.教育治理能力现代化:关键要素与推进路径[J].现代教育管理,2021(4):16-22.

[19] 胡跃昀,刘宝存.拉美高等教育一体化建设:目标、路径及困境——联合国教科文组织参与区域治理的视角[J].比较教育研究,2018,40(4):69-76.

[20] 黄忠敬.以共享课程建设推进区域教育优质均衡发展[J].课程·教材·教法,2016,36(3):58-64.

[21] 黄政.贯彻落实教育督导体制机制改革重大部署 推进教育治理体系和治理能力现代化[N].重庆日报,2021-01-05.

[22] 李杰,陈凤英,朱德全.治理与服务:职业教育与区域经济联动发展中的政府行为[J].职教论坛,2014(10):21-24.

[23] 李维宇,杨基燕.民族地区基层政府治理能力提升的困境与进路[J].湖北民族学院学报(哲学社会科学版),2015,33(5):5-9.

[24] 李彦荣.走向教育智库——论区域教育治理现代化进程中地区教育研发机构的建设[J].基础教育,2015,12(6):19-26.

[25] 李作章.区域教育治理现代化:价值、要点与体系构建[J].国家教育行政学院学报,2020(3):26-33.

[26] 林婷."政府治理能力现代化"内涵解析[J].厦门理工学院学报,2015,23(2):94-99.

[27] 林子敬.学区制改革:如何打开区域教育资源整合之门[J].人民教育,2019(1):44-47.

[28] 刘凤梅.高校教育治理现代化过程中的政府能力陷阱及其"元治理"职能实现路径[J].高等农业教育,2015(11):7-11.

[29] 刘剑虹,秦启光.政府协调机制:我国区域高等教育治理的重要课题[J].国家教育行政学院学报,2013(5):10-14.

[30] 刘鹏照.以法治推动区域教育治理现代化[J].国家教育行政学院学报,2019(1):38-41.

[31] 陆云泉.学区制新改革:实现区域教育资源的深度整合[J].中小学管理,2016(1):8-10.

[32] 孟天广,张小劲.大数据驱动与政府治理能力提升——理论框架与模式创新[J].北京航空航天大学学报(社会科学版),2018,31(1):18-25.

[33] 邱志强.多元治理+机制创新:地方政府治理能力提升的路径选择[J].江海学刊,2015(6):212-216.

[34] 秦启光.区域高等教育治理中的政府协调机制研究——省、市政府间关系的视角[D].宁波:宁波大学,2013.

[35] 邱旭光.基于公平与市场的协调:高职教育区域均衡与治理——以浙江省高职教育区域发展的实证研究为例[J].教育科学,2015,31(2):6-11.

[36] 任胜洪,段丽红.大数据背景下区域教育治理现代化的机遇、挑战及路径[J].教育理论与实践,2020,40(10):18-23.

[37] 沈荣华.提升地方政府治理能力的三重逻辑[J].中共福建省委党校学报,2015(1):12-19.

[38] 盛丹.大数据视角下地方政府治理能力提升研究[D].湘潭:湘潭大学,2015.

[39] 盛明科,朱玉梅.省级政府教育统筹发展制度存在的问题及优化[J].湖南第一师范学院学报,2015,15(5):15-19.

[40] 宋宇,卢晓中.大数据驱动下区域教育治理探析[J].教育研究与实验,2020(1):36-39.

[41] 汤建辉.我国地方政府治理能力建设研究[D].长沙:湖南大学,2009.

[42] 唐明良,张红梅,张涛.基于教育治理能力现代化的职业教育治理体系构建[J].教育与职业,2015(34):5-9.

[43] 王海莹.区域教育治理体系改革取向与途径[J].天津市教科院学报,2015(5):10-11.

[44] 王捷."互联网+"助推政府治理能力提升的现实困境与对策建议[J].石家庄铁道大学学报(社会科学版),2016,10(3):78-82.

[45] 王连照.教育问题区域治理的主要场域与关键事项[J].教育研究,2018,39(2):64-67.

[46] 王珩安.政府职业教育治理能力现代化的现实困境与改进路径——"整体政府"理论的启示[J].职业教育研究,2021(7):12-16.

[47] 王永颜.大数据时代教育治理能力现代化构建与路径选择[J].电化教育研究,2017,38(8):44-49.

[48] 王正青,蒙有华,许佳.义务教育阶段基础性办学条件的区域差异研究——基于义务教育均衡发展评估合格县的数据[J].西南大学学报(社会科学版),2019,45(5):86-93.

[49] 王占仁.教育治理能力现代化与教育决策者的观念更新[J].国家教育行政学院学报,2020(1):7-8.

[50] 武光太.浅析加强地方政府治理能力是中原崛起的根本保障[J].湖北经济学院学报(人文社会科学版),2011,8(5):67-69.

[51] 吴丽峰.试论基层政府治理能力的现代化[J].中共山西省直机关党校学报,2015(4):46-47.

[52] 郗海霞,刘宝存."一带一路"教育共同体构建与区域教育治理模式创新[J].湖南师范大学教育科学学报,2018,17(6):37-44.

[53] 肖凤翔,肖艳婷,于晨.立足区域的高职教育治理:关系向度、基本特征及改进路径[J].中国高教研究,2019(4):103-108.

[54] 向芳青,王友云,陈俭.区域高等教育治理转型背景下地方高校教学转变探讨[J].中国高等教育,2019(2):41-43.

[55] 辛婷婷.政府高等教育治理优化研究[D].郑州:郑州大学,2020.

[56] 许才明,邱俊钦.基层政府治理能力建设:要素、困境、契机与思路[J].江南大学学报(人文

社会科学版),2015,14(5):36-40.

[57] 徐小容,朱德全.倒逼到主动:职业教育质量治理对区域经济社会发展的适应性研究[J].职业技术教育,2018,39(10):47-52.

[58] 徐玉特.大数据时代政府的教育协同治理能力探究[J].教学与管理,2019(27):24-27.

[59] 徐玮玮.我国区域教育资源不均衡及其治理研究[D].上海:上海交通大学,2014.

[60] 薛耀锋,曾志通,王亚飞,等.面向区域教育治理的学生画像研究[J].中国电化教育,2020(3):62-68.

[61] 严苏凤.治理视域下区域义务教育均衡发展的转向思考[J].黄冈职业技术学院学报,2015,17(6):89-92.

[62] 闫伟.政府行动学习与政府治理能力关联机理研究——基于广西壮族自治区的实证调查[D].杭州:浙江大学,2016.

[63] 杨东平.政府教育治理能力的现代化[J].教育发展研究,2013,33(23):3.

[64] 杨清.区域教育治理体系现代化:内涵、原则与路径[J].教育学术月刊,2015(10):15-20.

[65] 杨现民,郭利明,王东丽,等.数据驱动教育治理现代化:实践框架、现实挑战与实施路径[J].现代远程教育研究,2020,32(2):73-84.

[66] 易学志.善治视野下政府治理能力基本要素探析[J].辽宁行政学院学报,2009,11(4):11-12.

[67] 于水,查荣林,帖明.元治理视域下政府治道逻辑与治理能力提升[J].江苏社会科学,2014(4):139-145.

[68] 袁方.以大数据助推政府治理能力提升的实现路径研究[J].河北师范大学学报(哲学社会科学版),2015,38(6):151-156.

[69] 詹春青.区域基础教育治理现代化的现实路径[J].教育评论,2016(3):47-50.

[70] 张发旺.区域高等教育协调发展:多维目标选择与战略统筹机制[J].中国高教研究,2020(8):6-10.

[71] 张生,齐媛,刘雍潜,等.公共服务与治理理念下的区域教育信息化变革[J].现代教育技术,2012,22(1):25-28.

[72] 张夏力.价值引领与政府社会治理能力提升[J].科技创业月刊,2016,29(8):44-46.

[73] 赵磊磊,代蕊华.区域教育治理:内涵、目标及路径[J].教育科学研究,2017(9):25-28.

[74] 赵文碧.职业教育治理能力现代化的标准体系研究[J].教育与职业,2016(7):21-24.

[75] 郑勤华,熊潞颖,胡丹妮."互联网+教育"治理转型:实践路径与未来发展[J].电化教育研究,2020,41(5):45-51.

[76] 周晶,万兴亚.从管理走向治理:区域高等职业教育发展范式转型的路径研究[J].职教论坛,2014(19):44-49.

区域教育治理评价的研究现状及趋势探析

马新生　李亚辉　阮建苗

"区域教育治理评价"从关键词的组合上,可以组成教育评价、教育治理、区域教育治理、教育治理评价、区域教育治理评价等 5 个词组,他们之间的递进和相互关系如图1所示。

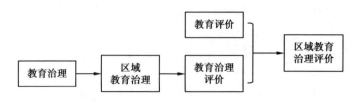

图1　5个词组的递进和相互关系图

基于图1的逻辑演进关系,本文首先分析"教育评价"领域的文献资料,再依次分析"教育治理""区域教育治理"和"教育治理评价"等领域的文献资料,在此基础上,对区域教育治理评价的研究现状及其研究趋势做出分析。在阅读文献时发现,教育评价是一个非常宽泛的研究主题,研究意义重大,研究历史长远,研究资料卷帙浩繁,限于篇幅和时间,本文只综述国内期刊文献的研究现状。由于国内研究教育评价的文献中,有一定数量的国内外教育评价对比研究,所以从关键词分析的角度,本研究在一定程度上也涉及了国外的相关研究。

一、文献搜集与研究现状分析

（一）文献搜集和分析方法

文献搜集和分析方法遵循文献计量学的基本原理。考虑到目前国内文献的完整性和通用性，本文采用中国知网为文献搜集平台，以上述五个词为主题词精确搜索中国知网上的全部文献。由于文献数量过于庞大，本文将文献范围缩小到中文社会科学引文索引（CSSCI，简称"C 刊"）期刊论文。根据期刊文献半衰期理论，应用关键词共词分析方法确定研究内容和研究前沿，采用文献被引量和发文量确定重要文献和活跃作者。这种研究方法保证了本文对文献的综述具有"全新重"的特点，即检索文献全面、发现研究新热点、重点分析重要文献。

（二）教育评价研究现状分析

1.教育评价基本理论概述

教育评价理论是教育学理论的重要组成部分。美国学者格朗兰德（Gronland）给出了评价（evaluation）的一个简洁定义：

$$评价＝量（或质）的记述＋价值判断$$

孙绵涛指出，其中"量（或质）的记述"是对事物现状、属性与规律等实施的客观描述，而"价值判断"就是在事实判断的基础上对价值进行的评定。金娣、王刚认为，"教育评价是在系统地、科学地和全面地搜集、整理、处理和分析教育信息的基础上，对教育的价值作出判断的过程，目的在于促进教育改革，提高教育质量"。陈玉琨认为，"教育评价是对教育活动满足社会与个体需要的程度作出判断的活动，是对教育活动现实的（已经取得的）或潜在的（还未取得，但有可能取得的）价值作出判断，以期达到教育价值增值的过程"。

刘志军将中国现代教育评价的发展划分为四个阶段：第一阶段（间续发展阶段）：1905—1977 年，受西方教育测量运动影响，形成自身教育测量运动。第二阶段（理论发展阶段）：1977—1985 年，中国特色教育评价理论与实践。第三阶段（持续发展阶段）：1985—2001 年，大规模研究与实践。第四阶段（全面改革阶段）：

2001年后,改革与实践阶段。李吉桢则认为第四阶段是第四代教育评价理论的中国化阶段。孙绵涛教授基于教育部人文社会科学专项任务项目对教育政策的评价作了专门的论述。

教育评价基本理论,是教育学原理在教育评价领域的具体运用,是我们未来进行区域教育治理评价研究的理论基础。

2.文献数量变化情况

以"教育评价"为主题词在中国知网中做精确检索(检索时间为2022年4月18日),共有文献三万多篇,其中期刊论文25 333篇,学位论文4 567篇,会议论文880篇,报纸331篇,其他成果77篇。将检索范围限定为C刊论文,最早的文章出现在1998年,至2022年3月共有3 336篇文献。

历年文献数量变化趋势如图2所示。由图2可知,"教育评价"领域研究的C刊论文发表量大致可分为初步发展期、平稳发展期和快速增长期三个阶段。初步发展期从1998年到2007年共20年,年均发文量小于100篇,平稳发展期从2008年到2018年共11年,年均发文量超过100篇但小于200篇,快速发展期从2019年开始,年均发文量突破200篇。这三个阶段与近三次全国教育大会召开的时间节点1999年、2010年、2018年较为吻合,说明教育评价领域的研究与全国教育大会的相关政策密切相关。

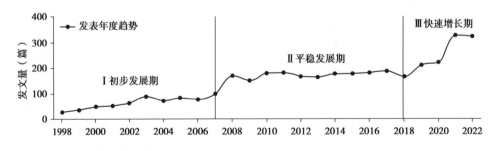

图2　教育评价(主题词)历年C刊论文数量变化图(2022年为预测值)

3.活跃作者及活跃机构

将发文量在6篇及以上的作者界定为活跃作者,发文量在20篇及以上的研究机构界定为活跃机构,柱状图如图3和图4所示,详细数据见表1和表2。

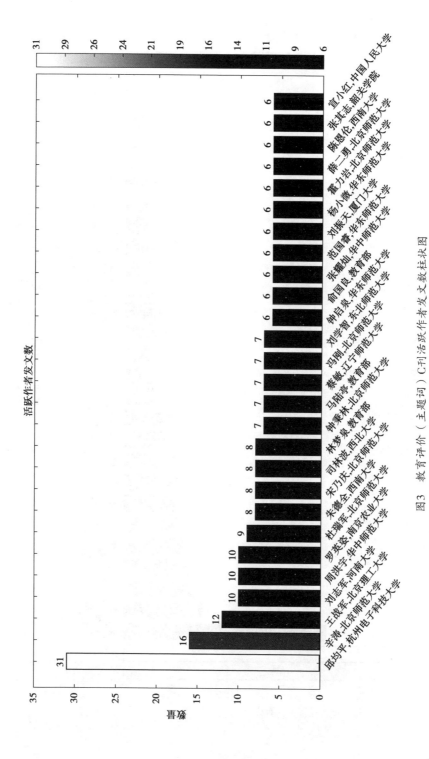

图3 教育评价（主题词）C刊活跃作者发文数柱状图

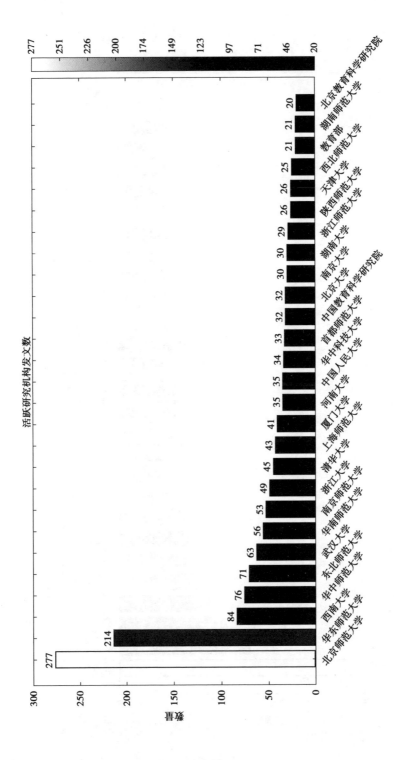

图4　教育评价（主题词）C刊活跃机构发文数柱状图

由图 3 和图 4 以及表 1、表 2 可知,活跃作者共 27 人,占第一作者总量(3 336 人)的6.92%,活跃机构共 27 家单位,其发文量占全部发文量的44.99%。活跃作者和活跃机构的贡献度与现有研究结果相近。27 位活跃作者共来自 15 家单位,其中 9 家单位属于活跃机构,另有 6 家单位不属于活跃机构。进一步分析可知,目前"教育评价"领域的活跃研究机构和活跃作者主要分布在北京师范大学、华东师范大学等教育部直属师范院校和清华大学、浙江大学、武汉大学、厦门大学等综合性大学,教育部研究机构和地方院校也有个别的活跃作者。北京师范大学和华东师范大学发文量远超其他机构,是我国"教育评价"领域的第一研究方阵。

表 1   教育评价(主题词)1998—2022 年活跃作者

序号	姓名	发文量(篇)	单位	序号	姓名	发文量(篇)	单位
1	邱均平	31	杭州电子科技大学	15	冯刚	7	北京师范大学
2	辛涛	16	北京师范大学	16	刘学智	7	东北师范大学
3	王战军	12	北京理工大学	17	钟启泉	6	华东师范大学
4	刘志军	10	河南大学	18	俞国良	6	教育部
5	周洪宇	10	华中师范大学	19	张耀灿	6	华中师范大学
6	罗英姿	10	南京农业大学	20	范国睿	6	华东师范大学
7	杜瑞军	9	北京师范大学	21	刘振天	6	厦门大学
8	朱德全	8	西南大学	22	杨小微	6	华东师范大学
9	宋乃庆	8	北京师范大学	23	霍力岩	6	北京师范大学
10	司林波	8	西北大学	24	薛二勇	6	北京师范大学
11	林梦泉	8	教育部	25	陈恩伦	6	西南大学
12	钟秉林	7	北京师范大学	26	张其志	6	韶关学院
13	马陆亭	7	教育部	27	宣小红	6	中国人民大学
14	蔡敏	7	辽宁师范大学				

表2　教育评价（主题词）1998—2022年活跃研究机构

序号	单位	发文量（篇）	序号	单位	发文量（篇）
1	北京师范大学	277	15	华中科技大学	34
2	华东师范大学	214	16	首都师范大学	33
3	西南大学	84	17	中国教育科学研究院	32
4	华中师范大学	76	18	北京大学	32
5	东北师范大学	71	19	南京大学	30
6	武汉大学	63	20	湖南大学	30
7	华南师范大学	56	21	浙江师范大学	29
8	南京师范大学	53	22	陕西师范大学	26
9	浙江大学	49	23	天津大学	26
10	清华大学	45	24	西北师范大学	25
11	上海师范大学	43	25	教育部	21
12	厦门大学	41	26	湖南师范大学	21
13	河南大学	35	27	北京教育科学研究院	20
14	中国人民大学	35			

4.研究内容分析

利用文献计量学中关键词分析方法进行研究内容分析。对3 336篇文献的论文关键词进行提取，共得到13 614个关键词，合并"高等学校""高校"与"大学"、"大学教师"与"高校教师"、"层次分析"与"层次分析法"等含义相同的关键词，删除"问题""意义""研究"等无研究价值的关键词后，采用词频分析法得到独立出现的关键词5 970个，只重复一次的关键词3 937个，词频排名前30的关键词见表3。

表3　高频关键词 TOP30 统计表

序号	关键词	词频	序号	关键词	词频
1	教育评价	448	16	评价指标	53
2	评价	239	17	评价指标体系	53
3	教育评估	180	18	素质教育	49
4	高等教育	157	19	增值评价	44
5	评价体系	82	20	形成性评价	44
6	高等教育评价	78	21	义务教育	42
7	指标体系	73	22	教学评价	42
8	质量评价	72	23	教育评价改革	42
9	高等学校	70	24	评价标准	42
10	美国	69	25	职业教育	40
11	基础教育	64	26	教育质量评价	39
12	教育质量	64	27	发展性评价	37
13	研究生教育	61	28	教育信息化	35
14	绩效评价	60	29	学生评价	33
15	思想政治教育	56	30	综合评价	32

以高频词统计为基础,对排名前30的高频词进行二次分析,计算文章与关键词的词文档矩阵,得到关键词共现词对的共现矩阵,4次及以上的50对共现词对见表4;采用网络关系分析法对研究内容以及相互关联进行描述,利用 matlab 软件编程画出网络关系图,如图5所示。

表4　4次及以上共现词对统计表

序号	关键词1	关键词2	共现次数	序号	关键词1	关键词2	共现次数
1	评价	高等教育	20	26	高等教育	评价体系	6
2	教育评估	高等教育	16	27	思想政治教育	高校	6
3	评价	思想政治教育	15	28	增值评价	教育评价改革	6
4	教育评价	增值评价	13	29	教育评价	美国	5
5	教育评价	基础教育	12	30	评价	教育质量	5
6	评价	研究生教育	12	31	评价体系	教育质量	5
7	质量评价	研究生教育	12	32	指标体系	研究生教育	5
8	教育评价	素质教育	11	33	指标体系	义务教育	5
9	教育评价	教育质量	10	34	指标体系	教育信息化	5
10	评价	指标体系	10	35	绩效评价	教育信息化	5
11	教育评价	高等教育	9	36	教育评价	教育评估	4
12	教育评价	研究生教育	9	37	教育评价	指标体系	4
13	增值评价	综合评价	9	38	教育评价	教育评价改革	4
14	教育评价	综合评价	8	39	教育评价	评价标准	4
15	高等教育	绩效评价	8	40	教育评价	职业教育	4
16	评价体系	素质教育	8	41	评价	美国	4
17	指标体系	绩效评价	8	42	评价	基础教育	4
18	质量评价	思想政治教育	8	43	评价	高校	4
19	美国	基础教育	8	44	评价	职业教育	4
20	教育评价	发展性评价	7	45	高等教育	综合评价	4
21	高等教育	指标体系	7	46	评价体系	基础教育	4
22	指标体系	质量评价	7	47	美国	学生评价	4
23	绩效评价	义务教育	7	48	教育质量	评价标准	4
24	教育评价改革	综合评价	7	49	评价指标体系	教育信息化	4
25	教育评价	形成性评价	6	50	素质教育	综合评价	4

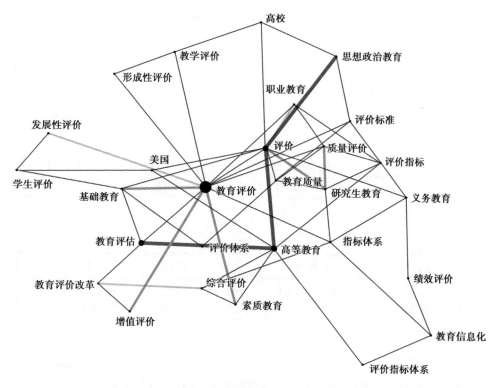

图 5　关键词共现网络关系图

2020 年 10 月中共中央、国务院印发《深化新时代教育评价改革总体方案》(以下简称《总体方案》),《总体方案》明确提出了新时代教育评价的总体要求、重点任务和组织实施,指明了教育评价的研究方向和思路。综合《总体方案》要求、高频关键词,见表 3,以及共现词对,见表 4,我们可以总结出教学评价的主要研究对象是高等教育、职业教育、基础教育和元评价;研究内容为教学人员、教育活动、教育政策和教育评价理论等,详见表 5。教育评价最常见的研究内容是学生评价、教师评价、校长评价和课程评价,常见评价对象的具体内容,详见表 6。

表5　教育评价研究内容

研究对象	研究内容	具体含义
高等教育职业教育基础教育	教学人员	学生评价,教师评价,校长评价,行政人员评价,后勤服务人员评价
	教育活动	教学评价,教育信息化,思想政治教育
	教育政策	教育结构,师资力量,教育经费,发展速度,教育与社会经济
	国际比较	介绍国外教育评价或国际比较研究
元评价	教育评价理论	教育评价概念,教育评价方法,教育质量,评价指标体系,评价标准,形成性评价,过程评价,绩效评价

表6　常见评价对象的研究内容

学生评价	教师评价	校长评价	课程评价
学习评价,思想品德,身心素质,情感态度评价	专业素质,工作过程,工作绩效	办学方向,办学条件,管理工作,办学效益	课程设计,课程实施,课程效果

同样,我们可以总结出教育评价的基本研究方法,主要是基于教育学的基本原理建立教育评价的基本理论,通过设计评价指标体系,采用定性和定量相结合的综合评价方法,如层次分析法,对高等教育、职业教育、基础教育的各个方面进行价值判断。

（三）基础教育评价研究现状分析

以"基础教育评价"为主题词(篇名+关键词+摘要)在知网中检索,共有文献1 310篇,其中期刊论文729篇,学位论文132篇,会议论文32篇,报纸14篇,其他成果5篇。将检索范围限定为C刊论文,最早的文章出现在1998年,至2022年3月共有205篇文献,历年文献数量变化趋势如图6所示。

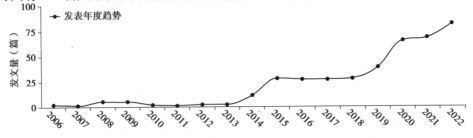

图6　基础教育评价(主题词)历年C刊论文数量变化图(2022年为预测值)

由图 6 可发现,基础教育评价的研究在时间上没有明显的数量变化规律,呈现一定的随机波动。

由于文献数量不多,本部分我们选取被引量排名前 30 的文献作为重要文献进行分析,可以发现主要研究内容有 5 个主题。

1.学生评价

王玥、赵丽娟借鉴 PISA 在抽样设计、数据收集、权重计算、数据分析模型与方法等方面的测量技术,将其应用于"北京市义务教育阶段学生学习生活状况调查项目",发现其在我国区域教育质量监测与评价中的应用是可行的,对保证样本选取的代表性、数据收集的严谨性和规范性、数据分析与处理的科学性和有效性具有重要的意义和价值。PISA 测量技术对我国建立科学的教育质量监测与评价体系有 3 点启示:①需要科学方法的支持;②需要教育测评专业人员的支撑;③需要加强测试的情景化设计、提升智能化水平。

2.基础教育教师评价

杨芳认为面对新世纪基础教育新课程改革对教师提出的新要求,从甄别、奖惩到促进发展已经成为教师评价的发展趋向。肖晓飞、贾颖提出了当前基础教育中教师评价制度改革应从教师评价观念的转变、教师评价体系的构建、多元化评价方式的采用、评价理念的更新等方面多管齐下,整体推进。胡小萍分析了基础教育课程改革背景下教师评价机制的转型,要实现由单一的奖惩性教师评价向奖惩性教师评价与发展性教师评价相结合的评价机制的转型,还需要教育行政部门、学校和教师等多方面的努力。熊英通过对国内外基础教育阶段教师评价的历史脉络进行梳理,提出提高基础教育阶段教师评价质量的策略是:加深基础教育阶段评价主体与教学实践的融合度,提高评价的精准度;推动评价方式多样化创新,构建基础教育阶段教师多重评价模式;教师评价结果应促进教师专业成长。

3.中小学校长评价

辛志勇、王莉萍、刘刚喜研究了中小学校长业绩评价指标体系,由学生发展成就、教师发展成就、学校组织建设成就、教育改革成就、学校形象与特色及校长个人成就六方面组成。张其志指出建立校长评价制度,需要解决为什么评、评什么、由谁来评、怎样评,以及如何进行等问题,他认为构建系统、理性、适合中国国情的校长评价制度势在必行。陈永明、许苏认为我国中小学校长的领导职责与评价研究一直存在缺乏专业依据、指标体系不明确、重显绩轻潜质等诸多问题,已严重阻碍新世纪校长的专业发展。从校长的专业立场来看,校长应有六大专业定位,分别为:学校愿景规划者、学习文化营造者、教师发展促进者、创新人才激励者、内部组织管理者、外部环境协调者。明确校长领导职责的内涵和外延,并在此基础上建构校长评价指标体系,可以激励和促进校长个体和群体的专业发展。王娟基于我国校长评价的现状和问题分析,阐述了校长评价聚焦于领导力提升的迫切性,通过中、美、英、澳四国校长专业标准的比较与分析,并依据理论分析和问卷与访谈调查,构建了基于我国校长专业标准的校长领导力评价框架。王凤秋、杨洋对30年来我国中小学校长管理制度改革进行了述评,指出30年来各项校长管理制度在改革中趋于完善,从制度层面保证了中小学校长队伍管理的规范化和专业化。文章系统回顾了中小学校长管理制度的改革实践,分析了其成就与问题,并为未来的改革提出了改革建议和对策。

4.区域教育评价

杜玲玲、段鹏阳以北京市的实证分析为例,对省域内基础教育发展水平的区域差异性进行了详细研究。研究结果表明北京市中心城区、城市发展新区、生态涵养区的基础教育,在教育机会、条件、公平、质量、满意度五个维度上呈现明显的区域特征和差异,亟待加快推进教育治理体系和治理能力现代化。政府应确保教育优先发展,增加教育机会、保障教育条件、促进教育公平;落实学校自主办学,提升教育质量,促进学生全面发展;推动社会多元参与,落实公众对教育的参与、监督和评价权,提高教育满意度。形成一个政府宏观调控、学校自主办学、社会积极参与的现代教育体系。

5.国外基础教育评价及对我国的启示

田凌晖、朱琦在对美国加利福尼亚州新的教育评价体系的介绍及其运作机制进行剖析的基础上,结合我国教育改革的现实,分析了此体系对我国构建区域性教育评价体系的启示。金建生则详细介绍了新西兰基础教育的教育评价,文中认为新西兰基础教育评价体系合理、特色突出,既注重评价的甄别功能,也注重评价的发展功能,对低年级学生的评价以质性评价和形成性评价为主,高年级的量化和终结性评价增多,评价工具和手段丰富。这些对我国基础教育课程与教学改革都具有一定的借鉴意义。车伟艳对英国绩效管理教师评价制度的内容和特点进行了分析,指出英国的绩效管理教师评价制度极大地调动了中小学教师的积极性和参与热情,取得了显著成效。借鉴和吸取英国绩效管理教师评价制度的成功经验,对推进当前我国基础教育课程改革,实现教师管理的科学化,具有重要的现实意义。柳国辉、谌启标对美国教师评价政策的改革动向及特点进行了分析,介绍了美国亚利桑那州的教师效能评价框架、科罗拉多州的示范教师评价体系、北卡罗来纳州的教师评价过程指南、伊利诺伊州的教师绩效评价改革法案。这些州的改革措施体现了新世纪美国教师评价政策的改革取向表现为政府主导、标准本位、问责驱动和证据为重。张欣亮、童玲红、夏广兴对澳大利亚中小学校长领导力评价进行了研究,介绍了2011年颁布的首个《全国中小学校长专业标准》,以及2013年为配合中小学校长专业标准的实施,帮助校长管理自我与学校。澳大利亚教学与学校领导协会公布的基于标准的《360度评价框架》,并陆续出台用户手册、评定指标、实施方法等配套资源,从量化和质性维度帮助中小学校长评价和提升领导力及其相关要素,以确保校长标准各要素能在真实的环境中发挥实效。龙洋、王少勇基于奥巴马政府"测验行动计划",分析了美国基础教育评价改革新动向:减少不必要的、低质量的高利害测验。李华、程晋宽对美国中小学校长效能评价进行了研究。问责制实施以后,美国各州中小学校长评价模式向"行为+结果"的校长效能评价转向,形成以专业发展促进效能提升的校长评价新思路,并构建了校长效能评价支持系统、效能评价示范系统和效能评价实施系统三位一体的校长效能评价模型。新时期美国校长效能评价注重校长教学领导力、评价的发展和支持功能,评价模型"刚柔并济"。美国实施校长效能评价的经验可以在发展性评价何以成为可能、效能评价如何避免落入结果导向的窠臼等两方面有较好的借鉴作用。李华对作为支持过程的美国校长评价进行了详细分析,指出美国校长评价促进教育公平与优质发展的路径对我国如何建设"公平而有质量的教育"具有启发:重塑校长评价的话语系统,以"评价作为校长支持过程"彰显校长评价促进教育公平与优质发展的价值;借鉴以校长评价为核心的教育支持路径;挖掘专业协会在校长评价上的潜力,使政府和非政府的公共组织合力推进教育公平与优质发展目标的实现;警惕教育公平与优质发展以"学生成绩"效能为取向,形成中国特色的教育效能观和教育公平与优质发展新观念。

（四）教育治理及其评价研究现状分析

2013年党的十八届三中全会通过的《中共中央关于全面深化改革若干重大问题的决定》提出，"全面深化改革的总目标是完善和发展中国特色社会主义制度，推进国家治理体系和治理能力现代化"，将"国家治理体系和治理能力现代化"提高到国家战略的高度，教育治理也由此成为国家治理的重要组成部分。

1.教育治理

以"教育治理"为主题词在知网中进行检索，共有文献7 725篇，阅读其中的不少文献后发现，早期文献将"教育"和"治理"作为两个单独的名词，如第一篇C刊论文是1998年在湖北社会科学杂志上发表的，题名为"思想道德建设应重在教育和综合治理"，并非真正意义上的"教育治理"研究。考虑到"教育治理"是一个较新的专用术语，我们以关键词的精确检索方式重新检索，知网共收录文献861篇，其中期刊论文616篇，学位论文37篇，会议论文11篇，报纸12篇，其他成果0篇。将检索范围限定为C刊论文，最早的文章出现在2006年，截至2022年3月共有325篇文献，历年文献数量变化趋势如图7所示。

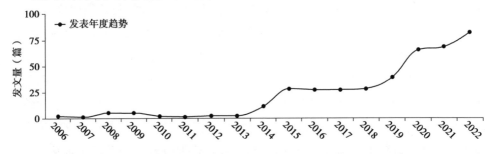

图7　教育治理（关键词）历年C刊论文数量变化图（2022年为预测值）

由图7可知，教育治理的研究是2013年十八届三中全会后在2014年开始出现明显增长的，2020年后进入快速发展阶段，但每年研究论文不足100篇，这也将成为未来研究的热点。为体现本部分研究的重要性，本文还收集了部分教育治理方面的专著，采用重要文献分析法进行文献综述。

王晓辉从分析治理的内涵入手，探讨了教育治理的理论构思。他认为教育治理应尊重教育主体的多元化，要以契约联结政府与学校，要建立协商式的教育决策机制，要以评估为教育政策调节工具，以系统导航来构建教育宏观管理机制。中国教育改革正处于继续发展的关键时刻，而关键之关键则是要建立新的教育改革决策机制、教育管理协商机制、教育政策保障机制和教育系统监测机制。

褚宏启采用理论分析的方法,对教育治理的特征、背景、价值目标、体系建构等进行了探讨。他认为,教育治理是多元主体共同管理教育公共事务的过程,呈现出一种新型的民主形态。教育治理的直接目标是善治,即"好治理";最终目标是"好教育",即建立高效、公平、自由、有序的教育新格局。完善教育治理体系是推进教育治理的关键,其核心是通过分权和集权两种方式调整优化共治主体的权责关系,解决教育管理中社会参与不够、学校办学自主权不够、政府宏观管理能力不足、学校内部治理结构不完善等突出问题。

孙绵涛基于教育学基本原理,从理论上全面阐述了教育治理的概念、内容和方法。他认为教育治理是通过一定规则和程序对教育中的利益各方进行调解的一种过程。教育治理的主体是指参与治理的各方,包括政府、学校和社会。教育治理的内容主要是:协调政府、学校、社会的关系,协调各级各类教育的关系,协调教育活动、教育体制、教育机制和教育观念的关系以及这四个范畴子要素之间的关系。教育治理的方法由程序性要素和策略性要素组成。程序性要素包括治理依据、治理原则、治理过程和治理结果的处理;策略性要素要分清轻重缓急、讲求治理效率。

范国睿依据其观察和审视地方政府的相关政策举措及试点地区的自主办学改革经验,总结提炼基础教育学校教育治理的逻辑框架和可资借鉴的变革经验。他认为,教育管办评分离改革试点工作启动后,相关省市逐步推行清单管理,适时出台地方教育法律规章,现代学校制度建设持续推进,学校内部治理结构不断完善。但改革仍面临挑战,须建立与完善基于学校章程的学校多元治理机制,保障学校权力的有效运用,促进学校自主发展;建立与完善多元参与的学校事务监督、评价与问责制度,加强学校依法自主办学过程中的事中、事后监管;建立与完善学校法律顾问制度与法律救济制度,支持与保障学校依法自主办学权益。

郅庭瑾对国际治理理论的发端与发展,以及英、美、澳三国的实践经验及启示进行了述评,对我国教育治理兴起的背景、概念内涵等进行了梳理,进而对治理主体及角色定位、治理能力和体系构建、教育治理评估等进行了阐释。文章指出教育治理于 20 世纪 90 年代由西方国家提出,是治理理论在教育领域的应用,至今尚没有完全明确的定义。通常认为教育治理是一种过程,是政府为了实现一定的公共教育目标,对公共教育事务的有效管理、整合和协调的持续互动过程。教育治理属于一种结构,是政府、社会组织、市场、公民个人等主体通过参与、对话、谈判、协商等集体选择行动,共同参与教育公共事务管理。

2.区域教育治理

以"区域教育治理"为主题词(篇名+关键词+摘要)进行精确查询,C刊论文共35篇,首篇论文发表于2015年。同样采用重要文献分析法进行分析,综述如下。

范以纲以上海市普陀区桃浦镇内3所中学、3所小学、5所幼儿园和1所社区学校组成的"桃浦基础教育协同发展联合体"为例,探讨了区域教育治理体系的构建方式,提出现代教育治理是一次在政府、社会、企业、学校、公民之间更大范围内的教育权力的转移。它关注的是"互动与合作",强调"权力运行方式的变化",通过转变职能调整政府管理边界,实现权力在不同主体之间的合理分配,从政府自上而下的单一向度运行。

赵磊磊、代蕊华研究了区域教育治理的内涵、目标及路径,提出推进区域教育治理现代化要立足区域教育发展的现实需求,坚持多元参与、确保公平高效、维护公平正义,不断提升区域教育治理的科学性和合理性。在实践行动中,应充分发挥地方政府在区域教育治理现代化中的主导作用,强化区域社会组织的支持作用,明确区域学校的主体作用,构建完善的区域教育治理现代化体系。

宋宇、卢晓中提出了大数据时代区域教育治理需从以下方面着力:以数据驱动的方式建立区域教育治理评价指标体系,更新区域教育治理的数据采集、存储与处理技术,在监测与评价基础上发挥大数据的教育预测与预警功能,以多元异构大数据的融合分析促进区域教育资源的贯通,建立区域教育治理大数据安全运行机制。

薛耀锋、曾志通、王亚飞等以大数据可视化分析的方法,以上海市P区为例,基于学生的品德发展水平、学业发展水平、身心发展水平、兴趣特长养成以及劳动实践锻炼等五个维度,设计了面向区域教育治理的学生画像,并对画像的科学性和有效性进行了验证,证明该研究所设计的学生画像对提升区域教育治理现代化、促进区域义务教育发展质量有较好的应用效果。

李作章研究了区域教育治理现代化的价值、要点与体系构建的理论和实践行动路径,文章指出区域教育治理现代化在支撑国家重大决策、提升区域教育整体质量、均衡分配区域教育资源、满足区域人民多元化教育需求等方面具有自身独特的价值。推进区域教育治理现代化要立足区域教育发展的现实需求,坚持多元参与、确保公平高效、维护公平正义,不断提升区域教育治理的科学性和合理性。在实践行动中,应充分发挥地方政府在区域教育治理现代化中的主导作用,强化区域社会组织的支持作用,明确区域学校的主体作用,构建完善的区域教育治理现代化体系。

范炀、茆瀚月、李超等从理论上探讨了面向区域教育治理的大数据平台设计方法,构建了互联网感知大数据驱动的智能化大数据平台,并展示了该平台在区域教育治理领域的三个应用方向,以期加深人工智能、大数据在区域教育治理层面的应用,并创新区域教育治理的研究范式。

3.教育治理评价

以"教育治理评价"为篇名进行精确查询,C刊论文共15篇,首篇论文发表于2011年。采用重要文献分析法进行文献综述,结果如下。

秦建平基于教育治理评价是教育改革与发展的破口,构建了教育治理现代化监测评价指标,共包含有教育决策科学民主指数、教育法治指数、教育公共事务透明指数、教育政务效能指数、教育监督质量指数、教育清廉指数6个维度和30项关键指标。

唐智彬从现代治理视域角度,提出高职教育质量需要建立第三方评价体系,包括评价机构、评价标准、评价实施、评价管理与评价结果利用。要通过明确高职教育现代治理体系下的政府管理责任,以多元化思路、市场化道路建设高职教育质量评价第三方机构,强化机构自身建设,以权威的专业评价工作促进第三方评价科学发展,建立健全第三方评价成果发布与利用机制及多方合作机制,推动高职教育质量第三方评价体系建设。

任珂基于教育治理的视角,对我国高等教育评价体系的发展进行了梳理,并提出高等教育智慧评价体系的建构策略。他认为高等教育智慧评价应该以大数据作为重构多元评价主体评价权利的技术支撑,以共享数据创造的多维评价空间进行人机协同,通过评价相关者的"合作-协商-对话"确立评价标准。

二、本方向研究趋势分析

选取"教育评价"为主题词的C刊论文的关键词,利用CiteSpace软件做出1996—2022年关键词共词时序突现图,如图8所示。

结合图8和前文第一部分的研究现状分析,我们可以总结出以下几个研究趋势和研究展望:

Top 30 Keywords with the Strongest Citation Bursts

Keywords	Year	Strength	Begin	End	1996–2022
中介机构	1996	4.84	1998	2006	
教育评估	1996	4.37	1998	2005	
素质教育	1996	10.36	1999	2003	
上海市	1996	5.8	1999	2008	
基础教育	1996	4.91	2004	2006	
高等教育	1996	4.08	2006	2008	
远程教育	1996	4.1	2007	2012	
课程评价	1996	3.58	2008	2011	
义务教育	1996	5.39	2010	2013	
绩效评价	1996	5.01	2010	2012	
评价	1996	3.48	2010	2011	
美国	1996	5.82	2013	2014	
评价机制	1996	3.64	2013	2017	
学前教育	1996	3.34	2013	2018	
教育部	1996	4.11	2014	2016	
大数据	1996	3.7	2014	2022	
教育改革	1996	3.63	2014	2020	
职业教育	1996	4.9	2015	2020	
创业教育	1996	3.92	2015	2018	
监测评价	1996	3.36	2015	2016	
核心素养	1996	5.06	2016	2022	
高考改革	1996	3.71	2016	2022	
影响因素	1996	3.6	2016	2017	
质量评价	1996	4.22	2017	2020	
综合评价	1996	6.66	2019	2022	
大学排名	1996	4.02	2019	2020	
增值评价	1996	12.26	2020	2022	
新时代	1996	7.07	2020	2022	
过程评价	1996	6.31	2020	2022	
总体方案	1996	4.73	2020	2022	

图 8 "教育评价"主题词 1996—2022 年关键词共词时序突现图

1) 区域教育治理评价研究将是未来几年的研究热点。2018 年 9 月全国教育大会召开以后，教育评价研究论文快速增长，尤其是 2020 年 10 月《深化新时代教育评价改革总体方案》发布后，研究论文从 2020 年的 149 篇快速增长到 250 篇，增长速率为 72%，说明教育评价将是未来几年的研究热点。教育治理是近几年才提出的概念，区域教育治理评价是目前研究较为缺乏的，是我们今后的研究重点。

2) 利用大数据的综合评价方法是我们将采用的主要定量研究方法。目前关于教育评价的研究，以质性研究为主量化研究为辅，这跟教育评价需要做价值判断紧密相关。量化研究中，数据获取以问卷调查方式获取为主要方法，这可能与客观数据获取有困难或不能公开有很大关系。从 2013 年开始，已有应用大数据对教育评价进行研究的论文，但总体数量偏少，仅有 22 篇。结合大数据分析（可参照高等教育研究的数学模型)进行区域教育治理评价预计将成为未来研究的热点,这也应该是"数字化教育治理研究所"今后研究的主要方向。

3)区域教育治理评价的国际比较是我们未来的主要研究内容。目前的研究中,国内外教育评价对比研究占有一定的比例,主要以美国、英国、澳大利亚等西方国家为主。经进一步文献检索发现,对日本、韩国、新加坡等亚洲国家,法国、德国、意大利、俄罗斯等欧洲国家的研究偏少,尤其是基础教育治理方面的国际比较研究非常少,这将是我们未来的另一个主要研究方向。为形成本研究团队的特色,我们建议进行初中学科课程标准国际比较研究。

参考文献

[1] 车伟艳.英国绩效管理教师评价制度:内容、特点与启示[J].外国中小学教育,2010(10):12-15.

[2] 陈丽,任萍萍,张文梅.后疫情时代教育创新发展的新视域与中国卓越探索——出席"2020全球人工智能与教育大数据大会"的思考[J].中国电化教育,2021(5):1-9.

[3] 陈永明,许苏.我国中小学校长专业评价指标体系探究[J].中国教育学刊,2009(1):41-44.

[4] 陈玉琨.教育评价学[M].北京:人民教育出版社,1999.

[5] 杜玲玲,段鹏阳.省域内基础教育发展水平的区域差异研究——以北京市的实证分析为例[J].教育科学研究,2021(8):28-34.

[6] 范炀,茆瀚月,李超,等.面向区域教育治理的智能化大数据平台研究[J].现代教育技术,2021,31(9):63-70.

[7] 范以纲.从"桃浦模式"看区域教育治理体系的构建[J].人民教育,2015(7):40-42.

[8] 胡小萍.论基础教育课程改革背景下教师评价机制的转型[J].江西教育学院学报,2009,30(6):119-121.

[9] 化存才.数学模型在高等教育问题中的应用[M].北京:科学出版社,2014.

[10] 金娣,王刚.教育评价与测量[M].北京:教育科学出版社,2002.

[11] 金建生.新西兰基础教育评价研究[J].外国教育研究,2008(5):25-28.

[12] 李华,程晋宽.美国中小学校长效能评价研究[J].外国中小学教育,2019(4):46-54.

[13] 李华.作为支持过程的校长评价——美国校长评价促进教育公平与优质的路径探析[J].比较教育学报,2020(6):58-69.

[14] 李吉桢.第四代教育评价理论的中国化研究[D].天津:天津师范大学,2019.

[15] 李作章.区域教育治理现代化:价值、要点与体系构建[J].国家教育行政学院学报,2020(3):26-33.

［16］刘云生.论新时代系统推进教育评价改革［J］.国家教育行政学院学报,2022(2):13-24.

［17］刘志军.教育评价［M］.北京:北京师范大学出版社,2018.

［18］柳国辉,谌启标.新世纪美国教师评价政策的改革动向及特点分析［J］.外国中小学教育,2014(10):33-37.

［19］龙洋,王少勇.美国基础教育评价改革新动向:减少不必要的、低质量的高利害测验——奥巴马政府"测验行动计划"研究［J］.外国教育研究,2016,43(10):118-128.

［20］盛冰.高等教育的治理:重构政府、高校、社会之间的关系［J］.高等教育研究,2003(2):47-51.

［21］潘海生,程欣.从《中华人民共和国职业教育法修订草案》探析国家职业教育治理思路［J］.中国职业技术教育,2020(10):14-19.

［22］史宁中,孔凡哲.十二个国家普通高中数学课程标准国际比较研究［M］.长沙:湖南教育出版社,2013.

［23］宋宇,卢晓中.大数据驱动下区域教育治理探析［J］.教育研究与实验,2020(1):36-39.

［24］孙绵涛,等.教育政策学［M］.北京:中国人民大学出版社,2010.

［25］孙绵涛.教育政策分析——理论与实务［M］.重庆:重庆大学出版社,2011.

［26］孙绵涛.现代教育治理的基本要素探析［J］.中国教育学刊,2015(10):50-53.

［27］田凌晖,朱琦.区域性教育评价体系的构建——美国加州全州教育评价体系及其启示［J］.上海教育科研,2003(6):21-24.

［28］王凤秋,杨洋.30年来我国中小学校长管理制度改革述评［J］.教育科学研究,2016(4):27-32.

［29］王娟.基于专业标准的校长领导力评价框架［J］.教育发展研究,2016,36(4):64-70.

［30］王玥,赵丽娟.PISA测量技术在我国区域教育质量监测与评价中的应用——以"北京市义务教育阶段学生学习生活状况调查项目"为例［J］.中国考试,2021(9):54-61.

［31］潍坊市教育局.典型示范引领 市域整体突破 探索构建教育治理评价"潍坊模型"［J］.山东教育,2021(24):14-15.

［32］肖晓飞,贾颖.基础教育中教师评价透视［J］.晋中学院学报,2007(5):111-114.

［33］辛志勇,王莉萍,刘刚喜.中小学校长业绩评价指标体系探析［J］.教育理论与实践,2006(11):17-20.

［34］熊英.基础教育阶段教师评价:现状、问题及对策［J］.教育理论与实践,2017,37(36):40-42.

［35］薛耀锋,曾志通,王亚飞,等.面向区域教育治理的学生画像研究［J］.中国电化教育,2020(3):62-68.

［36］杨芳.新课改理念下的中小学教师评价改革趋向［J］.教育理论与实践,2005(6):26-27.

［37］尹后庆.从教育管理走向教育治理——政府转变管理职责方式的思考［J］.上海教育科研,

2008(1):4-6.

[38] 张其志.建立校长评价制度的若干问题[J].教育评论,2009(1):45-47.

[39] 张欣亮,童玲红,夏广兴.澳大利亚中小学校长领导力评价方法透析[J].外国教育研究,2014(12):77-87.

[40] 赵磊磊,代蕊华.区域教育治理:内涵、目标及路径[J].教育科学研究,2017(9):25-28.

[41] 郅庭瑾,等.基础教育治理体系构建[M].上海:华东师范大学出版社,2019.

学校发展与治理
现代化的研究现
状及趋势探析

导　语

吴卫东

学校发展与治理现代化作为区域教育治理研究的第二个方向,研究团队重点关注学校发展的内在要素,具体包括学校规划与文化建设、学校教师发展、学校课程与教学以及家校社共育等领域;同时也兼顾学校治理现代化的研究成果。

团队成员对以上四大内在要素在知网已有研究的成果上进行分析,运用分析软件,对研究的内容、研究趋势、存在的问题等进行了量化分析。具体从以下四个研究子方向展开:

子方向一:学校规划与学校文化。学校规划与学校文化方向主要梳理了当前我国学校规划和学校文化治理的研究现状。学校规划研究作为一个正不断扩展的知识体系,呈现出教育学与建筑学、地理学等多学科相融合的研究趋势,成为一个囊括学校内部视角以及学校外部视角的研究领域,具有鲜明的跨学科、综合性特征。学校规划的相关研究内容不断丰富,定性研究与定量研究方法日益结合。但是该领域的研究政策导向性较为明显,尚未形成教育学视域下学校规划的独特研究范式。未来对学校规划的横向比较研究与纵向历史研究,以及区域协同治理视域下的中国学校规划范式研究,较为值得关注。与学校规划研究方兴未艾不同,虽然我国已有大量关于学校文化和学校文化管理的深入研究,但是学校文化治理研究还不多见。学校文化治理的研究重点从原有的学校文化的建设、组织与管理,扩展到把学校文化纳入整个学校教育和区域教育治理体系之中,探讨它们之间复杂的互嵌关系。但是该领域目前研究内容还不够丰富,研究中尚未呈现较为明确的治理逻辑,对多元主体协同参与学校文化治理的意识也不够清晰;在研究方法上,以学理性探讨居多。今后学校文化治理研究可能会将学校文化治理进一步与教育治理、区域协同研究相勾连,从解释与反思两个维度探讨学校文化,并逐步形成一个具有普遍适用性的学校文化治理评价标准。

子方向二:学校教师发展。学校教师发展研究主要聚焦于教师专业化、教师专业发展、教师素养、教师成长、教师学习等方面的研究。在研究范式上,教师专业发展研究从对知识的关注转向关注其社会情感能力;在研究方法上,由以往较多注重的理论研究逐渐转向实证性研究,且混合研究方法也越来越受到研究者的青睐;从研究者角度看,涌现出一些知名学者,而研究者团队式合作研究将是今后教师专业发展研究的趋势。然而,教师专业发展研究仍存在诸多问题:如已有对教师的社会情感能力的探究,但关注度仍有待提高;多数研究成果或者采用理论研究方法,或者采用实证性研究方法,但前者远远多于后者;研究者的合作程度不高,并未形成良好的互动交流局面等。要进一步推动学校教师专业发展研究,人工智能开展校本研修以推动教师教育模式改革是一个值得探究的重要课题;中小学初任教师也是值得关注的重要研究对象,其专业成长模式创新以及成长支持体系也应是关注的重点。

子方向三:学校课程与教学。课程与教学领域的研究现状以从知网搜到的文献为抓手,较为全面地呈现了该领域研究的基本问题、研究主题、发展阶段、区域层面的实践、国外研究的动向等基本现状,也较为全面地讨论了该领域的研究在新的时代背景、新的发展阶段、新的社会挑战、新的认识高度下呈现的未来研究趋势,特别是对教育治理视角下的课程治理和教学治理的新兴研究进行了梳理。整体来看,该领域的研究以关注本领域的本体论的话题以及宏观层面的思辨讨论居多,研究方法则以文献研究和思辨研究为主。但从现有研究的梳理已经可以看出,在未来,该领域的研究将发生大的变革:一方面,将开启该领域本体层面更为微观、更为实证取向、更高价值定位的深度研究,使研究走向更为精微;另一方面,将开启教育治理视角下更多主体参与、更全思考维度、更广范畴协同下的关系研究,使研究走向更为广大。

子方向四:家校社共育。该方向的文献梳理以"家校"或"家校社"为篇关键词进行文献检索。最终对 685 篇 CSSCI 文献进行可视化分析的结果显示,从时间上看,从 2018 年开始,国内学者对家校社研究的关注度上升。从研究主题来看,主要涉及"中小学生"的家校社共育,也关注家校社共育的影响因素或作用。从研究的具体内容来看,涉及家校社共育的政策条文、实践形式、作用机制、美国家校社共育研究等。家校社共育研究领域的不足之处及未来研究方向:①治理政策上,现有的政策条文偏宏观。未来研究者要思考如何帮助政府制定具体可行、有阶段目标与执行标准的政策条文。②运行机制上,缺少持续的经费支持与专门的研究机构。未来研究需探讨建立政府、高校、民间组织三级家校社研究机构,并设定持续的经费支持机制。③治理结构上,家校社三者边界职责不清。未来研究需要进一步厘清家校社三方的界限、职责与权利。④实践形式上,欠缺高层次、有组织的家长参与。未来研究可探究高层次、有组织的家长参与。⑤研究类型上,多理论与实践研究,少实证实验结果。未来研究可以开展多种方法相结合的整合研究。本方向未来研究主题主要有两个:其一,探讨新时期家校社共育对我国青少年学生积极心理发展的影响路径;其二,从学生、家长、教师或社区工作者视角,采用访谈法与调查法分析当前家校社共育过程中的困境、原因及解决策略。

在梳理各方向文献的同时,发现学校自身作为发展的基本组织也得到了研究者的高度关注,开展了多视角探究。教育部等八部门于 2020 发布的《关于进一步激发中小学办学活力的若干意见》成为推进中小学治理现代化的行动指南。根据该行动指南推进学校发展与现代治理,从整体上需要做到依法办学、自主管理、社会参与、民主监督。依法办学、依法治校是现代学校治理的基本要求,对这方面进行研究的有成刚、朱庆环、赵德成、陈秋平以及郑金洲等人;自主办学是现代学校治理的前提和先决条件,对这方面进行探究的有楚江亭、李俊以及王聪等;多元共治是现代学校治理的核心特征和根本路径,邱芳、方文跃等人对这方面进行了研究;监督问责是现代学校治理的保障,对这方面进行研究的主要有秦建平、杨明以及李益众等。

李政涛认为,学校首先要作为基本单位进行改进研究,改进研究的前提是对基本理论问题的原点思考,他提出了"时代原点""生命原点"和"概念原点"的研究逻辑;学校作为组织有其自身的生命周期与发展动力的研究,关于这一视角的分析国内研究并不多见。此外,对学校治理的研究已有许多成果。这些研究为团队后续开展学校发展与治理现代化主题的研究奠定了坚实的基础,并指明了方向。

学校教师专业发展的研究现状及趋势探析

吴卫东　　陈玉玲

一、文献搜集与研究现状分析

主要通过中国知网与 Web of Science 分别对 2000—2021 年国内外的教师专业发展研究进行检索和分析;通过中国知网、EBSCO、Web of Science、Springer 等数据库对"中小学初任教师""现实冲击""beginning teacher""Novice teacher""reality shock""Anfänger Lehrer"以及"Realistische Auswirkungen"等关键词进行检索和分析。中小学初任教师的"现实冲击"的文献检索与分析是重点,到目前为止既掌握了国内该主题研究的动向,同时对国外英语国家与德语国家的相关研究进行了检索;不仅关注了最早(1958 年)出现"reality shock"一词的相关研究,且对此后至今出现的相关研究都进行了检索和搜集,基本上掌握了该主题大部分相关研究文献。通过梳理发现,中小学初任教师"现实冲击"在国内研究起步较晚,且成果较少,而国外起步早,有一定的研究基础。在相关研究中也涌现出一些重要的代表人物,如我国的周寰,国外的 Hughes, E.C., Keller-Schneider, M., Veenman, S., Dean, A.R. 等学者。文献检索基本上呈现出了"新"与"重"的特点,即掌握了最近的相关研究动态和最新的研究文献,同时总结出相关研究的重要代表人物。然而在研究文献"全"方面,因为中文、英语、德语以外的语言能力较为有限,这三种语言之外的相关文献尚未检索。下面将对目前掌握到的相关文献进行分析。

（一）有关教师专业发展的研究

有关教师研究自近代以来便从未停步,取得了较为丰硕的研究成果。从研究主题上看,主要涉及教师队伍、教师专业发展、教师教育与成长、教师评价、教师流动与教师激励等方方面面。从具体研究对象上来看,除了对全体教师的研究,还有:按教师发展阶段,如对初任教师的研究;按国别特征,如对日本、韩国、加拿大、德国、美国等教师的研究以及中外对比研究;按地域特征,如对乡村教师的研究或城乡教师对比研究;按教学阶段,如对幼儿园教师、中小学教师以及高校教师的研究;按学校类型,如对普通高校教师、职业技术类学校教师的研究;按教学科目类别,如对英语教师、数学教师、语文教师、科学教师等的研究。从研究方法上看,有理论研究、实证研究和混合研究方法。其中,有关教师专业发展研究,以"教师专业发展"为关键词,通过中国知网检索 2000—2021 年的相关文献并统计如下:

如图 1 所示,从研究主题上看,"教师专业发展"的研究成果有 1.09 万多篇、"教师的专业发展"研究共 918 篇、"教师专业发展研究"有 863 篇,"教师专业成长"研究共 595 篇,"教师专业化发展"研究有 537 篇,"中小学教师专业发展"研究共 390 篇等。

如图 2 所示,从研究成果发表年度来看,自 2000 年开始成果数逐年攀升,除 2015 年有所下降外,到 2016 年达到峰值,共 2 596 篇,此后稍有减少,2017 年发表 2 582 篇、2018 年发表 2 585 篇,到 2021 年发表 2 081 篇。总体上讲,近 20 年来学者们对教师专业发展研究有较高的关注度。

如图 3 所示,从发表论文的单位看,论文发表频次在 10~20 的单位多为师范类院校,其中,华东师范大学、陕西师范大学以及北京师范大学发表成果最多。这些研究成果的作者分别为顾小清、龙宝新、姜勇、卢乃桂、汪明帅、王栋、王陆、潘海燕、朱旭东、谌启标、尹志华、郑友训等。

以北大核心期刊为标准,对 2000—2021 年教师专业发展研究文献分布进行筛选,统计结果如下:

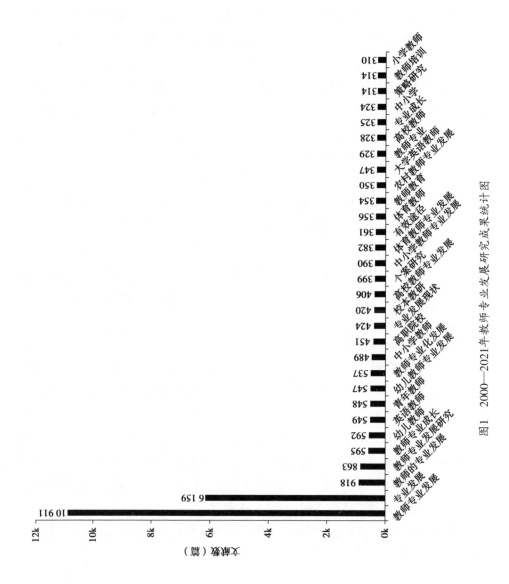

图 1　2000—2021 年教师专业发展研究成果统计图

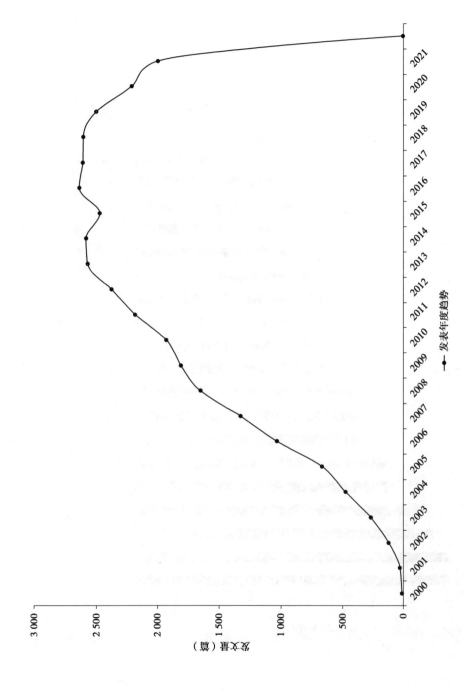

图2 2000—2021年教师专业发展研究成果发表年度统计图

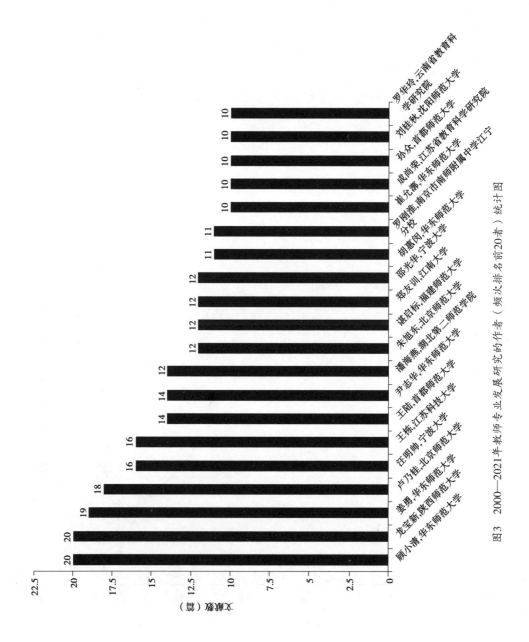

图3 2000—2021年教师专业发展研究的作者（频次排名前20者）统计图

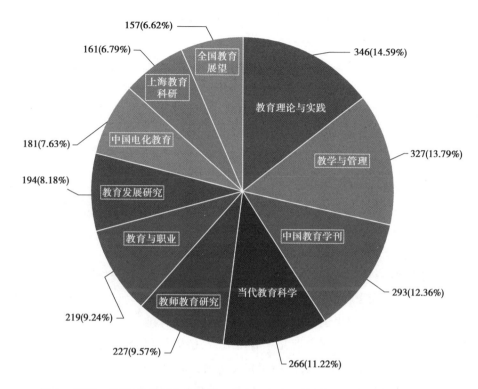

图 4　2000—2021 年教师专业发展研究文献分布统计图（以北大核心期刊为例）

　　如图 4 所示，刊登教师专业发展研究成果最多的期刊是《教育理论与实践》，共有 346 篇，占发表该主题研究论文（北大核心期刊论文）总数的 14.59%；其次为《教学与管理》共 327 篇，占总数的 13.79%；再次是《中国教育学刊》共 293 篇，占总数的 12.36%；另外还有《当代教育科学》共 266 篇，占总数的 11.22%；《教师教育研究》共 227 篇，占总数的 9.57%；《教育与职业》共 219 篇，占总数的 9.24%；《教育发展研究》共 194 篇，占总数的 8.18%；《中国电化教育》共 181 篇，占总数的 7.63%；《上海教育科研》共 161 篇，占总数的 6.79%以及《全球教育展望》共有 157 篇，占总数的 6.62%。

　　以"teacher professional development"为关键词，通过 Web of Science 检索 2000—2021 年的相关文献并统计如下：

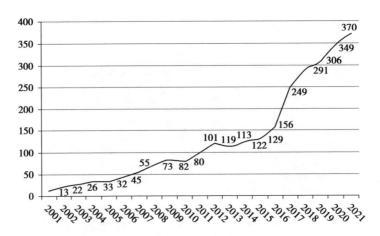

图5　2000—2021年国外教师专业发展研究成果统计表

如图5所示，2000—2021年有关"teacher professional development"的研究成果逐年增多，到2021年达到370篇。从总体研究趋势看，2016年之后研究成果增加迅速。

通过对上述研究成果进行梳理发现，国内外有关教师专业发展的研究成果均呈逐年增多的趋势。尽管国内近几年有所减少，但国外仍处于上升状态。根据文献分析发现，教师专业发展研究经历了几大转向，具体如下：

第一，从研究范式上，教师经历了从学科人到教育人的转变，教师专业发展也开始从重点研究教师的PCK（即知识，包含专业知识和实践性知识）转向关注其社会情感能力。如加拿大学者弗瑞曼·艾尔贝兹早在1976年便开始对教师实践性知识进行了较为系统的开拓性研究，我国学者陈向明也对教师实践性知识进行了深入的探究。而顾小清在专门研究信息化背景下教师专业发展时指出：教师须具备将技术用于教学的"实践性知识"。然而，姜勇则指出，教师的专业发展不能仅仅简单地理解为接受新知识、掌握新技能、运用新教学方法的过程，而应关注教师"精神存在"的提升。由此，教师专业发展转向关注研究提升教师的社会情感能力，这方面的代表性成果主要有郭绒从理论模型、研究设计和研究成果等方面，采用领域综述法分析23项国际教师社会情感能力的实证研究；李广与盖阔则关注到了中小学教师的职业幸福感等。

教师专业发展研究涉及教师专业化、教师专业发展、教师素养、教师成长、教师学习等核心关键词。教师专业化研究主要有钟启泉、陈桂生、杨洁等，主要对教师专业化、教师专业理念、制度以及标准等进行了探究。教师专业发展研究主要有卢乃桂从认识论、理性和权力三方面分析了西方国家教师专业发展政策与实践的理论基础;朱旭东从教师专业发展的内涵、层次、基础、机制和环境等构建了教师专业发展的理论模型;崔允漷、王少非等认为教师专业发展或许可以从不同的路径,借助于不同的内容来切入,但最终必须指向专业实践的改善,因此得出教师专业发展即专业实践的改善的结论。

第二,根据刘良华对研究方法的分类,有实证研究(量化的、质化的)、思辨研究(又称理论研究)、实践研究(常以教育对策、教育反思、教育改革形式显现)。分析上述文献的研究方法得出:教师专业发展研究由以往较多注重理论研究逐渐转向实证性研究,而且混合研究方法也越来越受到研究者的青睐。理论研究主要从理念、制度等方面对教师专业发展进行探究,如宁虹、刘秀江阐明了教师成为研究者的必要性和可能性以及教师成为研究者的意义;钟启泉等也注重于对教师"专业化"的思辨研究。近年来,教师专业发展研究在关注思辨研究的同时,也关注实证研究,具体有问卷调查法、访谈法、观察法等,具有代表性成果的有李建辉、李森与崔友兴等进行的实证性研究。采用混合研究方法的代表成果主要有:Tum,D.O、Miller,E.R 和 Gkonou C、Xu Y.以及朱心怡等通过将量化研究与质性研究方法相互补充对教师的情感进行了细致的研究,郭绒同样也采用了混合研究方法。可见,近年来混合研究方法受到了研究者关注。

第三,从研究者角度看,涌现出一些知名学者,而研究者团队式合作将是今后教师专业发展研究的趋势。到目前为止,国外有关教师专业发展的研究主要有:美国学者富勒(Fuller)较早提出了教育关注阶段论,从而产生了各种教师专业发展阶段论;斯腾伯格(Steinberg)通过对比专家教师与新手教师研究发现,这两类教师在知识、效率和洞察力等方面存在一定差异,该研究为推动新手教师专业发展奠定了基础。国内主要有:丁钢、卢乃桂、朱旭东、靳玉乐以及陈向明等知名学者,他们均对教师专业发展进行了探究。通过文献梳理发现,以往的教师专业发展研究者的合作程度不高,还未形成良好的互动交流局面。但近年来的教师研究团队越来越多,具有代表性的如朱旭东教授担任主任的教育部普通高校人文社科重点研究基地北京师范大学教师教育研究中心等。因此,在今后的教师专业发展研究中,加强研究团队交流与合作,实施研究者的良好互动和协作是该主题研究的主要趋势。

中小学初任教师也是教师专业发展研究值得关注的重要对象,下面将对中小学初任教师的"现实冲击"进行文献综述。

（二）有关中小学初任教师"现实冲击"的研究

本研究选用的核心概念是中小学的"初任教师"和"现实冲击"，需要与教师教育研究传统中的近似概念加以区别。一是"初任教师"与"新手教师"的区别：前者以客观的职业阶段为主要变量，后者具有一定的价值判断，往往与专家教师相对应。本研究以职业阶段的客观表述为考量，选用初任教师的概念；二是"现实冲击"与"入职困难"的区别：前者重在表达入职者的期待与现实之间的差距和矛盾，具有个体关照的特点，后者是指入职者的素养与标准之间的距离，它是产生"现实冲击"的原因。本研究重点深描初任教师的"现实冲击"。

第一，"现实冲击"是国际初任教师研究的核心概念，我国的相关研究缺失必要的关注。"现实冲击"一词最早出现在美国社会学家 Everett Cherrington Hughes 的研究中。Hughes 研究指出，新进员工刚进入组织时，并不是渐渐接触到这个迥异的环境，而是瞬间走进一个完全陌生的情境，他们不断主动或被动地接受各方的信息，并思考如何做出回应。新员工通常会发现自己的预期在某些方面与现实情况存在一定的距离，早期研究者 Porter 将这一现象定义为"期望落差"。然而，这一概念只是比较宽泛地描述了新员工理想与现实的差距，却并未阐明该现象与个体职业发展的关系。1974 年，Kramer 在其著作中运用"现实冲击"（reality shock）这一概念描述新护士由于临床实践与自己的期望不符而产生的适应困难以及职业挑战。1978 年，由 Cloetta、Dann 和 Müller-Fohrbrodt 组成的德国康斯坦茨小组提出了初任教师"实践冲击"（Praxisschock）的概念，并发布了在欧洲影响广泛的研究报告。荷兰的 Veenman 通过调查梳理了导致初任教师"现实冲击"的 24 种入职困难。进入新世纪以来，欧美许多学者（Achinstein、Flores and Day、Korthagen et al.、Kyriacou and Kunc、Keller-Schneider）持续开展初任教师"现实冲击"的研究，且德国引领了初任教师"现实冲突"在欧洲的研究传统，并延续至今。

与欧美不同，我国初任教师研究主要以入职困难、入职适应为核心概念，王小棉开展了新教师入职初期所遇困难的研究；赵昌木提出了初任教师面临的最大困难；王红梅提出了任教 1~3 年内的新教师入职适应存在的问题。中文文献中仅有刘梅和周寰小组的 2 项研究以"现实冲击"作为核心概念进行展开。

第二，初任教师"现实冲击"研究不断丰富，但缺失以实证为基础的理论模型的建构。"现实冲击"的早期定义是指新入职者的理想与现实之间的差距。随着研究的不断深入，人们发现与其他职业相比，初任教师对教师职业的认识来源还有一个特殊的地方，即虽然他们对教师职业非常熟悉，但在参加工作之前，几乎所有有关教师和教学的知识都是以学生的角色构建的。因此，有研究者重新定义了初任教师的"现实冲击"，拓展了其内涵，认为初任教师的"现实冲击"不仅指理想与现实的差距，还包括理论与实践的差异，以及学生时代所构建的图式与从事教师工作时所面临的现实之间的矛盾。对于初任教师"现实冲击"的类型，研究者们认为主要涉及三大方面：一是教育技能，包括课堂管理、处理学生差异、评价学生学业、组织班级活动、激发学习动机、处理偶发事件等；二是人际关系，包括与学校领导、同事、家长和学生的人际关系；三是环境压力，包括学校氛围、学校政策、学校教育资源支持等。

随着对"现实冲击"的现象、原因以及后果的研究不断拓展、深化，1983 年迪安（Dean）首次建立了"现实冲击"的理论模型，探讨了"现实冲击"的前因和后果之间的关系模型，我国周寰等人依据 Dean 的理论模型，结合教师职业的相关特质，构建了实习教师的"现实冲击"理论模型。从已有文献分析可见，未发现达成共识的初任教师"现实冲击"的理论模型，更缺失对模型的实证检验。

第三，初任教师"现实冲击"研究方法多元，但缺失系统的综合研究和国际比较研究。20 世纪 70 年代，倡导教师专业化的改革运动开始在欧美国家兴起，在其推动之下，教师专业发展成为国际教师教育改革的主流趋势，初任教师遭遇的"现实冲击"现象引起了研究者的关注。在早期的研究中，问卷调查作为基本的研究方法，主要针对初任教师基本生存状态以及"现实冲击"的现象、原因等展开研究。2007—2008 年 Aspfors 和 Bondas 对芬兰的 88 名新小学教师进行了一项研究，该研究通过开放性问卷调查和 10 次焦点小组会议展开；2017 年 Vasquez 等人通过结合课堂观察和访谈，对工作三年的 20 位教师（小学 10 位，中学 10 位）的经历展开研究。尽管各国学者对初任教师"实践冲击"的研究方法多元，但是综合定量和定性方法，并开展国际比较的研究尚未出现。

课题组对已立项的全国教育科学规划课题的研究主题进行分析，发现近十年来以初任教师、新教师、新手教师作为研究对象的课题共 6 项，其中 2 项关注高校教师，1 项关注幼儿教师，关注中小学初任教师的研究共 3 项："基于课堂观察的新教师校本培训活动的设计与应用研究"（2011，教育部青年）、"新手—熟手—专家型教师情绪觉察研究"（2016，国家一般）、"新手教师专业知识发展的跟踪研究"（2017，国家青年），这3项主要集中于初任教师培训、情绪和专业知识研究。无论是从研究对象关注的核心概念，还是研究方法的综合性与国际化而言，本课题都具有开创性的特点。

二、本方向研究趋势分析

基于以上综述，本方向研究拟解决的焦点问题是：如何结合经验反思和中德比较实证检验建构初任教师"现实冲击"的理论模型？如何借鉴各国应对初任教师"现实冲击"的成功经验构建具有中国特色的初任教师成长支持体系？主要通过综合运用文献分析、调查问卷、焦点小组、田野研究、访谈叙事等量化与质性研究方法对以下几个方面内容开展研究：

第一，初任教师"现实冲击"的理论建构。这既是研究的逻辑起点，也是本研究的终点问题，需要通过大量的文献梳理与比较分析厘清三个具体问题：一是初任教师"现实冲击"概念的内涵、外延和历史溯源；二是初任教师"现实冲击"的影响因素及其相互关系；三是初任教师"现实冲击"已有理论模型的价值评估。作为本研究的终点是指通过对初任教师"现实冲击"现象的成因、影响因素等的定量与定性的研究，最终建构符合中国特色的初任教师"现实冲击"的理论模型。

第二，初任教师"现实冲击"的实践考察。通过中德合作调查问卷的设计与测试完成对初任教师"现实冲击"的实践考察。具体通过收集中外关于初任教师任职状况的各种调查问卷与结果分析的文献，依据初任教师"现实冲击"的理论模型设计有关"现实冲击"的类型、原因及应对经验的调查问卷。

第三，初任教师"现实冲击"的案例叙事。主要对问卷调查中需要深入探讨的问题，尤其是"现实冲击"产生的内在原因以及初任教师个体如何应对"现实冲击"进行访谈叙事和田野研究。

第四，应对初任教师"现实冲击"的成长支持体系研究。在梳理德国初任教师"现实冲击"应对经验的基础上，借鉴他国的有效经验，构建具有中国特色的初任教师成长支持体系。如从政策、机构、经费到项目梳理，诸如德国师范生的第二阶段培养体系等，从而构建起国家政策层面、区域教师发展中心层面和校本层面帮助初任教师应对"现实冲击"获得成长的三级四维支持体系。

参考文献..

[1] 陈桂生."教师专业化"辨析[J].中国教师,2007(12):19-23.

[2] 陈向明,等.搭建实践与理论之桥 教师实践性知识研究[M].北京:教育科学出版社,2011.

[3] 崔允漷,王少非.教师专业发展即专业实践的改善[J].教育研究,2014(9):77-82.

[4] 丁钢.中国中小学教师专业发展状况调查与政策分析报告[M].上海:华东师范大学出版社,2010.

[5] 顾小清.信息时代的教师专业发展:理念、方法[J].电化教育研究,2005(2):35-39.

[6] 郭绒.国际教师社会情感能力的实证研究:理论模型、研究设计和研究成果:基于 23 项核心实证研究的领域综述[J].比较教育学报,2022(1):108-126.

[7] 姜勇.论教师的精神成长:批判教育学视野中的教师专业发展[J].中国教育学刊,2011(2):55-57.

[8] 李广,盖阔.中小学教师职业幸福感调查[J].教育研究,2022(2):13-28.

[9] 靳玉乐,张家军.教师一般育人能力探究及评价[M].重庆:西南师范大学出版社,2020.

[10] 李建辉.教育科研与中小学教师专业发展:基于福建省三市(区、县)的调查[J].教育研究,2015(7):150-158.

[11] 李森,崔友兴.新型城镇化进程中乡村教师专业发展现状调查研究:基于对川、滇、黔、渝四省市的实证分析[J].教育研究,2015(7):98-107.

[12] 刘良华.教育研究方法[M].3 版.上海:华东师范大学出版社,2021.

[13] 刘梅.初任教师遭遇"现实冲击"的原因及对策[J].基础教育研究,2015(3):18-20.

[14] 卢乃桂,钟亚妮.教师专业发展理论基础的探讨[J].教育研究,2007(3):17-22.

[15] 卢乃桂,操太圣.中国教师的专业发展与变迁[M].北京:教育科学出版社,2009.

[16] 宁虹,刘秀江.教师成为研究者:教师专业化发展的一个重要趋势[J].教育研究,2000(7):39-41.

[17] R.J.斯腾伯格,J.A.霍瓦斯,高民,等.专家型教师教学的原型观[J].华东师范大学学报(教育科学版),1997(1):27-37.

[18] 王红梅.小学新教师入职适应性调查研究[J].江苏技术师范学院学报,2011,17(9):61-64.

[19] 王立国.基于教师专业发展的教师素质标准研究[D].兰州:西北师范大学,2007.

[20] 王小棉.新教师入职初期所遇困难的研究:兼析传统师范教育的缺陷[J].上海教育科研,1999(4):34-36.

[21] 杨洁.能力本位:当代教师专业标准建设的基石[J].教育研究,2014(10):79-85.

[22] 赵昌木.教师成长:实践知识和智慧的形成及发展[J].教育研究,2004(5):54-58.

[23] 钟启泉.教师"专业化":理念、制度、课题[J].教育研究,2001(12):12-16.

[24] 周寰,衣新发,胡卫平.初为人师的困惑与解决:实习教师"现实冲击"的理论模型构建[J].

华东师范大学学报(教育科学版),2014,32(2):67-73.

[25] 朱心怡.上海市高中英语教师职业倦怠现状研究[D].上海:上海外国语大学,2019.

[26] 朱旭东.论教师专业发展的理论模型建构[J].教育研究,2014(6):81-90.

[27] 朱旭东.教师专业发展理论研究[M].北京:北京师范大学出版社,2011.

[28] Achinstein, B. New teacher and mentor political literacy: Reading, navigating and transforming induction contexts[J]. Teachers and Teaching: Theory and Practice, 2006(2):123-138.

[29] Aspfors. J., & Bondas T. Caring about caring: Newly qualified teachers' experiences of their relationships within the school community[J]. Teachers and Teaching, 2013(3):243-259.

[30] Cole, AL., & Knowles, J.G.Shattered images: understanding expectations and realities of field experiences[J]. Teaching and Teacher education,1993,9(516):457-471.

[31] Dean, R.A. Reality shock: The link between socialisation and organisational commitment[J]. Journal of Management Development, 1983(3):55-65.

[32] Flores, M. A., & Day, C. Contexts which shape and reshape new teachers' identities: A multi-perspective study[J]. Teaching and Teacher Education, 2006(2):219-232.

[33] Keller-Schneider, M. Kompetenz von Lehrpersonen in der Berufseinstiegsphase. Die Bedeutung von zwei methodisch unterschiedlichen Erfassungszugangen. ZfBildungsforsch, 2014(4):101-117.

[34] Korthagen, F., Loughran, J., & Russell, T. Developing fundamental principles for teacher education programs and practices[J]. Teaching and Teacher Education, 2006(8):1020-1041.

[35] Kramer, M. Reality shock: Why nurses leave nursing[J]. American Journal of Nursing, 1975, 75(5):891.

[36] Miller E.R & Gkonou C. Language teacher agency, emotion labor and emotional rewards in tertiary-level English language programs[J]. System, 2018,79:49-59.

[37] Porter, L.W.,Steers R.M. Organizational, work, and personal factors in employee turnover and absenteeism[J]. Psychological Bulletin, 1973(2):151-176.

[38] Tum D O. Foreign language anxiety's forgotten study: The case of the anxious preservice teacher [J].TESOL Quarterly, 2015(4):627-658.

[39] Vasquez, N., Contreras, I., Solis, M.C. et al. An analysis of teaching practices among newly qualified teachers working in diverse classrooms[J]. Procedia-social and Behavioral Sciences, 2017,237:626-632.

[40] Veenman, S. Perceived problems of beginning teachers[J]. Review of Educational Research, 1984(2):143-178.

[41] Xu Y. A Methodological Review of L2 Teacher Emotion Research: Advances, Challenges and Future Directions[M].//In Martínez Agudo J de D(ed.) Emotions in Second Language Teaching: Theory, Research and Teacher Education[C]. Cham: Springer International, 2018:35-49.

学校规划与文化的研究现状及趋势探析

王 真

打造高质量教育体系和现代化学校教育格局是党和国家当前关于教育的重要治理方向与议题,也是各级各类学校教育面对历史性变化的发展要求,为学界所普遍关注。学界围绕学校治理现代化的理论与实践,基于不同学科、角度、方法、层次展开了卓有成效的研究。其中,有两个问题应格外受到关注,即区域教育治理视角下的基础教育学校规划与学校文化研究。本综述正是基于构建学校治理体系现代化的立场,对学校规划和学校文化治理做一定的梳理。

一、学校规划研究现状及趋势分析

(一)学校规划相关文献收集

1.资料来源

学校规划的研究范围主要包括"学校规划"和"学校设计"两个方面。中文资源主要源于中国知网数据库、中国人大书报资料中心复印报刊资料、中国知网博硕士论文全文数据库以及超星数字图书馆。英文资料来源于国内对国外文献的介绍摘要、EBSCOhost 数据库、JSTOR(西文过刊数据库)、谷歌图书馆和 ProQuest 学位论文全文库。

2.文献收集

(1)中文期刊检索

为保证相关文献包含最新资料,本部分最后一次检索时间是 2022 年 4 月 28

日。分别以"学校规划""学校设计""办学条件""学校布局""学区"为关键词进行精准检索,中国知网的学术期刊检索结果见表1。

表1　学校规划相关文献中国知网的学术期刊检索表

关键词	学校规划	学校设计	办学条件	学校布局	学区
主题检索文献篇数	1 206	2 944	4 219	1 390	2 967
篇名检索文献篇数	84	130	327	287	697

从1995年到2022年,收录于中国人大书报资料中心的以"学校规划"为主题的论文有5篇、以"学校设计"为主题的论文有58篇、以"办学条件"为主题的论文有9篇、以"学校布局"为主题的论文有17篇、以"学区"为主题的论文有96篇。中国知网博硕士论文全文数据库所收录的学位论文中,以"学校规划"为主题的论文有56篇、以"学校设计"为主题的论文有55篇、以"办学条件"为主题的论文有31篇、以"学校布局"为主题的论文有73篇、以"学区"为主题的论文有212篇。可以发现,中国人大书报资料中心复印报刊资料与中国知网数据库、中国知网博硕士论文全文数据库检索结果的趋势大体一致。超星数字图书馆中收录的有关"学校设计"的中文图书有912种,有关"办学条件"的中文图书有16种,有关"学校布局"的中文图书有16种,有关"学区"的中文图书有100种。

（2）外文期刊检索

利用EBSCOhost数据库分别对"school design""school mapping"进行检索,检索范围为"全库",检索结果分别为6 532篇和867篇。利用JSTOR分别对"school design""school mapping"进行检索,检索范围为"全库",检索结果分别为489篇和867篇。利用SEGA数据库分别对"school design""school mapping"进行检索,检索范围为"全库",检索结果分别为254篇和20篇。利用ProQuest数据库对"school design"进行检索,检索范围为"全库",检索结果为24 173篇,其中学位论文994篇,书籍18种;检索"school mapping",检索结果为607篇,其中学位论文17篇。

（二）学校规划相关研究现状分析

1.资料收集的程度

对学校规划相关文献的收集包括国内关于学校规划的各类研究,如政策文本、学术论文、报纸、学位论文和图书,其中有一部分是关于学校发展规划的研究,已在筛选结果中剔除。在这些论文中,既筛选了关键性和代表性论文和著作,也收集了最新的学术成果。国外研究则包括"school design""school mapping"两部分,主要检索了期刊论文、报纸、图书和学位论文,收集了其中较具代表性的论文和著作以及最新的学术成果,但是鉴于篇幅所限,对于非英语国家的研究收集得还不够全面,外文资料的收集和分析还有待进一步完善。

2.相关文献的研究现状

根据前文资料收集阶段的结论,国内现有研究对"学校规划""学校设计""办学条件""学校布局""学区"的检索趋势具有一致性,本文仅以知网文献为例对学校规划相关文献做研究现状分析。

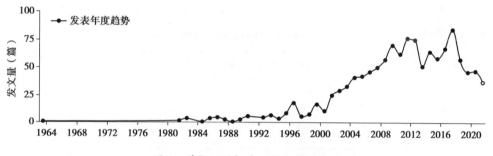

图 1　学校规划相关研究总体趋势图

如图 1 所示,从研究总体趋势来看,学校规划研究自 2004 年新一轮教学改革后呈较为明显的上升态势,到 2019 年研究成果达到了高峰,之后逐渐回落。可见,在 2018 年前后有关中小学学校办学、学区等话题是人们关注的焦点。从基金来源来看,学校规划相关研究中,来源于国家自然科学基金项目的篇数最多,其次分别是全国教育科学规划和国家社会科学基金。这与学校规划研究的学科有不少依托于建筑学、地理学有一定关系。从研究层次来看,基础研究占总研究数量的 37% 左右,工程技术则占 23%。从学科分布来看,教育类研究占据了学校规划相关研究总数的 54%。从主要研究者来看,剔除教师规划、职业规划、学校发展规划等关键词后,主要从事学校规划的研究者有邬志辉、陈建华、秦玉友、和学新、赵丹、张东娇、孔云峰、韩波等(表 2、表 3)。

表2　1998—2022年"学校规划"研究活跃作者

序号	姓名	发文量（篇）	单位
1	邬志辉	11	东北师范大学
2	陈建华	9	上海师范大学
3	秦玉友	4	东北师范大学
4	和学新	3	天津师范大学
5	赵丹	3	西北农林科技大学
6	张东娇	3	北京师范大学
7	孔云峰	2	河南大学
8	韩波	2	马鞍山高等师范专科学校

表3　学校规划研究高频关键词TOP5

学校规划研究高频关键词TOP5	篇数
学校规划	68
校园规划	56
民办学校	52
校区规划	33
建筑设计	33

3.学校规划的概念与范畴

（1）学校规划的概念

学校规划具有悠久的历史,几乎是伴随着学校教育的产生而自然形成的。但是现代学校规划,则伴随着现代社会特别是整个教育制度的变化而不断改变,涉及复杂的自然、经济、人口等要素,清晰地彰显着学校教育作为一种现代制度的发展方向,承载着人们对教育的态度、观念或者某种价值取向。这造成了当人们探讨学校规划时,大多不能将其简单视为一种与所在区域相整合的景观或组织,而是把学校规划的合理与否和整个教育体系乃至社会的发展关联在一起。在国际教育百科全书中,学校规划是应用于计划学校分布及特征的一整套技术和行政管理措施,它必须与人口分布配合,实现教育政策所制定的目标。联合国教科文组织则将学校规划定义为,"一套技术和程序,用于估算地方层面的未来教育需求,并确定需要采取哪些措施来满足这些需求。从这个意义上说,学校规划虽然是一项微观规划活动,但其特殊性在于它寻求更好地匹配教育的供应和需求,学校规划不能与仅显示学校位置的简单'规划图'混淆。显示学校所在的位置虽然非常有用,但这只是学校规划的第一阶段。与本质上是静态的普通地图不同,学校规划为教育服务的未来外观提供了动态和前瞻性的愿景,显示其建筑物、教师和设施,以实现教育政策的实施"。联合国教科文组织的这一定义,也充分表明学校规划并非一张单薄的规划图纸,而是以图纸的形式彰显学校治理的意识与方向,嵌入到区域教育治理之中。

（2）学校规划的范畴

在广义层面上,学校规划既包括学校房屋与建筑物的规划建设与管理,也包括学校的发展规划,比如教师发展规划、课程规划等。换言之,学校规划几乎可以容纳有关学校发展所涉及的方方面面。在狭义层面上,学校规划的范畴则较为明确,包括对学校空间总体和局部的规划与设计,如学校场地和总平面,教学用房及教学辅助用房,行政办公用房和生活服务用房,安全、通行与疏散,室内环境,建筑设备,学校景观设计等。一般而言,学校规划既要符合国家颁布的中小学学校规划设计的标准与要求,也应充分考虑中小学生身心发展的需要,符合其发展规律。

4.学校规划的已有文献

学校规划是学校治理的有机组成部分,学校规划具有复杂性、综合性的特征,若以学校规划的研究脉络回溯,在学校规划研究早期可分为两条研究路径,即建筑学视域的学校规划研究和地理学视域的学校规划研究。

（1）建筑学视域下的学校规划研究

学校规划研究首先是从建筑学发端而来。一直以来,学校规划图册都是建筑学研究的内容,特别是进入20世纪后,专门的学校规划设计实例和手册开始大量出版,这些研究主要是关于学校建筑的实例展示与分析。

从建筑学的视角来看,学校规划的首要前提是对建筑安全性的考量。自中华人民共和国成立以来,持续出台了一系列相关政策文件对学校规划予以指导和保障。《中小学校设计规范》(GB 50099—2019)从总则,术语,基本规定,场地和总平面,教学用房及教学辅助用房,行政办公用房和生活服务用房,主要教学用房及教学辅助用房面积指标和净高,安全、通行与疏散,室内环境,建筑设备等多个方面对学校规划作出了规定。我国相关研究大多以此为标准，从建筑设计的角度对学校的建筑布局、环境设置等作出理论指导，这些研究相对注重对相关项目的图纸式、沙盘式设计验算。严格地说，这类研究更多地倾向于学校规划的解读，相对缺乏对学校规划的教育性研究与探讨。

与我国学校规划在总体上较为统一不同，除了遵守基本的建设标准，国外在中小学校设计方面更具灵活性和多样性，不少学校规划设计方案是交由专门的建筑设计协会或团队设计的。美国建筑师学会（AIA）所属的教育建筑委员会（CAE）已成功设计了多个教育建筑项目，并出版了《学校建筑设计指南图集》。需要注意的是，该设计案例指南的收录标准不只关心建筑的创新与使用，对整个设计过程的综合性和包容性也十分重视，其评价标准结合了联合国经济合作与发展组织（OECD）的教育建筑计划（PEB）并借用了该组织出版的《现在与未来的学校》的标准，核心为创办"有效学习环境"，共设置了15条标准。与美国类似，英国的教育与就业部（Department for Education and Employment）、日本的日本建筑学会等机构，就学校建筑发表了大量相关著作。

学校规划作为建筑学与教育学的交叉领域，许多建筑学研究意识到了在学校规划设计中应适当融入教育理念。著名学校建筑设计专家布鲁贝克在《学校规划设计》中强调"教育不是在真空中产生的。教育和教育建筑与人口变化、文化和经济变化、新的社会和环境需求以及当地、全州、全国乃至全球范围内的竞争有关……尤其是当交通、电话、电视、计算机网络与互联网迅速发展的时候"。在这一认识的基础上，布鲁贝克认为学校规划应格外重视灵活性和融通性。在他看来，学校就像人类一样，是一个发展变化着的有机体，而教育建筑应适应和促进未来学校教育的发展，其基本要求是"鼓励创新以及在过去成功基础上的继续发展和灵活性"。在布鲁贝克的学校规划设计中，其团队成员有专门的教育顾问、学生、教师和学校行政人员，这在一定程度上确保了学校规划不只是建筑规划，而且能充分考虑到学校教育的特征和需求。

我国学者邵兴江在其著作《学校建筑教育意蕴与文化价值》专门讨论了我国学校建筑研究的理论与现实问题。邵兴江认为，"现有的学校建筑指导思想，与我国当前的教育学理论，存在一定的偏差"。这造成了该领域"懂教育的不懂建筑、懂建筑的不懂教育"的现实困境，其根源在于学校建筑理论研讨的教育学、文化学"缺位"。

另外,近几年,国内外研究均涌现了不少建筑学视域下的学校规划案例分析研究。这些研究多是通过分析总结中小学的学校特征,提出中小学设计的改进之处,也有研究是对比分析当前中学校园特征,提出校园规范发展特点、规律等。或把学校中某一类型建筑物作为研究对象,如对廊空间在中学校园的空间特性、功能作用以及设计策略进行研究。值得注意的是,虽然不少研究出自建筑学而非教育学学科,但是从研究趋势来看,越来越多的建筑学研究者在其学校规划设计中对教育理念、教育因素、教育发展规律等问题有所考量。

(2)地理学视域下的学校规划研究

在地理学进入学校规划的研究体系之前,建筑学处于相对中心的位置,而地理学视域下的学校规划研究是近代城市化进程过程中该领域的一次重大发展。

地理学视域下的学校规划研究最早可追溯到各国传统的教育规划中,如我国古代的县学、乡学,西方传统社会的主日学校、修道院等,这一时期的学校多按照一定的制度或惯例建设,甚至在古代市镇中的位置都有严格的规定。现代意义上的学校规划,起源于工业革命之后的城市治理转型,学校被视为城市规划与治理的一个部分,与现代城市及现代教育制度的发展进程相一致。如何合理规划才能使学校作为城市公共服务的职能得以最大程度的发挥,成为城市规划领域的重要研究方向。

1898年,霍华德(Howard)首次提出了田园城市理论(Garden City Theory),他发现现代化城市的建设过程中,人口由农村大量流向城市导致了城市的拥挤、环境的破坏和乡村的凋敝。人们"抛弃""牺牲"了乡村,却不能很好地解决或是改进城市生活。霍华德提出建设一种兼具城市和乡村优点的田园城市,而若干个田园城市围绕中心城市构成城市群。在霍华德这里,田园城市理论不仅是一种城市规划设计,更具有较为强烈的社会改革色彩,"田园城市是为健康生活以及产业而设计的城市,它的规模足以提供丰富的社会生活,但不应超过这一程度,四周要有永久性农业地带围绕,城市的土地归公众所有,由专业委员会受托掌管"。他呼吁城市之间的"平等""自足",由便捷的交通促使城市构成社会城市,城市与乡村协调发展。在田园城市理论中,学校应与居住用地相融合,使学校、儿童游乐场等临近住宅区,更好地为周边居民服务。由这一理论延伸而来的卫星城理论,也提倡在大城市周围,新建或扩建小城市,并配套相关教育场所,与居民区形成相对完整的规划体系。

　　田园城市理论虽然在许多国家的城市规划和学校规划方面产生了重要的影响,但是其城市与乡村协调发展的理念逐步演变出区域规划的"重城市、轻乡村"倾向。卫星城的不断扩展助推了城市向更大空间蔓延,导致了城市拥堵、公共资源稀缺等问题,"城市蔓延"成为地理学所关注的重要问题。到20世纪初,邻里单位理论(Neighbourhood Unit Theory)在美国出现,并逐步成为战后美国郊区社区规划主导模式。该理论认识到,田园城市理论的"平等""自足"带有一定的空想色彩,城市的扩张不可避免,城市规划必须考虑到安全、卫生与公共服务问题。邻里单位理论的代表人物佩里(Perry)受芝加哥学派的影响,认为有子女的家庭应成为建设社区的导向,学校是社区的中心。换言之,佩里"颠倒"了社区规划决定学校配置的关系,而是根据一所小学的生源数量来反推家庭数量,从而控制邻里单位规模,以此保证每个家庭的子女都能得到良好的教育和社区环境。值得注意的是,这一理论对我国的居民区规划产生了较大的影响,尤其是居民区一定范围内配套小学的规划手法(如学区房)得到了较为普遍的应用。

　　随着人口结构的变化,西方许多大城市人口大批迁往郊区造成了城市空心化,城市中心衰落,市中心的公共服务机构如学校无力翻新和修建,而城市也不断出现骚乱和暴动。一些学者意识到芝加哥学派原有的城市社会学理论无法解释这些现象,城市并未在卫星城、邻里单位等规划下日益有序化,而是不平等问题愈加严重,城市规划理论没有达到预想的繁荣、整合、平衡作用。在对主流城市规划理论的批判声中,新城市主义理论(New Urbanism Theory)产生并走向成熟。该理论主要由传统邻里开发(TND)和公交导向开发(TOD)两种开发理念组成,二者有不少相似之处。传统邻里开发理论反对邻里单位理论将学校作为邻里的中心来规划社区,而是将学校规划到社区的边缘,使学校可以为多个邻里单位共享,学校既是非正式社交活动和娱乐的场所,也是大型聚会的场所。公交导向的开发理论则认为步行尺度在决定邻里规模上具有重要意义,学校等公共设施的共享性、休闲性和交往性被格外强调。

　　从田园城市理论到邻里单元理论,再到新城市主义理论,可以发现地理学视域下的中小学学校的规模、布局等正是随着城市的发展不断产生新的变化,学校规划不断得以变革。学者们也对此展开了多角度、多层次的研究。不少研究通过对比相关政策,揭示了公立中学分布的空间不平衡对人口因素的忽视。利用数据分析的方法,测量学校作为公共教育体系的一个维度来推导城市公共服务发展指数的研究,在地理学研究中也较为常见。这类研究普遍关注上学成本问题,即"学校—家"的距离和方式问题,其较为一致的发现是:不论是在城市还是在乡村,学校规划均有自中心向边缘密度递减的特征,这一特征造成了学生上学成本的增加。

(3)教育学视域下的学校规划研究:一个逐渐扩展的知识体系

不论是建筑学或是地理学视域下的学校规划研究,都不是以学校的教育性作为研究的主旨,没有就学校教育本身来考察和探讨学校规划问题。随着教育学学科的不断发展,教育学研究者不仅强烈地意识到学校规划对学校教育的重要影响,而且主动参考、吸收建筑学、地理学视域下的学校规划研究成果,以教育学的视角观照学校规划设计,分析学校规划的相关因素,使之与当前教育特别是学校教育的理念、要素、规律等相匹配。教育学视域下的学校规划研究呈现出鲜明的多样化特征,主要包括学校规划与布局调整的背景和动因、成效与问题等,这些研究对学校规划的教育合理性研究有较大的推进作用。

对于教育学视域下的学校规划研究,大体可以归结为以下三类:一是从教育理论的角度讨论学校规划,分析现有中小学校规划的特征与不足;二是探索影响现有中小学校规划的因素,特别是从办学理念的角度探讨学校规划,对其做资源配置的合理性分析;三是对中小学校规划做案例研究,并试图从中提炼适于我国教育特色的学校规划模式。

对于第一类研究,学者们提出了一些较有影响的研究,如"成人还是成事"、规划效用、乡村学校演进、学校办学安全等。

李政涛在考察了学校规划的价值理念后,认为学校规划有两种价值取向:当规划制定者以"成事"为价值取向时,意味着他把制定规划作为日常要完成的各种任务之一;当规划制定者以"成人"为价值取向时,意味着他希望通过做规划,实现学校中每一个人的发展,从而实现学校的整体发展。熊春文则将学校规划特别是乡村学校规划归纳为两大范式,分别是教育的上层建筑范式和生产力范式,在这两种范式结构下建设的乡村学校,忽视了其原有的社会文化功能,特别是学校作为连接"大传统与小传统"的枢纽以及整合乡村社会的价值。这一系列讨论的重要之处在于,不同于以往从外部视角考察学校规划,而是从教育理念、教育价值取向本身来观察和评价学校规划。刘海波认为学校规划在制定和实行之间存在脱节,陈玉云也有类似的看法。从学者的研究综合来看,造成这种脱节的原因是多重的,其中一个影响因素是学校规划与学校发展不匹配,进而造成学校管理者和教师对学校规划的执行力不足。学校办学安全是党的十八大后提出的有关学校规划的重要观念。习近平总书记在 2018 年全国教育大会上提出，"各级党委和政府要为学校办学安全托底，解决学校后顾之忧"。学校办学安全涉及大中小学及幼儿园在办学中的政治安全、师生人身安全、教师地位与尊严、纠纷解决机制法治化和学校治理模式改革等方面，是涵盖办学方向之核心安全要求和办学环境之必要安全需要等的有机统一体。未来的学校规划研究中，学校办学安全将会是重要的影响因素。

第二类研究是探索影响现有中小学校规划因素的分析研究。较受关注的研究主要有中小学农村学校选址研究、城市学区房问题研究、人口变动研究等，这些研究拓展了对中国学校规划的理论与实践认识。

自 1974 年我国推行计划生育政策以来，产生了深远的人口效应，而从 20 世纪 80 年代末开始，农村富余劳动力向城市的大规模转移导致了规模庞大的人口流动，教育行政部门对学校布局和学校规模有较大幅度的调整。基于人口结构、人口数量等人口因素变化而对学校规划作出研究，是我国学校规划研究的重要研究领域。有学者指出，人口因素导致了学校规划发生了众多变化，如（农村）学校数与在校生数减少不同步，学校减幅远远大于在校生减幅；学校规模和班级规模同步扩大，县镇大规模学校和大班额问题突出；教育城镇化发展与村庄学校消失并行，学生上学距离变远且寄宿低龄化。这些在学校布局调整中出现的现象：一方面是城镇化过程中，城市吞噬乡村的人口、资源等所出现结构性变化的后果，如前文所述，在地理学研究中，这一现象十分突出；另一方面，农村学校的撤并引发了程序正义、学校规模和机会公平等教育治理维度的新的研究议题。围绕农村学校布局与规划设计问题，涌现了一系列新的研究，如农村学校合理布局标准探析、农村义务教育的需求究竟为何的实证研究、农村学校资源的开发与利用、农村学校的经济投入与资源配置问题、农村义务教育学校办学条件政策演进、乡村小规模学校的办学冲击、农村撤并学校后学校位置的影响等。值得一提的是，在对农村学校规划的研究中，东北师范大学中国农村教育发展研究院作出了一系列具有突出影响力的扎实研究成果，为农村学校教育和学校规划提供了深入的理论和实证研究。

与农村学校布局研究相对应的，城镇地区学校规划所关注的主要是针对学区房、集团化办学和随迁子女入学等问题的研究。实施学区化办学在于推动学校优质均衡发展、促进学校内涵发展、实现教育资源共享、落实教育综合改革。但是，学区化办学也面临着一些问题，如合法性质询、同质化危机、科层化陷阱、迟效性阻滞等。针对这些问题,除了国家的教育政策和土地政策有所调整,学界也通过不同角度给出了解决方案,如同学段学区办学,具有满足多元需求、组团式发展、网络式合作、互利共赢和多元治理等优势特点。集团化办学则是近几年越来越兴盛的一种办学模式,一般而言,集团式办学可分为实体式、联盟式与品牌式三类。围绕集团式办学的优缺点涌现了许多有意义的成果,其中公办、民办学校的区别与联系备受关注。不过随着国家对民办教育政策的调整,该领域的研究数量经过爆发式的增长后,目前总体呈现较为平缓的增长。随迁子女入学问题也是学校规划研究的一个重要关注对象。随迁子女的"入学门槛"设置种类繁多、权重不一,在不同地区之间的"入学门槛"也存在显著差异,在学校规划中突出表现为中央与地方、流入地与流出地政府责任、规范不清问题。实际上,随迁子女入学问题,特别是学校规划和学校质量的优劣关涉到教育资源公平配置和城乡社会融合。有不少研究基于教育公平的价值取向,对随迁子女学校做出了相关研究。有学者基于中国教育追踪调查(CEPS)基线数据,采用交互效应模型、中介效应检验等方法估计了学生就读于随迁子女定点学校对教育结果的影响。发现就读随迁子女定点学校对外县(区)学生的认知能力存在正向补偿效应,但对本县(区)学生的认知能力具有一定的负向影响。

如果城市和乡村学校规划研究在一定程度上是基于地域特点而引发的对特殊问题的研究,那么对义务教育资源配置和办学条件的专门研究,就是从整体层面对涉及学校规划的种种要素作出探讨,推进教育公平和教育资源的合理配置。总的来看,中小学布局受地区人口、地理环境、经济条件、文化环境以及学校管理等多方面因素的影响,其中最受学界关注的是人口问题。这是因为,人口问题直接关乎学校规模,而学校规模的大小对学校规划设计具有直接的影响。优质教育资源特别是财政投入也是影响中小学布局的重要因素,优质教育资源扩大可以促进优质资源跨校流动的办学体制变革,给教育行政体制、财政人事制度、学校办学活力、区域教育文化及公平带来冲击和挑战。在针对义务教育学校规划的合理性分析的基础上,还有一些研究开始关注义务教育办学条件评价指标体系和模式的构建。

学校规划的第三类研究是对具体某一类或某一所学校规划做诊断性评价分析的研究。其中较为突出的研究有两类:一是对九年一贯制学校的规划设计研究;二是对国外学校规划设计的介绍研究,如美国蓝带学校规划研究、兰卡斯特制学校规划等。还有一些研究是对教育部学校规划建设发展中心的学校规划思路的介绍等。这些研究丰富和拓展了学校规划的研究视野。

需要补充的是,国外关于学校规划的研究与国内研究在方向上趋向一致,但也存在不同之处。在研究方法方面,在国外对学校规划的相关研究中,主要采取定量研究与定性研究相结合的研究方法。围绕"school design"有大量的文献研究(据不完全统计,近几年期刊论文就有 2 000 余篇)。从研究趋势看,不少研究围绕未来互联网搭建虚拟学校做出了一定的分析,确保学校被设计或重新设计,以允许教育转型。其中不少学者认为,VR 技术未来将在学校中大范围应用,因此必须利用 VR 技术来加强学校规划,用虚拟现实技术对学校设计进行革新。

(三)学校规划相关研究述评

1.学校规划研究具有鲜明的综合性、跨学科特点

国内外大量研究是从地理学、建筑学的角度出发,对学校规划的具体布局作出细致分析。这些研究按照其学科逻辑,强调学校规划设计的合理、美观与适用性等,同时,也充分考虑学校与所在社区之间的空间关系。尤其是在城市规划系统中学校规划的占地面积、建筑高度等因素,都是研究者所充分考虑的。

但是,就教育学研究而言,学校规划研究目前多呈现小而散的特征。所谓的"小",是指以教育学的学科思维考虑学校规划的研究中,多以微观的、具体的研究为主,许多研究是以某所学校为案例,展现其学校规划设计的优点。研究的"散",则是指在学校规划研究中,中观、宏观层面的研究仍然较为零散,多是以分析学校规划,特别是乡村学校规划的影响因素为主。换言之,以教育学的视域探讨学校规划的研究,目前仍有较大的探索空间。

一所学校从初期规划、建设完成投入使用,到学校的第一批学生毕业,往往要用至少三到五年时间。这一段时间内,学校教育时常出现政策的调整、人口数目和结构的改变、社会经济发展以及其他偶发因素等变化,而学校规划却缺乏长期的质性追踪研究,不少研究只能针对短期的、当下的学校规划的合理性与不合理性作出分析,其研究有一定的时限性。我国中小学规划受到苏联学校教育影响较大,近些年也在不断吸收其他国家的学校规划设计思路,然而在教育学研究中,中外学校规划的比较研究还不多见。在国外学校规划研究中占相当大比重的学校规划推动学校变革研究和面向"互联网+"的学校规划研究,目前我国研究也较少。可以发现,在基于教育本体的学校规划研究方面,经典理论和代表性观点有待加强,相关研究

也还不够全面,特别是城乡学校规划究竟有何本质区别、如何平衡城乡学校资源配置、未来我国应进行怎样的学校规划,有待进一步的学理性探讨。

2.学校规划研究的方法较为多样,但尚未形成教育学视域下学校规划的研究范式

在学校规划的相关研究中,既有强调数据的定量研究,也有不少定性研究。在定量研究中,空间地理学的数据分析方法可以较为直观地反映出学校规划的特征、学校与社区的远近关系等因素。区位理论分析法则明确了影响学校位置的因素。在定性研究中,不少学者通过对中小学的实地调查,结合社会学的不同定性研究方法,研究了学校规划对人的发展所产生的影响。尽管学校规划研究方法较为多样,但从整体上看,学校规划研究尚未形成一套多学科融通的成熟研究范式,也相对缺乏从方法论意义上对学校规划作出的研究。考虑到教育学的学科属性,许多学校规划研究是从学校现实出发研究学校规划设计,但是这些研究往往是就某所学校或某类学校的现象谈现象,就问题谈问题,没有很好地提炼学校规划的共通之处,以此锚定教育学特别是教育治理视域下的学校规划究竟有哪些普遍性、根本性、一般性问题,进而提出相对应的解释框架和治理路径,以至于学校规划的研究方法的采纳,多半是以实际需要为依据。国内的大多数研究往往仅偏重量化研究或仅偏重理论分析,很好地将质性研究和量化研究、理论研究和实践研究相结合的研究并不多见。研究方法的单一和研究范式的不成熟造成学校规划——这一学校治理的前提性问题,经常处于一种对"已然如此"的学校加以"缝缝补补"的研究状态,尚不能在宏观层面或是以区域、国家的中宏观视角上对学校规划提出建议,也没有在方法论层面提出究竟何种学校规划才是合理的、合乎学生需要的、具有发展性的。实际上,学校规划不仅是教育治理的重要组成部分,而且由于学校属于城乡公共设施,也是区域治理的重要组成部分。如果不从教育学的方法论层面对学校规划作出探索,那么就可能偏离学校规划所蕴含的教育属性和教育价值,无法很好地提升区域治理和教育治理效能。

3.学校规划研究的政策性导向明显,但相对缺乏历史维度的研究

从学校规划的研究趋势可以发现,国内学校规划具有较为明显的国家政策导向和社会热点问题导向。在农村中小学撤点并校过程中,涌现了一大批农村学校规划布局研究,类似的情况还发生在集团化办学和学区房问题的研究上。可以发现,这些学校规划研究虽然大都十分深刻地揭示了学校规划的目的、价值取向、影

响因素、存在问题等,但更多的是对政策或社会所关注的问题进行探讨。目前我国的学校规划研究,相对缺乏从历史的角度对学校规划做整体性的分析。学校规划并非一成不变、本就如此的,学校规划实际是从学校诞生起就存在的一种对学校的设想,随着人类社会特别是科学技术的发展,学校规划的建筑物、景观、教室到所处的位置、规模的大小,都经历了较大的变化。中华人民共和国成立后的中小学校舍、规模、位置受到苏联影响,但当下的中小学建筑与之前相比已出现很大的不同,这些变化和造成这些变化背后的原因尚待深入地解释与分析。

4.学校规划研究的对象较为单一,学校规划的评价标准亟待教育学的参与

目前,对学校规划的研究多是站在教育管理者的角度,对学校规划做"预想式"或"修补式"的研究,这些研究往往把"现代化学校"建设作为研究对象,很好地推进了学校发展和学校规划的相关理论与实践的发展。但是在这些研究中,相对缺乏对学校教育的真正参与者,即学生和教师等主体的关注。大多数研究仍停留在如何让学校教育更有"效率"、更能充分利用学校有限空间的层面,而没有太多地关注学校规划中蕴含的"育人性"。哪怕有一些研究考虑到了学生入校时间长短等具有重要意义的问题,但这一类研究实际上属于学校布局的区位研究。学校规划研究相对缺乏基于学校教育主体的需要而做出的分析与调整,特别是在学校规划影响因素的相关研究中,这一特征表现得更为明显。

(四)未来学校规划研究趋势分析

1.教育学与建筑学、地理学的学校规划融合研究

目前教育学在学校规划研究中虽然有大量研究,但发表在 CSSCI 来源期刊的论文数量还不够丰富,学校规划研究的代表性著作也还不多。未来教育学与建筑学、地理学的学校规划融合研究将成为学校规划研究的主要趋势,这需要充分吸收建筑学、地理学的方法,从而建构适应中国中小学发展的学校规划研究。

2.学校规划背后的价值取向研究

一所学校的规划承载着对学校教育的期许,在不同类型的学校规划背后具有不同的价值取向。当前我国中小学学校规划的目的大多具有一致性,也有因城乡、地域、社会经济发展程度等不同而导致的细微差别,如撤点并校后农村学校规划的首要目的是让尽可能多的学生入校;而城市部分地区的学校则可能尝试施行小班

制控制学校规模;还有一些学校受区域发展的显著影响。针对这些不同学校规划的办学理念、逻辑和价值取向,应进一步进行深入的比较与探索。

3.学校规划与区域发展协同研究

不同地区的学校规划与该地区的社会、经济发展水平呈较为显著的相关性。学校作为区域公共服务的重要组成部分,应与区域协同发展,纳入区域教育治理框架中。如何将区域发展与学校规划相协同,形成合力,是学校规划应研究的重要问题。

4.学校规划的历史研究和国别研究

学校规划史研究目前多是在建筑史研究中能寻得一鳞半爪,而教育学视域下专门的学校规划史研究还较为缺乏,该类研究应与学校规划的理念、价值取向等充分结合,探讨学校规划的历史变迁。此外,学校规划具有国别特征,不同国家、不同文化背景下的学校规划既有区别又有联系,例如我国是人口大国,学校规划的空间大小、教室分布与北欧等人口密度相对较低的国家相比,具有一定的差异。尤其是未来"互联网+"学校模式下的学校规划,应与其他国家的学校规划研究相比较,取长补短,既能迎合未来社会与学校教育发展的挑战,也能契合我国国情,尤其是我国的基础教育特点和中小学生身心发展规律,促进学校规划向着更满足人的自由全面的发展需要的方向发展。

二、学校文化研究现状及趋势分析

(一)学校文化相关文献收集

1.资料来源

基于学校文化研究主题,研究范围主要包括"学校文化管理"和"学校文化治理"两个方面。中文资源主要源于中国知网数据库、中国人大书报资料中心复印报刊资料、中国知网博硕士论文全文数据库以及超星数字图书馆。英文资料来源于国内对国外文献的介绍摘要、EBSCOhost 数据库、JSTOR(西文过刊数据库)、谷歌图书馆和 ProQuest 学位论文全文库。

2.文献收集

（1）中文期刊检索

为保证相关文献包含最新资料,本部分最后一次检索时间是 2022 年 4 月 28 日。分别以"学校文化管理"和"学校文化治理"为关键词进行精准检索,为使文献收集更为全面,本次搜索还添加了"学校文化建设""学校文化"和"校园文化"三个关键词。中国知网的学术期刊检索结果如表 4 所示。

表 4　学校文化相关文献中国知网的学术期刊检索表

关键词	学校文化管理	学校文化治理	学校文化建设	学校文化	校园文化	学校文化+管理	学校文化+治理
主题检索文献篇数	1 335	7	6 914	8 934	71 115	3 196	162
篇名检索文献篇数	42	1	538	1 589	16 480	110	3

从 1995 年到 2022 年,收录于中国人大书报资料中心的以"学校文化管理"为主题的论文有 26 篇、以"学校文化治理"为主题的论文有 1 篇、以"学校文化"为主题的论文有 169 篇、以"学校文化建设"为主题的论文有 148 篇、以"校园文化"为主题的论文有 70 篇。中国知网博硕士论文全文数据库所收录的学位论文中,"学校文化管理"的主题论文有 155 篇、"学校文化治理"的主题论文为 0 篇、"学校文化建设"的主题论文有 80 篇,"学校文化"的主题论文有 6 170 篇、"校园文化"的主题论文有 10 924 篇。超星数字图书馆中收录的有关"学校文化管理"的中文图书有 31 种,"学校文化治理"的中文图书有 1 种,"学校文化建设"的中文图书有 137 种,"学校文化"的中文图书有 662 种,"校园文化"的中文图书有 692 种。

（2）外文期刊检索

利用 EBSCOhost 数据库分别对"school culture management""the culture governance of school"进行检索,检索范围为"全库",检索结果分别为 4 篇和 1 篇。利用 JSTOR 分别对"school culture management""the culture governance of school"进行检索,检索范围为"全库",检索结果分别为 76 篇和 12 篇。利用 SEGA 数据库分别对"school culture management""the culture governance of school"进行检索,检索范

围为"全库",检索结果分别为 20 篇和 5 篇。利用 ProQuest 数据库分别对"school culture management""the culture governance of school"进行检索,检索范围为"全库",检索结果分别为 726 篇和 1 篇。

（二）学校文化相关研究现状分析

1.学校文化相关文献的分析

通过对学校文化相关文献的收集分析可以发现,国内外大量学者阐述了自己对学校文化的观点与主张,其研究成果非常丰富。如果将范围缩小为学校文化与管理以及学校文化与治理,那么相关研究的数量则较为有限。在这些研究中,既有关键性和代表性论文著作,也包括国内外的最新研究成果。但是国外研究中对学校文化的研究与国内的研究路径有一定的区别,本文暂以国内研究为主要研究分析对象,收集的文献主要以国内研究为主,对国外文献仅收集了与学校文化治理密切相关的部分。在后续研究中,拟对文献做进一步的收集与梳理工作。现以知网文献为例对学校文化管理和学校文化治理相关文献做研究现状分析。

自 2000 年起,学校文化管理研究开始近乎直线型地攀升,到 2014 年前后达到高峰,随后逐年下降(见图 2)。从基金来源看,全国教育科学规划和国家社会科学基金分别占据相关研究的前两名。从研究层次看,基础研究占 66.9%,其中教育类占 76.18%,说明社科类基础研究是该领域的主要研究方向,而教育学学科在该领域则是绝对优势学科。从主要研究者来看,聚焦在学校文化管理研究的学者发文数量前五名的分别是张东娇、林清华、项红专、郅庭瑾、邵志国(见表 5)。

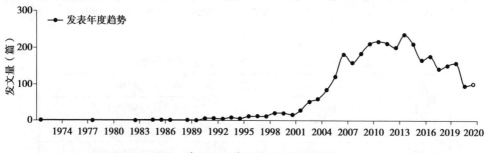

图 2　学校文化管理总体研究趋势图

表5 1998—2022年"学校文化管理"研究活跃作者

序号	姓名	发文量（篇）	单位
1	张东娇	10	北京师范大学
2	林清华	5	中国人民大学
3	项红专	3	杭州师范大学
4	郅庭瑾	3	吉林农业大学
5	邵志国	3	华东师范大学

从研究总体趋势来看,学校文化治理研究是自2015年左右逐年攀升的(见图3),可以发现,这一趋势与学校文化管理呈负相关。换言之,学校文化管理研究减少后,这一相关领域并非停步不前,而是以更精确和贴合的概念加以研究。但是相关研究从总体数量来看还不够丰富。从基金来源看,湖南和湖北两省的省部级课题占据相关研究的前两名。从研究层次看,基础研究占77%,其中教育类占70%,说明教育学学科在该领域是绝对优势学科。从主要研究者来看,有一定影响力、发文数量前五名的分别是项红专、王君、陈禹名、朱今、罗丽娅(见表6)。

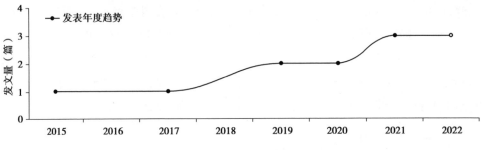

图3 学校文化治理总体研究趋势图

表6 1998—2022年"学校文化治理"研究活跃作者

序号	姓名	发文量（篇）	单位
1	项红专	2	杭州师范大学
2	王君	1	湘潭大学
3	陈禹名	1	广西民族大学
4	朱今	1	苏州大学
5	罗丽娅	1	湖北警官学院

从相关文献高频词来看,高校、学校管理和校园文化等是学校文化管理研究中颇受关注的话题,而在学校文化治理研究中,围绕学校文化的治理、协同以及影响学校文化的种种相关因素均受到研究者的关注(见表7)。

表7　学校文化相关文献研究高频关键词 TOP10

学校文化管理研究高频关键词 TOP10	篇数	学校文化治理研究高频关键词 TOP10	篇数
高校	487	文化治理	4
学校管理	144	管理优化	1
校园文化	139	权力规范	1
人才培养	113	学校治理	1
学校文化	99	应然	1
文化管理	72	文化协同	1
文化建设	60	权力制约	1
学生管理	41	文化基础	1
组织文化	37	实然	1
以人为本	32	文化冲突	1

2.学校文化的研究现状

(1)学校文化的概念与范畴

对于学校文化内涵的理解,目前学者们从不同层次对其有不同的看法。最早提出学校文化概念的教育家华勒(Waller)认为,学校文化应该是全校师生对教育理念抱有共同的信仰,其形成取决于学校特定的历史传统。国外研究者还常从组织文化的角度探讨学校文化,如"学校文化是一种学校生活的方式,包括所接受的价值观、信念和行为",与之类似的还有将学校文化看作一种内在实体(Inner Reality),而内在实体指向的是组织内成员关心、谈论以及行动的方向。换言之,学校文化是一种行为与价值观等深层模式的表征。学校文化的文化传递功能也为人们所关注,故而有学者指出,学校文化是受历史传递过程塑造的模式,是一种对遵守的规范、信念、价值取向的共同领会。类似的表述在学校文化的概念描述中还有许多,在此不一一列举。

我国学者顾明远认为,学校文化是经过长期发展历史积淀而形成的全校师生(包括员工,下同)的教育实践活动方式及其所创造的成果的总和。俞国良认为,学校文化是学校所特有的文化现象,是以师生价值观(学生为主体、教师为主导)为核心以及承载这些价值观的活动形式和物质形态。包括学校的教育目标、校园环境、校园思潮、校风学风以及以学校教育为特点的文化生活、教育设施、学生社团组织、学校传统习惯和学校的制度规范、人财物管理等内容。学校文化的主要内容是指学校在长期的办学过程中所形成的共同的价值观念。郑金洲认为学校文化是成员或部分成员习得且共同具有的思想观念和行为方式。王定华从广义和狭义两个方面论述了学校文化,广义的学校文化具有一般性,包含教育活动、通常意义上的文化,与教育成交叉关系。狭义的学校文化体现教育教书育人的特殊性,是学校全体成员在教育教学和管理实践中逐渐积累和共同创造生成的价值观念、思维模式、行为方式及其活动结果,以其具有特色的学校精神、学校制度和物质形态为表现形式,影响和制约着学校全体成员的思想和行为。张东娇认为,学校文化是学校全体成员共同创造和经营的文明、和谐、美好的教育生活方式,是学校核心价值观及其指导下的行为方式和物质形式的总和,包括学校精神文化、制度文化、行为文化和物质文化。

从有关学校文化的定义中不难发现,学者们有关学校文化概念的看法虽然有所区别,但基本秉持着一种文化学和教育学的态度,把文化视为人类在处理人与世界关系中所采取的精神活动与实践活动的方式及其所创造出来的物质和精神成果的总和,是活动方式与活动成果的辩证统一。与一般文化的不同之处在于,学校文化较为强烈地凸显和传递着某种价值观念,故而有学者提出,"价值观是学校文化的核心"。

由学校文化的概念,能够延伸出学校文化管理和学校文化治理的概念。张东娇指出:"学校文化管理是对学校文化四个具体变量的结构性设计和操作,在原有起点上努力建设相对强文化学校的过程。"学校文化具有丰富的内涵,其要素在不同学者的研究中有不同的分类方式。学校文化治理是把学校文化的各个要素按照学校的办学理念、价值取向相配合与协同的过程。

许多学者对学校文化进行了分类研究:从学校文化与社会要求的关系看,学校文化可分为制度文化和非制度文化;从学校文化的群体归属看,学校文化可分为教师文化和学生文化;从学校文化的集中程度看,学校文化可分为离散型文化和统合型文化。目前学校文化的主要分类方式可参阅表8。

表8　学校文化主要分类方式

学者	分类方式			
沃勒	成人文化		同辈文化	
林清江	教师文化	学生文化	学校行政人员文化	学校有关的社区文化
郑金洲	教师文化	学生文化	课程文化	
俞国良	物质文化	制度文化	精神文化	
黄兆龙	显性文化		隐性文化	
彼得森	积极学校文化		消极学校文化	

大体上看,学校文化的范畴主要包括:学校的物质环境;学校的历史,这里的历史既包括所在国家、地区的历史,也包括学校本身的历史;学校的共同价值观;学校的发展目标;学校的制度规范和学校的人际关系等。需要注意的是,在有关学校文化内涵的研究中,不少学者对"学校文化"和"校园文化"的概念作出了区分。项红专对"学校文化"和"校园文化"进行了概念辨析:前者是上位概念,后者是下位概念;前者意义本位,后者器物本位;前者开放互动,后者封闭隔离;前者唯有内生,后者可以复制。把"校园文化"简单等同于"学校文化",会把学校文化建设引向"虚假繁荣",让学校文化建设沾染"功利色彩",使学校文化建设难以"真正落地"。邱小云也反对二者概念的混淆,认为一些学者提出了"用'学校文化'代替'校园文化'"的观点并不合理。"代替论"的错误首先在于把"校园文化""学校文化"等同于"校园的文化""学校的文化",混淆了表属性关系的词组与表领属关系的词组的区别。其次是简单地与"企业文化"研究相提并论,忽视校园文化的自身规律。最后莫须有地将20多年来的校园文化研究戴上"只重物质不重精神"等帽子,凭想象地创造出一个"学校文化研究"的"国际趋势"。

(2)学校文化管理相关研究分析

一是学校文化管理的本体研究。对于是什么决定了学校文化,学者们有不同的见解,主要有以下三种:一是组织文化的视角。研究认为,学校文化所包含的三个方面,即物质文化、制度文化和精神文化在本质上是一个东西——组织文化,也就是说,学校文化的根本就是组织文化。学校文化的表象是学校中大多数人在组织中表现出来的做事方式和处世态度,其核心是这些做事方式和处世态度的"内隐规律"和"内隐概念"，学校文化建设过程就是对学校文化的诊断与改造过程。二是校长管理风格对学校文化起主要作用。有学者认为一所学校的发展，就是校长的智慧、能力的表现。学校在建校之初，校长就扮演着创业者的角色，校长的价值观、行为方式、领导方式和管理哲学都对初创的学校组织文化有着深刻的影响。校长是学校组织文化的维持者，是学校文化建设的灵魂。三是文化圈联合起主要作用。这一观点是从生态学的视野来认识学校文化，有学者提出把学校文化分为几个独立且联系的文化圈，然后探索各个文化圈之间以及文化圈内不同文化形态之间的联系，这为学校文化建设提供了新的思路。

对于学校文化的本质属性的看法，有不少学者提出了非常深刻的见解。学者石中英特别强调学校教育的文化属性，他认为学校文化建设与管理的核心是价值观建设，文化是学校的灵魂，是学校凝聚力和活力的源泉。学校文化是一所学校特有的文化特质，是区别于其他学校的内在标识。学校文化建设的核心是价值观建设，支柱是现代化的学校制度建设，载体则由校舍、校园、设备，以及各种仪式、教育活动和人际关系等构成。

学者叶澜则强调学校文化的超越性，她认为真正面向未来的学校文化，恰恰是扎根于传统与现实的文化土壤中，能孕育出超越历史与现实的文化。学校文化本身也应体现指向未来和超越的本质。当今学校文化建设十分现实和重要的任务，不是回避或以精神否定财富的方式来形成学生积极的人生态度，而是要从财富与精神、幸福人生关系的意义上，帮助学生形成健康、积极的人生观和生活方式。彭钢指出课程文化作为学校文化建设的重要组成部分，拓展了学校文化建设的内涵和品质，成为学校文化建设的重点与核心。

二是学校文化管理的实施研究。从国内对学校文化管理的研究现状来看，学校文化管理的理论来源主要有两种：一是文化管理理论。陈永明教授在《教育领导学》中明确提出并介绍了学校文化管理。二是组织文化理论。在国外研究中[1]，经典教育管理学著作《教育管理学：理论·研究·实践》关于学校文化的章节，使用组织文化的相关概念来理解学校文化管理，并从 13 个方面概述了学校文化。组织文化与组织氛围是当代审视学校特征的两个视角：他们既相互竞争，又互相补充。

---

[1] 还有一些从组织文化讨论学校文化管理的重要著作，如萨乔范尼（Sergiovanni）的《卓越的学校领导者》、沙因（Schein）的《组织文化与领导》，马丁和波尔纳（Martin & Paulner）的《重塑管理形象》、欧文斯（Owens）的《教育组织行为学》等，在此不一一列举。

组织文化通过不同抽象层面的规范、共同价值观和基本假设表现出来,强势的组织文化可以促进或阻碍组织效能。不同的文化是根据环境的制约而发挥作用的,可以通过分析象征符号、人造器物、礼节、仪式、偶像、英雄人物、典故、礼制和传说等,对学校文化进行解释。在组织中,通常最重要的不是发生了什么事,而是该事件意味着什么。学校具有明显的效能文化、信任文化和控制文化,学校的效能文化与信任文化可以提高学生学业成绩,而人本主义的控制文化可以促进学生社会情感的发展。没有快捷而又简单的方法可以用来改变学校的文化与氛围,但是长期的规划要比短期的狂热更有可能实现变革。相对而言,组织氛围是一种持久的学校品质,表现为教师对组织行为的集体感知。可以根据一系列观点来审视学校氛围:开放的行为与健康的人际关系。每一种组织氛围都可以通过适当的调查工具进行可靠的测量,学校的开放与健康与一系列重要的组织成果相关,这些成果包括对学校效能和学生学业成绩的感知。还有三种互相补充的组织变革策略:临床的观点、以成长为中心的方法和规范变革计划。可以说,大部分国内的学校文化管理的现实分析研究是沿着文化管理和组织文化两条路径开展的。

从国内对学校文化管理的研究现状来看,许多学者在研究学校文化建设时使用了文化管理理论,形成了丰富的理论和实践成果。许杰认为,学校文化管理的精髓在于构建激情、信任、合作专业团队。团队的合作和校长的领导,被认为是学校文化管理的重要依据。大多学者在研究中提出,学校文化必须坚持以人为本,坚持以学生为主体,用尊重人、理解人、关心人的原则建立价值观体系。应当动员全体师生参与学校文化建设,加强引导,形成学校的特色文化。

还有一些学者从组织文化的角度探讨了学校文化管理问题[①],形成了重要的研究成果。孙绵涛教授认为,学校组织不是封闭的系统,而是一个开放的系统。季诚钧等在比较中外学校组织文化时指出,国外研究更倾向于对组织氛围作出研究,侧重于对学校组织心理环境的测量及研究,忽略了对其形成动因等变量的分析,而国内研究主要集中对组织文化的定义、性质、功能等进行思辨性研究。

当然,也有一些学者并未使用文化管理或组织文化的研究范式探讨学校文化管理,但他们的观点对学校文化管理研究起到了重要的推动作用。叶澜教授认为,"'学校管理'是相对比较传统的命名,强调的是学校日常工作的总体安排和运行、

---

① 还有一些硕博士论文以学校文化管理为主题,如付全新的博士论文《学校文化管理的理论与实践探索》,在此不一一举例。

控制和调适;相对现代的命名称其为'学校领导',强调的是对学校工作整体的策划、引导和创造性的、有针对性的工作"。而学校文化建设实质上是学校文化精神和使命的确立。学校教育中的文化也要被当作动词来理解。陈玉琨教授在谈校长领导时提出:"现代社会,校长有更重要的任务,就是依靠文化,依靠师生的精神追求,依靠学校师生员工共同的价值追求来提升学校的品质。它是更高层次的管理。我曾区分过学校发展的几个阶段。第一阶段是'人治'的阶段。在这一阶段,一个好校长就是一所好学校。第二个阶段是'法制'的阶段。在这一阶段,学校的发展主要依靠学校的规章制度,根据制度,校长不在学校也可以办好。第三阶段是'德治'的阶段。在这一阶段,它依靠文化的力量,需要通过不断提升师生员工的价值追求提升学校的品位。"班建武通过对学校文化的诊断指出,学校在领导风格上以管理导向的文化为主,学校凝聚力主要依靠管理导向的文化来维持,在教师关系上缺少情感导向的文化,在战略发展重点上缺少情感导向和创新导向的文化,在学校成功标准上过于强调升学和管理导向的文化。学校文化的改进应减少管理导向的文化,实施愿景管理;增加情感导向的文化,营造关怀型学校;适当增加创新型文化,鼓励教师大胆创新。

此外,有关学校文化管理的研究还有学校文化场的构建研究、学校文化管理对策研究、学校文化相关管理因素研究、学校文化管理优化研究等。近几年,学校文化管理研究还出现了一些针对某一所中小学的案例分析研究,这些研究有力地推动了学校文化研究的发展。

三是学校文化治理研究。有关学校文化治理的研究目前还在起步阶段,国内研究着重强调学校文化治理的论文有:赵骎的《追求文化治理的"最大值"》,该文结合杭州丁兰学校的"兰文化"治理体系构建,描述了一所面临发展困境的传统老校如何基于学校发展的现实背景和长远规划,因校制宜地构建学校文化,促进学校质量提升。朱今在《学校治理中权力制约的文化实践》中指出,在学校治理过程中参与主体较多,参与主体的权力运作必须得到有效制约,才能使其权力的运用更加合理化。文化具有社会规范作用,能够整合多种要素,且符合学校的文化属性,其影响比较持久,容易为主体所接受,是学校治理中权力制约的重要手段。项红专在《提升学校文化治理力的四个着力点》中提出了学校文化治理力的着力点应放在制度设计、自主建构、师生主体和关注育人四个方面。杨春芳在《教育治理现代化与学校文化建设》中指出学校文化治理应唤醒文化自觉、实现文化内生、重视文化自省。国内的一些关于学校治理的著作也提到了学校文化治理,如严华银的《治理:现代学校的标志》、常生龙等编著的《区域性现代学校制度体系构建》等。国外研究比较有影响力的是霍夫曼(Hofman)的 *School Governance, Culture, and Student Achievement*,该文探讨了治理结构、学校效率因素和课堂水平因素对荷兰公立、天主教、新教和中立学校数学成绩的影响。得出的结论是,天主教学生的高等数学成绩可以部分解释为治理结构,尤其是天主教学校的教育文化。戈麦兹(Gamage)则在 *A Review of Community Participation in School Governance: An Emerging Culture in Australian Education* 中研究了社区参与澳大利亚学校治理的历史及其文化影响。此外,国外研究还有针对不同地区和国家教育的文化治理研究、商业教育的文化治理研究、重组学校治理的模式研究、学校自治和检查对学校管理者角色转变的纪律影响研究、不同宗教信仰下学校治理中的信仰和文化等。

四是反学校文化研究。近年来,反学校文化研究逐渐进入人们的研究视野。所谓反学校文化研究,大体是对现有学校文化的一种持批判、反思立场的研究。国外的反学校文化研究中,哈格里夫斯(Hargreaves)、阿普尔(Apple)、吉诺斯(Giroux)和威利斯(Willis)等研究者的研究具有一定代表性。哈格里夫斯、吉诺斯和威利斯是反抗理论(Resistance Theory)的代表人物。社会学研究者发现某些离经叛道的行为模式或文化模式,可以被视为个人或群体对主流文化的拒斥。英国教育社会学家戴维(Davis)提出在英国的劳动阶级学校中存在着反文化现象。学校文化受制于社会文化,社会文化影响甚至左右着学校主体的思想、价值观、行为方式等。如英国某些青少年亚文化——光头仔、庞克文化等,这些文化是资本主义主流商业文化之外的集体文化。阿普尔认为,学校不是"无情地塑造学生成为被动的人,使他们能够热切地适应一个不公平的社会"。学校是反抗、冲突与斗争的场所,学生会创造性地适应学校规范与制度。威利斯延续了哈格里夫斯等人对于阶级划分如何通过教育制度不断传递的研究,他在《学会劳动》中提出,劳工阶层子弟对学校的权威系统有一种特殊的理解,他们运用这种理解并非与学校合作,而是与学校制度作斗争,并从与环境、教师之间的冲突中得到快乐。吉诺斯在威利斯研究的基础上,认识到学校作为一个机构与社会、经济、政治紧密相连,其意识形态隐藏在诸多合法化形式,如校园文化、学校设计、课程设置等。反抗学校文化的意图与结果之间并非固定的,学生可能只有抵制的意图而没有实际的反抗行为,而明显的反抗行为背后,也并非都存在可被确认的意图。反学校文化揭示了学校文化的复杂性与多样性,学校文化既有受制于社会文化的一面,也有与社会文化所对立的一面。美国教育家伊力奇(Illich)在《非学校化社会》中也提出了反抗现有学校文化,进行教育改革的观念。我国学者张人杰认为,反文化的核心都是异化,它有三种表现:背离、对抗和挑战。反学校文化的相关研究流派主要分为功能论、冲突论和解释论。功能论流派以莫顿的结构紧张论、柯恩的亚文化理论、贝克的标签理论和萨塞兰德的差异交往论为代表。结构紧张理论认为,偏差行为很可能是社会结构紧张的产物;亚文化理论认为中下阶层青少年的言行举止不符合上层阶级的价值观念,因此他们的社会地位遭到否定。在学校中,低阶级的学生往往不受中产阶级教育的欢迎,这就导致低阶级的孩子产生反学校的思想和行为;标签理论则认为,那些违反社会主流价值观念的人往往被贴上反文化的标签;差异交往论则认为,偏差行为来自亲近的团体,青少年学生在与同辈群体交往中往往会习得不良行为。功能论流派的主要观点是反学校文化现象的出现并不一定会对学校的文化造成威胁,它可能会使人们认识到原来学校中的不足,通过不断改进对学校文化的建构起到积极作用。当然,并非所有学校都存在反学校文化,大多数学校文化中,学生表现出的是顺从与合乎规范的行为模式。

反学校文化研究具有较为明显的社会学研究色彩,许多研究围绕城乡差异展开讨论。如有学者发现,在农民工"子弟"中间盛行着类似《学做工》中所描述的工人阶级"小子"的反学校文化。但是,由于制度安排与社会条件的差异,"子弟"与"小子"的反学校文化却是形似质异的。针对青少年反学校文化的研究也涌现了不少重要成果。青少年"反学校文化"现象在我国初显端倪,并具有相异于西方国家的问题表征以及形成机制。作为一种学生亚文化,"反学校文化"既有其消极影响,又是一种潜在的改进力量。帮助学生形成正确的自我认同、反思性的文化建构以及良好的文化判断力,既是引导学生文化合理建构的重要策略,也是现代学校文化建设的方向之一。有的研究较为关注学校教育参与者在反学校文化中的作用。基于社会学的整体论,初步辨析了构成教师反学校文化的若干要素,即教师反学校文化的性质、结构、功能、表现方式等,并进一步从若干视角出发,分析了教师反学校文化的表现类型,初步揭示了若干当前我国教师反学校文化的重要成因。儿童反学校文化产生的机制源于儿童对学校规训的抗拒,学生在权利、在"位差"上处于"被支配"的弱势地位,因此,儿童抗拒的性质通常为日常反抗,是儿童拒绝学校权威的"弱者的武器",其具有非正式性、情绪化、非理性的特征,意在打破学校所安排的制度性设计,努力寻求自身意义的一种表达。从规训与抗拒的视角去解释儿童反学校文化,可以使我们更加关注学校发展与变革中的自身矛盾,反省与检视现阶段学校教育自身所存在的"文化专断"性以及学校文化建设中"儿童文化"的缺场等问题,从而促进学校教育自身的不断变革、发展与完善。

(三)学校文化相关研究述评

从已有研究来看,学校文化研究在近几十年取得了大量的成果,既有学校文化的范式研究、价值研究,也有对学校文化的解释性、分析性研究。这些研究中不乏经典成果,有力推进了我国学校教育纵深发展。但是,在大量甚至海量的学校文化研究背后,学校文化研究也具有一定的局限性。

1.学校文化研究的泛化

从文化的概念来看,文化一词本身就具有丰富的含义,这间接导致了学校文化的概念可以从不同角度加以解读,而学校文化研究也在一定程度上受此影响,几乎"无所不包",学校中的各个因素几乎都可以成为"文化研究"的对象。这固然是学校文化研究的特点,但也使得学校文化成为一个"包罗万象"的研究领域,似乎任何学校中的因素都可以塑造学校文化,而缺乏主次顺序。人们不得不仔细考虑,到底什么才是影响学校文化的关键? 是课程? 是学生? 是校园? 还是教师,或者学校管理者的管理风格? 这些因素之间如何排列顺序? 而在探讨这些因素的过程中,究竟要塑造何种学校文化以及如何真正塑造理想中的学校文化,似乎也成为一个日益模糊不清的问题。

2.学校文化研究的理论研究多,实证研究少且以质性研究居多

在已有研究中,由于文化是一个较难以数据表达的概念,学校文化研究多以某种主观性描述话语对学校文化的现实作出分析,这就造成了学校文化研究中客观性较为不足。研究者往往是以学校中的某一主体为视角(多是学校管理者),对学校文化作出分析与反思,但是这些问题哪些是普遍问题,哪些是个性问题,哪些是关键问题,研究者却很少对其作出进一步思考。这折射出学校文化研究在方法上重理论、轻实证的倾向。在学校文化管理的相关研究中,以思考学校文化的本质、功能、价值、要素、结构等理论研究居多,而通过适当的调查工具进行可靠测量的实证调查研究还不多,在一定程度上,研究方法的单一导致了学校文化研究一度爆发式发展却没有得到

持续性的推进,也在一定程度上削弱了学校文化研究的现实指导作用。

3.学校文化管理研究中评价性研究的缺乏

目前对学校文化管理或学校文化建设的研究,多是前瞻式或改良式的研究。这些研究通常较为深刻地指出学校文化所存在的问题、如何营造学校特色文化等,但是对已经形成的学校文化究竟以何种标准,特别是可量化的标准去评价,以及对经过建设、管理、改良甚至变革后的学校文化,如何测量其优化了哪些方面、新增了哪些特色等,并未形成一个可普遍推广使用的可靠评价体系和标准。

4.学校文化治理研究尚需进一步挖掘探索

作为教育治理的组成部分,学校文化治理虽然受到了一定的关注,但是相关研究还处于起步阶段。一些研究还未完全从管理思维转换为治理思维,对学校文化治理内涵、外延的认识还不够清晰,尚未把学校文化治理当作学校治理的组成部分,而是仍将其看作一种对学校文化的反思性研究,对学校文化的各个治理要素、治理方式、治理路径等均未展开充分的讨论。

(四)未来学校文化治理研究趋势分析

1.学校文化治理的学理性研究

从已有研究来看,学校文化治理的探索空间还很大。对学校文化治理的本质、要素、功能、范畴等方面可以做学理性分析,从理论层面把握学校文化治理与学校文化管理的本质区别与联系,以更好地理解学校文化治理的治理属性。对学校文化治理的要素、环节、价值、功能等也可以做理论探讨,促进学校文化治理的实证研究更有的放矢。

2.学校文化治理的实证研究

对学校文化治理做实证研究,主要是通过调查访谈或数据分析,理解学校文化治理的现状、特征、困境,以便更好地对学校文化治理作出反思。在这个过程中,研究方法应是质性研究和量化研究相结合,容纳多学科的研究视角,考虑学校多元主体对学校文化的不同理解,形成一定的主客观相结合的评价标准。

3.学校文化治理与区域教育治理的协同研究

已有学校文化研究多是以学校本身为切入点,判断学校自身的文化现状。实际上,学校文化经常受到区域、社会文化的影响,而学校文化治理研究应充分考虑这一现象,在研究中不仅将学校文化治理当作学校治理的一个环节,还要将区域教育治理与学校文化治理有机结合,使学校发展与区域发展相一致、相协同。

参考文献

[1] 班建武.学校文化现状诊断及改进路径[J].中国教育学刊,2011(2):28-31.

[2] (美)布拉福德·珀金斯.中小学建筑[M].舒平,许良,汪丽君,译.北京:中国建筑工业出版社,2005.

[3] (美)C.威廉姆·布鲁贝克,雷蒙德·鲍德维尔,格雷尔·克利斯朵夫.学校规划设计[M].邢雪莹,孙玉丹,张玉玲,译.北京:中国电力出版社,2006.

[4] 潘惠琴,常生龙.区域性现代学校制度体系构建[M].上海:同济大学出版社,2015.

[5] 陈芬.学校文化变革的实践研究:以上海市 UN 中学"优秀"学校文化建设为例[D].上海:华东师范大学,2012.

[6] 陈坤,秦玉友.中小学传统文化课程内容建构的价值、困境及重构[J].教育学术月刊,2020(6):96-104.

[7] 陈天红.学校组织文化建设研究:以 K 校为个案[D].南京:南京师范大学,2006.

[8] 陈文海.学校组织文化的探索与实践[D].武汉:华中师范大学,2008.

[9] 陈永明,等.教育领导学[M].北京:北京大学出版社,2010.

[10] 陈玉琨.一流学校的建设:陈玉琨教育讲演录[M].上海:华东师范大学出版社,2008.

[11] 程金婷.坚持以人为本 建设学校文化[J].天津成人高等学校联合学报,2004(6):6-9.

[12] 俎海燕,鄂世举.校园中的反学校文化何以生成?——从保罗·威利斯的《学做工:工人阶级子弟为何继承父业》谈起[J].教育观察,2017,6(22):17-18.

[13] 戴特奇,廖聪,胡科,等.公平导向的学校分配空间优化:以北京石景山区为例[J].地理学报,2017,72(8):1476-1485.

[14] 戴晓苇.学校人力资源管理中组织文化的折射与剖析[D].长春:东北师范大学,2008.

[15] 杜亮,李卉萌,王伟剑.文化视角下我国农村学校教育研究刍议:从文化传承到文化生产[J].教育学报,2021,17(4):119-132.

[16] 埃德加·沙因.组织文化与领导力:第 4 版[M].章凯,罗文豪,朱超威,等译.北京:中国人民大学出版社,2014.

[17] 范美娟.学校文化建构中的校长角色分析:基于 D 市 a 区中小学校长的调查[D].哈尔滨:黑龙江大学,2013.

[18] 范国睿.论校长的文化使命[J].河南大学学报(社会科学版),2007(2):165-166.

[19] 方程煜.与学校文化的"游戏":"反学校文化"的情境化阐释:基于 K 中学的个案研究[J].

基础教育,2021,18(3):39-52.

[20] 方露.普通小学学校组织文化研究:以 A 校为例[D].济南:山东师范大学,2011.

[21] 付全新.学校文化管理的理论与实践探索:以湖北省葛洲坝中学为例[D].武汉:华中师范大学,2014.

[22] 高莉.义务教育优质资源扩大模式分析:基于办学体制的考察[J].教育科学研究,2020(12):12-17.

[23] 顾明远.论学校文化建设[J].西南大学学报(人文社会科学版),2006,32(5):67-70.

[24] 郭丹丹,郑金洲.学区化办学:预期、挑战与对策[J].教育研究,2015,36(9):72-77.

[25] 郭永龙,刘友兆,王利环.基于 LSCP 模型的农村义务教育学校布局优化研究:以山西省忻州市忻府区为例[J].测绘与空间地理信息,2013,36(5):13-15.

[26] 韩嵩,秦玉友.乡村振兴背景下农村学校发展的重点任务与实现路径[J].广西社会科学,2021(11):182-188.

[27] 和学新,李平平.流动人口随迁子女教育政策:变迁、反思与改进[J].当代教育与文化,2014,6(6):14-19.

[28] 黄大龙.区域内整体实施学校文化管理的实践与思考[J].人民教育,2010(7):54-56.

[29] (英)霍华德.明日的田园城市[M].金经元,译.北京:商务印书馆,2010.

[30] 季诚钧,肖美良.中外学校组织文化研究之比较[J].教育研究,2006,27(3):83-87.

[31] 季苹."学校文化"的反思与再建[J].人民教育,2004(2):5-8.

[32] 季苹.关注学校管理的盲区:学校文化的管理[J].中小学管理,2004(7):5-10.

[33] 季苹.从起点到评价:学校特色建设过程的思考[J].中小学管理,2012(2):21-26.

[34] 金红昊,罗蕴丰,刘鑫桥.入读随迁女定点学校如何影响教育结果[J].教育学报,2021,17(6):182-192.

[35] 康万栋.素质教育背景下中小学校长的角色定位[J].天津市教科院学报,2002(5):21-23.

[36] 孔苏."读图时代"学校管理教育图像存在的误区与正解:基于三所学校的实地调研材料[J].首都师范大学学报(社会科学版),2020(2):163-169.

[37] 孔云峰.利用 GIS 与线性规划学校最优学区划分[J].武汉大学学报(信息科学版),2012,37(5):513-515.

[38] 孔云峰,王震.县市级义务教育学校区位配置优化设计与实验[J].地球信息科学学报,2012,14(3):299-304.

[39] 乐传永.学校组织文化功能的探讨[J].教育理论与实践,2000,20(1):29-32.

[40] 雷万鹏,汪传艳.农民工随迁子女"入学门槛"的合理性研究[J].教育发展研究,2012,32(24):7-13.

[41] 黎正.国际学校与普通中小学教学空间的对比研究[D].广州:华南理工大学,2013.

[42] 李国强,龚跃华.教师反学校文化现象浅析[J].教师教育研究,2005(4):38-42.

[43] 李敏慧.学校文化管理的个案研究:以湖南省郴州市 D 中学为例[D].淮北:淮北师范大学,2014.

[44] 李雨锦.美国蓝带学校规划研究[D].保定:河北大学,2007.

[45] 李战营.学校组织文化探析[J].长春工业大学学报(高教研究版),2005,26(2):4-6.

[46] 李政涛.学校规划制定中的两种取向[J].中小学管理,2005(11):4.

[47] 李志欣."成就每一个人":学校组织文化变革的核心要义[J].中小学管理,2020(2):52-53.

[48] 梁永丰.论经济发达地区学校文化管理的实施[J].现代教育论丛,2002(2):41-44.

[49] 刘东升.论中学准军事化管理的变革:从制度管理到文化管理[D].武汉:华中师范大学,2016.

[50] 刘芳菲.基于区域文化的学校文化管理研究:以四川省成都市金沙小学为例[D].成都:四川师范大学,2012.

[51] 刘刚.以教师为本的学校管理行动研究[D].长春:东北师范大学,2011.

[52] 刘海波.学校规划执行中的困惑与解决策略[J].人民教育,2007(5):17-20.

[53] 刘可钦.学校组织文化的滋养与生成[J].中国教育学刊,2007(4):33-36.

[54] 刘莉.同学段学区办学的内涵、阻力及推动路径[J].教育发展研究,2021,41(2):20-25.

[55] 刘铭洋.地域性元素在云南地区乡镇中小学设计中的运用[D].昆明:昆明理工大学,2013.

[56] 刘荣飞,董圣足.义务教育领域推行 PPP 办学模式:动因、问题与策略[J].教育发展研究,2020,40(Z2):40-45.

[57] 刘洋.多元文化背景下中学生价值观教育与学校管理对策研究[D].贵阳:贵州师范大学,2018.

[58] 刘英娜.学校布局调整的合理性初探[D].武汉:华中师范大学,2013.

[59] 刘元英.浅谈农村学校特有教学资源的开发与利用[J].教育理论与实践,2016,36(11):28-29.

[60] 刘志杰.当代中学校园建筑的规划和设计[D].天津:天津大学,2004.

[61] 刘中良.学校管理中文化的价值:以桂洲中学为例[J].中学政治教学参考,2020(37):84-85.

[62] 林一钢,平晓敏.场域视角下的中小学校园欺凌现象解读[J].浙江师范大学学报(社会科学版),2021,46(1):114-120.

[63] 卢晓旭,陆玉麒,尚正永,等.学校体系规模调整和空间演化特征的测度与分析:以南京市普通高级中学为例[J].地理科学,2011,31(12):1454-1460.

[64] (美)罗伯特·欧文斯.教育组织行为学[M].孙绵涛,等,译.武汉:华中师范大学出版社,1987.

[65] (新加坡)罗伯特·鲍威尔.学校建筑 新一代校园[M].翁鸿珍,译.天津:天津大学出版

社,2002.

[66] TORSTEN,HUSEN,T.NEVILLE,等.国际教育百科全书[M].贵阳:贵州教育出版社,1990.

[67] 马广宇.组织文化视野下的中小学校管理改进研究[D].武汉:华中师范大学,2012.

[68] 马和民,高旭平.教育社会学研究[M].上海:上海教育出版社,1998.

[69] (美)迈克尔·J.克罗斯比.北美中小学建筑[M].卢昀伟,等,译.大连:大连理工大学出版社,2004.

[70] (德)曼弗雷德·马丁,加比·波尔纳.重塑管理形象:渐进式管理,打开成功之门的钥匙[M].何妙生,等,译.北京:中国经济出版社,1996.

[71] 美国建筑师学会.学校建筑设计指南图集[M].周玉鹏,译.北京:中国建筑工业出版社,2004.

[72] 彭小虎.反学校文化现象的思考[J].上海师范大学学报(哲学社会科学版),1998,27(3):90-95.

[73] 亓殿强,周新奎.学校文化建设问题及对策[J].中国教育学刊,2009(5):52-54.

[74] 钱卫东.总部统筹 分区管理 特色发展:集团化学校一校多址背景下有效管理的思考[J].中国教育学刊,2021(S2):204-268.

[75] 钱晓菲,张斌贤.现代教育空间组织化的开端:兰卡斯特制的校舍设计[J].北京大学教育评论,2021,19(2):104-119.

[76] 邱小云.校园文化与学校文化概念辨析[J].文化学刊,2012(3):49-51.

[77] 任国英,张冬月.校园秩序的消解和"反学校文化"的形成:湖南省怀化市芙蓉镇苗乡中学的个案研究[J].广西民族研究,2017(5):55-64.

[78] 日本建筑学会.学校建筑设计计划与实例[M].李政隆,译.台北:大佳出版社,1982.

[79] 邵兴江.学校建筑教育意蕴与文化价值[M].北京:教育科学出版社,2012.

[80] 盛毓.论学校管理中的文化自觉及其运用:基于上海市HT中学的实践探索[D].上海:华东师范大学,2010.

[81] 施琳.海峡两岸中小学校建筑空间环境构成及规划设计对比研究[D].西安:西安建筑科技大学,2014.

[82] 石人炳.人口变动对教育的作用:国内研究综述[J].市场与人口分析,2004(2):30-34.

[83] 石人炳.用科学发展观指导中小学校布局调整[J].中国教育学刊,2004(7):1-3.

[84] 石人炳.国外关于学校布局调整的研究及启示[J].比较教育研究,2004(12):35-39.

[85] 石中英.学校文化的核心:价值观建设[J].教育科学研究,2005(8):18-21.

[86] 宋萑,胡艳,袁丽.北京市中小学学校组织文化的现状调查[J].教师教育研究,2009,21(3):56-61.

[87] 宋小冬,陈晨,周静,等.城市中小学布局规划方法的探讨与改进[J].城市规划,2014,38

(8):48-56.

[88] 苏芬.论中小学校实施文化管理的对策[D].广州:华南师范大学,2002.

[89] 孙慧慧.农村小学乡土文化教育现状及管理对策研究:以山东省德州市某农村小学为个案[D].天津:天津师范大学,2017.

[90] 孙绵涛,等.教育管理学[M].北京:人民教育出版社,2021.

[91] (苏)索柯洛娃.国外学校建筑实践[M].王儒堂,译.北京:建筑工程出版社,1958.

[92] 谭阳.九年一贯制学校规划及建筑设计:以上海市诸翟学校为例[J].住宅科技,2019,39(4):6-11.

[93] 唐小俊.规训与抗拒:儿童反学校文化现象的社会学探析:基于N市三所普通小学的田野调查[J].教育学术月刊,2016(1):30-34.

[94] 田文娟.文化管理视野下学校管理机制的研究[D].天津:天津师范大学,2008.

[95] 佟耕,李鹏飞,刘治国,等.GIS技术支持下的沈阳市中小学布局规划研究[J].规划师,2014,30(S1):68-74.

[96] 汪晓玢.国际学校教师管理文化问题研究:以上海市X校和W校为例[D].上海:华东师范大学,2020.

[97] 王定华.试论新形势下学校文化建设[J].教育研究,2012,33(1):4-8.

[98] 王欢.城市高密度下的中小学校园规划设计[D].天津:天津大学,2012.

[99] 王丽雪.学校实施文化管理策略的研究[D].长春:东北师范大学,2009.

[100] 王远伟,钱林晓.关于农村中小学合理布局的设计[J].华中师范大学学报(人文社会科学版),2008(3):136-140.

[101] 王远伟,杜育红.义务教育办学条件评价指标体系构建与应用研究[J].教育发展研究,2013,33(2):36-43.

[102] (美)韦恩·霍伊,塞西尔·米斯克尔.教育管理学:理论·研究·实践:第7版[M].范国睿,等,译.北京:教育科学出版社,2007.

[103] 邬志辉,史宁中.农村学校布局调整的十年走势与政策议题[J].教育研究,2011,32(7):22-30.

[104] 吴迪.基于文化管理的中小学教师专业发展策略研究[D].无锡:江南大学,2014.

[105] 吴宏超,赵丹.农村学校合理布局标准探析:基于河南省的调查分析[J].教育发展研究,2008,28(17):11-15.

[106] 习近平.出席全国教育大会的讲话[EB/OL].(2018-09-10).

[107] 项红专.中小学文化育人的路径构建[J].中国教育学刊,2015(12):32-35.

[108] 项红专.提升学校文化治理力的四个着力点[J].人民教育,2020(10):17-20.

[109] 向芯,孙瑜.超大城市流动青少年的亚文化生产机制[J].青年研究,2022(1):60-72.

[110] 肖强,马云鹏.优质学校文化管理的实践与探索:基于 D 中学的个案研究[J].教育科学研究,2009(2):36-39.

[111] 熊春文,折曦.乡村学校的演进及其社会文化价值探析[J].广西民族大学学报(哲学社会科学版),2014,36(5):18-24.

[112] 熊春文.两极化:流动儿童群体文化背后的教育制度结构[J].探索与争鸣,2021(5):31-34.

[113] 熊平安.学校管理方式伦理化研究[D].上海:华东师范大学,2001.

[114] 许杰.构建激情、信任、合作专业团队:学校文化管理的精髓[J].教育科学,2008(4):32-38.

[115] 颜国镇.文化引领发展,创新提升管理:松熹中学学校发展经验谈[J].亚太教育,2019(12):44-46.

[116] 严华银.治理:现代学校的标志[M].北京:世界图书出版公司,2018.

[117] 杨波.九年一贯制学校规划与建筑设计要点初探:以蓝田九年制学校为例[J].建筑与文化,2019(2):205-206.

[118] 杨春芳.教育治理现代化与学校文化建设[J].教育科学论坛,2015(16):1.

[119] 葛军,杨骞.学校核心文化建设的探索[J].中国教育学刊,2009(7):38-41.

[120] 杨晓杰.丽江纳西族传统文化的学校教育管理研究[D].昆明:云南大学,2015.

[121] 姚建龙,罗建武.党委和政府托底视角下"学校办学安全"的界定[J].中国教育学刊,2020(5):55-59.

[122] 叶澜."新基础教育"论:关于当代中国学校变革的探究与认识[M].北京:教育科学出版社,2006.

[123] 叶澜.试论当代中国学校文化建设[J].教育发展研究,2006(15):1-10.

[124] 叶庆娜.县域内义务教育阶段学校布局的方向选择[J].教育研究与实验,2016(4):72-76.

[125] 俞国良,王卫东,刘黎明.学校文化新论[M].长沙:湖南教育出版社,1999.

[126] 余海波.合理调整布局,提高办学效益:西南民族地区基础教育办学的一条有效途径[J].学术探索,2001(5):60-62.

[127] 曾抗.中学教师幸福感研究:学校文化管理的视界[D].天津:天津师范大学,2008.

[128] 曾文婧,秦玉友.乡村小规模学校办学条件问题分析与建设思路[J].教育科学研究,2018(8):24-29.

[129] 张岱年,程宜山.中国文化与文化论争[M].北京:中国人民大学出版社,1990.

[130] 张东娇.学校文化管理[M].北京:教育科学出版社,2013.

[131] 张东娇.绘制学校文化管理地图:价值取向与路径选择[J].中小学管理,2019(6):34-37.

[132] 张东娇.学校文化建设:"穿越概念丛林"之后我们去哪儿?[J].清华大学教育研究,2021,42(2):41-47.

[133] 张洁.构建"校长乐感文化"实现学校文化管理[J].思想理论教育,2009(20):44-46.

［134］张京祥,葛志兵,罗震东,等.城乡基本公共服务设施布局均等化研究:以常州市教育设施为例［J］.城市规划,2012,36(2):9-15.

［135］张丽维.基于教育资源配置合理性的农村小学布局调整问题研究:以重庆市 F 区为例［D］.重庆:西南大学,2012.

［136］张人杰.学校文化与反学校文化［J］.教育研究咨询,1994(3).

［137］张淑慧.中学校园的廊空间探析:以昆明市长丰中学规划及建筑方案设计为例［D］.昆明:昆明理工大学,2014.

［138］张雪,叶忠.基于贫困文化理论的农村学校发展定位思考［J］.教学与管理,2018(1):1-4.

［139］张英姿.学校组织文化初探［D］.北京:首都师范大学,2007.

［140］张友红.学校文化到哪里去［J］.教育科学论坛,2020(23):42-46.

［141］张宗尧,李志民.中小学建筑设计［M］.2 版.北京:中国建筑工业出版社,2009.

［142］赵丹,吴宏超,Bruno Parolin.农村学校撤并对学生上学距离的影响:基于 GIS 和 Ordinal Logit 模型的分析［J］.教育学报,2012,8(3):62-73.

［143］赵丹,郭清扬,Bilal Barakat.城乡教育一体化背景下乡村小规模学校布局调整与优化建议:基于陕西省宁强县的案例分析［J］.中国教育学刊,2021(5):70-74.

［144］赵骎.追求文化治理的"最大值"［J］.中小学管理,2021(1):53-54.

［145］赵中建.追求时尚,学校文化建设的另一维度［J］.上海教育科研,2006(7):1.

［146］郑海波,李吉芳."反学校文化"论析［J］.四川职业技术学院学报,2013,23(4):90-92.

［147］郑金洲.教育文化学［M］.北京:人民教育出版社,2000.

［148］郑湘晋.对"学校文化场"的建设与作用的思考［J］.教育理论与实践,2000(4):32-35.

［149］中西部地区农村中小学合理布局结构研究课题组,范先佐,周芬芬,等.我国农村中小学布局调整的背景、目的和成效:基于中西部地区 6 省区 38 个县市 177 个乡镇的调查与分析［J］.华中师范大学学报(人文社会科学版),2008(4):121-127.

［150］周彬."名校集团化"办学模式初探［J］.教育发展研究,2005(16):84-88.

［151］周潇.反学校文化与阶级再生产:"小子"与"子弟"之比较［J］.社会,2011,31(5):70-92.

［152］周晓燕.青少年"反学校文化":问题、意义与对策［J］.教育学报,2006(2):60-64.

［153］朱今.学校治理中权力制约的文化实践［J］.教育理论与实践,2020,40(19):33-36.

［154］Albrecht, G. L. Administration of service activity in the school band program within school culture［D］. Madison, WI, USA: The University of Wisconsin-Madison,1993.

［155］Duany, Andres. Towns and Town Making Principles［M］. Rizzoli, 1991.

［156］Apple, M. Official knowledge: Democratic education in a conservative age. ［J］. Contemporary Sociology, 1994, 23(4):572.

［157］Aronowitz, S. & Giroux, H. Education still under siege［J］. Bergin & Garvey, 1993(100).

[158] Caillods, Francoise, Jocelyne Casselli, et al. School mapping and micro-planning in education [J]. Administrators, 1983.

[159] Calsamiglia, C., Fu, C., & Güell, M. Structural estimation of a model of school choices: The boston mechanism versus its alternatives[J]. Journal of Political Economy, 2020(2):642-680.

[160] Clarence Perry. The Neighborhood Unitin Regional Survey of NewYork and Its Environs, 1929 (7).

[161] Deal, T. E., & Peterson, K. D. Shaping school culture: The heart of leadership. Adolescence, 1999(136).

[162] Gamage, D. T. A review of community participation in school governance: An emerging Culture in Australian education[J]. British Journal of Educational Studies, 1993(2):134-149.

[163] Giroux, H. Theory, resistance, and education: A pedagogy for the opposition[M]. South Hadley, MA: Bergin & Garvey, 1983.

[164] Gray, E., & Lowenhaupt, R. Reinventing middle school using design thinking: Managing reform at an independent school[J]. Journal of Cases in Educational Leadership, 2021(3):39-48.

[165] Hargreaves, A. Resistance and relative autonomy theories: Problems of distortion and incoherence in recent Marxist analyses of education [J]. British Journal of Sociology of Education, 1982(2):107-126.

[166] Hofman, R. H., Hofman, W. H. A., & Guldemond, H. School governance, culture, and student achievement[J]. International Journal of Leadership in Education, 2002(3):249-272.

[167] Hollaar, L. A. (n.d.). Faith and culture in the governance of Calvinistic/Reformed Christian Schools[J].University of Alberta, 1989.

[168] Ibara, E. C. Exploring clinical supervision as instrument for effective teacher supervision[J]. Africa Education Review, 2013(2):238-252.

[169] Jessiman, P., Kidger, J., Spencer, L., et al. School culture and student mental health: a qualitative study in UK secondary schools[J]. BMC public health, 2022(1):619.

[170] Johnson, P. E., Holder, C., Carrick, C., et al. A Model for Restructuring School Governance: Developing a Culture of Respect and Teamwork[J]. ERS Spectrum, 1998(2).

[171] Sergiovanni, T. J. Building community in schools, 1993.

[172] SETHI, N. Role of B-Schools in Developing the Culture of Corporate Governance in the Organization: A Study of Indian B-Schools. Productivity,2013(3).

[173] Smith, W. J. & Foster, W. F. Restoring a Culture of Learning and Teaching: The Governance and Management of Schools in South Africa. International Studies in Educational Administration, 2002(3).

课程与教学领域的研究现状及趋势探析

冯翠典

一、文献搜集与研究现状分析

"课程与教学"是一个宏大广阔的研究领域,"课程与教学论"还是教育学二级学科。仅以"课程与教学"为主题词在知网中进行搜索,共有文献 521 474 篇,其中学术期刊论文 330 300 篇,博士学位论文 201 篇,硕士学位论文 15 000 篇,国内会议论文 9 570 篇,国际会议论文 1 639 篇,报纸 526 篇,图书 655 本,成果 101 项,学术辑刊 1 382 本,特色期刊论文 16.21 篇。如果增加搜索"课程""教学"等关键词,所得数据将更为可观。鉴于可行性和操作性,本文仅就以上数据做简要分析,并就部分文献做一定的整理。

(一)总体趋势分析与文献主题分布

1.总体研究趋势分析

通过图 1 和表 1 可以看出,课程与教学研究的文献发表数量处于一个整体上升的趋势,而且 2001 年新一轮课程改革之前数量相对较少,2001 后数量激增并不断上升,说明"课程与教学"在近 20 年是一个非常热门的研究话题。随着义务教育和高中教育的新一轮课程标准的颁布以及国家基于核心素养的新一轮培养目标的确立,可以预见该领域的研究热度将会持续。

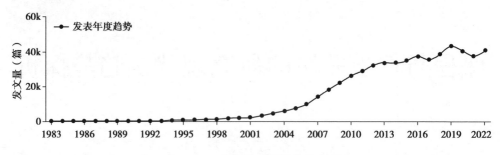

图 1 发文量总体趋势图

表 1 发文量详细数据

年份	1983	1986	1989	1992	1995	1998	2001
篇数	67	141	147	271	719	1 199	2 227
年份	2004	2007	2010	2013	2016	2019	2022
篇数	5 809	14 104	26 140	33 572	37 496	43 308	40 421

2.文献的主题分布

图 2 和图 3 分别是课程与教学研究主要主题的分布和次要主题的分布图,可以看出文献的主题词较多,但相比较而言,教学研究类的文章远远多于课程研究类的文章。

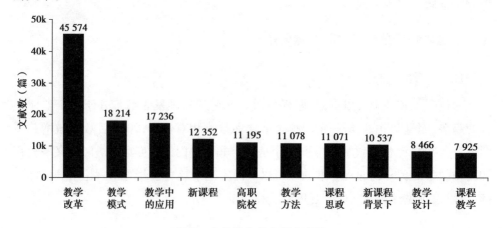

图 2 文献的主要主题分布图

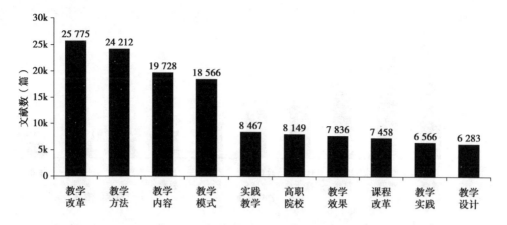

图 3　文献的次要主题分布图

　　图 4 是文献研究机构的分布图，可以看出，除了知名的师范类大学在研究该领域，一些综合性大学以及其他类型的大学也在关注该领域的研究。

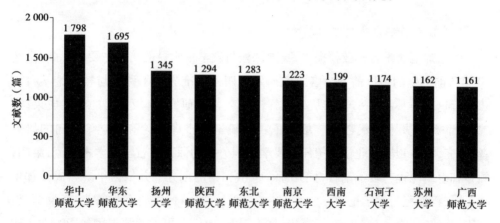

图 4　研究机构的分布图

　　图 5 是文献的学科分布图，可以看出，"高等教育""中等教育""职业教育""教育理论与教育管理""初等教育"等教育领域的学科密集地研究该领域，而"课程与教学"的研究又不仅限于教育类学科，还分布在其他多种学科类别中。

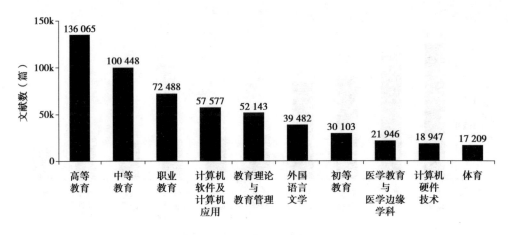

图 5　研究学科的分布图

（二）关于基本问题的研究

1.课程与教学论学科的前辈学者

山东师范大学吉标教授提出,我国课程与教学论学科的奠基主要依靠 20 世纪 30 年代前出生的一批前辈学者。根据如下四条标准界定了课程与教学论学科前辈学者这一群体:第一,长期从事课程论与教学论研究,有较突出的学术成果;第二,20 世纪八九十年代在高校培养了我国较早一批课程论和教学论方向的研究者;第三,在本领域专业学会担任重要学术职务推动课程与教学论学术交流;第四,领导和组织课程与教学论教材的出版、学术刊物的创办。并根据年龄和成长背景的不同,将课程与教学论前辈学者划分为两代。第一代主要有张敷荣、李秉德、史国雅、陈侠、高振业、鲍兆宁、邹有华、赵天岗等,他们多出生于清末民初,20 世纪 30 年代中期前大学毕业,在大学任教并从事教学法研究。第二代有张定璋、王策三、唐文中、瞿葆奎、吴杰、董远骞、刘克兰、何志汉、黄明皖、徐勋、刘云翔、吴文侃、田本娜、胡克英、叶立群、吴也显等,他们主要出生于 20 世纪 20 年代,中华人民共和国成立前后大学毕业,开始学术研究和教学生涯。改革开放后,这些前辈学者重新焕发了学术热情,他们老骥伏枥,著书立说,扶掖后学,成为我国课程与教学论学科的奠基者和开拓者。他们的主要贡献包括:开展课程与教学论学科理论研究,出版学术研究成果;创建了国内第一批教学论专业学位点,培养了一大批课程论与教学论后备人才;筹建了教育学领域专业学会,推动了课程与教学论的学术交流。另外,我国课程与教学论领域也有一批 20 世纪 30 年代以后出生的学者,比如李定仁、裴娣娜、廖哲勋、裴文敏、旷习模、张楚廷、关甦霞、郭文安、施良方等,他们在承继前两代学者研究的基础上,拓展了课程与教学理论研究,推进了学科的深入发展。

2.课程与教学的内涵

华东师范大学王其云在《课程·教材·教法》发表的论文《课程与教学》中阐述了课程与教学的基本内涵和基本关系。就课程的内涵来说,国外比较有代表性的观点有:课程是学习计划;课程是由学校组织的有计划的学习活动;课程是学生期望学习的内容;课程是学校为了使学生取得所期望的结果(包括校内校外)而做的努力;课程是为了指导学生的学习而由学校制订的计划以及计划的实施。计划通常是可检索的形式,计划的实施会影响学生已经具有的经验;课程是教学程序,包括内容、目的以及他们的组织,课程是在学校指导下进行的学生所经历的所有经验的计划或秩序。国内比较有代表性的观点有课程是在学校指导下,学习者所经历的全部经验;课程旨在保障青少年一代的健全发展,是由学校所实施的施加教育影响的计划;课程是为了实现各级学校的教育目标而规定的教学科目及其目的、内容、范围、分量和进程的总和。就教学的内涵来说,教学设计专家罗米索斯基(Romiszowski)认为,教学是由一定目标驱动的教的过程,该过程一般是预先计划好的。加涅和布里格斯(Gagne & Briggs)认为,教学设计应该以学生为中心,强调学生的学,教师的教是辅助学生更好地学。在汉语里,人们对教学的理解倾向于一种专门组织联系起来的,在教师的直接指导下学生积极参与的、高效率的认知过程。

2008 年,蔡铁权和姜旭英在《我国课程与教学概念的演化及两者关系的转变》中,概述了课程与教学的关键概念。就课程概念来说,20 世纪 80 年代以后,随着我国教育科学研究的日渐活跃,课程问题受到广大教育研究者和教育行政部门的重视,课程研究步步深入,论著日益增多,应用性研究也成果累累。但是,各种论著对"课程"一词的解释仍有分歧,总的来说,主要包括三种:第一,课程作为学科或教育内容。如在《辞海·教育心理分册》中,课程为"教学的科目。可以指一个教学科目,也可以指学校的或一个专业的全部教学科目,或指一组教学科目"。《中国大百科全书·教育》对课程是这样定义的:课程是指所有学科(教学科目)的总和,或学生在教师指导下各种活动的总和,这通常被称为广义的课程;狭义的课程则是指一门学科或一类活动。在《教育大辞典》中,课程是"为实现学校教育目标而选择的教育内容的称谓"。吴也显认为,"课程最一般的含义就是有组织的教育内容"。王策三也认为,"课程是教学内容和进程的总和"。第二,课程作为目标或计划。如钟启泉在《现代课程论》一书中认为,"课程是旨在遵照教育目的指导学生的学习活动,由学校有计划、有组织地编制的教育内容。从学校的教育计划这个侧面出发,也可以归纳成这样一个定义:旨在保障青少年一代的健全发展,由学校所实施的施加教育影响的计划"。李秉德指出,"课程是课堂学习、课外学习以及自学活动的内容纲要和目标体系,是教学和学生各种学习活动的总体规划及其过程"。第三,课程作为经验或体验。如靳玉乐认为课程是"学生通过学校教育环境获得的旨在促进其身心发展的教育性经验"。丛立新指出,"课程是受教育者在教育者的引导下所获得的经验,这些经验是教育者按照一定社会需求和受教育者的身心发展水平,有计划、有目的地组织安排的。"就教学概念来说,中华人民共和国成立后,人们了解到凯洛夫的"教学"定义:"教学过程一方面包括教师的活动(教),同时也包括学生的活动(学)。教和学是同一过程的两个方面,彼此不可分割地联系着。"于是人们接受了这样一种含义:"教学"是教师教和学生学的统一活动。王策三在《教学论稿》中说,"所谓教学乃是教师教、学生学的统一活动;这个活动中,学生掌握一定的知识和技能,同时身心获得一定的发展,形成一定的思想品德。"李秉德在主编的《教学论》中说:"'教学'就是指教的人指导学的人进行学习的活动。指的是教和学相结合或相统一的活动。"顾明远认为教学是"以课程内容为中介的师生双方教和学的共同活动"。王道俊、王汉澜认为,"教学是教育目的规范下的,教师的教与学生的学共同组成的一种教育活动"。

3.课程与教学论发展的阶段

关于中华人民共和国课程与教学论的发展阶段,东北师范大学朱文辉教授等人提出:中华人民共和国成立以来,我国课程与教学论发展体现了大教学论和大课程论的先后更迭,具体体现为如下阶段:第一,大教学论初始创立(1949—1957年),即通过第一次课程改革(1949—1952年)和第二次课程改革(1953—1957年)全面学习苏联的教育传统,推行一纲一本的改革政策。第二,大教学论的余威犹在(1958—1977年),即通过第三次课程改革(1958—1965年)和第四次课程改革(1966—1977年)试图摆脱苏联教育的影响,规避统一化改革的弊端。第三,出现大教学论全面统治的局面(1978—1984年),即通过第五次课程改革(1978—1980年)和第六次课程改革(1981—1984年)重拾苏联教育传统,学校教学秩序快速恢复。第四,大课程论崭露头角(1985至今),即通过第七次课程改革(1985—2000

年）和第八次课程改革（2001 年至今）仿效美国课程改革，大教学论逐渐失落，大课程论崭露头角。

在这个问题上，邓凡茂等人从时代要求所决定的课程与教学改革理念以及所要解决的主要问题的视角，把我国新时期的课程与教学改革分为三个阶段。第一，20 世纪 70 年代末到 80 年代中前期是我国新时期课程改革的起步阶段，这一阶段主张"知识本位"的课程观，主要解决课程体系重建、规范教育内容的重大课程改革课题。第二，20 世纪 80 年代中后期到 90 年代末是我国新时期课程改革的深化阶段，这一阶段主张"社会本位"的课程观，主要解决课程体制僵化、中央简政放权、地方参加课程多元设计的重大课程改革课题。第三，20 世纪 90 年代末至今是我国新时期课程改革的拓展阶段，这一阶段主张"学生本位"的课程观，主要解决完善课程目标、实施素质教育的课程改革的重大战略课题。总之，课程与教学改革是一项系统而长期的工程。时代的发展、社会的变迁要求学校课程不断进行改革，而课程改革又会引起教学过程的一系列变化。2019 年，王鉴和李泽林在《教育研究》上发表文章，提出改革开放 40 多年来，我国课程与教学论历经了引进国外课程与教学理论、开展本土化教学实验与理论探索、中国特色课程与教学理论生成与发展、新时代背景下立德树人与课程教学理论发展等四个阶段，初步构建了具有中国特色的课程与教学论体系。

4. 课程与教学研究的基本问题

北京师范大学博士生导师王本陆教授 2021 年撰文，对课程与教学论研究的基本问题和当前热点进行了梳理，指出课程教学问题是学校教育的基本问题。课程论主要研究课程问题，即学校教育内容的选择、组织和加工问题；教学论主要研究教学问题，教学是学校教育的基本活动形式，教学问题主要关涉学校教育的基本过程方法。课程与教学论研究的基本问题包括课程教学的价值问题、本体问题和策略问题三大类型。

（三）研究的主题和领域

2016 年，西北师范大学安福海和王鉴在《教育研究》上发文，对近年来我国课程与教学论的研究进行回顾和展望。首先，我国教学论学科发展的深化研究主要集中在教学论学科历史回顾、理论基础与研究范式探讨、教学论的理论自觉与反思、学科边界与跨学科研究、教学实践研究等方面；其次，课程理论的研究集中在课程思想与课程目标、课程权利与课程决策方面;再次,课堂教学的理论研究与实践探索主要集中在教学基本理论问题的研究、聚焦课堂的教学研究、课堂教学改革等方面。课程与教学论研究的未来趋势表现为:在批判反思中推进课程与教学论学科建设,课堂教学研究将成为课程与教学论关注的热点领域,课程与教学论研究的空间将进一步拓展。

扬州大学潘洪建教授指出,课程是学生学习的内容、材料、范围、要求及其进度。课堂教学是教师与学生围绕特定课程所展开的教育活动。作为教育学的一门分支学科,课程与教学论的研究对象为普通中小学课程与教学现象,具体包括课程与教学活动的研究、课程与教学制度的研究和课程与教学理论的研究(元研究)。其知识旨趣为描述课程与教学现象、检讨课程与教学价值、指导课程与教学实践、变革课程与教学现实、建设课程与教学论学科。

李子建等人从香港和内地学者的视角勾勒了二十年间我国香港地区课程与教学的研究脉络和发展轮廓。从如下八个部分介绍了内地学者和香港学者在 20 年间发表的有关香港课程与教学的研究成果。第一,关于课程与教学的理论研究。多是对西方学者核心观点的引介,比如建构主义理论作为教学基础成为普遍观点;教师学习作为重要概念进入教学研究者视野;教学研究中更多关注概念之间的结构性解释。第二,课程改革与课程实施的宏观探讨。包括课程改革的引介与反思、课程实施、课程改革与教师三个部分。第三,学科教学。包括中文教育、英文教育、数学教育、其他学科与跨国教育、校本课程五部分。第四,教学过程与教学评价。第五,教师发展。第六,学前教育。第七,大学教育与成人教育。第八,院校协作。并提出海峡两岸暨香港、澳门的华人学者应相互交流合作,共同创建"华人社会"特色的课程与教学的理论与实践。

2019 年,王鉴和李泽林通过对研究内容的可视化分析发现,1979 年以来我国课程与教学论研究内容呈现出三个明显的特点。首先,从改革开放到 20 世纪 90 年代初,开展以教学方法、教学模式、教材改革为核心的教学改革与实验研究成为第一个研究热点;其次,21 世纪以来我国基础教育课程与教学改革成为第二个研究热点;再次,信息技术与课程教学的深度融合成为第三个研究热点。这三个热点有一个共同的"着眼点",即以提高教学质量为核心,以促进学生学习为中心。正因为如此,课程与教学论研究的范式也正在发生转型,聚焦课堂教学,迈向教学实践的研究成为重要范式。

（四）课程与教学的关系

关于课程与教学的关系,霍秉坤等人 2010 年的研究比较综合广阔,是在国内外很多研究者观点基础上的综合与生成。综合 Oliva、王文科、李方、丁念金、李子建、尹弘飙等人的研究,提出四种观点,包括二元独立模式、互相联结模式、同心包含模式、循环联系模式。二元独立模式论视课程与教学为两个独立系统,各自在其领域内进行并发生变化,互不交叉,互不包含;互相联结模式是指课程与教学两个系统联结在一起,系统部分重叠,但彼此没有上下关系,也无包含关系;同心包含模式是指课程和教学两个系统相互依存,而且其中一个为另一个的次级系统,如教学附属于课程系统或课程附属于教学系统;循环联系模式强调课程和教学两系统之间的回馈因素,课程与教学两者虽然分开,但两者彼此互相影响。对于描述课程与教学关系的模式,学者们的观点仍存在分歧,然而不少学者都认同 Oliva 的综合分析:课程与教学虽然有关,但却是不同的实体;课程与教学虽然互相联系而且互相依存,但可以分开研究和分析。施良方曾综合国内外学者的看法,认为目前比较一致的看法是:课程是为有目的的学习而设计的内容,教学则是达到教育目的的手段。相应地,课程理论主要探讨教育的内容和目标,而教学理论则主要关注达到这些目标的手段,目标与达到目标的手段之间有千丝万缕的关系,甚至还存在着某些重叠部分。

熊和平指出,课程与教学的关系是课程与教学论学科中具有争议的问题之一。七十年来,它们的关系大致经历了"大教学观"时期、分离期、整合期、"大课程观"时期。课程与教学的关系状态的形成,与我国的国际学术地缘关系、理论话语的措辞方式、学科建制的权力结构及其所形成的学者生存心态等知识社会学因素有关。展望未来,在学校教育日趋信息化的时代,课程与教学的关系研究将呈现以下趋势:概念化研究的消解,实用主义的"效用性",理论表述的去学科化、本土化与国际化的融合等。

王其云在 1997 年就提出课程与教学的关系存在如下几种观点:第一,课程是内容(content),教学是过程(process);第二,课程开发与教学是两个系统,但又密切相关;第三,教学是课程系统的实施过程;第四,教学是课程的一种表现形式;第五,教学设计是课程开发的微观层次。另外可从以下三个层次来看课程与教学关系的不同:分离(separation)、综合(synthesis)、融合(fusion)。

关于如何看待课程与教学之间的关系，美国学者塞勒（Saylor）等人提出的三个隐喻可以帮助我们思考和考察这个问题的实质。隐喻一，课程是一幢建筑的设计图纸，教学则是具体的施工；隐喻二，课程是一场球赛的方案，这是赛前由教练员和球员一起制定的，教学则是球赛进行的过程；隐喻三，课程可以被认为是一个乐谱，教学则是作品的演奏。课程不仅是教学内容，它还包括学生学习和发展的整体的"布局谋篇"，它是教学内容及其架构。在后现代课程观的视野中，课程不再被视为固定的、先验的跑道，而是成为达成个人转变的通道。这一侧重点和主体的变化将更为强调跑步的过程以及和许多人一起跑步所形成的模式，而较少重视跑道本身。

关于课程与教学之间复杂关系的成因，李子建教授和尹弘飚认为，从理论层面看，课程与教学均是多义的概念，并且在不同的范式中二者也各有侧重；从实践层面看，课程与教学的关系随着宏观脉络发生变化，而且各种教育持份者群体所关注的事项也有差异。如何处理课程与教学之间的关系，仍然是一个开放的、有待深入思考的问题。他们提供了如何跨越课程与教学的边界的思考，提出如果我们视课程为一种文件，课程改革就会流于文件的修订和教师的训练。如果我们把课程视为一种脉络化的社会过程，课程改革和研究就会变为实践取向，着重脉络的转变。思考课程与教学的融通：学校及其文化的再生，教育以及社群的重建，考试、教师发展以及课程研究等制度的重构。

黄宗芬总结了国内学者关于课程与教学的整合的观念和启发，指出从我国教育理论界在课程与教学关系上体现出来的从教学包含课程的大教学观，到课程与教学相互独立的模式，到课程包含教学的大课程观，再到课程与教学一体化的发展脉络中，可以看出课程与教学由割裂到整合、由机械到动态的研究走向。课程与教学的整合观体现了民主的、解放理性的价值取向，教学作为课程开发过程以及课程作为教学实践合而成为一体化的"课程教学"。并且课程与教学的整合观对当前课程与教学的理论和实践提出了全新的要求。对于课程与教学的理论研究而言，课程与教学的关系由割裂向整合的研究趋势要求课程与教学理论研究重心的转移，研究的重点应该放在更充分地揭示课堂教学事件的结构和运作过程上，即研究应围绕课堂教学知识的再生产过程以及在这一过程中学生的能力与人格的形成发展机制。在实践中，对于教师而言，课程与教学的整合观要求推动教师作为课程开发者与实施者相统一的进程，这对教师的素质提出了更高的要求。教师职业再也不是仅具有高深的、死板的理论知识就可以了,它对教师灵活运用知识的能力、直觉性、判断力、理解力、与学生的沟通能力等方面提出了更高的要求。对于师生关系而言,课程与教学整合的观点要求师生"合作"观念的树立,师生之间不单纯是一种平等的独立人格的交往,师生关系的核心体现在二者在动态发展的教学情境中合作建构课程意义,并因此生长出有意义的经验。

郭文龙和马丽君由古德莱德的课程观引发出了对课程与教学关系的新思考。古德莱德将课程划分为六种形式,分别是理想的课程、正式的课程、理解的课程、运作的课程、体验的课程和获知的课程。理想的课程、正式的课程与体验的课程实际上属于教学中的某一过程,而正式的课程、理解的课程和获知的课程才真正地属于课程。不同的课程观与教学观,对应着不同的课程教学关系。郭文龙和马丽君基于课程和教学的概念提出一种新型的关系模式——太极图阴阳关系模式,并提出如下启示:课程和教学都是有独立结构的;课程与教学的发展之间是循环交叉的;应在课程与教学之间寻找平衡;课程与教学是可以相互交易的;知识与行为观念的关系是动态发展的;课程与教学是互为"幽明"的。

(五)课程与教学论研究生研究的阶段

北京师范大学王晶莹教授等人以 2000—2018 年为时间区域,研究了近二十年间 25 402 篇课程与教学论学科的研究生学位论文所体现的学术图景,其中硕士论文 24 471 篇,博士论文 931 篇。数据显示,该学科硕博士论文的主题为课堂情境的班级授课,侧重教师的学科教学法和教学方式研究,研究方法以调查研究和应用研究为主。研究者利用在线复杂网络分析平台进行关键词之间关联性的分析、关键词及关联频次的可视化,并利用在线平台内置的 Louvain 算法进行聚类,得到三个主要阶段的大规模网络社区图以展示各阶段的发展图景。第一,课程与教学的标准化变革阶段:教学模式系统改革与对策探索。从 2000 年到 2009 年,课程与教学论学科研究生论文的研究主题集中在教学模式与教学策略的探索、课程设计与开发、课程标准的比较研究、课堂教学与新课程的实施、课程资源的开发与利用、教育困境与对策、学生认知与情感教育、教师专业发展与概念转化等方面。第二,循证诊断的教学对策实践阶段:成因策略改进与教师专业发展。2010 年到 2015 年,课程与教学论学科研究生毕业论文的主题集中在教学问题的原因及对策研究、教师专业发展、教学策略研究、课程标准或教材的比较研究、课程的设置与实施、课程资源开发以及信息技术与教学模式的整合研究等方面。第三，教育技术支持的学科素养发展阶段：在线模式探索与课程教材比较。2016 年到 2018 年，课程与教学论学科研究毕业论文的主题集中在翻转课堂和微课等新型教学模式的应用、课程标准或教材的比较研究、批判性思维的培养、核心素养、课程标准的一致性等研究。可以看出，研究生毕业论文将重心投向教师的教，关于学习的研究较为稳定且备受关注，作为教与学中介的课程也始终处于中心位置。

（六）课程与教学变革的实践问题

南京师范大学课程与教学研究所杨启亮教授提出了基础教育课程与教学变革中一些需要思考的实践问题，他认为基础教育的课程与教学在变革中，简单的理论遭遇到复杂的实践，但复杂的实践却提出了一个简单的疑问：我们是否缺失了一些共识的前提？基础教育是什么性质的教育？它与高等教育、专门化教育、精英教育是什么关系？课程与教学、课程论与教学论有什么联系或关系？课程与教学变革中的继承和借鉴如何理解？变革的基础条件和跨越式发展的关系如何协调？课程与教学变革中的教师角色定位、教师专业发展的合适性如何理解？这些都是实践中存在的问题，也应该有相对共识的前提性的问题。

王本陆等人提出，在实践层面应摒弃把教学评价视为课程和教学改革最大障碍的观点。他们认为在基础教育改革的实践中，中心问题是发展问题而不是评价问题，教学评价既应适应课程与教学改革的新形势，努力自我完善，又要保持一定的独立性，发挥好对课程与教学改革的监督检验功能，只有这样教学评价才能真正成为课程与教学改革的促进者。

（七）区域层面的课程与教学研究变革：以北京为例

2021 年，北京教育学院的柴纯青和钟祖荣撰文总结了北京市基础教育课程与教学改革 40 年的历程与经验，提供了区域层面课程与教学研究变革的理路和借鉴。他们认为北京课程与教学改革的背景是基于首都教育现代化的使命，指出课程与教学改革分为五个阶段：第一，1978—1985 年是为"面向现代化"作准备的阶段；第二，1985—1994 年是教育要"面向现代化"的阶段；第三，1994—2000 年是"为在全国率先实现教育现代化奠定基础"的阶段；第四，2000—2012 年是"在全国率先基本实现了教育现代化"的阶段；第五，2012—2020 年是"总体实现教育现代化"

的阶段。他们还提出了北京市基础教育课程与教学改革的基本经验:第一,改革理论的科学性。北京基础教育的课程与教学改革首先对"教育要为什么服务""教育要培养什么样的人"等问题进行回答,逐步落实了"以学生发展为本"与为经济建设服务的结合,保障了改革理论的科学性。第二,改革政策的首善性。"因地制宜"是创造性落实中央政策的过程,体现了北京市基础教育课程与教学改革的首善要求。第三,改革力量的系统性。其表现为向区县放权、突出学校的主体地位、逐步完善改革的支持系统、逐步建构社会资源支持体系。

(八)国外课程与教学研究探析

2016年,华东师范大学柯政等人对2005—2014年发表在九本重要刊物上与课程及教学有关的文章进行归类分析,提出了课程教学领域的国际发展特征和趋势。课程研究领域表现出了一个非常明显的特征,那就是理论视角很多,新概念也很多,当前人文社会科学中比较热门的一些理论视角或话题,如权利冲突、美学、现象学、后现代理论、世界大同理论、环保、和平、社会正义、同性恋、阶层等,都常常拿来分析课程。这些概念或理论有时带来了新的研究内容,如环保课程,但更多的是用不同的理论来解释和分析传统的研究内容,如教学、课程实施等。课程的公平问题是近些年课程研究的一个很重要的议题。与以上特征密切相关,课程研究领域的研究范式和研究方法,总体来说还是比较哲学化,重论证,轻证据。这个期间发表的论文大部分都不属于实证研究的范畴,还是以概念辨析性的文章为主。教育研究领域有如下几个特征。其一,教学研究的视角和方法来源非常多,有心理学的、信息技术的、认知科学的,甚至脑功能研究的,但研究范式非常统一,刊发的文章几乎所有都采用实证研究的范式;(准)实验研究是最为经常采用的方法,调查研究、个案研究等研究方法也很常见。其二,刊发的文章普遍研究内容切入口很小,但都非常注重新的研究方法。大量的文章都会采用新的研究设计和数据分析方法,项目反映、录像分析、路径分析,甚至脑功能研究方法等都常见于各种文章。其三,研究问题与当前的教学改革趋势高度相关,基本上围绕着当前教学改革过程中的一些前沿问题展开。比如,当前科学教学改革非常强调发展学生的科学论证能力,有一批有关在课堂中如何采用论证本位的课堂实施模式以及如何评价学生的科学论证能力等文章发表。其四,本领域的研究具有明显的技术研发特征,经常刊发一些以研发、验证某项教学工具或技术的文章。比如,怎么编制可以测评学生科学学习兴趣、学生探究能力的量表。

就具体的国别研究而言，2003年，陕西师范大学陈晓端教授通过文献研究和实证研究对自《1988教育改革法》颁布以来英国中小学课程与教学方面最为突出的改革与变化进行了分析与探讨。这些改革与变化主要包括：第一，课程控制的变化：从校本课程到推行国家课程；第二，教学决策的变化：从倡导教师自治到目标定向；第三，教学模式的变化：从倡导儿童中心到强调学科中心；第四，教学评价的变化：从强调形成性评价到强调终结性评价。研究者提出，世界基础教育的改革已进入了一个"反思补缺"的新阶段，大家的目光都不约而同地指向了新世纪，而且教育改革的目标都是提高质量，培养高素质的人才，但其改革的路径和实施的策略却不尽相同，在某些方面甚至完全相反。比如，英国在不断加强中央政府对学校的管理和评价，而我国政府则开始将权力下移。尽管从各种不同类型的教育改革文件中，我们不难发现中英两国教育改革在所追求的目标上的一致性，即都是为了培养全面和谐发展的、具有个性的高素质人才。

（九）我国课程与教学论的学科建制

2016年，山东师范大学吉标教授撰文总结了改革开放以来我国课程与教学论学科建制的历程。有如下三个方面的特点：第一，系科设置逐步完善，组织机构不断壮大。初创与起步阶段：中华人民共和国成立后的高校课程与教学论学科的组织建设首先是从教育系设立"教学论或教学法教研室"开始的。发展与调整阶段：20世纪90年代中后期开始，课程论研究异军突起。1997年，国务院学位委员会将课程论、教学论、学科教学论整合成新的二级学科"课程与教学论"。此后，课程与教学论学科迎来新的发展。比如，1999年，华东师范大学在原来"课程教材教法研究所"基础上，批准成立了"课程与教学研究所"。近十几年来，华东师范大学课程与教学研究所在加强课程理论研究和促进国内外课程学术交流方面成效显著，在推动国内新一轮基础教育课程改革过程中产生了持久广泛的影响。壮大和稳固阶段：新世纪之初，新一轮基础教育课程改革开始起步。为加快课程理论研究，推进基础教育课程改革，教育部率先在全国教育部六所直属重点师范大学设立了基础教育课程研究中心。随着基础教育课程改革的推进，全国又有十几所省级重点师范大学获批成立"教育部基础教育课程中心"。随后，在各省教育主管部门的推动下，又有一大批省属师范院校设立了"基础教育课程中心"。这些"课程中心"成立的宗旨是为基础教育课程与教学改革提供咨询和服务,成为联系高师院校与中小学的重要纽带,构筑高校课程与教学论学科发展的新平台。第二,研究生学位点不断增加,人才培养机制不断完善。截至 2015 年,全国具有课程与教学论博士点的高校已达 28 所。目前,几乎所有省属重点师范大学,以及一些综合性大学,都已经开始培养课程与教学论专业硕士研究生,全国课程与教学论专业硕士点数量已经超过 120 个。近些年来,为了提高研究生培养质量,很多高校开始注重加强与其他高校之间的交流与协作,尤其是全国高校课程与教学论专业博士学位授权单位定期召开联席会议,就博士生招生、培养与管理等方面展开密切交流与协作,全国课程与教学论研究生协作培养机制正在形成。第三,专业学会陆续成立,建立了稳固的学术交流平台。全国教学论专业委员会、全国课程学术委员会均组织了多届高质量的学术会议。世纪之交,基础教育课程改革成为教育改革的时代主题,课程与教学论的学术交流也不断拓展,开始超越本土视野。1999 年,人民教育出版社、台北教育大学、香港中文大学等多家单位联合发起举办了课程理论研讨会。迄今,该研讨会已举办了多届,产生了较大的学术反响。我国课程与教学论学术交流逐渐走向国际化,近年来,很多高校也以高涨的热情承办各种层次的国际性课程与教学论学术会议。

二、本方向研究趋势分析

(一)现有研究的反思

马开剑研究了传统课程与教学范式的缺陷,并提出了整体转向的路径。课程与教学可以理解为一个问题的两个方面,课程的实现即是教学。课程与教学范式是指关于课程与教学的一整套观念体系、思维方式、话语系统与实践作法。自 1918 年博比特出版《课程研究》以来,对教育实践产生实质性最大影响的当属强调目标、内容、实施、评价的"泰勒原理",它堪称传统基础教育课程与教学范式的根本框架。传统的课程与教学范式,在教学上其基本特征可概括为"三中心:课本为中心、教师为中心、课堂为中心,而以"泰勒原理"为代表的经典课程理论追求"技术理性",以讲授预先规定好的课程内容为目标,强调外在程式对于教与学的规范,追求对知识的继承与复现。传统范式在科技发展速度缓慢的时代,曾对知识的传播发挥了巨大的作用，但随着知识经济时代的来临，人才观念和教育观念已经发生了根本性变化，这促使基础教育的课程与教学范式必须进行质的转变。传统课程与教学范式的缺陷有：鼓励和强化"待命"意识，有知识复制导向、教师主宰倾向，并且理论与实践脱节，忽视多元与个性的智能发展。课程与教学范式整体转向的若干层面，包括课程与教学的目标由"知识传递"转向"个性化智能发展"，教学设计由追求"结论获得"转向"过程参与"，教师发挥主导作用的形式由"传授知识"转向"指导与设计"，师生关系由"主客间授受关系"转向"主体间对话关系"等。

2011年，马勇军在《课程·教材·教法》上发表文章，提出从价值追求和研究方法两个方面看，当前我国课程与教学主流研究范式存在以下两个重要问题。第一，从价值追求看，重视理论性，忽视实践性。第二，从研究方法看，思考式研究居多，量化研究和质性研究粗糙。并探究了这种问题出现的原因：第一，东方传统文化中欠缺所谓的近代西方科学精神；第二，方法意识薄弱；第三，评价机制制约。这些都助长了课程与教学论研究领域的浮夸之风，阻碍了课程与教学论合理研究范式的形成和发展，更影响了课程与教学论学科发展。

2019年，王鉴和李泽林经过综述，提出了对课程与教学研究的反思和展望。就反思而言，第一，研究队伍逐渐壮大，但团队研究有待加强；第二，研究价值取向趋于合理，实践研究亟待加强；第三，研究的方法逐渐多元，跨学科研究亟待加强；第四，研究的问题不断深化，原创性研究亟待加强；第五，学科体系日趋完善，科学化程度有待加强。就展望而言，他们提出，第一，立德树人应该成为新课程与教学论构建的灵魂；第二，新兴技术与课程教学深度融合成为中国特色课程与教学论研究的重点；第三，学生学习成为中国特色课程与教学论研究的基础；第四，中华优秀传统文化成为中国特色课程与教学论研究的亮点；第五，教学实验成为中国特色课程与教学论研究的生长点。

（二）现有研究的争鸣之处

2006年，北京师范大学"985工程"基础教育课程与教学首席专家撰文指出了当前课程与教学改革的争论焦点。第一，理论基础之争。一种观点主张以西方后现代主义、建构主义等理论为指导；另一种观点坚持认为，要坚定不移地以马克思主义认识论和全面发展学说作为理论依据。第二，基本目标之争。一种观点认为，我国现有的课程与教学体系，就其性质来说是传统教育体系、凯洛夫教育体系；另一种观点认为,我国现行的中小学课程与教学体系本质上是属于现代的,它体现着现代教育的基本规定性。第三,基本策略之争。一种观点是激进革命论,主张采用颠覆性手段来变革现实;另一种观点是稳健改革论,主张采取温和、渐进和自我完善的方式来变革现实。王本陆指出,认真反思这些问题的论争,有助于启发我们深入思考,健康有序地推进课程与教学改革。

（三）研究的基点和方向

关于"学校究竟需要怎样的课程与教学研究",南京师范大学杨启亮教授提出:基础教育学校的课程与教学研究的基点应该是"本土化",包括本土的和化为本土的两个方面。基础教育学校课程与教学研究的方向应该是"实事求是"。首先,要为了发现问题、提出问题、解决问题而做研究;其次,要从自身实际条件出发做研究。南京师范大学杨文彬教授提出:基础教育学校的课程与教学研究首先要考虑教育培养什么样的人的问题,其次要考虑教育如何服务人的个性的问题,再次,课程与教学的研究要秉持问题导向,要将想法和做法结合起来。

蒋菲运用 CitespaceII 软件突现词检测算法从 2000—2012 年 9 841 篇相关文献中检测频次变化率高的突现词,通过频次的高低和变动趋势来分析文献之间互相引用的关系,从而确定课程与教学论的研究前沿。可以看到,新世纪我国课程与教学论的研究由"课程研究"走向"课堂研究","知识研究"走向"学生研究","教材研究"走向"教师研究"。

香港中文大学课程与教学学系李子建教授 2004 年在《北京大学教育评论》撰文,提出要进一步完善课程与教学改革,必须加强理论与实践的对话。探讨了课程与教学理论与实践之间的差距及其成因,并从实践者研究和学者研究两方面讨论如何促进理论和实践的对话。提出要进一步达致两者的互动和融通还需要考虑:挑战学术研究者对生产教育知识(和理论)的霸权现象、多鼓励教师成为实践者-研究者;部分学术研究者可多进行反思性和自我机构的研究,逐渐成为研究者-实践者;学术成就的评量多重视"应用",鼓励学术研究者多从事理论应用于课程与教学实践的工作;教师研究的呈现方式渐趋多元化,鼓励教师多表达和分享研究成果,并通过不断探究和伙伴式研究,把实践经验和"本地知识"提炼为"公共知识"或具理论价值的知识。李子健教授也提出,这些建议并不容易,鼓励研究者和实践者"透过理论与实际的配合呈现出教育的全貌"。

（四）重新看待课程与教学的关系

课程与教学两个概念看似独立，但是不少学者仍然尝试跨越、整合或融合课程与教学的界限。引用霍秉坤等人的研究，丛立新认为课程与教学是一件事情的两个方面，而且课程论与教学论的统一是存在基础的，这个基础就是课程与教学在实践中的内在联系。李子建、尹弘飚提出跨越课程与教学边界的构想，认为要进一步反思课程与教学取向可以思考几个问题，包括：谁的知识较受重视？在教学过程中，教师的角色为何？谁能获得何种知识？谁人得益或者受到忽视？有哪些与教与学相关的条件和脉络因素影响课程知识的选择、组织、处理和分布？课程和教学的决策应由谁人参与？学生的学习成果和经验应如何决定？如何使不同学生的学习成果得以显现？张华进一步把课程教学理念的内涵解析为如下三个方面：课程与教学过程的进行包含着对内容的某种方式的变革；当课程与教学在解放理性的基础上重新整合起来之后，教学就不只是一种人际交流过程，而是课程开发过程；课程作为教学事件与教学作为课程开发过程是一个问题的两个方面，课程作为教学事件是课程与教学的整合态——"课程教学"的另一视角。张华认为当教育的核心由"制度课程"为"体验课程"所取代时，当课程与教学的价值取向由工具理性为"解放理性"所取代时，当课程与教学的研究不再局限于获致普遍性的、价值中立的课程开发或教学设计的程序、规则、模式，而把重心置于理解活生生的教学情境时，课程与教学的界限再一次模糊，二者再一次融合起来。这种说法 Doyle 在较早前已提：把课程视为经验，对教学实践和课程研究都有重要影响。这使课程被视为教师和学生的经验，而研究时的分析单位则为"课程—教学"。总的来说，霍秉坤等人归纳了 Doyle、颜佩如、张华、Weade 等人的观点，概括了关于整合课程与教学概念的四方面：变革，一个课程过程与一个教学过程；教学是一个课程过程；从学生的诠释和教室文化探讨课程与教学本质；透过教师立论和知识将教室生活再概念化。这种整合概念建基于对课程与教学概念的历史分析。综合综述分析，霍秉坤等人提出虽然不同学者尝试整合课程与教学，甚至希望能把两者连合，但是两者仍有一定分野。可以说，两者紧密联系但仍互相独立。首先，课程与教学探讨的内容突显了两个概念的不同。教学研究范畴的重点是"教师""学生""课室"，主要仍是"课室的过程""学校层面"，同时多着重教师的活动、学生的能力和行动、活动内容等。教学探究的主要是课堂内的活动，课程探究的内容较教学范畴更为广泛。

可以说,"教学"一词和教师个人直接的工作有关,"课程"关心的是教学内容及和内容有关的外部课题如文化和社会等以及内部课题如思想和心理等。其次,课程与教学整体而言仍密不可分。它们是教育过程中两个应该存在的元素,而且互相紧扣在一起。

南京师范大学课程与教学研究所的吴晓玲教授指出:课程与教学整合是我国当代基础教育课程改革的重要观念和变革实施的重要途径,在理论和实践探索上都已经积累了一定的认识和经验。然而随着变革的推进,浅表整合的理论局限和实践困惑日益显露,课程与教学理论和实践的整合各有自己的发展逻辑。理论深度整合的观照视角应由学科逻辑转向文化视角,寻找到课程与教学理论赖以产生的文化逻辑和语境;实践深度整合的视角应转向生活世界,观照决定生活世界根本样态的实践者的生存视野、内在观念、思维方式和知识基础。理论、实践深度整合的价值诉求殊途同归。

西南大学董小平和靳玉乐也提出要重建课程与教学的关系。课程与教学的关系是影响课程与教学理论建设和实践的重要因素,过去的教育实践表明:有什么样的课程与教学关系,就有什么样的课程与教学的理论建设和实践。因此,反思当前课程与教学关系存在的问题,建立合理的课程与教学关系,是当前课程与教学改革的一个重要课题。他们首先提出了当下实践中课程与教学关系存在的四方面问题:第一,课程编制主体与教学主体之间的隔阂使得课程的深层思想在教学中难以体现和贯彻;第二,课程标准转化为教学目标时内涵失真和机械套用;第三,把教材等同于教学内容,缺乏去教材的创造和丰富;第四,课程评价与教学评价分离,缺乏两种评价的反观互照。其次提出了重建课程与教学关系的基本策略:第一,建立课程编制主体与教学主体的对话机制,培养专家型教师和实践型课程编制者,实现二者合作的经常化;第二,建立完善的课程咨询机构,采用从教学目标到课程标准的回归分析,使教学目标与课程标准具有同质性;第三,建立弱分类的课程和弱构架的教学,使得课程内容与教学内容相互调适、相互生成。

杨启亮2009年在《教育研究》上撰文,讨论理想的课程与教学的可能性。他认为课程改革必然要提出理想的课程,实施理想的课程必然会遭遇教学的可能性问题;实施理想的课程必须尊重实践的教学可能性,发掘它们之间相向的而不是非常不同的张力趋势,探索它们之间的中间区域,使课程与教学改革行走在理想的课程与教学的可能性之间。

（五）课程与教学研究的价值重构

李艳玲等人提出：当今世界已经成为一个以智慧型创新人才为主流的社会，教育不仅要传授知识，而且要发现并挖掘学生的智慧。因此，"转识成智"成为课程与教学的一种价值追求，这种价值追求的实现具有非常重要的教育意义：实现"知识人"到"智慧人"的转变；释放人的天性，实现个体精神自由；是当代学生课程改革的需要。为了实现课程与教学中的"转识成智"，需要在课程教学中尊重学习者的主体性，注重学习者的个体认知经验，发挥教师的引导作用，而且，在课程设置、教学编写、课程实施等环节都要重视"转识成智"的运用，改变现代教育"重知轻智"的现状，促进"应试教育"向"素质教育"的转变。

华南师范大学李志厚教授提出应对课程与教学问题进行哲学观的再思考。指出：设置什么样的课程、如何进行教学常常是教育界争论的焦点。其问题分歧的背后，往往与教育者的哲学观有着紧密的关系。中国传统的课程与儒家、道家、法家和墨家等哲学观有关，而近现代课程设置的演变与西方各种教育哲学思想的影响不无关联。倡导训练心智传统核心课程和分科课程的，其思想往往来源于永恒主义或要素主义；设置适应学生经验和个性发展的现代主题课程和活动课程，其基础一般与进步主义或存在主义有关；而帮助学生理解社会公平正义以促进社会改良的课程往往又与社会重构主义思想有联系。关于课程与教学问题的哲学思考可以从形而上学、认识论、逻辑学和价值论等方面的问题切入，即应以形而上学的角度决断何以为真，如教育的意义、教育的目的、教育的出发点、教育教学有没有固定的顺序和普适性的原则；应以认识论的角度思考知识和认识的本质和规律，如什么样的知识更有价值？我们在哪儿能寻找更有价值的知识？知识有哪些局限性？人们是如何获得知识的？等等；应以逻辑学的角度追问得出合理结论的程式，如我们关于课程与教学问题的想法怎样才算合理？应以价值论的角度寻求分析和解决问题的智慧，如哪些课程对实现真正的教育理想最重要？选用什么知识进行教学最能促进学生的发展？什么样的课程资源最有价值？

夏永庚提出，培育"德性之智"应该成为新时代课程与教学的价值追求，即在课程教学过程中，在知识学习的基础上，应促成学生在智力和德性两个方面的共生，整合而成德性之智，这是课程教学必须，也是能够实现的价值追求。对于德性之智如何培养，夏永康提出，可以在质疑和批判中提升学生的思维品质，挖掘课程知识自身的德性要素以浸润智力的发展,引导学生在实践中生成现实的德性之智。

(六)课程与教学研究的本土化

杨启亮教授指出:课程与教学变革的本土化在变革实践中的缺失状况,与我们有意无意地忽视历史的经验放逐本土化、理不清继承与借鉴的关系失落本土化、混淆国际化与"国际教育接轨"虚无本土化相关。他还指出,"课程与教学变革的本土化"既是一个不该成为问题的问题,也是一个"天下兴亡匹夫有责"的问题。以守护家园的文化立场重视课程与教学变革的本土化问题,必须弄清课程与教学变革中的文化传承,在国际化视域中生成本土化,传承中国优秀文化,坚持从当下中国基础教育课程与教学的实际出发,走有中国特色、中国精神和中国气派的变革导论。拥有文化自信的中国的课程与教学变革,相信自己的家园必然矗立于世界民族之林,这是中华民族伟大复兴所必须,也是每一个课程人的天下责任所必须。杨启亮教授也提出,课程与教学本土化的问题,其实也是课程与教学变革中的模仿与创新的问题。为了推进课程与教学的本土化,鉴于我国的教育现实,在给予模仿和创新适当的宽容和理解的同时,更要注重变革的经验、变革的自主、管理的创新,从而走向课程与教学的扎根和创新。

冯加渔 2013 年撰文对课程与教学本土化的问题进行辨识与澄清。提出本土化是我国课程与教学发展的必由之路,其使命在于改造传统专制的课程与教学文化,创生现代民主的课程与教学文化,促进我国课程与教学理论及实践的全球参与。但课程与教学本土化必须防范技术化、非逻辑化、非学理化的倾向,并超越文化民族主义心理以避免阻碍我国现代课程与教学的理论建构与实践革新。

(七)未来研究的主要议题

中国特色社会主义进入了新时期,课程与教学研究面临着新的使命,西南大学博导张家军教授 2021 年撰文指出,新时代课程与教学研究的主要议题有如下几个方面:第一,落实立德树人,强化课程与教学的设计与实施。应以社会主义核心价值观为引领,强化课程与教学的顶层设计;应知行合一,践行社会主义核心价值观。第二,基于核心素养,深化课程与教学改革。应融合理论与实证,加强核心素养的实证研究;应建构课程教学体系,全面落实核心素养。第三,深掘传统文化,奠定课程与教学的文化基因。应将优秀传统文化全面融入课程与教材体系,应在教育教学实践活动中全面践行优秀传统文化。第四，走向现代化，促进信息技术与课程教学的融合。应注重信息技术与课堂内外教学活动的深度融合；应以人为本拓展课程资源和平台。第五，推进制度创新，完善课程与教学制度体系。应完善课程教材开发与管理制度；应创新课程与教学评价制度。第六，凝练本土智慧，构建课程与教学话语体系。应注重问题意识、强化学科自觉；应凝练本土智慧，注重课程与教学的原创性研究。第七，加强协作开放，催生课程与教学的思想理论。应对内协同创新，形成课程教学研究合力；应对外扩大开放，彰显课程教学研究的中国智慧。

吴亮奎指出：新世纪十年的课程与教学研究存在着概念的误解与分歧、价值的冲突与方式方法的转变、文化的适应与整合三个方面的问题。对于概念的误解与分歧，需要澄清概念，在课程与教学实践中使之科学化；对于价值的冲突与方式方法的转变，需要解放学生，采取适合学生发展的教学方式和学习方法；对于文化的适应与整合，需要构建合适的本土化的课程与教学文化，拓展学科自身的发展空间。总体来看，课程理论研究越来越关注实践层面的问题，人们在实践层面对课程理论从不同的角度进行反思，在本土化的课程与教学实践中不断地丰富着课程与教学理论。不论是理论研究者还是中小学一线教师，他们都开始理性地思考课程与教学变革的内容和方法。从校本的角度构建新的具有校本特色的学校课程与教学文化，新的课程文化又通过学校教师教学思想和教学行为的改变得到越来越明显的体现，而教师教学思想和教学行为的改变又使新的学校课程与教学文化变得越来越丰富。课程与教学理论在本土实践的文化融合过程中发展成为中小学课程与教学变革的一个有机组成部分。

（八）课程与教学研究的范式转型

教育部人文社会科学重点研究基地华东师范大学课程与教学研究所于 2016 年 11 月 4 日至 6 日举办了第 14 届上海国际课程论坛，论坛围绕"基于证据的课程与教学研究"这一主题，从"学校的课程领导力""促进核心素养发展的课堂教学形态""学生学习机会、投入与课业负担""教师的课程理解与专业发展"等方面进行了探讨。来自加州大学洛杉矶分校、巴黎第五大学、巴黎第十大学、加拿大维多利亚大学、香港中文大学、台湾师范大学等多位知名专家受邀做大会主题报告，全国十几个省市的 200 多位专家学者、研究生、校长、教研员和教师参加了本次论坛。虞天意等研究者对论坛的讨论进行综述，概括出课程与教学研究的基于证据的研究范式的转型。具体分为如下三个方面:第一,课程与教学研究的范式转型基于证据,并阐述了基于证据的课程与教学研究强调证据及其研究成果的情境下效用、不排斥理论思辨、应该服从于价值等观点;第二,课程与教学研究的证据应该是基于多元化的证据,包括历史事实、大型教育研究调查数据、教学视频、课例经验等;第三,课程与教学研究基于证据的效用应该是价值引领下的行动改善,包括提升教育决策的科学性和课程领导力、推动课堂教学与评价的进步、促进教师的课程理解与专业发展等。

(九)课程与教学研究的新方向

研究者指出,20世纪课程论和教学论得到了巨大发展,同时也暴露出实践品性不足的倾向。这种倾向既是课程与教学论发展的一个阶段性标志,也为课程与教学论的进一步发展提供了空间。近年来,课程与教学论的整合研究越来越受到重视,这为增强课程与教学论的实践品性提供了新的思路,也为教师行为研究提供了新的理论基础。教师行为研究是一项实践性比较强的研究,成为课程与教学论整合的一个重要途径,为课程与教学论的发展开辟了一个新的研究方向。并提出教师行为研究将会在一定程度上改变课程与教学论的现有学科生态群落,有力地促进课程与教学的整合,从而相应地提高课程与教学论的实践品性也会为其学科的发展注入新的活力。

哈尔滨师范大学胡梦迪、陈云奔选取2010—2019年包括北京师范大学等7所师范类高校在内的676篇课程与教学论博士学位论文为样本,采用内容分析法,通过对其选题的教育阶段、地域视角、学科方向、研究内容等四个维度进行分析研究,总结并反思近十年课程与教学论学科发展所呈现的特点,立足于学科研究内容、学科发展方向、学科关注热点、学科建设根基和现代中国课程与教学论学派生成等五个方面对学科未来发展提出建议。提出要以层次性为路向,深化课程与教学论的学科研究内容;要以实践性为旨归,引领课程与教学论的学科发展方向;要以多元性为视角,回应课程与教学论的学科关注热点;要以生命性为内涵,铸就课程与教学论的学科建设根基;要以创造性为价值,生成现代中国课程与教学论学派。

马勇军提出,关于未来应该做什么样的课程与教学论研究。第一,关注实践,注重微观研究和行动研究;第二,加强方法意识,融入科学精神,在求真基础上求善;第三,建立课程与教学论的方法论体系;第四,转变研究的思维方式;第五,改善现有评价体系;第六,注重并加强研究生培养过程中方法意识的培养和方法运用的训练。

2004 年,华东师范大学课程与教学研究所高文教授提出了基于学习创新的课程与教学研究的新机制。他提出从多学科视野考察学习的本质是国际学术界所共同认可的研究取向,也是我国课程与教学改革所要寻找的支点。提炼出了创建资源丰富的学习环境,支撑知识意义的建构;组建学习者共同体,促进知识的社会协商;鼓励社会实践参与,进行意义与身份的双重建构等核心理念,并在研究的方法上提出如下主张:第一,研究者自身作为学习者的身份确立;第二,在经验和理性的综合中进行真正意义上的概念重构;第三,关注分析与设计这一沟通理论与实践的中间环节。

（十）课程与教学改革的适切性需要探讨

2013 年,南京师范大学课程与教学研究所杨启亮教授撰文讨论了基础教育课程与教学改革的适切性。提出适切不是个单向度的或静止的概念,而是一个双向互动、渐进渐变的过程。适切不只是在课程与教学的理论范畴之间发生,还有个与基础教育适切的问题,即课程与教学研究是否与基础教育的每一所学校、每一个教师和每一个学术都息息相关。提出在具体的课程与教学中讨论改革的适切性,主要是一个文化选择、方法选择的问题。并指出课程改革的适切性落实到教学上来,不是个简单的课程实施问题,既需要有个一定之规的法,还需要释放万般变通的式。如果没有一定之规的法,改革就谈不上改革;不能释放万般变通的式,改革就谈不上适切。如果硬是把成千上万的教师捆绑在一个模式、程式、方式上,这可能不只是僵化迂腐,而是要用形式主义害死人,这种漠视或轻视教师与学生的适切,这无异于是有意无意地要遏制改革。

（十一）本土化课程与教学论流派的构建

西南大学沈小碚等人提出,中国课程与教学论研究已经进入了自主构建阶段,原创性研究和本土化研究为建设中国特色的课程与教学论奠定了深厚的基础,但现实中我们还没有建立成熟的课程与教学论流派。沈小碚等人指出,改革开放以来,研究课程与教学论流派比较有影响的著作主要有:《当代国外教学论流派》(吴文凯主编,1990)、《美国教学论流派》(钟启泉等主编,1993)、《原苏联教学论流派研究》(杜殿坤编,1993)、《德国教学论流派》(李其龙编著,1993)、《课程流派研究》(张华等著,2000)等。这些著作以代表人物的重要课程与教学思想为线索展开,较为系统地介绍了西方课程与教学理论,并根据一定的标准划分了课程与教学论流派,尤其是一些学者对包括苏联、美国、德国与英国等西方国家的课程与教学论流派进行了详细的归纳与阐述。可以认为这是中国课程与教学理论研究中的"跟随理论"现象,表现在研究中主要翻译、介绍、诠释国外理论研究成果,复制别人的思想、理论、观点、结论和假说等。这反映了中国课程与教学论还不太成熟,没有形成特征非常鲜明的学术流派。但沈小碚等人又指出构建中国课程与教学论流派有重要的意义,即可以梳理已有的教育教学理论尤其是课程与教学理论、可以推进中国课程与教学论的学术发展、可以促进课程与教学论指导课程与教学实践。他们也呼吁为建立中国的课程与教学流派,应加强课程与教学论的学科发展规划、应提升课程与教学论研究的学术规范、应坚持课程与教学论研究的学术立场、应树立课程与教学论研究的本土意识。

潘新民和庞立场也呼吁,应确立具有本土意识的课程与教学观,他们认为当前我国基础教育课程改革实践存在着简单引用、错位嫁接后现代课程与教学观来指导我国课程与教学改革的现象。通过联系我国国情以及我国教育改革实际来判断,直接引用后现代课程与教学观并不能指导我国基础教育课程改革实践。后现代课程与教学观在我国基础教育课程改革中的滥觞,恐怕与我们盲目追随国外教育理念,忽略我国自身已有的教育教学经验,进而放逐本土意识有关。课程与教学观念变革应确立本土意识:挖掘、整理、继承我国优秀的传统教育思想;立足我国国情以及我国教育改革实际,批判地借鉴国外先进的教育理论;总结我国以往基础教育课程与教学改革的经验教训。

（十二）新兴挑战下的课程与教学研究

2020 年 11 月 7 日,第十八届上海国际课程论坛在华东师范大学举行,会议以"课程与教学如何应对教育新常态"为主题,梳理了新冠肺炎疫情影响下的现实挑战,点明了后疫情时代教育变革的新方向,介绍了新常态下课程与教学改革的理论路径与实践经验,并描绘了未来教育的新样态。第一,就现实转变来说,疫情下的本土实践和国际经验既体现出了同中有异的全球教育实践,又体现了异中有同的问题与挑战。一方面,虽然"远程居家学习"几乎成为所有国家教育系统的共同选择,但不同国家的模式并不同。另一方面,世界各国的课程研究者、教师和学生都在疫情之中遇到了不少共性的问题,对于课程研究者来说,原有课程设计与取向的适用性有待进一步斟酌;对于教师而言,数字化素养、线上教学能力以及应对个性化学习的能力是开展有效远程教学的关键因素；对于学生而言，自主学习能力匮乏等成为重要制约条件。第二，就教育新常态的变革而言体现了"危中有机"的状态。一方面，疫情中的教育旧常态发生变革。新冠肺炎疫情的全球蔓延打破了原有的国际合作与竞争样态，对世界格局产生了变革性影响，也对教育实践提出了新的要求。疫情之下，学校线下停课加速了信息化技术的应用，促进了不同教育形式的边界融合，导致了原有教育常态的改变。另一方面，后疫情时代的教育新常态开始出现。面向未来的教育应该站在已知课程的基础上去培养面对未知的能力。这需要设计适用于全球化情境的以解决问题为导向的教学，培养具有创造力和创业精神、学习力和迁移力、信息审辨能力和沟通理解力等核心素养的独立个体。新常态下的课程与教学设计应该强调学生的主体作用，课程设计者需要意识到学生成为教育变革主体及自身学习主导者的必要性，并制定能够鼓励和支持学生自我决策和自我激励的策略。除此之外，学习者的个性化和多样化变得愈发重要，基于信息技术的线上线下混合教学将成为未来课程改革的新方向。第三，就新常态下课程与教学的新路径，研究者提出：首先，要制订面向未来的人才培养目标。不论是已有的核心素养框架，还是与会专家所强调的"心无旁骛的阐述者""专家级学习者""在地化全球素养"等概念，都聚焦于帮助学生应对未来的不确定性和复杂挑战，以实现面向未来的可持续发展。其次，挖掘潜能的教育设计与课程开发。在技术融合的全球性情境下，教育过程不再是自然发生的，而是基于多方主体协同开展的人为设计。美国亚利桑那州庞亚·米什拉教授将这种设计定义为基于情境的、兼具目的性和创造性的迭代过程，并提出了"教育设计的五空间框架"，将物件、过程、经验、系统和文化五个交互空间描述为教育设计实践的共存区域，强化教育变革的统一性、系统性和可持续性。关于课程开发模式，西南大学王牧华教授提出未来课程开发应该从建构主义走向联结主义，并辅以结构主义为中介，他认为联结主义的课程开发模式体现出主体多元、空间多元、机制畅通、注重课程体验等特征。再次，基于信息技术的"教—学—评—治"，信息技术与课程教学的深度融合是时代发展的必然趋势，教育部教师司司长任友群教授勾勒出针对教学、学校、评价和治理四个要素的八大潜在应用场景，以阐释信息技术与教育教学的新关系。

陆卓涛等人也专门以"破解教育新常态之谜，重塑课程与教学使命"为题进行了论坛综述，指出在信息技术飞速发展和新冠肺炎疫情全球流行的现实背景下，课程与教学面临着线上教学实践之困、学生素养培育之失、教师专业发展之难的挑战。为应对这些挑战,我们可以借鉴美国的"自主学习"、英国的"叙事学习"和芬兰的"现象学习"经验,并结合我国教育发展的实际情况与特点,进行素养导向的课程开发、教材设计和"教"与"学"方式变革。基于此,未来应坚守素养导向的课程开发、教材设计以及教育方式,同时应加强教育与技术的深度融合,注重校内与校外教育的相辅相成,重视教师专业技能与创造能力的发展。

2021年,首都师范大学杨志成校长在《课程·教材·教法》上发表论文《面向未来:课程与教学的挑战与变革》,指出世界范围的课程与教学的变革自20世纪90年代开始发生,其动因源于信息革命带来的互联网、大数据、云计算、人工智能、知识爆炸等一系列挑战。这意味着持续近400年的现代教育课程与教学体系将被超越,未来课程与教学时代已经到来。未来课程超越现代课程的本质是超越知识本位的哲学基础,建立基于人的发展、素养发展为本的哲学体系。具体说,我国课程与教学面向未来的理论创新与实践探索体现在:第一,建构了基于学科核心素养发展的课程目标体系。2018年教育部颁布了基于学科核心素养编制的高中各学科课程标准和课程方案,标志着中国基础教育课程改革进入了核心素养时代。第二,建立了面向未来的课程设置方案,引导学校教育超越学校围墙、超越学科边界、超越教材局限、超越知识本位,开启了开放性课程实施的新局面。第三,形成了具有校本特色的学校课程文化体系。未来课程与教学的一种本质性超越,就体现在从单纯的知识本位转型为文化本位,这种超越正在中国的中小学校悄然发生。第四,创新了面向未来的课堂教学方式,比如生态课堂、翻转课堂、混合教学、泛在学习、深度学习等,教学变革是课程迈向未来的最后一公里。我国基础教育理论与实践工作者迈向未来的课程教学的有益探索,标志着中国基础教育课程与教学正在走向未来。第五,推进了面向未来的课程评价体系。面向未来的课程与教学的评价就是要转变评价过度关注知识学习结果,逐步加强对学生学习过程与核心素养发展的关注。中国基础教育课程与教学变革正在以实战的状态迎接未来教育的到来。

(十三)教育治理视角下的课程与教学研究

2010年《国家中长期教育改革和发展规划纲要(2010—2020年)》提出,"完善中小学学校管理制度,促进管办评分离,形成政事分开、权责明确、统筹协调、规范有序的教育管理体制,推进学校治理变革"。2018年全国教育大会指出,"要遵循教育规律,创新教学方法,推进教育领域治理能力和水平现代化"。可见,从管理转向治理,稳步推进教育治理和学校治理改革是时代发展的需求。作为秉持自愿、一致同意、责任性、公开性或者透明性的契约精神和管理效率、制度效率、回应性的效率精神的一种理念,治理的典型特征表现为:治理主体的多元化,治理主体之间的合作,治理是上下互动的一个管理过程,治理方式和手段的多元化。而课程的治理与教学的治理是教育治理的核心问题,未来教育治理视角下的课程与教学研究将成为研究的热点和主流。为了开启未来关于此话题的深入讨论,把新兴的关于课程治理和教学治理的研究在此呈现。

1.教育治理视角下的课程治理研究

胡定荣、邱霞燕提出了关于学校课程治理的哲学思考,认为学校课程多主体治理需要哲学本体论、认识论和价值论的合理性辩护与行动指引。课程治理实践受课程实践观的影响,反思技术生产实践、伦理实践、政治实践和话语文本实践观带来的治理主体困境,立足课程作为制度化实践的本质,重建课程的公共性,为课程治理提供可能(联合国教科文组织在《指向2030年教育改革中的课程争议:二十一世纪的课程议程》报告中指出,课程问题已超越了学科教学计划的技术概念,成为公共政策话题,课程的制定是政策决定者、教育工作者、利益相关者和地方国际组织等就建设什么样的社会和什么样的教育展开的对话。世界各国发布的基于核心素养的课程标准,强调课程为每一个公民个人幸福和社会和谐提供必备知识、能力和态度,这从本质上反映了课程作为公共产品的利益诉求,体现了课程公共治理的要求和制度安排);从主体—客体思维走向主体—主体思维,从客观实在论、社会建构论走向社会实在论的知识论,为课程治理提供认识论基础(要达成课程治理的共治共赢,需要审视课程治理背后的知识观,避免知识相对主义造成课程治理的泛意识形态化和反科学文化,进而造成社会撕裂和国民素质下降的不利后果);基于价值公共性需要为解决课程治理价值冲突提供价值基础,课程民主审议政治决策体制为课程治理价值共识提供政治基础,学生发展共同必备素养为课程治理价值共识提供方向(课程是对学生发展的价值限定与引领,不同的主体对课程发展的价值追求存在差异,因此,学校课程的多主体协同治理需要进行价值论的思考,明晰多主体协同治理是否具有共同的价值基础以及如何通过多主体协同治理达成价值共识和共赢)。

徐昌和曾文静提出学校课程治理的要素:第一,复杂性的治理情境;第二,全员性的治理主体;第三,专题性的治理内容;第四,多样性的治理方式;第五,边界性的治理时空;第六,制度性的治理保障;第七,客观性的质量标准。

北京师范大学的胡定荣教授撰文提出学校课程治理变革的意义、性质与任务。就意义来说,主要体现在课程治理变革是学生发展核心素养培养目标变革的需要。就性质来说,学校课程治理变革是课程本质属性的要求,因为核心素养的性质和形成条件需要课程治理变革、课程的治理本质决定了课程改革必然涉及课程治理变革、走向课程治理变革是课程有效实施的要求。就课程治理有效变革的任务和条件来说,课程治理变革的主要对象是变革政府和利益主导者。课程治理变革的主要任务有三:第一,建立具有包容性、连贯性和明确性的学生发展核心素养的课程标准;第二,构建多层次的课程协商治理机制;第三,改善课程治理权力的运作方式。而课程治理有效变革的条件是课程治理体制机制的完善。同时也提出了学校课程治理现代化的目标、内涵和实现路径:就目标来说,学校课程治理现代化利在国家、教育、学校和学生的现代化发展;就内涵来说,学校课程治理现代化的实质是学校基于全面发展教育目的对课程依法进行民主管理;就路径来说,学校课程治理现代化需要学校课程内外部体制机制的重建。

华东师范大学的周彬教授提出了学校课程治理的内涵、路径和保障。学校课程治理的内涵与功能有:第一,实现课程目标对其他教育目标的统率作用;第二,提高课程达成过程的管理效率;第三,推动课程目标向学校工作目标的有效转换;第四,以集体共识提升课程目标的执行效率。学校课程治理体系的建构路径是:第一,在学校课程全过程实施集体审议机制;第二,丰富和拓展参与学校课程治理的机会与渠道;第三,以阶段性绩效标准规范课程治理过程;第四,以课程目标作为共识来建构集体行动。学校课程治理效能的保障策略有:第一,完善学校基层组织作为课程集体审议的平台功能;第二,提高课程主体的治理参与能力和责任意识;第三,建立并完善学校课程治理的程序性规则。

2.教育治理视角下的教学治理研究

郑岚教授自 2017 年就提出了现代教学治理与传统教学管理的区别。教育领域的治理概念在十八届三中全会之后才出现在大众的视野当中,在这之前,最常出现的是管理一词。从"管理"到"治理",虽然只有一字之差,但却有着本质的区别。治理侧重权力与资源的配置,侧重决策与控制;管理侧重组织的运营与执行,是基于治理架构下的具体执行与安排。对于治理理念而言,从传统教学管理的学校以及教师"专治"转向由多元主体共同参与的"治"而最终走向公共利益最大化的"善治";对于治理权利的向度而言,传统的教学管理是自上而下的单向管理,而现代教学治理是一种自上而下和自下而上的双向关系;对于治理依据而言,由管理依据的杂乱无章转向治理的有章可循;对于治理主体而言,传统的教学管理是以管理者为中心的一元主体,而教学治理的主体不仅在于教师,还在于学生、家长以及教学利益相关者等多元主体;对于治理的目的而言,传统的教学管理在于提升考试的分数以及升学率,实现一系列的既定目标,充满着浓重的工具性、功利性色彩,而现代教学治理强调的是培养学生的个性以及促进个体的全面发展,在于实现教学对象的人性化、个性化以及全面化;对于治理的方式而言,传统的教学管理多止于表层管理,即管理者为维护教学秩序对教学各环节进行控制,而现代的教学治理在于深层治理,深入教学内部,通过多元主体之间的协商与沟通改变教学观念、提升教学质量。综上所述,现代教学治理是教师、学生和相关人员为实现教学目标,依据一定的教育法规,通过一定的制度设计和实践策略进行协商、审议与合作,对教学过程的诸要素进行共同管理,促进教学质量提升的动态过程。

郑岚和汪建华 2019 年提出中小学教学治理的内涵、动力及优化,认为中小学教学治理的内涵是指在学校场域中,教师、学生、家长以及学校管理者为提升教学质量,在遵循相关教育法律法规基础上,依据学校实际情况,通过主体间的协商与合作以推动个体全面发展的动态过程。换言之,是一个立足于学校实际,在教学活动中,由传统的教师专治转向由教师、学生、家长和学校管理者多元主体协商参与共治从而实现教学质量提升和个体全面发展的动态过程。治理发展历史逻辑的必然性、治理观念嬗变的规律性以及治理价值的导向性是中小学教学治理改革的三大动力。优化中小学教学治理,须从教学治理理念的科学化、教学治理过程的有序化、教学治理环境的特色化三个方面着手。具体而言,就教学治理理念的科学化来说,首先,教学治理要依法治教;其次,教学治理要有序可依。再次,教学治理要以人为本,克服唯分数和唯升学的片面追求;最后,教学治理要与时俱进,契合教育发展的前景需求,即教学治理不仅要注重学生核心素养的培养和教师队伍的建设,也要吸收新时代新思想以推动教育治理现代化。就教学治理过程的有序化来说,作为学校治理的基本环节,教学治理不限于对教学信息、时间和环境等各类资源的统一化管理,更在于对人的人性化治理;不仅涉及为维护教学秩序而对教学各环节进行的表层管理,更在于教学治理各主体的观念改变以及权责的明确。显然,将治理的不同过程有序化能增强每个阶段的有效性,进而促进教学治理的协调发展。首先,设立治理目标价值导向;其次,明确治理主体意识;最后是治理机制的全面性。在教学治理机制中,包含有决策协同机制、责任机制、调控机制和监督机制等。在教学决策过程中树立协同意识、明晰教学治理过程的权责关系、对人为环境和自然环境的协同调控以及常规和非常规监督机制的建立等都是治理机制不断完善的标志。就教学治理环境的特色化来说,教学治理环境是治理过程赖以存在的空间和治理理念与行为得以实践落实的重要保障,包含内部和外部环境。就教学治理的内部环境而言,主要指主体治理意识的确证。而对于外部环境而言,主要指生态环境、公共环境和文化环境。首先,在生态环境建设方面,人和自然的相互依赖关系决定治理主体要基于学校所处区域生态环境的客观实际,融入现代信息技术等现代元素,促进治理在开放、有序的环境中得以保障;其次,在公共环境建设方面,在强化教育法律法规和当地法规民约执行的基础上,加强本土文明建设,培养积极向上的风俗习惯;最后,在文化环境方面,充分挖掘并弘扬本土的文化,加强校本课程的开发,同时在吸收本土传统特色的基础上传播本土的文化,从而树立治理主体的文化自信,培植个体的文化自觉,增强群体的认同感和归属感。

张定强和杨纳名提出了教学治理的机制及治理策略,指出推进教学治理体系和治理能力现代化,是教育现代化的根本举措,也是聚焦全面深化教育改革,提高教学质量的重要途径。教师、学生、学校、社会等多方参与教学治理与实践,是教学治理经验和治理普遍意义对教学现实的关照。他们认为,教学治理是教学共同体随着教学生态环境的内外变化,有意识地对其教学结构、功能、行为、管理乃至于教学文化进行不断调整和变革,通过互动、协商、合作以提高教学效益而进行的教学内部机制与环境之间的动态平衡,从而实现促进教学发展的行为或过程,是寻找教学改进、拓展教学路径、改进教学方法的过程,也是促进立德树人目标实现、发展核心素养的过程。教学治理的基本特征有:全面客观性、诊断反思性、目标精准性。就教学治理的机制来说,应以先进理念为先导,瞄准治理;要以管理要求为核心,精准治理;要以科学操作为准绳,科学治理。而教学治理的基本策略有:创新治理(一要在教学文化、理念、制度方面创新;二要在行动方式上创新;三要在评价反思上创新;四要在教学生态环境建设上创新)、协调治理(一要在协调治理中克服同质化教学问题,二要在协调治理中克服要素信息不对称问题,三要在协调治理中解决教学活动中的不协调,四要在协调治理中避免无意为之的行为所导致的教学混乱)、绿色治理(一要在教学关系上进行疏通;二要使知情意行穿行在教学活动中;三要构建可持续发展战略;四要绿色治理评价异化现象;五要绿色治理师生在教与学过程中的至暗时刻)、开放治理(一要把课堂的开放作为开放治理的重点;二要重建师生关系;三要开放教学环境)、共享治理(一要教学回归到学生素养的发展、生命质量的提升;二要有效地管理治理;三要把对教学的理解、评价的方式、资源的利用、激励的效应、情感的交互等综合运用;四要着力于思维方式的优化)。

华东师范大学周彬教授撰文提出了教学治理现代化的时代挑战和实践转向的思考,认为社会转型和技术变革对人才培养提出了新要求,使学校教学治理面临着人才培养目标层次提升、多样化教学模式的应用、教学过程技术含量的丰富以及教学价值观重构等时代挑战。需要重视教学治理对多元主体参与教学过程的统整力度、对多样化教学模式的孵化与整合程度、对富有技术含量教学过程的建设程度和对治理过程价值引领功能的反省程度。在实践中完成从"自上而下的教学管控"转向"多元主体共同参与的教学治理",从"单一的课堂教学优化治理"转向"多样化教学模式的孵化整合",从"教学工具技术含量的提升"转向"提升教学过程的技术含量"的变革,进而有效达成以教学治理现代化促进教学过程现代化的治理目的。并提出有了现代化的教学治理,就会为教学过程设置更高层次的育人目标,就会为多元教学主体共同参与教学过程提供机会和路径,就会为课程改革的落地预留多样化教学模式的可能,从而最终实现教学过程现代化。

3.后疫情时期的课程与教学的治理方向

这几年,教育包括课程与教学深刻地受到疫情的影响,未来后疫情时期的课程与教学的治理也将成为研究的方向。2020 年,华东师范大学王建军教授撰文提出后疫情时期完善学校治理的未来方向,从学校总体规划与治理、师资队伍建设、课程建设和教学改革四大方面,为学校管理者提供了疫后学校治理的十八条建议。就课程建设来说,需要:首先,在"扩大的教师队伍"框架下重新定位和规划学校课程体系建设;其次,在"全覆盖的大课程"观念下设计和实施周末与假期的"在家课程",降低"反噬"风险,提高整体效益;再次,在国家课程校本化过程中适当变更课程组织方式,使之更适切于育人价值的发挥。就教学改革来说,需要:第一,充分认识到师生之间的个人关系在教学中的重要性;第二,重新认识和着力发挥学生集体作为一种重要教育力量的积极作用;第三,重新认识并充分发挥课堂管理和教学组织之于学生学习的作用;第四,自觉加强指导(辅导)的规划、设计与实施,降低家庭辅导差异而导致的学生学习的水平差异;第五,重视任务驱动之于学习目标、学习动机和学习投入的意义,并自觉完善和推进相关工作。

参考文献

[1] 安富海,王鉴.近年来我国课程与教学论研究的回顾与展望[J].教育研究,2016,37(1): 47-54.

[2] 陈晓端.当代英国中小学课程与教学改革探析[J].教育研究,2003(4):80-85.

[3] 柴纯青,钟祖荣.北京市基础教育课程与教学改革40年:历程与经验[J].教育科学研究, 2021(8):55-60.

[4] 蔡铁权,姜旭英.我国课程与教学概念的演化及两者关系的转变[J].教育科学研究,2008 (5):45-49.

[5] 董小平,靳玉乐.论课程与教学关系的重建[J].基础教育课程,2006(5):16-18.

[6] 邓凡茂,齐永芹,田甜.新时期课程与教学改革的历史嬗变[J].湖北经济学院学报(人文社会 科学版),2012,9(4):166-168.

[7] 冯加渔.课程与教学本土化的辨识与澄明[J].中国教育学刊,2013(11):58-62.

[8] 高文.基于学习创新的课程与教学研究:研究背景、改革理念与研究方法[J].全球教育展望, 2004,33(5):30-36.

[9] 郭文龙,马丽君.课程与教学关系新论:由古德莱德课程观引发的思考[J].教育探索,2016 (3):15-20.

[10] 霍秉坤,叶慧虹,黄显华.课程与教学:区隔与连系之间的探讨[J].全球教育展望,2010,39 (6):25-30.

[11] 侯滟斯,李悦.新常态新机遇:展望后疫情时代的课程与教学——第十八届上海国际课程论 坛综述[J].基础教育课程,2021(9):4-15.

[12] 胡梦迪,陈云奔.回顾与反思:从近十年我国课程与教学论专业博士学位论文选题看学科发 展[J].黑龙江高教研究,2021,39(12):130-137.

[13] 黄宗芬.课程与教学:从二元对立走向整合[J].教学研究,2005(1):24-27.

[14] 胡定荣.论学校课程治理变革的意义、性质与任务[J].教育学报,2019,15(2):33-40.

[15] 胡定荣,齐方萍.学校课程治理现代化的目标、内涵与实现路径[J].教育科学研究,2021 (7):11-16+23.

[16] 吉标.改革开放以来我国课程与教学论学科建制的历程[J].西南大学学报(社会科学版), 2016,42(1):86-92.

[17] 吉标.新中国成立70年课程与教学论学科前辈学者群像[J].中国教育科学(中英文),

2019,2(3):46-61.

[18] 柯政,黄山,盛慧晓,等.国际课程与教学研究领域发展概述[J].课程·教材·教法,2016,36(10):115-121.

[19] 李子建,尹弘飚.反思课程与教学的关系:从理论到实践[J].全球教育展望,2005,34(1).

[20] 李子建,陆静尘,黄显涵.课程与教学研究二十年回溯:香港与内地的视角[J].西南大学学报(社会科学版),2009,35(9).

[21] 李子建.课程与教学改革的展望:加强理论与实践的对话[J].北京大学教育评论,2004(2).

[22] 李志厚.课程与教学问题的哲学观再思考[J].当代教育与文化,2011,3(4).

[23] 林正范,贾群生.教师行为研究:课程与教学论的重要研究方向[J]教育研究,2006(10):36-40.

[24] 李艳玲,李炳煌.转识成智:课程与教学的价值追求[J].当代教育理论与实践,2014,6(12):21-23.

[25] 陆卓涛,田薇臻,毛玮洁.破解教育新常态之谜,重塑课程与教学使命:第十八届上海国际课程论坛述评[J].全球教育展望,2021,50(4):119-128.

[26] 马勇军.我们该怎样做研究:对课程与教学论主流研究范式的反思[J].课程·教材·教法,2011,31(7):3-8.

[27] 潘洪建.课程与教学论的对象与旨趣[J].当代教育与文化,2011,3(6):29-24.

[28] 潘新民,庞立场.确立具有本土意识的课程与教学观[J].教育科学研究,2009(2):10-13.

[29] 吴晓玲.论课程与教学的深度整合[J].教育发展研究,2014,33(24):20-26.

[30] 吴亮奎.问题与趋势:新世纪十年的课程与教学研究[J].天津师范大学学报(基础教育版),2014,15(1):8-11.

[31] 王晶莹,宋倩茹,胡琦忠,等.当代课程与教学论研究生的学术取向:阶段建构、热点聚焦与主题分析[J].教师教育论坛,2021,34(7):15-21.

[32] 王本陆.当前课程与教学改革理论之争[N].中国教育报,2006-08-26.

[33] 王本陆.课程与教学论研究的基本问题和当前热点[J].开放学习研究,2021,26(5):1-8.

[34] 王其云.课程与教学[J].课程·教材·教法,1997(9):59-61.

[35] 王鉴,李泽林.探寻课程与教学论研究的"知识地图"[J].教育研究,2019,40(1):27-41.

[36] 王建军.后疫情时期完善学校治理的十八条建议[J].基础教育,2020,17(5):5-12.

[37] 熊和平.课程与教学的关系:七十年的回顾与展望[J].高等教育研究,2019,40(6):40-51.

[38] 夏永庚.培育德性之智:课程与教学的价值追求[J].上海教育科研,2015(2):69-71.

[39] 徐昌,曾文静.学校课程治理的核心要素[J].教学与管理,2021(15):77-81.

[40] 杨启亮.守护家园:课程与教学变革的本土化[J].教育研究,2007(9):23-28.

[41] 杨启亮.课程与教学变革中的模仿与创新[J].教育发展研究,2007(11):48-51.

［42］杨启亮.基础教育课程与教学改革的适切性［J］.教育学术月刊,2013(11):3-8.

［43］杨启亮.论理想的课程与教学的可能性［J］.教育研究,2009,30(12):47-52.

［44］杨志成.面向未来:课程与教学的挑战与变革［J］.课程·教材·教法,2021,41(2):19-25.

［45］虞天意,马志强,周文叶.基于证据的课程与教学研究范式转型:第十四届上海国际课程论坛综述［J］.全球教育展望,2017,46(2):122-128.

［46］朱文辉,李世霆.从学苏、仿美到本土化:新中国成立70年来课程与教学论发展的回顾与前瞻(上)［J］.教师教育论坛,2019,32(10):12-15.

［47］郑岚,汪建华.中小学教学治理的内涵、动力及优化［J］.教学与管理,2019(21):15-17.

［48］周彬.教学治理现代化:时代挑战与实践转向［J］.教育科学,2019,35(4):17-22.

［49］周彬.学校课程治理:内涵、路径与保障［J］.全球教育展望,2021,50(2):3-13.

［50］张定强,杨纳名.论教学治理机制及治理策略［J］.当代教育与文化,2020,12(1):25-29.

家校社共育的研究现状及趋势探析

周丽华

随着互联网的发展,21 世纪进入信息化时代,各类学习资源与教学资源触手可及,学生获取信息的途径丰富多元。然而,信息化时代也给学校与教师的权威性提出了诸多挑战,教与学、学校教育与家庭教育的界限正在不断被打破。国内外教育者逐渐意识到,学生的健康成长仅靠学校一己之力是很难完成的,迫切需要多方面力量的共同合作。因此,现代教育亟待深入探讨家校社共育机制。

习近平总书记提出要"办好人民满意的教育",这体现了我国教育面临的两个首要任务:既要"办好"又要"满意"。"办好"意味着我国教育要进一步提升教育质量与内涵、开辟教育规模与数量、拓宽多元选拔通路等;"满意"则要注意引导、理解与满足家长的教育期待。然而,不论是校外培训、教育减负,还是中考普职分流、高考改革等诸多教育热点问题,都令部分家长焦躁不安。可见,教育改革实践过程中,"下文件"或"一刀切"的方式很难满足国内家庭的个体化需求,有时会造成"上有政策,下有对策"的尴尬局面。正如习近平总书记指出的,"办好教育事业,家庭、学校、政府、社会都有责任"。借此,本研究将对家校社共育以往研究文献进行梳理,并提出未来研究趋向。

一、研究文献收集及分析

在中国知网上,以"家校"或"家校社"为篇关摘进行文献搜索(检索时间为2022 年 6 月 3 日),可得各类期刊论文 5721 篇。其中,CSSCI 学术论文共有 718篇;删除作者不详的记录,最终采用知网与 Citespace 进行可视化归纳分析的文献有 685 篇。文献发表量趋势、涉及学科、发表期刊、作者及研究机构基金项目、文献基金项目来源、研究主题、关键词突现图谱分别见图 1 至图 7。

· 220 ·

从时间上看,从 1999 年开始的"家校社"研究是比较新兴的研究领域,并且从 2018 年至今,国内学者对家校社研究的关注度不断上升(图 1)。从所涉及的学科分布看,家校社研究主要集中于教育理论与教育管理、中等教育、初等教育以及成人教育与特殊教育等方面(图 2)。从文献发表的期刊来看,该领域研究主要集中在《中国电化教育》《教育研究》《电化教育研究》《现代教育技术》等杂志(图 3)。此外由图 4 可知,到目前为止,家校社研究领域的活跃作者有吴重涵、边玉芳、张俊、毛亚庆、俞国良、邓林园、李家成等来自中国教育学会、北京师范大学、首都师范大学及华东师范大学等的专家教授。值得注意的是,有 147 篇文献是国家级基金项目的研究成果(图 5)。总之,从当前文献分析的结果表明,"家校社共育"是一个受学者关注且有学术研究空间的领域。

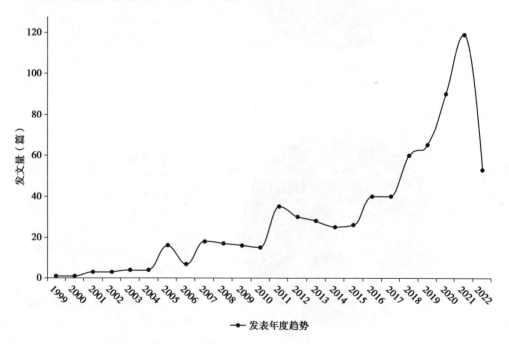

图 1 文献发表量趋势图

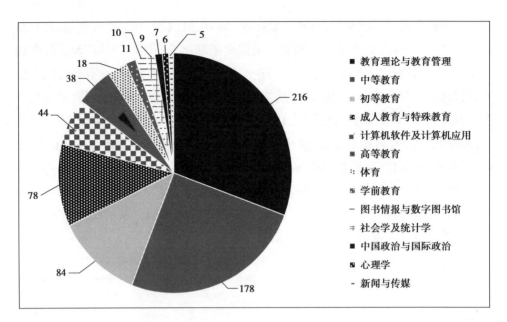

图 2 文献所涉及的学科分布图(5 篇及以上)

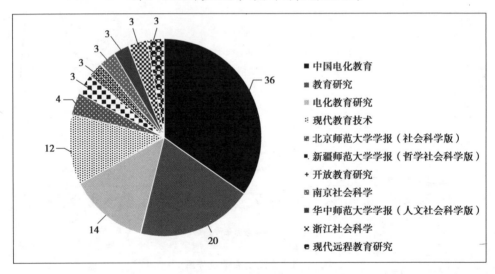

图 3 文献发表期刊图(3 篇及以上)

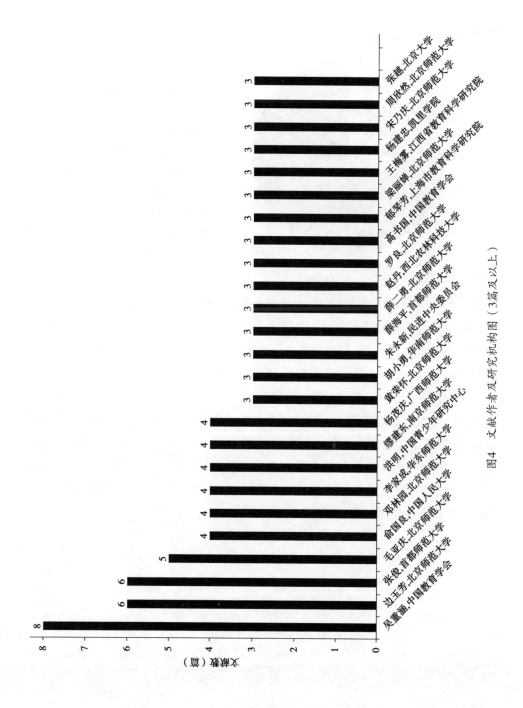

图4　文献作者及研究机构图（3篇及以上）

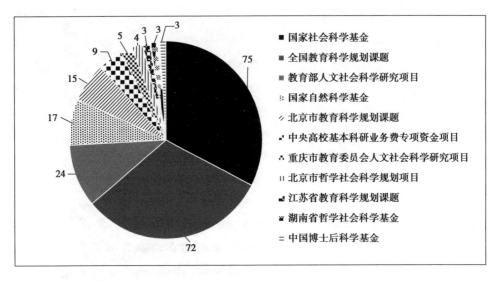

图5　文献基金项目来源图（3篇及以上）

图6显示，该领域研究主题主要涉及"中小学生"的"家长（或父母）参与""家校合作（共育或协同）"等，同时也关注家校社共育的影响因素或作用，如对学业成绩及特殊学生（如"流动儿童""农村留守儿童"）的作用。然而，各研究主题中，实证研究只有13个。

最后，为探讨该领域研究主题的变化情况，并进一步探讨前沿问题，我们采用Citespace进行了关键词突现图谱分析。结果表明（图7），从1999年开始至今，家校社共育领域的研究热点主题主要有9个。其中，2010年前的研究热点为"道德共识"与"实施模式"；该领域未来研究的热点主题为"家校共育""立德树人""在线教学""劳动教育""教育公平"等。

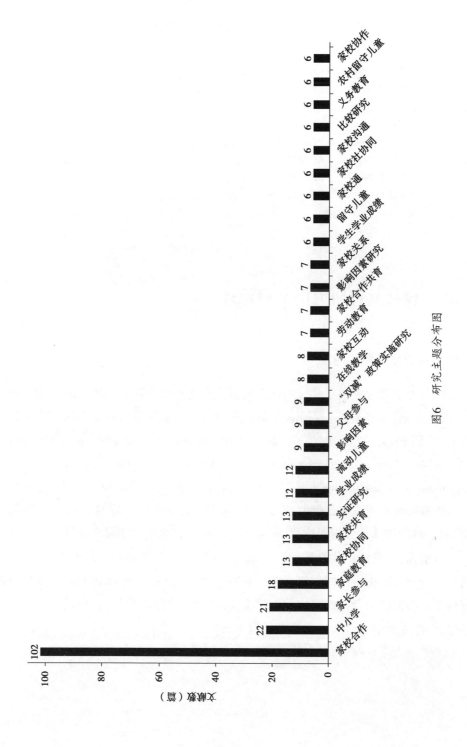

图6　研究主题分布图

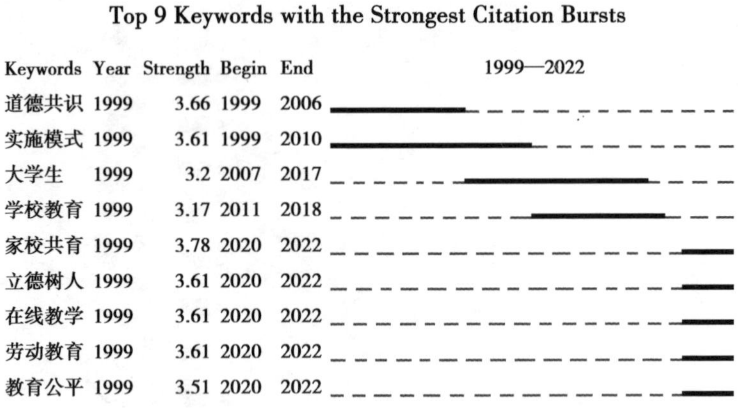

Top 9 Keywords with the Strongest Citation Bursts

Keywords	Year	Strength	Begin	End	1999—2022
道德共识	1999	3.66	1999	2006	
实施模式	1999	3.61	1999	2010	
大学生	1999	3.2	2007	2017	
学校教育	1999	3.17	2011	2018	
家校共育	1999	3.78	2020	2022	
立德树人	1999	3.61	2020	2022	
在线教学	1999	3.61	2020	2022	
劳动教育	1999	3.61	2020	2022	
教育公平	1999	3.51	2020	2022	

图 7 1999—2022 年家校社共育研究领域的关键词突现图谱

二、家校社共育研究的文献综述

（一）家校社共育的内涵

国内外学者对家校社共育的概念内涵提出了不同的界定。在美国,由于"家校社共育"是从"家校合作"发展演变而来的,因此,两者间并无明确不同。家校社共育有不同的英文表达方式,例如"parent involvement/participation""family involvement""community involvement""school-family connection""home, school, and community relations/partnerships""parent-teacher collaboration"等。在我国,家校社共育也有多种表达方式,例如"家校联络(系)""家校沟通""家校协调""家校社合作"等。尽管表达方式多种多样,但在实际工作中各概念内涵基本相同。

一般而言,家校社共育是指学校、家庭和社区(会)等多方共同承担教育责任,通过交流、合作、决策共同促进学生的积极发展。可见,家校社共育的目标是通过家校社间的沟通与合作更好地促进学生发展,但需要强调的是,教育活动的主角是学生,学生才是学习过程的主要责任者。

（二）我国家校社共育的主要政策条文

1993 年我国印发的《中国教育改革和发展纲要》提出："全社会都要关心和保护青少年的健康成长,形成社会教育、家庭教育与学校教育密切结合的局面。家长应当对社会负责,对后代负责,讲究教育方法,培养子女具有良好的品德和行为习惯。"此纲要明确提出了将"社会教育、家庭教育与学校教育"相结合形成家校社共育局面。

2001 年《基础教育课程改革纲要(试行)》中明确规定："建立教育部门、家长以及社会各界有效参与课程建设和学校管理的制度。"2004 年《中共中央国务院关于进一步加强和改进未成年人思想道德建设的若干意见》(以下简称《意见》)中也提出,"家庭教育在未成年人思想道德建设中具有特殊重要的作用。要把家庭教育与社会教育、学校教育紧密结合起来。各级妇联组织、教育行政部门和中小学校要切实担负起指导和推进家庭教育的责任。要与社区密切合作,办好家长学校、家庭教育指导中心,并积极运用新闻媒体和互联网,面向社会广泛开展家庭教育宣传"。该《意见》也进一步提出,"要建立健全学校、家庭、社会相结合的未成年人思想道德教育体系,使学校教育、家庭教育和社会教育相互配合,相互促进"。总之,《意见》强调了在未成年人思想道德建设中家校社共育的重要作用。至此,学校德育教育课程逐渐与家庭、社会(或社区)紧密联系。

为贯彻落实习近平总书记关于注重家庭家教家风建设的重要论述,弘扬中华民族重视家庭教育的优良传统,2021 年 10 月,第十三届全国人民代表大会常务委员会第三十一次会议通过了《中华人民共和国家庭教育促进法》(以下简称《家庭教育促进法》),这是我国首次对家庭教育进行专门立法。《家庭教育促进法》立足家庭教育,并对学校、国家、各级政府部门应如何支持家庭教育设定了明确的法律规定,并凸显了家校社共育的重要性。

综上所述,我国政府颁布了一系列家校社共育相关政策条文,表明了其对家校社共育的重视和支持。从实际内容来看,我国政府的关注主题主要集中在思想道德建设以及未成年人心理健康教育方面。然而,有学者指出,美国家校社共育相关政策条文内容详细、深入,涉及家校社共育的方方面面。相比之下,我国相关政策比较宏观,政策条文缺乏阶段性目标、涉及面欠广、涉及的内容不够细致与深入,没有具体的、可操作性的建议。这直接导致了当前家校社共育大多只停留在表面,未能深入地解决实际问题。

（三）我国家校社共育的主要实践形式

众多国内学者不仅论述了学校教育、家庭教育、社区教育三者结合的重要性与必要性，也梳理总结了家校社共育的各种实践形式。依据前人研究，可将家校社共育的实践形式分为三类。

1)低层次参与，通过不同形式或手段引导家长了解与掌握学校教学管理、学生在校学习生活等诸多信息。主要形式包括家长会，家长开放日，以及利用校园网、微信、班级家长QQ群等网络或其他纸质类的家校联系簿、家长通知等。

2)高层次参与，家长主动卷入学校活动中。主要内容包括定期家访、家长参与课堂教学、帮助制作教具、为学校募捐资金等。例如，在广播电台做主播的家长在其子女所在学校定期开设"演讲与口才"课程。

3)正式组织参与，即以制度或组织架构推进开展家校社共育。主要形式包括家委会、家长教师联合会、同伴行动小组等。例如餐管会，即邀请家长监督学校日常餐饮安排，让家长走进学校，随时随地走进食堂，可以定期检查或不定期抽查食堂。又如，辽宁省沈阳市沈河区在全区成立11个"睦邻学习圈"，每所学校负责包保对接3~5个社区，以社区为单位将辖区内所有在读中小学生家长纳入其中，区级睦邻学习联络员的组成者主要为学校主管领导、社区工作者、五老人员、家长代表和志愿者等。"睦邻学习圈"定期组织开展家庭教育、培训讲座、家长参观、亲子活动等互动活动，形成家校社共育新形态。在2019年开展的第二届京师家庭教育高峰论坛中，"全国家校社共育联盟"宣布成立，共有8个全国家庭教育先进区域、50所中小学校参与。该联盟致力于解决家校社共育领域的重难点问题。

（四）我国家校社共育涉及的教育领域

学者们也探讨了如何在教育各领域展开家校社共育。回顾以往研究可知，家校社共育主要涉及体育教育、劳动教育、德育、学生心理健康教育等领域。例如，针对小学生的情绪管理能力整体上呈现控制能力较弱的特点，从家校社共育视角对小学生良好情绪管理与社会交往能力进行培养。另有学者从家校社共育视角提出了防治校园欺凌的策略与方法。近期，研究者总结了上海市J区基于社区早期家庭教育指导的服务模式。此外，研究者也探讨了"双减"政策背景下家校社共育面临的新挑战。有学者提出，在"双减"政策背景下，家校社教育行动离散，并未形成

"共育",三者间正面临着"存在之惑""价值之疑"和"实践之难"。

近年来,家校社共育和家庭教育指导实践在很多地区、学校火热进行,但研究者指出,当前家校社共育工作存在如下问题:合作流于表面、效果一般、工作多从便于学校自身组织开展的角度出发、观照家长需求方面还不充分。这些问题使得家校社共育工作面临不小考验,如何将家校社共育内化到每一个学校、班级或学科?现有的理论指导远未能解决这些实施过程中的实际问题。另有学者提出,为解决"双减"之后学校教育与家庭教育的压力,可以采用"数字化+家校社"协同育人机制。

(五)国内学者对美国家校社共育的研究

国内学者专门对美国家校社共育的相关研究成果进行介绍与阐述。究其原因,可能与美国家校社共育的悠久历史、丰富经验、处在公认的领头羊地位有关。在美国,从国家到州,再到学区和学校,都有研究和组织家校社共育的机构。其中美国霍普金斯大学"学校、家庭和社区伙伴关系中心(Center on School, Family and Community Partnerships, CSFCP)"的"全国合作学校关系网(National Network of Partnership Schools, NNPS)"是最有影响力的研究组织机构。该网络帮助学校、学区及各州制订并执行有效且持久的家校社共育计划。

1.美国家校社共育的历史研究

美国家校社共育是在家校合作的基础上逐步发展起来的。19世纪20年代,家长参与学校教育的观点就已经被提及。1841年,时任康涅狄格州肯辛顿地区公共教育督察长的威拉德(Willard)就建议并鼓励该地区的母亲们成立"女子公共学校联合会",该联合会开展了多种形式的活动并主动参与学校各项事务,开启了美国家校共育的先河。自19世纪80年代开始,全美各地的家长教师组织大量出现,这些组织积极开展了系列家校合作,进一步普及了家校共育的观念。总体看来,20世纪上半期,美国家校共育的主要特点为:学校占主导和主动地位,家长主要是配合学校教育,较少参与到学校管理和相关决策中。

从20世纪七八十年代开始,美国家校共育取得快速发展并日渐成熟。从20世纪70年代起,美国联邦政府颁布了《开端计划》和《跟踪计划》等一系列法律条文。美国国会通过的《中小学教育法》修正案的Title 1明确规定了接受联邦项目资助的学区应当成立"家长咨询委员会"。自此,美国开始了真正意义上的家校共育,并在 20 世纪 80 年代日趋成熟,逐渐发展为家校社共育态势。

2.美国家校社共育的类型研究

经过多年实践和理论研究,爱泼斯坦教授提出了被广泛应用于实践,并取得了良好成效的家长参与的六种类型。①家长教育(Parenting)。即帮助家庭提高教育孩子的技能,帮助家长了解儿童和青少年的发展特点,为孩子在各个年龄和年级阶段创造良好的家庭条件,并且帮助学校更好地了解校内学生的家庭情况。②交流措施(Communicating)。采用学校—家庭两者间双向的交流方式,即学校与家庭就学校各类项目计划和学生各方面发展状况进行频繁交流。③志愿服务(Volunteering)。组织志愿者和参与者为学校和学生服务,支持他们的工作和学习。在不同的场合和不同的时间给志愿者提供参与的机会,以便家长志愿者更好地服务于学校或其他地方的学生教育工作,可以恰当地安排活动日程,使家庭更方便参与这些活动。④在家学习(Learning at Home)。使家庭参与到孩子的家庭作业和其他与课程相关的决策活动中来,使家长参与孩子在家的学习。⑤制定决策(Decision Making)。通过家庭教师联合会、家长委员会和理事会以及其他家长组织使家庭或家长参与到学校决策中,发展优秀的家长领导和代表。⑥社区合作(Collaboration with the Community)。在社区中为家庭、学生和学校协调各种资源和服务项目,同时也将这些资源服务于社区。

在爱泼斯坦教授的研究基础上,Susan Swap 教授在 1993 年提出家校关系的四种类型:①保护性模型,学校对教育者和家长在学生教育中各自肩负的责任进行严格区分,拒绝让学校以外的人参与学校教育;②传递模型,学校只对家庭进行单向的信息传递,不接受任何来自家庭和社区的反馈;③课程丰富模型,学校允许家长将他们掌握的知识和技能贡献到学校课程教学中,例如,允许擅长数学的家长辅助数学老师教学,辅导学生作业等;④合作模型,教师与家长合作,共同帮助学生学习,促进他们的发展。通过实证研究,并结合其他学者的研究结果,Swap 教授得出结论:合作模型能够在最大程度上促进儿童的学习和成长。在相关理论研究的推动下,该时期也出现了很多涉及到家校社共育具体做法的研究项目。

3.重叠影响阈理论

经过 30 多年的研究,爱泼斯坦教授于 1987 年提出了一直在实践领域指导家校社并育的重要理论——重叠影响阈理论。此理论模式主要用来解释和指导有关学校、家庭、社区合作的研究。该理论整合并扩展了布朗芬布伦纳(Bronfenbrenner)的生态理论,主张家校社共同承担孩子的教育和健康责任。

　　该理论展示了不同的影响层次,将影响儿童发展的因素分为外部结构和内部结构(图8与图9),包括外在的流动性的影响、内在的个人之间的交流以及儿童与家庭、学校、社区中其他人的互动。其中,外部结构包括学校、家庭和社区三个部分。一方面,可以将这三个部分看成是独立的影响阈,它们在儿童发展过程中各自发挥着不同的作用;另一方面,它们对儿童的影响并不是孤立的,在某些方面也有重叠。由于受到外部环境中学生的年龄、不同的年级、家校社各自的背景等因素的影响,重叠部分处于动态的变化之中。

　　在特定的情况下,家庭、学校和社区可能紧密联系在一起,也可能互相分离。当三者形成良好的联系网络时,重叠影响阈增大,对儿童的发展将会产生持续性的同向的积极影响。相反,当三者之间很少联系,重叠影响阈的范围就会大大缩小,对儿童产生的影响可能并不一致,某些正面影响可能被负面影响抵消,即使没有被抵消,也可能是断断续续的。因此,为促进儿童更好地发展,家校社三方应当有意识地加强彼此之间的联系,扩大重叠影响阈,将各自对儿童的正面影响进一步加强。

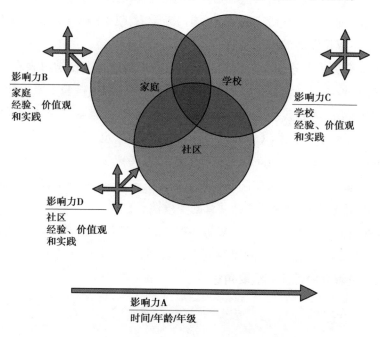

图8　重叠影响阈理论之外部结构

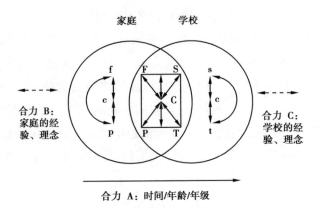

合力 A:时间/年龄/年级

f/F=家庭 c/C=儿童 s/S=学校 p/P=家长 t/T=教师

图9　重叠影响阈理论之家校合作的内部结构

（六）家校社共育对学生发展的作用机制研究

爱泼斯坦教授曾说,在教育领域,没有比建立家校社共育更能得到广泛认同的主题。在大量理论与实践研究基础上,国内外学者试图采用实证调查来探索家校社共育对学生成长发展的作用机制。

首先,有研究表明家长参与能够提高学生的幸福感与学校学习表现,如学习成绩、出勤率、毕业率以及对待学习的态度等;其次,学者们也检验了家校社共育在特殊学生中的作用,例如残疾儿童(Disabilities children)、被虐待青少年(Childhood maltreatment)、肥胖儿童(Obesity);再次,研究者也调查了利用信息技术(Information and communication technology,ICT)在特定领域中开展家校社共育的具体应用效果;最后,有研究采用问卷调查法探讨了家长、教师及学校管理者、社区工作人员、学生等多方视角中家校社共育的实效性。

在这些研究结果的支持下,越来越多的教育家参与到推动家校社共育的研究领域中。例如,美国全国范围的民意调查也表明,公众非常支持家校社共育,并相信家长在儿童教育中扮演着重要角色。

三、当前研究问题及未来研究趋势

1.治理政策上,相关政策条文较宏观

如前所述,当前我国家校社共育相关政策条文趋于宏观、涉及内容比较单一、缺乏阶段性目标、欠缺具体可操作性的建议,这对于我国家校社共育相关政策条件的实施与落实是不利的。

因此,从治理政策上,我国家校社共育政策条文的制定需要更多学者及实践者的参与。未来,研究者也可以通过深入访谈与调查,为政府部门制定家校社共育政策条文献计献策。这样,我国政府才能制定更多具体可行,有阶段目标与执行标准的,既有操作性又方便日后检验的政策条文。

2.运行机制上,缺少持续的经费支持与专门的研究机构

研究表明,美国家校社共育有足够的资金支持。然而,欠缺持续资金是我国家校社共育实践停留在表面或不能持久的原因之一。目前我国有些地方开展了家校社共育活动,但是由于当前我国社会经济发展不平衡,那些有效开展家校社共育的学校,基本集中在经济发达的大城市,在部分小城市或偏远地区,家校社共育仍然是工作盲区。此外,家校社共育是一个需要长期探索、不断改进和完善的教育工程,既需要政府的经费支持,也离不开相关研究机构的推动。

因此,未来需要建立各级家校社共育研究机构,并设定持续的经费支持机制。政府对各级研究机构的资金投入,将在今后我国家校社共育过程中起至关重要的作用。借鉴美国的经验并结合我国的实际国情,可以形成政府、高校、民间组织三级研究机构来共同推动家校社共育。只有"政府、高校和民间组织"三者共同合作,才能更好地开展家校社共育。

3.治理结构上,家校社三者边界职责不清

虽然《家庭教育促进法》的颁布将"家事"上升为"国事",但整体而言,目前我国家校社共育中涉及家庭、学校和社区(或社会)三者的具体职责、共育或合作的要求及方式、需要注意的问题等,都亟待解决。

就学校方面看,可能存在以下问题。其一,并未充分认识到家长参与决策的重要性。不少学校还只是关起门来教自己的书,不了解教育形势已经成为一个大教

育环境,凭他们单方面的力量难以完成让学生走向成功的目标。其二,家校合作交流取向单一,合作基本上以学校为中心,由学校单方面向家长传递信息,家长在整个教育过程中处于被动状态。其三,学校缺乏对该合作活动的规范性评价体系,学校与学校之间也缺乏横向联系。

另外,从家庭来看,主要问题有:一是家庭教育总体水平偏低,家庭教育不平衡。主动关注相关教育政策的家长不多,有些家长会认为这些政策条文与其无关。二是部分家长对与学校合作的意识也相当淡薄,仍然觉得孩子放在学校里读书是学校、老师的事,而和自己的关系不大。"教育是学校或家长的事"的错误观念极大地阻碍了家校之间的合作。三是有些家长觉得难以介入学校,认为学校未能提供良好的途径让其参与。

最后,从社区角度看,社区也没能承担起构架家校间桥梁的重任,对开放资源的意识不够强烈,和学校、家庭的联系不够紧密。有些社区领导并未意识到社区对孩子成长的重要影响。并且,虽然社区参与方式涉及向中小学开放图书馆、博物馆、科技馆等公共场所,走进校园开展普法宣传,建立爱国主义教育基地等,但社区参与家校活动的形式欠丰富。

由此,未来研究者需进一步厘清家校社三方的界限、职责与权利。一方面,进一步通过政策法规健全完善家校社三方的责任与权力。不仅要在法律中明确家长、社区的责任,还要赋予他们监督、配合和参与学校的义务和权利。未来研究也可以探讨如何将相关政策文件落实到各学校或社区,然后再让各学校或社区主动下发给家长,这样家长和社区人员都明确了自己的权利和义务,有助于其更好地与学校合作,从而共同关注孩子的教育问题。另一方面,需要加强家校社三方或这三方与其他教育主体间的互动关系。例如,家庭应建立主动的意识,多去关注自己的孩子在学校里的表现,多去协助教师和行政人员共同帮助孩子的成长。针对社区教育资源缺乏这一问题,学校可以给予社区一定的教育培训。此外,未来研究也可以探讨家校社三方与其他教育工作者间的关系,例如,国外有学者专门针对心理咨询教师提出了开展家校社沟通的七步法模型。

4.实践形式上,欠缺高层次、有组织的家长参与

总体而言,我国家校社共育的实践研究非常丰富。但是与美国相比,我国家校社共育的实践形式以低层次参与为主、缺少高层次和有组织的参与,并且社区参与家校共育的频率更低。家校社共育的实践方式单一,缺乏资源的深度融合。

未来研究可以关注高层次参与和有组织参与。例如,未来家校社共育可以开发和利用家庭以及社会各界的有利资源、在特殊领域的潜能与优势,并通过提供更多的机会让有一技之长的家长或社会各界人士主动地、定期地、有组织地参与到学校教育工作中。

5.研究类型上,多理论与实践研究,少实证实验结果

国内有不少专著都对家校社共育的理念进行了深入分析与阐述,同时也对国内外家校社共育的历史演变以及现状进行了比较。但是在具体落实到各学校实践以及家庭、社区方面时理念概述偏多,相关实证实验或干预研究却少之又少。现有文献研究缺乏实证检验,未能深入学校进行实地考察。从内容上看,大多数研究只是停留在论述家校社共育的作用与意义上,至于如何进行家庭、学校、社区间的沟通合作,以及如何解决遇到的权责问题,则缺乏具有实践指导意义的实证性研究。

由此,未来研究者可以开展理论与实践结合、质性研究与实证研究结合、相关研究与干预研究结合的一系列整合研究。未来研究方向有:一是家校社共育在特殊学生群体中的应用。例如抑郁症儿童、多动症儿童、攻击性儿童或肥胖儿童等仅靠学校或家庭一方之力,很难充分满足特殊儿童健康发展的需要,只有多方合力,才能更好地促进这些儿童的健康成长。二是采用质性与量化结合的方式探讨家长、教师及学校管理者、社区工作人员、学生等多方视角中家校社共育的问题及实效性。三是采用结构方程模型对调查数据进行分析,从而探究家校社共育对学生积极心理发展的影响路径模型。以上选题都可以是未来国内外家校社共育研究领域的热门主题。

四、家校社共育方向的研究计划

在对家校社共育领域以往研究的回顾与展望基础上,家校社共育下一阶段的研究计划将从量化研究视角推进。

研究主题一为探讨新时期家校社共育对我国青少年学生积极心理发展的影响机制。该研究以学生心理体验为研究切入点,采用问卷调查法,通过标准化心理问卷调查学生感知到的家长支持、教师支持的程度,并进一步探讨家长、教师支持对学生基本心理需要、高水平动机、主观幸福感的影响机制;通过结构方程模型对调

查数据进行分析,探究家长支持、教师支持对学生积极心理发展的作用路径模型。

研究主题二为探讨家校社共育实践过程中协同育人的困境与解决之道。Citespace 关键词突现图谱显示,"家校共育""影响因素"是该领域的研究热点。借此,研究主题二拟从家长、教师或社区工作者视角,采用结构式访谈法与调查法,探讨当前家校社共育过程中三者面临的困境、原因及解决策略。

参考文献

[1] 爱泼斯坦,等.大教育:学校、家庭与社区合作体系(第三版)[M].曹骏骧,译.哈尔滨:黑龙江教育出版社,2016.

[2] 白鸽,夏婧.基于社区的早期家庭教育指导服务模式:治理结构与运行机制[J].教育发展研究,2022,42(2):55-62.

[3] 边玉芳.传统"家事"上升为新时代的重要"国事":"双减"背景下全社会如何支持家长为促进儿童健康成长而教[J].人民教育,2021(22):26-30.

[4] 陈妍.现代学校治理理念下小学家长委员会建设问题研究[D].海口:海南师范大学,2021.

[5] 顾理澜,李刚,张生,等."双减"背景下数字化赋能家校社协同育人研究[J].中国远程教育,2022(4):10-17.

[6] 李百艳.走向现代学校治理的对话机制建设研究——以公办初中JS中学为例[D].上海:华东师范大学,2019.

[7] 李彩旻.美国学校、家庭、社区合作的实践模式研究——以"全国合作学校关系网(NNPS)"为例[D].上海:华东师范大学,2010.

[8] 李家成,王培颖.家校合作指导手册[M].北京:北京大学出版社,2016.

[9] 马静,王美璇,尹兆梦.家校社协同助力儿童情绪管理与社交能力提升[J].人民教育,2021(24):36-38.

[10] 马赵阳.当前美国中小学家校社合作初步研究[D].上海:华东师范大学,2013.

[11] 苏成建,孙燕.重叠影响阈理论对中国家校社协同育人的启示[J].宁波教育学院学报,2022,24(1):39-42.

[12] 苏朗格望."睦邻学习圈"让家校社共育变简单[N].中国教师报,2021-12-15(015).

[13] 孙云晓.家校合作共育:中国家庭教育的新趋势[M].北京:中国人民大学出版社,2020.

[14] 杨庆华,邵建华.校园欺凌的成因及家校社共育视域下的解决策略[J].基础教育参考,2022(1):39-42.

[15] 王萍.新时代"家校社"协同育人的实践困境与突破[J].中小学德育,2022(2):40-43.

[16] 王贤德."双减"背景下义务教育协同育人的困惑、澄明及实践路径[J].中国教育学刊,

2022(2):28-33.

[17] 吴志宏.中小学管理比较[M],上海:上海教育出版社,1998.

[18] 孙启艳.学校治理中家校合作的责任边界研究——以上海市 C 区公办小学为例[D].上海:华东师范大学,2020.

[19] 张馨月."双减"下家校协同育人存在的问题及对策[J].社会科学前沿,2022,11(2):384-389.

[20] 张竹林.构建教育治理体系:家校社协同育人的治理探索——以上海市奉贤区为例[J].现代教学,2021(24):9-14.

[21] 赵心心.朱庆澜的家庭教育思想[J].家庭教育:幼儿版,2000,(21):16-19.

[22] 朱永新.家校合作激活教育磁场——新教育实验"家校合作共育"的理论与实践[J].教育研究,2017(11):75-80.

[23] Anderson-Butcher, D., Lawson, H. A., Iachini, A., et al. Emergent Evidence in Support of a Community Collaboration Model for School Improvement[J]. Children & Schools, 2010(3):160-171.

[24] Beard, K. S., Thomson, S. I. Breaking Barriers:district and school administrators engaging Family, and Community as a Key Determinant of Student Success[J]. Urban Education, 2021, 56(7):1067-1105.

[25] Bryan, J., Henry, L. A Model for Building School-Family-Community Partnerships:Principles and Process[J]. Journal of Counseling & Development, 2012(4):408-420.

[26] Elder, J. P., Arredondo, E. M., Campbell, N., et al. Individual, Family, and Community Environmental Correlates of Obesity in Latino Elementary School Children[J]. The Journal of School Health, 2010, 80(1):20-30.

[27] Epstein, J. L. School and Family Partnerships[J]. Practitioner, 1992.

[28] Epstein, J. L. Ready or not? Preparing Future Educators for School, Family, and Community Partnerships[J]. Teaching Education, 2013(2):115-118.

[29] Epstein, J. L. School, Family, and Community Partnerships, Student Economy Edition:Preparing Educators and Improving Schools(second edition)[M]. London:Routledge, 2018.

[30] Hohlfeld, T. N., Ritzhaupt, A. D., Barron, A. E. Connecting Schools, Community, and Family with ICT:Four-year Trends Related to School Level and SES of Public Schools in Florida[J]. Computers & Education, 2010, (1):391-405.

[31] Kelty, N. E., Wakabayashi, T. Family Engagement in Schools:Parent, Educator, and Community Perspectives[J]. SAGE Open, 2020:10.

[32] Liu, S. R., Kia-Keating, M., Nylund-Gibson, K. Patterns of Family, School, and Community

Promotive Factors and Health Disparities Among Youth: Implications for Prevention Science[J]. Prevention Science, 2019, 20(7):1103-1113.

[33] Ornstein, A. C., Levine, D. U., Gutek, G., Vocke, D. Foundations of Education [M]. Canada: Wadsworth, Cengage Learning, 2011.

[34] Xu, Y. Engaging Families of Young Children with Disabilities through Family-School-Community Partnerships[J]. Early Child Development and Care, 2020(12).

[35] Wilkinson, A., Lantos, H., McDaniel, T., Winslow, H. Disrupting the link between maltreatment and delinquency: How school, family, and community factors can be protective [J]. BMC Public Health, 2019, 19(1):588.

校长专业化发展与治理能力提升的研究现状及趋势探析

导　语

袁晖光

　　"校长专业化发展和治理能力提升"是区域教育治理研究的第三个学术方向。在三个方向中,如果说政府是教育治理政策环境构建最主要的缔造者,学校是现代教育服务最重要的供给机构,那么校长则是教育治理现代化发展最关键的变量,校长专业化发展和治理能力提升对于教育治理体系和治理能力现代化具有决定性意义。研究校长专业化发展与治理能力提升需要从宏观视角找准其教育管理学科内的定位和学术增长点,需要从微观视角解构校长专业化发展与治理能力提升这一研究领域基于现象学的基本问题和逻辑。针对上述研究目的需要开展系统的学术文献追踪研究。

　　团队成员沿着理论和实践两条主线开展文献检索,通过综合运用文献统计方法和科学的人为抽象方法,重点围绕三方面问题进行了文献梳理。问题一是教育治理的基础性理论问题是什么,如何结合当下中国国情开展教育治理理论和实践研究? 问题二是校长专业发展与校长治理能力之间的理论和实践关系是什么? 问题三是如何通过系统的治理体系和能力构建为校长专业化发展提供支持和保障?

　　针对上述三个问题进行文献梳理形成的三篇文献研究报告分别为:"共同富裕价值取向下的教育治理研究现状及趋势探析""治理视野下的校长专业化发展的研究现状及趋势探析""校长专业化发展的制度保障研究现状及趋势探析"。现将三篇文献研究的主要结论总结如下。

一、通过宏观三层透视找到"校长专业发展和治理能力提升"的学术定位

研究团队经过初步的文献梳理，根据文献数量的多少和早期文献出现的次序发现两个特征事实。一是校长治理能力研究发展的历史逻辑是沿着教育管理、教育治理、校长专业化到校长治理能力的脉络逐渐深化的；二是校长治理能力研究发展的内容是从宏观教育管理、教育治理、校长专业化到微观校长治理能力的路径逐渐细化的。因此校长治理能力提升的相关研究应该放在教育管理、教育治理和校长专业化发展三层宏观学术视野中展开。

（一）第一层次：教育管理学科视阈下的学术定位

教育管理学科目前已经形成了相对比较完备的学科体系。从学科范畴体系看，已经形成由研究对象基本范畴和内在逻辑构成的相对完备的学科体系。从层次体系看，教育管理学科不仅形成了由学科论、活动论、体制论、机制论、观念论和人论构成的相对比较系统的现象学学科体系，还形成了相对成熟的从应然到实然再到应然的元学科理论研究范式，以及以人为抽象为基础的相对比较系统的教育管理学方法论体系。校长治理能力在教育管理学科体系下的研究生长点主要体现在三个方面。一是系统的学术文献跟踪应该从现象学、元学和方法学三个维度展开；二是在教育管理学科的研究领域中校长治理能力提升研究可以为教育管理活动论中活动主体范畴理论体系的丰富、应用和扩展做出贡献；三是未来关于校长治理能力提升的研究应该从管理活动主体视角，以体制论、机制论、观念论和人论等教育管理理论作为研究起点和方法论基础，对现有校长治理能力相关现象、理论和研究方法进行结构性理论预设并进行实证检验。

（二）第二层次：教育治理研究视阈下的学术定位

在学科领域上教育治理从属于教育管理学科，其研究对象主要为教育管理活动中的治理活动。教育管理与教育治理的差别不仅体现在学科范围，还体现在不同视角和不同的范畴体系。教育管理是一种管理教育的活动，而教育治理重点关注的则是教育中的各种关系。两者的范畴体系也不同，教育管理活动的学科范畴

体系由活动—体制—机制—观念构成,而教育治理的范畴体系由主体—价值—对象—保障构成。教育治理研究视阈为校长治理能力提升研究提供的启示包括三个方面:一是文献研究可以采用聚类分析;二是校长能力提升可以丰富教育治理范畴体系中教育治理保障范畴的内容,特别是能力保障范畴中的个人能力保障范畴研究;三是未来校长治理能力提升研究应该重点体现在个人获取、使用和创造各种主客观教育治理体系保障条件的能动行为条件。

（三）第三层次：校长专业化研究视阈下的学术定位

从校长治理能力与校长专业化发展的关系来看,校长治理能力研究从属于校长专业化发展研究领域,主要原因在于校长治理能力建设是校长专业化发展的必要组成部分。根据教育发展不同阶段客观规律和社会发展不同阶段的客观要求,校长治理的具体能力内涵也在发展变化。我国校长专业化发展研究在系统的理论体系方面已经取得了重要进展。宣勇提出的校长专业化发展"两体三维"模型不仅适用于大学校长专业化发展,对于各级各类教育校长专业化发展均具有启示意义(图1)。根据校长专业化发展的"两体三维"模型,校长专业化发展的实施途径具体应该包括两个方面:外部赋能和内引自生。在此基础上,未来校长治理能力研究应将校长治理能力的核心内容作为主要学术增长点,在一般化校长治理能力理论框架构建和检验方面取得突破性进展。

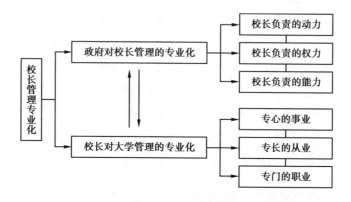

图1　大学校长管理专业化"两体三维"模型图

二、通过追问"校长专业化发展和治理能力提升"的基本问题确定微观研究对象

通过三层宏观透视可以明确,未来校长治理能力必须重点解决是什么和怎么样两大问题。其中,是什么的问题是指校长治理能力的根本构成是什么。怎么样的问题包括,怎样通过内引自生提升校长治理能力、怎样通过外部赋能提升校长治理能力、怎样通过以评促改提升校长治理能力。相关研究需要重点围绕这四个基本问题取得创新性突破,才能为校长专业化发展赋能,为教育治理理论和实践研究贡献微观视角下的研究成果,最终丰富教育管理学科管理活动论的理论体系。

（一）校长治理能力影响因素和内容构成

从学术文献看,校长治理能力基本范畴构建已经取得重要进展。有学者提出了一般化的校长"辨识—沟通—执行"三维模型。一些学者从各级各类学校视角出发构建了校长能力构成模型,包括大学校长专业化管理的"两体三维"理论、中小学校长治理的"3维+5能力"能力框架。还有很多学者提出了校长治理能力构成的事实要素包括道德品格特征、道德领导力、教学领导力和信息化治理能力等。

从全国性政策文献看,《中华人民共和国义务教育法》《中华人民共和国高等教育法》《中华人民共和国教育法》主要从一般法规的角度提出校长治理能力提升的一般性要求。《关于坚持和完善普通高等学校党委领导下的校长负责制的实施意见》《中小学法治副校长聘任与管理办法》《民办高校校长变更（连任）核准有关规定的通知》等法规从校长岗位聘任角度对校长治理能力提出要求。《义务教育学校校长专业标准》《普通高中校长专业标准》《中等职业学校校长专业标准》《幼儿园园长专业标准》等政策文献则从专业标准角度对校长治理能力提出了要求。《中小学校长培训规定》则从校长培训的角度对校长治理能力提出要求。

（二）校长治理能力自生内引提升途径

从学术文献看,校长通过自生内引提升治理能力主要体现在三个方面。一是校长应该培养治理能力提升的主观意愿;二是校长应该着力提升客观条件的获取、使用和创造能力;三是校长应该通过塑造道德品格特征、领导力和信息化能力来提

升治理能力。全国性政策文献对于校长内引治理能力提升的相关要求基本空白。

（三）校长治理能力外部赋能提升途径

从学术文献看,校长治理能力外部赋能提升途径主要包括两个方面。一是体制机制构建保障。具体包括针对能力体系构建的体制机制保障、校长选拔体制机制保障、校长培训体制机制保障、评价体制机制保障等。二是针对各级各类教育的精准保障。具体包括农村、大学、中小学、职业学校等。

从政策文献看,《关于坚持和完善普通高等学校党委领导下的校长负责制的实施意见》和《中小学法治副校长聘任与管理办法》等国家和地方性政策文献提供了校长治理能力提升的体制保障;《关于推进县（区）域内义务教育学校校长教师交流轮岗的意见》《教育部办公厅关于开展全国高校书记校长访企拓岗促就业专项行动的通知》等政策提供了校长治理能力提升的激励机制;《普通高中校长专业标准》《中等职业学校校长专业标准》《义务教育学校校长专业标准》《幼儿园园长专业标准》等政策文献为校长治理能力提升提供了制约机制;《中小学校长培训规定》《教育部办公厅关于启动实施中小学校长国家级培训计划的通知》等政策文献为校长治理能力提升提供了保障机制。

（四）校长治理能力提升评估评价

从学术文献看,尚无专门针对校长治理能力评价指标体系和工具的研究。校长专业化发展评价的文献有1篇,专业评价3篇,各级各类校长评价264篇,学校评价3 691篇。从国家政策文献看,《义务教育学校校长专业标准》《普通高中校长专业标准》《中等职业学校校长专业标准》《幼儿园园长专业标准》对校长专业标准做出了明确规定;《中小学校长培训规定》《教育部办公厅关于启动实施中小学校长国家级培训计划的通知》对校长培训内容提出了明确规定;《关于坚持和完善普通高等学校党委领导下的校长负责制的实施意见》《中小学法治副校长聘任与管理办法》对校长选拔聘任标准做出了明确规定。

三、校长专业化发展和治理能力提升的未来研究趋势分析

通过初步的文献整理，可以得出关于教育治理未来研究趋势的两点结论。一是以教育治理研究领域尚存的研究真空为突破口开展文献追踪；二是开展教育治理文献追踪和相关研究需要系统借鉴教育管理学科构建的标准。

（一）"校长专业化发展和治理能力提升"的未来研究方向

教育治理研究领域需要重点突破的研究真空主要包括四个方面。一是教育治理理论和评价研究。既包括教育治理本身基于现象学的范畴框架，也包括主体、价值、对象、保障能力等子范畴框架，还包括共同富裕等时代要求和不同视角下教育治理基本范畴和子范畴的理论框架，以及在教育治理基本理论框架指导下的微观调查数据建设工作。二是校长治理能力内引自主提升的途径研究。通过自我内引提升校长专业化水平，形成的理论实践研究成果可以作为校长培训课程的重要内容。三是校长治理能力外部赋能提升的途径研究。通过外部保障提升校长专业化水平，形成的理论和实践研究成果可以作为各类课题申报和政府政策咨询服务的有力支撑。四是学校治理和校长治理能力评价的相关研究。围绕这些研究真空，接下来的文献综述将重点围绕这四个方面展开。

（二）开展"校长专业化发展和治理能力提升"研究的具体途径

从上述四个方向开展文献跟踪研究，需要系统借鉴教育管理学的学科建设方法。一是要从现象学角度对各种教育治理实践和认识现象进行结构主义的范畴体系构建；二是要对认识结果开展研究，进行相应的理论验证；三是从方法论的视角对认识活动开展研究，既要重视哲学方法论的研究，也要重视范式方法论的研究，更要加强具体研究方法的丰富和补充；四是要用具有时代性和国际性的视野开展研究，既要从国际比较视角清晰阐释校长治理的历史逻辑，还要注重体现当下我国实现共同富裕的经济社会发展目标的客观要求。

共同富裕价值取向下教育治理的研究现状及趋势探析

袁晖光

为了回答共同富裕价值取向下教育治理的范畴逻辑和实践路径是什么,需要按照逻辑顺序回答三个基本理论问题。第一个问题是教育治理现象本身的范畴逻辑是什么。回答这一问题的路径是将全部教育治理现象进行基本范畴抽象和逻辑关系分析,目的是构建出关于教育治理现象的结构化全息框架图。第二个问题是共同富裕价值取向与教育治理之间的相互逻辑关系是什么。回答这一问题的路径是考察共同富裕价值取向是教育治理范畴逻辑体系的内部变量还是外部变量。如果是内部变量,从属于哪个基本范畴;如果是外部变量,通过哪个或哪几个基本范畴影响教育治理范畴逻辑体系。第三个问题是共同富裕价值取向和教育治理之间的实践关系是什么。回答这一问题的途径是考察共同富裕价值取向和教育治理之间是单向影响还是双向影响,直接产生影响的基本范畴是什么,间接产生影响的基本范畴是什么。目的是论证二者之间关系的内在逻辑和实践路径。

为回答上述关于共同富裕价值取向下的教育治理范畴逻辑和实践路径的三个基本问题,课题组按照"全、新、重"的原则以及先总后分的步骤,先通过全部文献的统计分析筛选出代表文献,之后进一步沿着范畴逻辑、实践路径和共同富裕价值视角三条线索对相关文献进行质性分析。现将文献分析研究结果综述如下。

一、教育治理代表性文献的统计筛选

通过引用量、文献共引网络分析等文献计量可视化数据分析方法,可以找到教育治理研究在时间和内容方面的突变点,还可以清晰描述和客观反映教育治理发展的历史逻辑和理论逻辑。以下从国内和国外两部分将文献统计分析结果报告如下。

（一）国内代表性学术文献

依托 CNKI 数据库,将教育治理作为标题核心关键词,共计获得 1 593 条检索结果。根据相关统计分析结果得出三点结论。

1.国内教育治理研究发展的两个阶段

国内教育治理相关文献的发表时间跨度为 1990 年至 2021 年。其中 2013 年是一个重要转折点,2013 年以前的文献数量每年不超过 20 篇,2013 年之后每年均超过百篇而且呈现逐年上升趋势。主要原因在于十八届三中全会通过的《中共中央关于全面深化改革若干重大问题的决定》明确将"完善和发展中国特色社会主义制度,推进国家治理体系和治理能力现代化"确定为全面深化改革的总目标。第一阶段,即 1990 年至 2013 年的教育治理研究对象主要集中在教育领域中出现的各类现实问题的治理。第二阶段,即 2014 年后的教育治理研究对象开始分化为宏观体系性研究和微观的问题治理研究。一方面从宏观的角度系统考察什么是教育治理,包括谁来进行教育治理、为什么进行教育治理、教育治理什么、怎样进行教育治理等系统性结构化的问题;另一方面从微观的角度,相较于第一阶段的研究,第二阶段的研究更加强调在深度理解教育治理的独特内涵和视角的基础上对各级各类教育活动或教育活动中出现的具体教育问题进行更加系统化的研究。

2.国内教育治理研究发展的节点文献

在检索结果中引用量排在首位的代表性文献为褚宏启发表在《教育研究》的论文"教育治理:以共治求善治",单篇引用量高达 485 次。文章认为教育治理是多元主体以善治为目标共同管理教育公共事务的过程。关于教育治理价值范畴,提出善治就是"高效、公平、自由、有序的好教育";关于教育治理对象范畴,提出教育治理就是要解决教育管理中社会参与不够、学校办学自主权不够、政府宏观管理能力不足、学校内部治理结构不完善等突出问题;关于教育治理保障范畴,提出需通过分权和集权两种方式调整优化共治主体的权责关系来完善教育治理体系。通过对引用量排在前 20 的教育治理领域重要文献进行文献互引网络分析,发现引用量排在前五位的分别是引用频次达 110 912 的人民出版社出版的《邓小平文选》,引用频次为 19 216 的俞可平主编的《治理与善治》,引用频次为 14 824 的《现代汉语词典》,引用频次为 7 851 的欧文·E.修斯的《公共管理导论》。这表明教育治理的概念和理论基础主要是词源考证、政治学和公共管理研究领域。

3.国内教育治理研究对象的四重视角

根据 CNKI 提供的对于检索结果的计量可视化数据分析,可以得出国内教育治理的热点主题。首先,对引用量排在前 20 位的文献做关键词共现分析提取排在前五位的关键词,分析结果发现研究热点主要集中在多元主体、办学自主权、顶层设计、治理能力、办学质量。进一步对全部检索文献做关键词共现分析提取排在前 30 位的文献主题,通过人为抽象的方法将研究热点和文献主题进一步分类,可以将上述文献的主要研究对象大体归为四大类。一是以主体现象为主要研究对象的文献,主题词包括利益相关者、多元主体、治理主体、一线教师、职业院校、高职院校、高等教育机构、大学治理、高等教育治理、民办学校、社区治理、教育行政部门等;二是以价值现象为主要研究对象的文献,主题词包括教育治理、治理理念、教育公平、价值取向、治理现代化等;三是以对象现象为主要研究对象的文献,主题词包括校企合作、学术权力、办学自主权、管办评分离、专业教育治理、治理模式、治理结构等;四是以保障现象为主要研究对象的文献,主题词包括治理机制、教育治理体系、治理体系、教育治理能力、治理能力、治理能力现代化等。

(二)国外代表性学术文献

国外文献计量研究依据 Web of Science 的社会科学引文索引数据库(SSCI),以 educational governance、education governance、school governance、governing school、governing education、institution governance、institutional governance、university governance 八组短语为标题关键词,检索到 1 474 篇文献,文献时间跨度为 1975 年至 2018 年。通过 CiteSpace 分析软件对文献进行分析得出的关于教育治理关键文献和热点主题的结果如下。

1.国外教育治理研究发展的节点文献

一篇是 Marginson 与 Considine 出版的《企业型大学:澳洲的权力、治理与重建》位于知识图谱中介中心性的最高节点,这表明其在教育治理研究中具有转折点的重要作用。该书将大学治理定义为关于大学内部价值、决策执行和资源配置的制度,从机构的视角探讨政府、企业与社会之间的关系,将大学视为企业型大学并提出治理政策方向。引发了在高等教育治理领域关于大学在外部机构之间的角色定位和领导方式的研究热点。另一篇是 Ozga 发表于《教育政策期刊》(*Journal of Education Policy*)的文章。文章题目是《英国教育数字治理：从外部规制到自我评价》(*Governing education through data in England：From regulation to self evaluation*)，文章被引次数高达 109 次。研究认为英国教育治理将会越来越依赖知识与数据，论证了将数据作为政策工具对教育治理和学校绩效评估具有不可或缺的重要意义。

2.国外教育治理研究对象的四重视角

通过在文献题目、摘要和文献记录的关键字中提取数目显著增加的名词短语，根据其中的频次变化率探测排在前十位的高频短语和前六位的核心议题。基于人为抽象方法，可以将这些高频短语和核心议题分为四大类。一是从不同教育治理主体视角开展研究的文献，主题词包括大学(university)、学校(school)，核心议题包括大学选择、学校管理；二是从不同教育治理价值视角开展研究的文献，主题词包括问责(accountability)、绩效(performance)，核心议题为社会正义。三是从不同教育治理对象视角开展研究的文献，主题词包括教育(education)、高等教育(higher education)，核心议题包括教育分权化、中央控制和教育数据资料；四是以保障现象为主要研究对象的文献，主题词包括政策(policy)、政治(politics)、治理(governance)和管理(management)。

上述基于统计分析的文献史梳理结果表明，无论是国内文献还是国外文献，主要针对四个主要问题展开研究。一是关于谁进行教育治理的主体现象研究；二是关于为什么进行教育治理的价值现象研究；三是关于治理教育是什么的对象现象研究；四是关于教育治理得怎么样的保障现象研究。现有的国内外教育治理文献中关于治理研究的理论基础更多来自公共管理领域，尚未形成基于概念、范畴和逻辑完备的教育治理理论体系群，缺乏扎根中国国情、针对中国问题的具有中国特色的教育治理理论话语体系构建。

二、教育治理基本理论的代表性研究

将教育治理基本理论作为研究对象的文献集中在对于两个问题的回答：一是教育治理的本质内涵是什么；二是教育治理的逻辑框架是什么。根据可视化分析结果中筛选出来的代表性文献，上述两个问题的研究结果如下。

（一）本质内涵：教育治理的理论基础

1.关于治理的含义

联合国有关机构成立的"全球治理委员会"在一份题为《我们的全球伙伴关系》的研究报告中提出，治理是各种公共的或私人的个人和机构管理其共同事务的诸多方式的总和。它是使相互冲突的或不同的利益得以调和并且采取联合行动的持续的过程。这既包括有权迫使人们服从的正式制度和规则，也包括各种人们同意或认为符合其利益的非正式的制度安排。俞可平认为治理一词的基本含义是为了在各种不同的制度关系中运用权力去引导、控制和规范公民的各种活动，最大限度地增进公共利益，在一个既定的范围内运用权威维持秩序，满足公众的需要。孙绵涛认为，治理是指通过一定的规则和程序对相互冲突和相互竞争的利益的各方进行调解的一种过程。瞿振元认为治理是指市场在资源配置中起决定作用的条件下，多元利益主体围绕共同的目标协调与互动的过程。

2.关于教育治理的含义

褚宏启认为，教育治理是指"国家机关、社会组织、利益群体和公民个体通过一定的制度安排进行合作互动，共同管理教育公共事务的过程"。孙绵涛认为，教育治理是通过一定规则和程序对教育中的利益各方进行调解的一种过程。孙杰远认为治理主体、治理对象、治理内容、治理方法与过程、治理效能的判断与评价等核心要素及其关联互动，构成了教育治理现代化的基本问题域。托马斯·J.萨乔万尼等学者则将教育作为公共治理事务之一对教育治理进行定义，他们认为教育治理关注的是国家机构、州教育厅、地方学区和学校等政治单位将复杂的政治制度、法律体系及各种社会习俗作为管理的职责功能以及各自所行使的权力。吴景松认为，公共教育治理是"众多不同利益共同发挥作用的公共教育领域建立一致获取的认同，以便落实公共教育目标"，是"政府与市场、政府与学校、政府与社会之间在教育发展过程的一种良性互动"。姜美玲提出教育公共治理是指政府、社会组织、市场、公民个人等主体通过参与、对话、谈判、协商等集体选择行动，共同参与教育公共事务管理，共同生产或提供教育公共产品与公共服务，并共同承担相应责任。还有研究指出，教育公共治理是"政府、社会组织、市场、学校、公民个人等多元教育治理主体对教育公共事务进行协作管理，以增进教育公共利益最大化的过程"。金绍荣、刘新智认为现代公共教育治理的实质就是强调多元利益主体对教育内部事务的共同治理。

3.关于教育治理的本质特征

学者们基于各自的研究视角对治理和教育治理本质内涵进行阐释时,所使用的具体表述虽然不尽相同,但均认为教育治理与传统的统治和管理概念并不相同。相关文献关于教育治理本质特征的论述按照研究视角可以从主体、价值、对象和保障四个方面归纳如下。

主体特征为以利益诉求为基础的多元化。褚宏启认为,"治理的典型特征是多元主体参与的共同治理"。"利益相关者的多种利益表达、社会组织的专业化的智力支持、学校的自治、政府的主导作用与元治理,对于教育治理都有独特贡献,而且在功能上是互补的。这种功能互补恰恰是教育治理这一共治机制之优越性的体现,相对于单一主体的政府管理,多元主体参与的教育治理有其显著优势"。姜美玲认为教育治理的基本特征是政府组织并非唯一治理主体。各种利益相关者进入并参与公共政策制定、执行过程是治理发展的必然趋势。

价值特征是以合作善治为目标的民主化。俞可平认为治理的主要特征"不再是监督,而是合同包工;不再是中央集权,而是权力分散;不再是由国家进行再分配,而是国家只负责管理;不再是行政部门的管理,而是根据市场原则的管理;不再是由国家'指导',而是由国家和私营部门合作"。褚宏启对教育善治价值目标的解释是办成"好教育",使教育领域公共利益最大化,形成高效、公平、自由、有序的新教育格局,核心衡量指标包括教育效能、教育自由、教育公平、教育效率和教育秩序五个方面。褚宏启认为"教育治理的核心要义是民主化。管理现代化有很多内容,如管理的科学化、民主化、法治化(制度化)及信息化等,但是治理的根本特征是民主化,即便法治化也只是次要特征,离开民主谈法治,法治没有意义,起码会丧失很多意义。在治理的框架下,法治化与制度化从属于民主化,为民主化提供服务与保障"。詹姆斯·Z.罗西瑙认为治理是"一种由共同的目标支持的活动,这些活动的主体未必是政府,也无须依靠国家的强制力量来实现"。

对象特征为教育实践活动关系的网络化。袁贵仁认为,教育治理就要以构建政府、学校、社会新型关系为核心。政府、学校、社会,管、办、评三者之间的关系,权责边界既应当是清晰的,又一定是相对的,既相互制约又相互支持。联合国下属的全球治理委员会认为,相较于传统管理,教育治理过程的基础不是控制,而是协调各种关系。姜美玲认为,教育公共治理体系是一个纵横交错的网络组织结构,这明显地体现了多元利益关系角色或多个主体共同参与治理的特征。

保障特征为旨在完善治理体系和治理能力的法治化。俞可平认为,法治是善治的基本要求,没有健全的法制,没有对法律的充分尊重,没有建立在法律之上的社会秩序,就没有善治。袁贵仁认为,法治是治理的基本特征,对教育事业科学发展具有稳定持久的保障作用。褚宏启、贾继娥认为,法治是善治的基本要求,治理的复杂性要求必须依法治理,否则必致混乱。陈金芳、万作芳认为,教育公共权力运行的制度化、规范化、法治化是教育治理体系与治理能力现代化的重要衡量标准,它要求政府、社会和学校在教育治理上有完善的制度安排和规范的公共秩序。其中宪法和有关教育法规是教育治理的最高权威,教育治理应依据国家宪法和教育法律法规框架开展或进行。

(二)要素逻辑:教育治理的理论体系

学术思考一般会沿着总—分—总的思路不断进行深入,教育治理研究的演进脉络也是如此,框架结构式的整体性一般化研究和不同领域不同问题的具体研究交替进行。因此本部分从治理和教育治理两个层次,按照一般性框架研究和不同视角下的治理框架研究两条脉络对文献进行综述。

1.治理理论体系的要素逻辑

关于一般性治理理论框架的建构。俞可平提出,有效的国家治理涉及三个基本问题:谁治理,如何治理,治理得怎样。钱周伟从社会治理的根本问题、价值依归、根本原则、根本遵循、根本途径、根本保障与根本目标七个维度阐释了习近平社会治理思想的主体框架。李汉卿以协同理论作为方法论基础,从主体的多元化、各子系统的协同性、自组织组织间的协同和共同规则的制定四个维度构建了协同治理的理论分析框架。格里·斯托克提出了关于治理理论的五个基本论点:治理是源自政府但又不限于政府的一套社会公共机构和行为者;在为社会和经济问题寻求解答的过程中存在的界线和责任方面的模糊之点;涉及集体行为的各个社会公共机构之间存在的权力依赖;治理指行为者网络的自主自治;办好事情的能力并不在于政府的权力,不在于政府下命令或运用其权威,政府的能力和责任在于动用新的工具和技术来控制和指引。

关于不同视角下治理理论框架的建构。从主体视角看,张康之将社会治理核心问题界定为"打破政府本位主义,确立他在性原则,根除行政傲慢",构建了关于社会治理模式的分析框架,认为"在公共管理中,控制关系日渐式微,代之而起的是一种日益生成的服务关系,管理主体是服务者,而管理客体是服务的接受者"。从价值视角看,俞可平提出善治五要素,即合法性、透明性、法治、回应和有效。从对象视角看,钱周伟在论述习近平社会治理思想主体框架时,针对治理什么的问题引用习近平总书记论述原文:"创新社会治理,要以最广大人民根本利益为根本坐标,从人民群众最关心最直接最现实的利益问题入手。"在此基础上提出,社会治理的对象就是区域分化、城乡分化、行业分化和阶层分化等社会利益分化引发的各种社会问题,正确对待维权与维稳的关系,破解利益的藩篱。从保障视角看,高建华针对区域间治理问题,提出了一个整体性跨界治理的分析框架,即构建区域性的"整体政府"、构建整体性的治理模式、构建整体性治理的协调机制,构建整体性治理的政府信任机制和承诺机制、构建整体性治理的监控机制。

2.教育治理理论体系的要素逻辑

关于一般性教育治理理论框架的建构。褚宏启通过对教育治理概念的外延拓展,构建了从宏观层面到微观层面纵向多层面、横向多维度的立体网络化理论体系。纵向多层面是指政府、学校、班级三个层面。在每个层面上都需要解决管理失灵与市场失灵两个问题,即行政化对于教育活力的压抑以及商业化对教育公益性的侵蚀。横向多维度是指每个层面都有各自的多元共治、自治和元治。褚宏启认为,多元共治是教育治理的本质特征,通过充分沟通、协商、合作,能有效促进教育管理的理性化。多元共治通过教育管理权责的向下分权和多元主体参与教育决策来实现。教育治理的重点是扩大与保护学校、教师、学生的自主权,其中学生的自主权最重要,教育治理要珍视通过自组织所形成的自发秩序。共治集中体现了民主精神,自治集中体现了自由精神,元治则为共治与自治保驾护航。元治的作用表现在为共治与自治提供制度安排,进行利益整合,并通过统筹与问责维护教育的公益性。三个层面中都各有一个主体担当元治角色,其中政府的元治最重要,政府要对三个层面所有的治理行为与效果负总责。孙绵涛认为,"教育指各级各类教育,也指各级各类教育中的教育活动、教育体制、教育机制和教育观念;治理指的是通过一定的规则和程序对相互冲突和利益相互竞争各方进行调解的一种过程;体系是由事物或现象各要素所组成的结构系统"。孙绵涛在上述概念界定的基础上进一步提出"现代教育治理体系是由谁治理、治理什么和如何治理三大基本要素及其十二个子要素组成的结构系统"。其中谁治理包括政府、学校和社会三方主体;治理的内容包括协调教育活动中产生的各种关系;如何治理包括治理依据、治理原则、治理程序、治理过程和治理结果处理五大要素。

关于不同视角下教育治理理论框架的建构。从谁治理的视角,褚宏启、贾继娥认为教利益相关者的多种利益表达、社会组织的专业化的智力支持、学校的自治、政府的主导作用与元治理在功能上互补,是教育治理优越性的体现。相对于单一主体的政府管理,多元主体参与的教育治理具有显著优势。从为什么治理的视角,褚宏启认为教育治理的直接目标是善治,即"好治理",最终目标是"好教育",即建立高效、公平、自由、有序的教育新格局。评价依据包括十个维度,即参与度、回应性、透明度、自由度、秩序、效率、法治、问责、公平、效能。从治理什么的视角,学者们沿着三条脉络构建理论体系。第一条是关系论构建路径,认为教育治理的对象是教育活动中产生的各种关系。孙绵涛认为教育治理内容就是要协调教育活动中产生的各种关系,其中包括协调政府、学校、社会的关系,协调各级各类教育的关系,协调教育活动、教育体制、教育机制和教育观念的关系及其这四个范畴子要素的关系。第二条是问题论路径,认为教育治理就是要治理教育活动出现的各种问题。别敦荣认为高等教育治理是解决高等教育的利益相关组织、公民群体和个人参与办学和管学问题的举措。第三条是综合路径,即通过关系处理解决现实问题。褚宏启认为"教育治理是为了解决教育管理中的'政府失灵'与'市场失灵'问题",其核心是通过分权和集权两种方式调整优化共治主体的权责关系,解决教育管理中社会参与不够、学校办学自主权不够、政府宏观管理能力不足、学校内部治理结构不完善等突出问题。从如何治理的视角,褚宏启认为,传统民主强调"为人民服务",治理中的民主强调通过直接参与表达个人利益诉求,治理强调政策议程自下而上的优先性,强调基层微观决策中的"人民自己为自己服务"。因此教育治理的本质途径是通过管理民主化实现多元主体的参与,而推进教育治理的主要举措是分权。王晓辉对如何进行教育治理的理论构思包括五部分内容,即尊重教育主体的多元化、以契约联结政府与学校、建立协商式的教育决策机制、以评估为教育政策调节工具和以系统导航来构建教育宏观管理机制。尹达提出教育治理的科学化、民主化、教育化与制度化的有机结合,不仅是教育治理现代化的有效途径,也是教育治理现代化的本质内涵和根本特征。

三、教育治理实践路径的代表性研究

教育治理实践路径指教育主体在通过一定的保障手段措施对教育治理对象进行治理实现教育目标的过程中,实施明确治理主体、明确治理价值、明确治理对象和明确治理手段四类治理实践行为的先后次序。关于教育治理实践路径的相关研究非常丰富,下面从综合性教育治理实践路径和各级各类教育治理实践路径两部分对代表性研究结论综述如下。

（一）综合性教育治理的实践路径

一是教育治理主体主导的实践路径。袁贵仁从政府主体视角提出加快推进教育治理体系和治理能力现代化的七项重点任务,即"把方向,落实好立德树人根本任务;促公平,推进基本公共教育服务均等化;调结构,促进各级各类教育协调发展;抓改革,积极稳妥破解考试招生制度难题;转职能,改进教育管理方式;发挥学校主体作用,加快建设现代学校制度;发挥社会评价作用,动员社会参与支持监督教育"。褚宏启则从教育治理微观机构主体出发提出教育治理的实践路径,其认为在讨论教育治理时必须关注微观领域中班级层面的问题。班级具有正式的组织结构与人际关系网络,也有明确的集体目标与成就导向,是具有一定自治性质的特殊社会组织;班级是更具有实质性教育意义的组织,对于学生发展而言至关重要。应从三个要点推进班级层面的教育治理:第一要推进班级层面的"多元共治"。班主任通过分权给学生、家长、班委会、家委会等相关主体进行多元共治;通过班主任、科任教师、学生、班委会、家长、家委会、社区等各方主体参与班级管理事项决策。第二要推进班级层面的"班主任元治"。班主任应主导设计多元参与共治的制度,直面多元主体的利益分歧甚至利益冲突,在自己的职权范围内对治理效果进行问责。第三要推进班级层面的"学生自治"。在政府与学生、学校与学生、教师与学生等关系中,学生都处于弱势地位,学生的利益诉求容易被忽视,学生的合法权益容易受侵害。学校、教师和家长对学生管得过多过死,学生的法定权益甚至连基本的人权如休息权都很难得到保障。给学生减负,让学生全面发展、健康成长是最大的教育公益性。

二是教育治理价值主导的实践路径。张建认为,教育治理体系现代化的主要衡量标准是教育权力运行的制度化与规范化、过程民主化、运行法治化、结构一体化和效率最大化。然而对照上述教育治理价值标准,在教育治理体系现代化进程中却面临着教育法制不足与教育治理的制度创新需求之间的矛盾;三元治理结构中规范市场、成熟社会组织的"缺位";规范性、文化—认知性制度与规制性制度的角力和政府"管制者"向"治理者"角色转换的"差位"等现实问题。为此,需要从构建教育治理体系的法治基础、促进教育治理体系的制度创新、构筑互动有序的教育治理结构、提升教育治理行动者的能动性四个方面推进教育治理体系的现代化。瞿振元提出"在治理理念下,要转变政府对高等教育的管理模式,健全高等教育内部治理结构,提升高校内部治理能力,创新高等教育评估机制,实现管办评分离,从而建设中国特色高等教育治理体系,推进治理能力的现代化"。刘孙渊、马超提出,教育领域各种力量的分化、整合、碰撞、更替和消长只有在民主自由、公平正义、道德责任的价值关照之下才有望成为推动教育改革和发展的动力源,建立在政治合法性、社会合法性、价值合理性根基之上的教育公共治理才有希望真正走向理想中的善治。走向善治的教育公共治理旨在通过注入自治因素以消解公共行政的垄断性和强制性,需要不断强化公共事务的自主治理,造就教育公共行政与自主治理良性互动的机制。为此必须实现强制机制与志愿机制的有机结合,将"价值一致"建立在公众多样化教育需求和价值选择的"价值冲突"基础之上;教育公共治理应该公开透明,让每一个公民都有权获得与自己的利益相关的教育政策信息,包括立法活动、政策制定、法律条款、政策实施、行政预算、公共开支以及其他有关的政治信息;保障教育公平和解决市场失灵问题是政府对社会和公众的基本责任,政府必须建立弱势群体补偿和优先扶持制度,保障弱势群体的教育权利。

三是教育治理对象主导的实践路径。褚宏启提出,"推进教育治理,主要举措是分权,要点有三:一是中央给地方分权,给予地方政府更多的自主权,解决我国区域间差异很大的问题;二是政府向学校、社会组织、市场分权,重点是向学校分权,让学校成为自主办学的权力主体,摆脱对政府的依附性,凸显学校的主体性,增进学校办学的专业性,更好地满足学生的教育需求,促进学生的发展;三是学校向师生分权,推进学校层面的多元民主参与,健全教师、学生、家长参与学校治理的制度。总之,在公共决策和利益分配中,中央要多听听地方的声音,政府要多听听学校、专家、师生的声音,学校要多听听师生和家长的声音,甚至班主任在班级管理中也应该多听听贫困生及其家长的声音,各方主体都应多想想弱势群体的处境。政府让弱势群体发声充分表达利益诉求并优先为其提供公共服务,是治理到位与否的试金石"。

四是教育治理保障主导的实践路径。谢维和从资源、文化和制度保障的角度提出优质教育资源的含义：学校的文化资源，包括学校的办学理念、价值观念，教职员工和学生对学校的认同感，从所在地区、社区、街道得到的信任和支持；学校的制度资源，包括学校的正式和非正式制度，以及学校外部的制度资源；学校的物质资源，既包括物质资源的数量，也包括物质资源的配置。孙绵涛从治理过程保障的角度提出教育治理实践应该依据法律法规、一定的原则和程序，遵循一定的过程，并对治理结果进行妥善处理。其中治理的依据是指现代教育治理要依据法律和法规来治理。除了依据一般的法律法规外，特别要依据教育方面的法律和法规。在现代学校制度建设中，要注意依据学校章程来治理，做到以法治教、以章治校。治理的原则是教育治理要遵循平等、公正的原则；参与治理的各方是平等的，协商的标准是公正的，对各方的诉求是一视同仁的；治理的程序是治理要有一定的步骤，按序进行。总的来说，要先做好教育外部的治理，即处理好学校、政府和社会之间的关系，还要协调教育内部的各种关系。在教育内部的治理中，先要注意协调各级各类教育关系，然后才可能关注这些教育中的教育活动、教育体制、教育机制和教育观念之间的关系。协调好这四个范畴之间的关系，才有可能进一步协调好这四个范畴中各子要素之间的关系。在这个过程中还要注意处理好开放与约束、自由与控制的关系。治理结果的处理是现代教育治理要充分考虑治理各方在治理过程中的地位及表现，注意处于强势的一方可能出现的由非理性行为而产生的一些非预料的后果。当一些非预料性的结果产生时，就要采取相应的救济措施以消除这些非预料的后果所带来的消极影响，以保证取得预想的治理效果。陈霜叶、孟浏今、张海燕则从技术保障的角度提出，在即将开启的"深化教育领域综合改革"中各级决策者可汲取"以证据为本"的理念和大数据对政策决策影响的思考，从传统的政策调研和观点式决策向以多元丰富政策证据为支撑、大数据为助力的现代教育治理模式转变。

（二）各级各类教育治理的实践路径

除了将教育作为一个整体，探索教育一般化的综合性治理实践路径，还有许多研究针对各级各类教育，或者针对各级各类教育治理中出现的具体问题，提出了治理实践路径。尽管视角不同，针对不同问题各有侧重，相关研究均围绕教育治理的主体、价值、对象和保障四要素或者其中部分要素的某种组合进行层层推演。

　　一是关于高等教育治理的实践路径。盛冰基于教育治理主体和对象视角,提出治理的核心在于权力的转移与重新分配,他认为在高等教育治理领域要重新定位政府的角色,实现学校提供者的多元化,赋予学校更多自主权,促进高等教育管理民主化,并且建立政府、学校、社会之间的合作伙伴关系的实践路径。周光礼基于高等教育治理的对象和问题,认为高等教育治理的核心是决策权力的分配问题,中国高等教育治理现代化必须回答好十个问题,即政校分开、社会问责、举办体制、法人治理结构、大学董事会、大学校长遴选机制、学术权力、大学内部组织构架、基层学术组织自治和大学章程建设。他提出高等教育治理模式变革需要外部动力驱动,国家在其中起着决定性的作用,必须培育国家制度能力助力高等教育现代化。具体实践路径包括贯彻“小政府、大社会、强政府”的理念;通过简政放权缩减国家职能范围,激发社会参与制度创新的热情和大学办学的积极性;从根本上建构国家制度能力和推动制度变迁的能力。国家制度能力具体包括三方面内容:基于社会共识独立自主地界定自身政策偏好,进而形成公共政策的能力;国家将业已形成的政策进行有效实施,并产生预期政策效果的能力;根据内外部环境的变革,积极推动制度变迁的能力。王者鹤认为高等教育治理理论的核心是正确处理好政府、学校、社会的关系,因此需要基于学校、政府和社会三个层面的治理主体视角,系统梳理新建地方本科院校转型发展中出现的困境,并据此提出相应对策。研究认为学校层面在转型中存在的核心问题包括观念阻滞转型、专业建设与地方产业发展脱节、人才培养模式僵化、“双师型”师资严重匮乏和产学研合作教育虚化,因此学校转型治理的实践路径为转变思想观念、改造专业结构、创新人才培养模式、重构师资队伍和做实产学研合作教育。政府层面在转型中存在的核心问题包括主导意识依然强大、相关法律政策保障乏力、各级政府财政支持不足和适用人才流动不畅,因此政府对大学转型治理的实践路径为由政府主导向宏观管理与服务转变,同时加强法律和政策的保障力度、加大财政支持力度和创新人才流动机制。社会层面在大学转型治理中存在的核心问题包括企业参与度低、第三方评价缺位和宣传舆论有待澄清。因此需要提高企业参与度、鼓励与支持第三方评价、做好宣传舆论的引导工作。宣勇沿着主体—价值—保障的实践路径提出,重建和培育大学的主体性是推进高等教育治理体系与治理能力现代化的逻辑前提;高等教育公共利益最大化,保障大学使命的实现是我国推进高等教育治理体系与治理能力现代化的理想追求;大学基层学术组织的治理变革是高等教育治理体系与治理能力现代化的逻辑起点；在"党委领导的校长负责制"中，"校长负责"是联结内外部治理有效性的重要节点。因此我国高等教育治理变革的未来走向包括：政府进一步放权，从管制走向共同治理；改善大学党委组成结构，实行决策与执行的完全分离；加快推进大学校长管理专业化进程，改革大学校长的遴选制度，切实提升治理能力；让大学章程成为契约，真正成为大学的宪法，以确立大学办学的主体地位。

二是关于职业教育治理的实践路径。和震基于治理对象—价值—主体—制度保障的实践路径认为，产教融合、校企合作培养技术技能人才是国际职业教育成功国家的共同规律。我国需要从建立现代职业教育治理体系的高度，开展职业教育产教融合、校企合作制度的顶层设计；国家应该同时从教育领域和经济领域同时实施产教融合、校企合作制度创新，坚持校企合作分类建设，探索差异化校企合作政策；政府与市场各尽其能促进产教融合。贺修炎基于治理对象—制度保障的实践路径认为，为实现利益相关者共同治理的高职教育校企合作，需要构建起一套完备有效的校企合作共同治理的内、外部结构，建立起全面的校企合作共同治理的协议机制、沟通与反馈（报告）机制、监管机制和风险管理机制。刘晓、石伟平基于治理主体—制度保障的实践路径认为，为实现集团化办学的良性治理，应从宏观上完善集团化办学的环境保障体系，包括建立集团化办学的法律、指导思想、目标任务和实现形式等国家制度，健全税收、经费、培训、审计、评价等国家政策，开展集团化办学的国家试点。从中观上构建集团成员的利益协调机制，包括遵循"优势互补、利益共享、合作互赢"的原则，着眼集团全体成员单位的共同利益，加快推进以职教集团为依托的办学体制机制创新。从微观上进一步规范运行机制，包括健全职教集团组织体系，完善集团化办学管理制度。蓝洁沿着治理问题—主体—保障措施的实践路径提出，中国现代职业教育发展面临的问题集中在产教融合与校企合作、体系建设与质量保障等方面。从问题切入，职业教育治理体系包括内外部两个层面，外部治理涉及职业教育机构与政府、市场、社会之间的主体关系；内部治理则是多主体之间相关利益在职业教育中的调整和分配，并相应地统筹带动职业教育内部要素改革。职业教育治理能力现代化的重点是设计合理的方式方法和技术手段处理好政府、市场、社会、学校之间的关系，配合治理结构转型发展进行科学协调、统筹规划。

三是关于基础教育治理的实践路径。曲正伟依据价值—主体—对象—保障的实践路径，认为治理理论的多中心体制在我国义务教育治理中具有适用的合法性。

但多中心不等于无中心,在义务教育治理中各中心之间应保持均衡,并突出我国政府在多中心体制中责任的主要性。这种主要性表现在相互统一的两个维度上,保证义务教育的公益性和保证各地方义务教育在发展力上的均衡。具体体现在对义务教育公共资源的均等分配而不是平均分配,最终要实现的是发展力上的均衡;只有保证义务教育的均衡发展,才能保证义务教育公益性的实现;政府应有效承担对义务教育的基本供给责任,确保各地方在义务教育发展力上的均衡。褚宏启认为,教育治理是对于传统教育管理方式的超越,教育治理与教育管理并不是对立的关系,前者是后者的一种高级形态,其突出特征是多主体参与的合作管理、共同管理、共同治理。教育治理发生和表现在区域层面和学校内部层面。在学校内部管理层面,从政校关系角度看,学校的主要角色变化是走向自治;从学校与教师、学生、家长、社区等的关系角度看,学校的角色是与其他主体一起对学校进行共治。为此,需要推进多方主体共同治理,即推进师生、家长、社会参与治理。要通过完善治理体系,提高整体治理能力;通过加强能力建设,提高个体参与治理的能力;通过发挥学校的主导作用和元治理作用,提高治理能力。肖玲针对义务教育阶段的补习问题提出基于对象—主体—价值—保障的治理实践路径,提出政府应在法治教育理念下针对这种社会化的教育形态建立政策体系。政府在制定规范义务教育阶段各项教育政策时,需考虑兼顾各方的利益诉求,由行政管理走向制度治理;政府需通过创新教育制度,出台规范补习教育供给方的政策法规。应进一步提高公立学校教育质量,鼓励开展教育实践活动,同时组织动员社会公益力量,满足多元化教育需求。

四是关于学前教育治理的实践路径。严仲连、盖笑松认为当前的幼小衔接存在幼儿教育小学化标准的不确定、当代幼儿园师资水平低、缺乏合理政策等问题。幼儿园小学化问题的存在有着家长的需要、小学入学年龄存在国别差异、儿童兴趣、考试焦虑等社会因素基础。从专业路径和法律路径进行治理在实践中都存在一定不足,理想的治理实践应从学前教育制度保障开始进行探索,应以尊重儿童的身心发展、家长的合理需要、幼小衔接的现实需求为基础,探索大班年龄段儿童班级挂靠小学,在学习方式与教育内容上进行改革。王伟针对民办幼儿园教育质量保障问题,从政府主体视角提出治理实践路径。研究认为我国民办幼儿教育市场的不成熟、不规范以及政府监管与扶持的缺位,导致民办幼儿园教育良莠不齐、整体质量低下。无论是公办还是民办,幼儿教育都有极强的正外部效益,因此,民办幼儿园教育质量的保障需要政府干预。在政府治理目标与内容的设计方面,为实现"保基本"和"促提升"的总目标,应坚持公平性、系统性、发展性和层次性原则,将"黑园"、师资队伍建设、经费投入、教育质量评估与业务支持、家长参与、幼儿入学准备和发展数据的监测等突出问题作为重点治理内容。重构"三强一体"政府治理结构,政府、市场、社会与民办幼儿园应建立合作伙伴关系,各自在法律法规的范围内行使权力,承担质量保障行动的相应责任。政府治理工具箱包括民办幼儿园分类分层准入制度、民办幼儿园公共财政投入与激励制度、民办幼儿园教育质量评估与促进系统、民办幼儿园教师培训与基层教研制度、制订幼儿园课程标准与监测民办幼儿园课程实施、家长参与制度、幼儿学习与发展数据监测体系等治理工具。

另有一些研究从问题视角,针对其他类型的教育开展了相关研究,包括家庭教育、民族教育、特殊教育、社区教育、机构培训等治理问题。还有一些研究针对各级各类教育存在的具体问题提出治理实践对策,例如教师教育治理问题、虐童问题、区域问题、师资和资源保障问题、小学化问题等。这些文献得出的结论丰富而珍贵,但与本研究所需要进行的理论范畴体系构建的关联较弱,篇幅所限这里不再赘述。

四、共同富裕价值取向下教育治理研究的代表性文献

党的十八大以来,以习近平同志为核心的党中央领导全国人民打赢了脱贫攻坚战,朝着全体人民共同富裕的目标迈进了一大步,并在此基础上进一步明确提出了"十四五"时期促进全体人民共同富裕的目标要求和战略部署。习近平总书记在《求是》杂志发表题为《扎实推动共同富裕》的重要论述,文章指出,"共同富裕是社会主义的本质要求,是中国式现代化的重要特征"。共同富裕要靠勤劳智慧来创造,促进共同富裕要把握的重要原则之一就是"要为人民提高受教育程度、增强发展能力创造更加普惠公平的条件,提升全社会人力资本和专业技能,提高就业创业能力,增强致富本领"。这段论述充分表明共同富裕,教育先行。共同富裕的核心内容是教育公平,共同富裕的根本实现途径在于教育均衡发展。共同富裕价值取向下的教育治理相关学术研究开始不断出现,虽然数量不多但不乏精品,现将代表性研究综述如下。

（一）将共同富裕作为教育治理的价值目标

一是确立共同富裕价值导向对于教育改革发展的必要性。陈峰认为将共同富裕作为教育改革发展目标是坚持社会主义办学方向、实现教育服务优质均衡的内在要求。高书国认为教育发展坚持共同富裕价值导向可以有效缓解社会对于教育分化的群体焦虑。二是确立共同富裕价值导向对于教育治理的必要性。袁志刚、阮梦婷和葛劲峰通过回顾西方国家教育均等化的发展历史发现教育共享离不开政府和公共财政的主导作用，各国教育发展最终均基本形成了以机会均等为目标，以优质、均衡、一体化为特征的教育供给模式。

（二）促进教育公平是实现共同富裕的必由之路

理论研究表明教育对于精准扶贫具有重要意义。代蕊华认为教育扶贫作为扶贫开发战略实施的重要组成部分，对提高贫困地区的人口素质，直接提升贫困地区和贫困家庭的自我发展能力，进而从根本上消除贫困有着重大意义和深远影响，是促进贫困地区经济发展和社会进步的根本途径，是贫困地区可持续发展的必由之路，是群众摆脱愚昧落后状况、脱贫致富的关键，是最具有战略意义的治本之策。在教育扶贫领域，教育精准扶贫就是要针对不同贫困地区的教育发展现状和不同贫困人口的教育需求，运用有针对性的帮扶措施，提高贫困人口的基本文化素质和劳动者技术技能，以促进贫困人口掌握脱贫致富本领，实现可持续脱贫的目标。

经研究表明教育公平与共同富裕之间存在显著相关性。Winegarden 利用 32 个国家的数据进行回归分析的结果表明，人们平均受教育水平越高，收入越趋于平等。孙志军和杜育红、陈斌开、石大千和张哲诚等学者运用不同分析方法和样本数据分析城乡教育水平差异和城乡收入水平差异之间的相关关系，研究结果不仅支持正相关关系而且支持因果结论。城乡教育不平等是造成城乡收入差距的重要因素，它会加剧城乡收入差距。Terry S. Knight 通过对我国 1996 年到 2005 年十年来城乡基础教育升学比率和经济系数进行比较，研究中国沿海和内陆地区的城乡义务教育不均衡现象，发现城乡基础教育差距对总体教育不公平的贡献率超过 80%，城乡之间的投入差距是教育失衡的主要原因。根据测算，教育对城乡居民收入差距的总解释力为 32.5%。

五、共同富裕价值取向下的教育治理未来研究趋势分析

（一）对现有研究成果的述评

关于教育治理的现有研究成果非常丰富，这种丰富性主要体现在数量和范围两方面。从数量上看，教育治理的文献数量从 2014 年开始呈指数化增长，学者的关注热度方兴未艾，应用治理理论指导教育实践问题的有效性逐渐获得认可，研究向纵深发展潜力巨大。从范围上看，教育治理的对象几乎涵盖了各级各类教育，以及各级各类教育中出现的各种共性和特殊问题；研究方法即包括以思辨抽象为基础的质性研究，也包括以统计检验为基础的量化研究；研究内容既有理论体系构建也有实践问题探索；研究视角从主体、对象、价值到保障，多元立体。尽管如此，现有研究在理论建构、实践探索和研究视角三方面尚存研究真空。

1.关于教育治理范畴体系建构的理论研究尚存真空

从教育治理理论的建构和发展看，关于教育治理现象范畴体系的基本理论建构研究尚存真空地带。马克思主义哲学观认为，现象是事物可以为人所感知的表面特征和外部联系。本质是事物的内部矛盾和内部联系，规律作为与本质同等程度的概念，特指事物内部的稳定的必然联系。事物的本质总是存在于现象之中，离开现象就无法认识事物的本质。认识现象是一切研究活动的起点，认识教育治理的本质性规律和实践路径必须从认识教育治理现象开始。然而，在百花齐放的教育治理研究中，尽管理论研究学者从概念、主体、对象、特征、体系、方法等进行了重要的基础性研究，实践研究学者对各级各类具体的教育治理现象进行了广泛而深入的探讨，却未能对教育治理现象相关的几个本源性学理问题深入追问：到底对哪些基本教育治理现象范畴进行观察研究和理性抽象，才能认识教育治理的本质？全部教育治理现象到底可以由哪些基本范畴来说明？这些基本范畴之间存在什么样的必然逻辑关系？这些范畴的内在逻辑关系怎样推进教育治理发展？这些是教育治理基本理论构建研究过程中必须要回答的几个问题。

由于研究者本身视角所限，基于教育治理全部现象的全景式现象范畴体系的理论思考无法在教育治理现象出现伊始的摸石头过河阶段完成，而需要以研究文

献数量和范围的丰富性作为基础性前提条件,因此,目前开展这项研究恰逢其时。关于教育治理现象范畴和逻辑体系的构建,有两项重要研究结论值得特别关注,详细内容已在综述部分系统论述。一项研究是褚宏启发表于《教育研究》的文章"绘制教育治理的全景图:教育治理的概念拓展与体系完善"。研究提出了从政府、学校、班级三个纵向层面,从多元共治、自治和元治三个横向维度建构教育治理体系的理论构想。这一理论构想为本课题研究提供的重要启示包括两方面。一方面是对于什么是教育治理现象本质的启示。教育治理现象背后的本质首先是一种关系现象,而且是立体网络化的关系现象。另一方面是对于如何从教育治理现象中进行范畴抽象的启示。在进行教育治理现象研究中既要找出主要的关系现象,也要找出次要的关系现象。要找到主要关系,首先需要找到关系产生的节点和要素。构成主要关系的要素就是我们要建立的基本范畴,构成次要关系的要素就是基本范畴下面的子要素。另一项重要研究结论来自孙绵涛的"现代教育治理体系的概念、要素及结构探析"。研究将现代教育治理体系的基本要素分解为谁治理、治理什么和怎么治理,并深入探讨了各个基本要素的子要素构成。研究关于现代教育治理体系基本要素分析的结论和方法为教育治理现象范畴体系构建同样提供了两方面重要启示,一是教育治理体系的基本要素可以作为教育治理现象基本要素的重要内容参考;二是文章在要素体系构建过程中所使用的人为抽象的研究方法为教育治理现象基本范畴提炼提供了重要研究方法范本。虽然上述研究对教育治理和教育治理体系的相关概念和基本要素进行了深入阐述,为教育治理现象的范畴体系构建提供了重要参考,然而,上述两项重要研究为针对教育治理体系现象进行的结构性研究,由于研究对象所限,并没有在教育治理基本概念、治理体系现象分析和要素体系构建的基础上进一步抽象关于全部教育治理现象的基本范畴,也未能构建关于教育治理现象基本范畴的全景式框架逻辑体系。

缺乏基本范畴体系建构会在教育治理研究领域产生三方面不良后果。一是容易只关注问题、原因和对策的表象,从而陷入头痛医头脚痛医脚的窠臼,一旦更换研究视角,或者加入视角体系外的变量,所有的研究就都要从头来过。二是容易产生大量重复性研究,陷入研究数量增加得多但创新性思维生发得少的怪圈。尽管换了标题,得出的教育治理研究结论和对策却千文一面。三是陷入只注重观点结论层面的无休止的无谓争论,忽视各个研究结论在知识结构中的具体位置和成立条件。换言之,无论是理论领域还是实践领域存在的研究真空,归其因均为对于教育治理现象缺乏全景式的系统性建构。教育治理现象基本范畴和逻辑体系缺失会使研究者和实践者很难看到各个部分在整体中所起到的独特作用，很难在错综复杂的治理关系中发现关键性矛盾，使理论研究结论和治理实践路径大多带有较强的主观色彩和视角偏差。只有在基于全部教育治理现象抽象出来的基本范畴结构性支撑下，才能避免不同视角和研究路径上得出结论之间互相无谓的攻讦，才能使重复研究的结果可以通过加入新证据得到互相印证。如果不能互相印证则会生发新的结论，从而不断衍生出以范畴结构及各个子系统为知识树主干基础的相互紧密关联的富有价值的研究成果群。厘清这些问题是明晰教育治理理论研究的思路和对象，是明确教育治理改革的实践方向和路径。

在新时代、新世界、新技术、新思维的剧烈碰撞下，现代教育治理理论和实践不仅要应对来自教育系统内部迅速聚变和裂变的挑战，还要随时应对来自外部的各种冲击。教育被赋予了前所未有的政治、经济、社会、文化甚至生态使命。决定事物发展规律的始终是内因而不是外因、是主要矛盾而不是次要矛盾。民族国家的发展要靠对于自身系统性矛盾问题的清醒认识，教育的发展也要靠对于教育系统本身的矛盾问题的清醒认识。这是因为，无论是基于必要性还是可行性，对于教育治理的基本范畴逻辑的系统性研究都已刻不容缓。

2.关于某些重要教育治理实践领域的研究尚存真空

教育治理因差异和分歧而产生，因和解与合作而终结，在旧的和解合作的基础上又会产生新的差异分歧。二者构成的矛盾运动不断推动教育改革前行，不断推动教育事业发展。教育治理研究属于正在崛起的崭新研究领域，在一些教育治理的具体实践领域，关于许多重要实践内容还存在研究真空地带。一是在价值现象领域，基于中国特色的价值分析理论体系尚未建立；基于心理学和行为学的价值溯源相关研究基本空白；基于治理核心框架下的教育评价研究才刚刚起步。二是在主体现象领域，在各级各类主体中，学校和行政主体视角的研究相对丰富，家庭和社会主体视角的研究严重偏少；在学校主体中，高等学校和基础教育学校研究相对丰富，学前教育、职业教育和特殊教育主体视角下的研究严重不足；在各级各类主体中，机构主体研究相对丰富，校长、教师、家长、受教育者本身等个人微观主体视角下的研究非常稀缺。三是在对象现象领域，怎么管、怎么办和怎么教的研究相对丰富，怎么学和怎么评的研究相对贫乏。高等教育领域内的问题治理研究一家独大，家庭教育领域内的关系与问题治理研究、托幼教育领域内的关系与问题治理研究、社区教育领域内的关系与问题治理研究基本空白,特殊教育治理领域内的关系与问题治理研究相对零散,学前教育和义务教育领域内的关系和问题治理研究相对薄弱。四是在保障现象领域,体系保障相对丰富,能力保障相对偏少。体系保障中的资源要素和法治体制保障现象研究相对丰富,观念意识、运行机制现象研究相对贫乏。

教育治理实践领域研究真空地带存在的主要原因是缺乏关于教育治理结构性框架的理论支撑。这种因果关系表现为三个层次。首先,实践领域的研究者没有经过充分论证的可借鉴的相关理论作为研究的理论支撑,没有由教育治理基本概念、范畴体系和内在逻辑所构成的教育治理领域基本知识树主干作为研究的理论依托,普遍缺乏对于教育治理的全景性认识,从而造成了实践研究领域内的基于成本最小化的"就近原则"。其次,实践研究领域内"就近原则"的客观表现包括:研讨探究和理论生发全部依靠所观、所感、所阅的经验直觉;实践什么就研究什么;跟谁学习就研究谁研究的领域;手边什么二手资料多就研究什么;什么是热点就追踪研究什么;热点问题重复性研究多无法深入,重要的关键问题却很难形成研究热点。最后,缺乏结构框架性理论支撑的实践研究成果必然会以研究主体为核心关键词发生聚类效应。由于研究者主要来自高校和科研院所,其直观教育治理实践经验更多来自本身所处的高等教育领域,关注的问题也主要集中于高等教育领域;对于其他教育层次、类型和领域内出现的教育治理现象,多数高校教育治理实践研究者既缺乏对其重要性的理论认识,也缺乏来自直观实践激发,因此很难形成研究兴趣;而各级各类教育治理实践者作为教育治理现象的实践者,同样由于缺乏结构性框架理论支撑,也无法基于丰富的实践经验形成关于教育治理的系统性认识;实践人群最广泛的家庭教育治理需求被长期忽视,在教育治理理论中本来应该占据核心地位的家庭教育治理理论研究却乏人问津,就是教育治理实践领域研究为什么会存在真空地带的最鲜明的例证。因此基于范畴逻辑体系,系统回答教育治理全景式结构框架是什么的理论问题是来自实践研究领域的迫切需求。

3.关于怎样在共同富裕价值取向下进行教育治理的研究尚存真空

一是现有研究为本课题研究提供了立论基础。目前在共同富裕价值取向下进行的教育治理研究尚未形成规模,但是可以预见,共同富裕价值取向下的教育治理研究必然会在"十四五"期间形成各类教育实践和理论研究的热点。现有的少数代表性文献对于共同富裕和教育治理之间的关系做了很多有价值的基础性探讨,从理论质性和经验量化两方面有力地论证了为什么要以共同富裕为价值取向进行教育治理,为本课题在共同富裕价值取向下探讨如何进行教育治理问题提供了坚实的立论基础。

二是现有研究为本课题研究留出了立论空间。关于共同富裕价值取向下的教育治理相关研究,没能在确立二者相关关系的基础上系统回答怎样在共同富裕价值取向下进行教育治理的问题。在理论研究方面没能进一步探讨相关关系产生的逻辑路径,研究真空包括:共同富裕价值取向与教育治理之间的相互逻辑关系是什么? 共同富裕价值取向是教育治理范畴逻辑体系的内部变量还是外部变量? 如果是内部变量,从属于哪个基本范畴? 如果是外部变量,通过哪个或哪几个基本范畴影响教育治理全部范畴逻辑体系? 在实践研究方面没能系统论证共同富裕价值取向下教育治理的实践路径。现有研究既没考察共同富裕价值取向和教育治理之间的实践关系是什么,也没能系统考察共同富裕价值取向和教育治理之间是单向影响还是双向影响,以及直接或间接产生影响的基本范畴是什么,为本课题留出了关于怎样在共同富裕价值取向下进行教育治理的研究真空。

(二)急需发展突破的领域和问题

1.在教育治理范畴逻辑体系建构方面需要实现新突破

针对目前理论研究中存在的教育治理现象全景框架性理论研究的空白,需要从概念界定、范畴抽象和逻辑体系构建三个层次入手,系统构建关于教育治理全部现象的范畴逻辑体系,为共同富裕视角下的教育治理研究提供结构框架性基础。

一是构建教育治理现象框架体系的基本概念基础。关于什么是治理,课题组通过对实践观察和文献分析结果进行人为抽象后认为,治理的汉语字面意思是"治"使其有条理。关于什么是教育治理,课题组基于治理的上位概念认为,教育治理就是对教育进行的治理,即"治教"使其有"条理"。当将教育治理作为一种实践活动过程时,教育治理指的是从事教育活动的各方为实现各自的利益诉求,依据一定的条件和规则,理顺教育活动中产生的各种关系,达成合作统一的过程。这一定义隐含了谁治理教育、为什么治理教育、治理教育的什么和怎样治理教育四个关于教育治理的基本问题。其中"从事教育活动的各方"定义了谁治理中的"谁";"为实现各自利益诉求达成合作统一"定义了为什么治理教育中的"为什么";"理顺教育活动中产生的各种关系"定义了"治理教育的什么";"依据一定的条件和规则"定义了怎样治理中的"怎样"。关于什么是共同富裕,广义的共同富裕是社会意义上的共同富裕,是指建立在精神和物质财富增长基础上的全体人民幸福感和获得感不断提升且差距缩小;狭义的共同富裕是经济领域内的共同富裕,是指个人可支配收入增长的同时以基尼系数为衡量基准的收入差距缩小。无论广义的社会意义上的共同富裕,还是狭义的经济领域的共同富裕,都包含"提升"和"追赶"两方面的价值含义。为解答共同富裕这一价值目标和教育治理之间如何产生相互影响,需要进一步在概念预设的基础上构建关于教育治理的基本范畴逻辑。

二是构建教育现象框架体系的基本范畴基础。从教育治理的基本概念分析出发,按照基本属性一致原则,课题组的基本理论预设是,以教育治理可感知的外部联系和表面特征,将教育治理现象抽象为四个基本范畴:教育治理主体范畴、教育治理价值范畴、教育治理对象范畴和教育治理保障范畴。如果四个基本范畴能够构成教育治理范畴逻辑体系的主体框架,那么接下来就要追问各个基本范畴内部的子范畴又是什么,即教育治理主体现象的子范畴包括什么、教育治理价值现象的子范畴包括什么、教育治理对象现象的子范畴包括什么、教育治理保障现象的子范畴包括什么,以及这些基本范畴和子范畴是否能够概括教育治理系统内部的全部现象。对上述理论预设的论证,追问并系统回答上述理论问题的目的是构建教育治理范畴逻辑体系的基本范畴基础。

三是阐释教育治理现象基本范畴及其子范畴之间的逻辑关系。从理论逻辑看,教育治理的主体、价值、对象和保障四个基本现象范畴存在着层层递进的逻辑关系。以教育活动中产生的多元利益诉求为基础,机构和个人构成了多元教育治理主体现象。多元教育治理主体的不同需求与教育本体属性之间形成了不同的效用关系,从而产生了教育治理的价值现象。由不同价值诉求产生的教育活动主体、观念、内容之间的各种分歧和矛盾关系构成了教育治理的对象现象。为了实现从分歧到合作的教育治理目标,客观要求从治理体系和治理能力两方面对教育治理主体的教育治理行为提供保障。四个现象范畴互相依存,彼此制约,缺一不可,共同形成了全部教育治理过程的应然逻辑闭环。从实践逻辑看,教育领域改革的成功经验背后,始终隐藏着由主体、价值、对象和保障构成的教育治理实然逻辑轮廓,即从教育活动主体需求满足的效用动机出发,让相互之间的权利诉求得到充分的沟通和有效的表达,不断通过精细化分工丰富教育实践活动内容,最后通过科学的体制机制支撑体系巩固和优化改革成果。正如习近平在中央全面深化改革领导小组第二十一次会议上指出的，"要把是否促进经济社会发展、是否给人民群众带来实实在在的获得感，作为改革成效的评价标准"。以往的改革经验表明，凡是充分满足群众需求、充分听取群众意见的改革，都会产生巨大的政治、经济、社会、文化和生态五位一体的最大化效用，从而在实践中形成了中国特色的底层先行先试—试点经验总结—局部经验推广—科学顶层设计—大面积推广的治理改革实施路径。从认识逻辑看，上文关于代表性文献统计分析的结果充分表明，尽管具体研究主题不同，国内外教育治理相关研究对象基本集中在主体、价值、对象和保障四个领域。因此，无论从教育治理领域内的改革实践，还是从学者认识活动来看，教育治理全过程基本遵循主体—价值—对象—保障四位一体的实然逻辑链条。四个基本范畴及各自子范畴之间存在符合实践和认识发展的内在实然逻辑。

如果上述四个基本范畴之间的逻辑关系能够成立，那么需要进一步追问和回答的是：每个子范畴内部各要素之间存在什么样的内在逻辑；对上述理论预设的论证；追问并系统回答上述理论问题的目的是在基本范畴基础上系统构建教育治理的逻辑体系。

2.在共同富裕价值取向影响教育治理实践路径研究方面实现新突破

一是提供基于理论研究的新阐释。上述理论研究以主体—价值—对象—保障四个基本范畴及其子范畴为基础构建了关于教育治理现象的逻辑体系。如果这一理论预设能够经过充分的人为抽象方法论证，通过质性扎根理论和量化经验研究检验得以成立，那么可以清晰地看出共同富裕价值取向首先应该影响教育治理中的价值范畴，即通过影响为什么治理，进而影响谁治理、治理什么和怎样治理。换言之，在共同富裕价值取向的影响下，治理主体的治理价值目标首先会发生改变，为了实现改变了的价值目标，各个治理主体会根据不同的治理对象，调整具体的保障途径、措施和办法。

二是提供基于经验研究的新证据。为了对上述理论预设进行验证，需要对微观教育治理主体行为进行调查，搜集相关数据，考察共同富裕价值目标是否首先对教育治理价值目的产生影响，进而考察教育治理价值目的改变对不同教育治理主体治理保障行为和治理内容的影响。如果检验结果显著，则进一步考察影响的路径和影响效用的大小；如果检验结果不显著，则根据数据验证结果修正或者重新建构基本范畴逻辑体系。通过反复修正理论预设和重复检验验证，直到理论预设通过检验研究的证明，并系统记录理论预设成立的检验条件。

3.在回答怎样在共同富裕价值取向下进行教育治理方面实现实践研究的新突破内容偏少,需补充

在上述理论预设和经验研究得出结论的基础上,基于主体—价值—对象—保障四个维度在具体教育治理实践中的不同组合,进行国际、国内和省域三个层面的案例研究。一方面考察和检验理论推论的现实解释力;另一方面从国际经验、国家经验和浙江经验三个维度提出共同富裕价值取向下各级各类教育治理的实践路径。

参考文献......

[1] 别敦荣.治理体系和治理能力现代化与高等教育现代化的关系[J].中国高教研究,2015(1):29-33.

[2] 陈斌开,张鹏飞,杨汝岱.政府教育投入、人力资本投资与中国城乡收入差距[J].管理世界,2010(1):36-43.

[3] 陈峰.推进面向共同富裕的教育改革发展[J].中国党政干部论坛,2021(7):75-79.

[4] 陈金芳,万作芳.教育治理体系与治理能力现代化的几点思考[J].教育研究,2016,37(10):25-31.

[5] 陈霜叶,孟浏今,张海燕.大数据时代的教育政策证据:以证据为本理念对中国教育治理现代化与决策科学化的启示[J].全球教育展望,2014,43(2):121-128.

[6] 褚宏启.教育治理:以共治求善治[J].教育研究,2014,35(10):4-11.

[7] 褚宏启.自治与共治:教育治理背景下的中小学管理改革[J].中小学管理,2014(11):16-18.

[8] 褚宏启,贾继娥.教育治理与教育善治[J].中国教育学刊,2014(12):6-10.

[9] 褚宏启.关于教育治理的几个关键问题[J].人民教育,2014(22):21-25.

[10] 褚宏启,贾继娥.教育治理中的多元主体及其作用互补[J].教育发展研究,2014,34(19):1-7.

[11] 褚宏启.追寻教育治理的本意[J].教育发展研究,2020,40(7):3.

[12] 褚宏启.抓住教育治理的本质[J].中小学管理,2021(4):60-61.

[13] 褚宏启.绘制教育治理的全景图:教育治理的概念拓展与体系完善[J].教育研究,2021,42(12):105-119.

[14] 褚宏启.推进班级层面的教育治理[J].中小学管理,2021(12):59.

[15] 代蕊华,于璇.教育精准扶贫:困境与治理路径[J].教育发展研究,2017,37(7):9-15.

[16] 高建华.区域公共管理视域下的整体性治理:跨界治理的一个分析框架[J].中国行政管理,2010(11):77-81.

［17］高书国.共同富裕背景下中等收入群体高等教育焦虑的典型特点与对策研究［J］.高校教育
管理,2022,16(2):1-11.

［18］格里·斯托克,华夏风.作为理论的治理:五个论点［J］.国际社会科学杂志(中文版),1999
(1):19-30.

［19］和震.建立现代职业教育治理体系 推动产教融合制度创新［J］.中国职业技术教育,2014
(21):138-142.

［20］贺修炎.构建利益相关者共同治理的高职教育校企合作模式［J］.教育理论与实践,2008,28
(33):18-21.

［21］姜美玲.教育公共治理:内涵、特征与模式［J］.全球教育展望,2009,38(5):39-46.

［22］金露.中国城乡教育不公平对城乡居民收入差距的影响研究［D］.长春:东北师范大
学,2019.

［23］金绍荣,刘新智.非政府组织参与公共教育治理:目标、困境与路向［J］.教育发展研究,
2013,33(5):49-54.

［24］蓝洁.职业教育治理体系与治理能力现代化的框架［J］.中国职业技术教育,2014(20):9-13.

［25］李汉卿.协同治理理论探析［J］.理论月刊,2014(1):138-142.

［26］刘孙渊,马超.治理理论视野下的教育公共治理［J］.外国教育研究,2008(6):15-19.

［27］刘晓,石伟平.职业教育集团化办学治理:逻辑、理论与路径［J］.中国高教研究,2016(2):
101-105.

［28］钱周伟.习近平社会治理思想的主体框架——从"治理什么"到"实现怎样的治理"［J］.河
南大学学报(社会科学版),2018,58(4):1-8.

［29］曲正伟.多中心治理与我国义务教育中的政府责任［J］.教育理论与实践,2003(17):24-28.

［30］瞿振元.建设中国特色高等教育治理体系 推进治理能力现代化［J］.中国高教研究,2014
(1):1-4.

［31］全球治理委员会.我们的全球伙伴关系［M］.牛津:牛津大学出版社,1995.

［32］上海市浦东新区社会发展局.中国教育改革前沿报告:浦东新区教育公共治理结构与服务
体系研究［M］.上海:上海教育出版社,2009.

［33］盛冰.高等教育的治理:重构政府、高校、社会之间的关系［J］.高等教育研究,2003(2):
47-51.

［34］石大千,张哲诚.教育不平等与收入差距关系再检验——基于教育不平等分解的视角［J］.
教育与经济,2018(05):48-56.

［35］孙杰远.教育治理现代化的本质、逻辑与基本问题［J］.复旦教育论坛,2020,18(1):5-11.

［36］孙绵涛.现代教育治理体系的概念、要素及结构探析［J］.教育研究与实验,2015(6):52-56.

［37］孙绵涛.现代教育治理的基本要素探析［J］.中国教育学刊,2015(10):50-53.

［38］王伟.民办幼儿园教育质量保障的政府治理研究［D］.重庆：西南大学,2015.

［39］王晓辉.关于教育治理的理论构思［J］.北京师范大学学报（社会科学版）,2007(4)：5-14.

［40］王者鹤.新建地方本科院校转型发展的困境与对策研究——基于高等教育治理现代化的视角［J］.中国高教研究,2015(4)：53-59.

［41］吴景松.政府职能转变视野中的公共教育治理范式研究［D］.上海：华东师范大学,2008.

［42］习近平.扎实推进共同富裕［J］.求是,2021(20)．

［43］肖玲.我国义务教育阶段影子教育治理的政策研究——基于博弈论视角［D］.金华：浙江师范大学,2015.

［44］谢维和.论优质教育资源的涵义与建设［J］.人民教育,2002(11)：24-26.

［45］宣勇.我国高等教育治理：体系构建、逻辑审视与未来展望［J］.国家教育行政学院学报,2015(9)：3-10.

［46］严仲连,盖笑松.论治理幼儿教育小学化的合理路径［J］.东北师大学报（哲学社会科学版）,2014(1)：150-154.

［47］尹达.教育治理现代化：理论依据、内涵特点及体系建构［J］.重庆高教研究,2015,3(1)．

［48］俞可平.治理与善治［M］.北京：中国社会科学文献出版社,2000.

［49］俞可平.治理理论与中国行政改革（笔谈）——作为一种新政治分析框架的治理和善治论［J］.新视野,2001(5)：35-39.

［50］俞可平.治理和善治：一种新的政治分析框架［J］.南京社会科学,2001(9)：40-44.

［51］俞可平.全球治理引论［J］.马克思主义与现实,2002(1)：20-32.

［52］俞可平.推进国家治理体系和治理能力现代化［J］.前线,2014(1)：5-8.

［53］袁贵仁.深化教育领域综合改革 加快推进教育治理体系和治理能力现代化［J］.中国高等教育,2014(5)：4-11.

［54］袁志刚,阮梦婷,葛劲峰.公共服务均等化促进共同富裕：教育视角［J］.上海经济研究,2022(2)：43-53.

［55］詹姆斯·Z.罗西瑙.没有政府的治理［M］.伦敦：剑桥大学出版社,1995.

［56］张建.教育治理体系的现代化：标准、困境及路径［J］.教育发展研究,2014,34(9)：27-33.

［57］张康之.公共管理伦理学［M］.北京：中国人民大学出版社,2003.

［58］张康之.论主体多元化条件下的社会治理［J］.中国人民大学学报,2014,28(2)：2-13.

［59］孙志军,杜育红.农村居民的教育水平及其对收入的影响——来自内蒙古赤峰市的证据［J］.教育与经济,2004(1)．

［60］周光礼.中国高等教育治理现代化：现状、问题与对策［J］.中国高教研究,2014(9)：16-25.

［61］Marginson S, Considine M. The enterprise university：power, governance, and reinvention in Australia［M］. Cambridge, UK：Cambridge University Press, 2000.

[62] Ozga, J. Governing education through data in England: From regulation to self-evaluation[J]. Journal of Education Policy, 2009(2) :149-162.

[63] Sergiovanni T. J. Educational governance and administration [M]. Boston Pearson/Allyn and Bacon, 2004.

[64] Knight J, Sicular T, Yue X. M. Educational inequality in China: The intergenerational dimension [M]. // Kising Ineguality in China Cambridge: Cambridge University Press, 2013.

[65] Winegarden CR. Schooling and Income Distribution: Evidence from International Data [J]. Economica, 1979(46) :83.

[66] Wu, C., Chang, Y., Hsieh, J., Chang, Y. The bibliometric analysis of research hotspot and frontier of educational governance[J]. Journal of Education Research, 2018(290).

治理视野下校长专业化发展的研究现状及趋势探析

杨凯良　李春玲

世界银行教育全球实践主管杰米·萨维德拉曾在一篇题为《校长带来巨大差异》(*The Principal Makes the Difference*)的文章中指出:学校管理质量差异背后有很多原因。一方面是校长的管理和领导技能,另一方面是环境为他们提供的经营空间、激励机制以及一个界限清楚的指挥链和明确表达的机构目标。评估显示,管理指数分数最高的是英国、瑞典、加拿大和美国的学校,其次是德国,分数稍微低一些,然后是意大利和巴西,分数最低的是印度。在许多国家,制造业部门的平均管理能力高于教育部门。文章认为,这并不令人吃惊,因为大多数国家还没有认识到好的管理需要合适的、有领导特质的校长。实际上,大多数国家不能正确招募校长,并培养他们执行富有挑战性改革的授权。因此进行校长专业化发展相关研究就显得非常有必要了,以下是本方向的研究现状和研究趋势综述。

一、文献搜集与研究现状分析

(一)国外关于校长专业化(发展)的文献及研究历程

本研究搜集的国外关于校长专业化(发展)的文献类型主要集中在政策文献、著作及学术期刊论文上。

1.关于校长专业标准的政策文献

美国是最早制定校长专业标准的国家。20世纪初,校长的基本职能已经确立,即学校的组织和管理、教学的监督和领导、学校与社区关系的协调和维护。在1996年,美国州际学校领导者证书协会推出《学校领导者标准》(*Standards for School Leaders*),该标准由"共创学习愿景、培育学校文化与改进教学、管理学校组织与资源、加强与社区的合作、建立自身良好的伦理规范、融入社会环境"六个一级指标组成,每个一级指标下设有知识、态度和行为三个二级指标,每个二级指标下又设有三级指标,共计182条。在2008年春天颁布的《教育领导政策标准:ISLLC2008》(*Educational Leadership Policy Standards:ISLLC*2008),是对《学校领导者标准》使用功能的界定,指导各州制订与校长资格相关的政策和指导方针,以更加精确地测量和评价校长领导行为。在资格制度上,美国由十个专业组织组成的国家教育管理政策委员会制定了中小学校长职业资格标准,要求拟任校长必须经过职业认证并获得职业资格证书方可有资格被选任为校长,这是他们保证校长质量的主要方式。2015年,美国教育管理政策委员会颁布了《教育领导者专业标准:2015》,为全美各州、各学区的学校及教育有关部门提供了教育领导者选拔、培养和评估的政策依据。该标准以促进"每个学生的学习和人生幸福"为核心目标,提高学校教育工作的专业化程度,强调教育领导工作应面向未来,突出"价值领导"的重要性。美国的约瑟夫·F.墨菲所著的《教育领导者专业标准:实证、道德及经验基础》(2020)从回顾美国州际学校领导认证协会(ISLLC)制定和修订《学校领导者标准》的背景和经验入手,阐述了2015年修订的《教育领导者专业标准》(以下简称《标准》)的实证的、道德的和经验的基础,包括学校使命和核心价值观、道德与职业规范、公平和文化回应、参与式教学等"十大标准"的核心要素及其相互关系,以及其对于学校改进与学生学业水平提高的意义,可以看成是对《标准》最系统和最权威的解读。

英国的"教育与科学部"在1983年就提出了校长管理培训计划,建立了"英国学校管理培训发展中心",并成立了中小学校长培训和发展需要的学校管理工作组,旨在为新校长提供辅导和支持,使他们明确自身的角色和任务。1994年,在英国政府的主导下建立负责全部师范教育事务的教师培训署,组织专门的专业人员对校长进行专门的培训并开展了相关的研究。1995年,中小学校长领导和管理能力项目出台。1997年,英国教育与就业部(DFEE)创设"国家校长专业资格证书制度"(NPQH),计划为学校的合格校长提供"国家校长专业资格证书",这一做法涵盖具有学校领导经验的人员。1998年,在职校长领导能力项目(Leadership

Program for Serving Headteacher,LPSH)启动,并成立国家学校领导学院(National College for School Leadership,NCSL)配合办理各项中小学校长在职进修活动。1998年,英国颁布了《国家校长专业标准》(*National Standards for Headteachers*),主要目的在于完善校长专业标准,促进校长专业发展,提升英国教育质量。标准归纳了校长工作涉及的六个不分主次的关键领域,这六个关键领域共同展示了校长的职责:规划未来、领导学习和教学、自我发展和与人合作、组织管理、承担责任、加强与社区的联系。1999年,校长专业国家资格要求(The National Professional Qualification for Headship,NPQH)诞生。2004年,为了帮助校长和他的领导团队将自己的学校领导和管理至最佳状态,英国师资教育署(Teacher Training Agency)对原有的《国家校长标准》进行了修订,在每一关键领域就校长的知识、态度、能力和行动各方面都做出了具体说明,内容相对完整并且自成体系,旨在提高校长专业标准,促进校长专业发展,提升英国教育质量,该标准主要从六大关键领域阐述了校长所需的知识、专业品质及应有的行为。经过三十多年的发展和完善,英国基本确立了中小学校长专业发展框架,并形成了比较完善的系统。

2011年,澳大利亚教学与学校领导研究院(Australian Institute for Teaching and School Leading, AITSL)公布了《澳大利亚校长专业标准》(*The Australian Professional Standard for Principals*)。2013年,为了帮助校长在领导实践过程中对照专业标准进行自我反思,不断提升领导力,改进学校管理绩效,澳大利亚教学与学校领导研究院开发了基于校长专业标准的《全方位反思工具》(360° Reflection)。由于《澳大利亚校长专业标准》和《全方位反思工具》的陈述较为概要,缺少过程性引导,所使用的语言与校长的领导实践有一定距离,不利于校长准确理解和把握其中的内容和要求,使其应用受到限制。为了推进《澳大利亚校长专业标准》和《全方位反思工具》的应用,2014年,澳大利亚教学与学校领导研究院开发了《校长领导力纲要》(*Leadership Profiles*),把校长专业标准的原则要求转化为可操作、可参照和可评价的具体领导行为陈述。经过试验、修订和试用,《校长领导力纲要》取得了良好效果。

2.校长职业化、专业化发展、领导力方面的著作

袁娜在其硕士学位论文中系统梳理了国外大学校长专业化的著作类文献,认为可以分为两个阶段:

第一阶段从20世纪初至20世纪70年代,代表性著作有:《高校校长》《旧时的

大学校长》《美国大学校长》《领导与模糊:美国大学校长》等,研究领域主要集中在理论层面,即研究大学校长的角色定位与变迁、大学校长的治校理念等。《高校校长》对美国大学校长处理大学内外关系、大学校长的培养工作所需要的各种特质、大学校长进行有效领导的对策以及大学校长这个岗位的风险和收获等问题进行了详尽的阐述。《旧时的大学校长》主要论述了美国大学校长的多重角色,对18世纪60年代到19世纪60年代这百年间的美国院长、校长们在展开工作的时候所扮演的角色进行了详细的考察,比如院长、校长们在学校发展中所扮演的管理者与改革者的角色,还有为学校发展而筹资的筹资者角色等。《美国大学校长》详细论述了大学校长在大学的发展过程中作用发挥的发展变化,对大学校长发展类型的趋势做了阐述,认为大学校长向管理型校长转变是势在必行的。《领导与模糊:美国大学校长》则对大学的组织状态和大学校长的领导进行了论证,认为大学的无组织状态对大学校长的领导提出了更高的要求。

第二阶段从20世纪80年代至今,代表性著作有:《大学校长的多重生活:时间、地点、性格》《谁在当美国校长——2002年全美大学校长调查报告》等,主要侧重从实践层面对大学校长专业化进行研究。托马斯·J.撒乔万尼的《校长学:一种反思性实践观》将大学校长对大学的领导分成四种:象征性领导、技术性领导、人性化领导、文化与教育领导,涵盖了大学运行的基本力量和使大学教育出色的重要推动力。在大学校长的实践中,各种领导融合于大学校长的管理行为之中,为大学校长实现对大学的领导,提升教师教育能力提供了技能方面的可能性。《大学校长的多重生活:时间、地点、性格》通过与调查范围内的大学校长及与大学校长相关的其他人士的大量访谈(共800次),搜集相关资料,对大学校长的经验水平与管理方式进行了研究,对校长们不同的管理方式进行了深入探讨,此外,此书还对校长的决策角色有一定的论述。赛尔博特·L.德雷克、威廉·H.罗的《校长学》对学校行动的社会基础、校长、校长的相关理论与研究及学校组织进行了全面研究,阐述了大学校长在学校工作中的管理原则,介绍了社会系统论及人际关系理论;对阻碍校长成为学校领导的因素、大学校长解决问题的途径、大学校长的工作描述及现实社会背景进行了深刻的阐述;对大学校长人选从准备担任校长、任职校长的专门学习、校长选拔行动理论,到研究及原则和应该具备的一系列的领导魅力和特质做了深入研究,关涉到了大学校长工作的管理基础、基本原则、组织和评价;把大学校长的实际工作展开的整个动态过程中所涉及的实际问题翔实地纳入到研究范围内,从个人、组织和社区等角度对问题进行了尽可能贴合实际的分析,为大学校长创造一个自律的学校与社区环境,协调促成社区、学校、居民、教师、管理者、学生间的协作,提供了明确的原则、理论基础和各种实际问题的管理对策,并对现实问题进行了案例研究。查尔斯·维斯特所著的《一流大学卓越校长:麻省理工学院与研究性大学的作用》以美国麻省理工学院(MIT)为例进行阐述,分为十三部分,包括 MIT 面临的国内外形势,MIT 在变革与限制时代的发展,MIT 的兼容并包与共识,MIT 面对未知世界迎接新时代的挑战,在挑战中把握机会,学术界、企业与政府角色的演变,MIT 的未来之路与悬而未决的问题,MIT 在数字时代的应变与责任及今后的发展等。书中收集了美国麻省理工学院的校长维斯特撰写的关于大学转型、国际化视野、多元学术价值、教师的领导角色等涉及大学校长实际工作方方面面问题的文章。迈克尔·D.科恩与詹姆斯·G.马奇的《大学校长及领导艺术:美国大学校长研究》《谁在当美国校长——2002 年全美大学校长调查报告》等,主要侧重从实践层面对大学校长专业化进行研究。一些学者则尝试对大学校长领导力进行实践方面的探索。如美国学者杰拉尔德·C.厄本恩和拉里·W.休斯的《校长论:有效学校的创新型领导》,围绕美国州际学校领导者认证会所提出的学校领导的 6 条标准展开研究,对校长所应具备的知识、态度以及行为做出明确规定,试图在实际案例分析基础上将领导理论与有效学校密切联系起来,借此丰富大学校长领导力的实践研究。类似的研究还有日本学者安藤尧雄的《学校管理》、美国学者博得斯顿的《管理今日大学》、美国学者菲利普·G.阿特巴赫的《世界级大学领导力》等。

3.校长专业化(发展)方面的学术期刊论文

通过中国知网的 Web of Science 数据库,以"professional development of school principal"为检索主题词,类型选择 ARTICLE,自动去重后,导出 566 篇文章(截止时间为 2022 年 4 月 28 日),运用 CiteSpace 软件进行可视化文献分析。

文章发表的时间趋势图如图 1 所示。除了 1993 年、1994 年、1996 年和 1997 年该数据库中未有相关主题文章出现之外,近 30 年发表的校长专业化发展的相关文章整体上呈波浪式增长,到 2021 年达到了顶峰,说明校长专业化这一问题域在国外自 20 世纪 90 年代起一直存在,且关注度在不断上升。

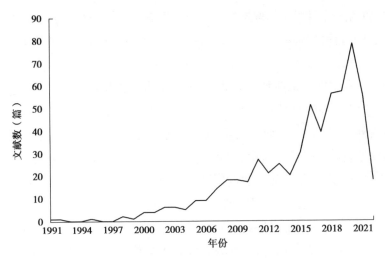

图1　校长专业化(发展)文章发表的时间趋势图(国外文献)

在知识图谱中,圆表示关键词节点,节点越大说明对应主题出现的频次越高。从知识理论的角度看,中心性和频次高的关键词代表一段时间内研究者共同关注的问题,即研究热点。中心性作为衡量节点权力的大小,反映了该点在网络中的重要性。关键词的共现频次越高,节点中心性越高,说明节点在该领域越重要。节点年轮颜色及厚度表示出现时段,即圆内色环越厚,表明该颜色对应年份出现的频次越高。如图 2 所示,高频关键词(出现 20 次及以上)包括:" professional development"172 次," school"66 次," education"64 次," leadership"61 次," teacher"57 次," principal"53 次," impact"50 次," school leadership"39 次," reform"36 次," community"36 次," policy"35 次," principal leadership"34 次," instructional leadership"34 次," achievement"32 次," performance"29 次," knowledge"25 次," distributed leadership"23 次," student achievement"22 次," school principal"22 次," efficacy"20 次," implementation"20 次。研究中节点较重要的有" professional development"(0.17)、" teacher"(0.16)、" knowledge"(0.15)、" leadership"(0.13)、" education"(0.11)、" school"(0.10)、" principal"(0.10)等。

图2 关键词共现图谱(国外文献)

由图3机构共现图可知,密歇根州立大学和香港大学是在校长专业化领域发文量最多的机构。

另在 EBSCOhost 一站式检索平台中以"professional development of school principal"为检索主题词,检索到学术理论期刊文献106篇,去重得到79篇,人工筛选得到近二十篇与校长专业化较为密切的文献。相关研究议题主要有:乡村高中校长的专业发展需求;学校校长工作性质的变化;学校领导力研究的经验教训与未来方向;学校领导的研究、校长专业化发展的必要性问题;美国校长师徒制与专业发展之研究:以乔治亚州为例;芬兰校长在课程过程中对知识共享的认知差异、知识共享对学校发展的影响;伊朗设拉子高中校长在教育领导力领域的专业发展需求研究;土耳其校长的教学型领导力;南卡罗来纳高度贫困小学有效校长的特征;希腊和塞浦路斯校长制度的要求、作用和挑战;绩效途径:校长的招聘和选拔、大学准备、执照颁发和专业发展;校长变革型领导对学校教师专业发展的主要影响;改善评估系统,建立一个系统化的知识库;阿拉伯联合酋长国公立学校校长的招聘过程:实践和政策;教学方面的培训以及分布式领导实践:葡萄牙校长专业发展需要和首选的学习方法等。

George Mason Univ

Mahidol Univ

Univ Johannesburg

Chulalongkorn Univ
Rutgers State Univ

Univ Penn　　Arizona State Univ

Vanderbilt Univ
Beijing Normal UnivHong Kong Inst Educ

Northwestern Univ　　Univ Kentucky

Univ Wisconsin　**Chinese Univ Hong Kong**

Brown Univ　**Michigan State Univ**

Columbia Univ　　Univ Hong Kong

Stanford Univ　　Cent Connecticut State Univ
East China Normal Univ

Univ Michigan Harvard Grad Sch Educ

Univ Alabama

Educ Univ Hong Kong

Univ Granada

Univ Pittsburgh

Univ Malaya

Univ Washington

Deakin Univ Univ Putra Malaysia

Harvard Univ

Monash Univ

Univ Illinois

Univ Canberra　　Adiyaman Univ　　Univ Missouri

Univ Virginia

Univ Texas

Charles Sturt Univ　　Univ Utah

Univ BirmingUniv Ghent

Univ Gothenburg

Univ Auckland

图 3　研究机构共现图(境外文献)

(二)国内关于校长专业化(发展)的文献及研究现状

1.相关政策文献

国内关于校长专业化(发展)的政策文献主要集中反映在校长专业标准中,如《义务教育学校校长专业标准》(2013)、《普通高中校长专业标准》(2015)、《中等职业学校校长专业标准》(2015)和《幼儿园园长专业标准》(2015)。值得注意的是,《高等教育学校校长专业标准》尚未在官方政策文件中看到,替代性的文件是

《关于坚持和完善普通高等学校党委领导下的校长负责制的实施意见》。除专门针对各级各类校长的相关标准性政策或文件之外,相关法律(如《中华人民共和国教育法》《中华人民共和国义务教育法》《中华人民共和国高等教育法》)、规定、指导(实施)意见、管理(实施)办法当中也会或多或少地提到对校长的相关发展要求,如为落实《中共中央、国务院关于全面深化新时代教师队伍建设改革的意见》,石家庄市教育局2018年5月出台的《关于促进中小学校长专业发展的实施意见》(石教〔2018〕60号),一些培训文件如《中小学校长培训规定》《教育部办公厅关于启动实施中小学校长国家级培训计划的通知》《关于推进县(区)域内义务教育学校校长教师交流轮岗的意见》等也对校长的专业发展提出了一些诉求。

2.编著、论著类文献

国内关于校长专业化发展的相关著作主要有:龚孝华、吴开华和贾汇亮编著的《校长专业发展与能力建设研究》、杨立国和程灵所编的《校长培训与校长专业化发展》、褚宏启的《走向校长专业化》、王铁军和邬志辉的《校长专业发展》、魏志春和高耀明编著的《中小学校长专业标准研究》、吕蕾的《中小学校长培训专业化研究》、李潮海的《未来教育家:中小学校长队伍建设研究》、孙中华的《城镇化与农村校长专业发展》、王世忠的《现代校长专业发展与培训》、宣勇的《中国大学校长管理专业化研究》、傅树京的《校长专业发展的制度体系研究》、江娜的《中学校长领导力准备与专业化发展研究:以河南省为例》等。

《校长专业发展与能力建设研究》一书分为三篇,上篇为校长专业发展的理论研究,中篇为校长专业能力建设,下篇为校长专业发展与治校之道的案例。全书内容翔实,理论与实践相结合。该书强调只有提高校长的专业发展水平,才能提高学校的管理水平和办学质量,才能提高校长职业的社会地位,才能满足社会变革和教育发展的需要。而要更好地推进我国校长专业发展的进程,就必须加强对校长专业发展的理论研究。《校长培训与校长专业化发展》一书的主要内容由培训理念、校长素质、培训目标、培训课程、培训模式、培训保障等组成。培训理念主要探讨现代校长培训的本质、特点以及新理念;校长素质阐述现代校长素质的时代性、整体性、可持续发展性、差异性等;培训目标探索面向21世纪中小学校长多重个性培训目标的构建。《走向校长专业化》主要从校长专业化理论和校长人事制度两大方面开展研究。理论研究涉及对校长专业化基本理论、校长专业标准、校长专业组织、校长胜任特征模型等的探讨;人事制度保障研究从人力资源管理流程和专业化标准出发,研究建构校长人事制度体系,以加快校长专业化进程。《中小学校长培训专业化研究》从培训管理机构专业化、培训需求分析、培训课程专业化、培训模式专业化、培训师资专业化以及培训评估专业化的角度开展论述,从校长工作的视角研究校长专业素质结构,以校长专业素质结构为基础建构校长专业发展课程,从系统优化的视角研究校长培训的外围制度保障。

《未来教育家:中小学校长队伍建设研究》一书从具有现代化管理能力和高水平、高素质的未来教育家的角度,对中小学校长的选拔、任用、培训、管理等方面进行队伍建设的理论研究。《城镇化与农村校长专业发展》把农村校长专业发展这一问题置于新型城镇化背景下加以探讨,研究分析了农村校长专业发展存在的现实问题,探讨了新型城镇化带来的农村校长专业生活环境的改变以及新的角色挑战,在此基础上提出了依托城镇化如何促进农村校长专业发展的相关对策建议。《现代校长专业发展与培训》通过对我国校长资格制度与培训制度历史变迁的梳理,着力分析了校长专业知识与学习获得的特点,科学界定了校长专业发展与培训的内涵,探讨了校长培训课程体系与专业素养养成的路径,阐明了校长专业发展与培训过程中应处理好的几对关系,借鉴了发达国家校长专业发展的经验,试图在把握校长专业发展规律的基础上构建校长专业发展与培训的理论、模式与方法体系,以此更有效地开展校长培训,有效地提升校长的核心素养,促进校长专业发展。《中国大学校长管理专业化研究》是教育部哲学社会科学研究重大课题攻关项目"完善中国特色现代大学制度进程中的大学校长管理专业化研究"的研究成果。该书的理论贡献是构建了大学校长管理专业化"两体三维"的理论体系,采用多种研究方法、运用多项分析工具探讨了实现大学校长管理专业化的建议和举措。《校长专业发展的制度体系研究》一书从政策文本视角梳理了校长专业发展的制度体系,从政策执行视角探究了校长专业发展制度体系的实施情况;基于人力资源流程理论、权力制衡理论和组织理论等,提出了需要补充的制度;基于职业生涯发展和制度理论,提出了需要修复的制度;通过补充与修复,完善了基于政策设计的纵横结合的制度体系;基于新制度主义理论,重构了包括规制性、规范性和文化-认知性在内的校长专业发展制度体系;通过重构,形成了体现多元化制度主体要求、符合校长专业发展特点和具有内外力量作用的制度体系。

3.学术期刊、硕博士论文类文献

以"校长专业化""校长专业化发展"作为主题词,在中国知网(CNKI)中检索相关论文,剔除重复发表和非学术期刊类型的文献,导出相关期刊文献 174 篇,论文最早的发表时间是 2002 年 10 月,其文章发表的时间趋势如图 4 所示。可见在2007—2008 年、2013—2014 年出现了两个研究高峰期。

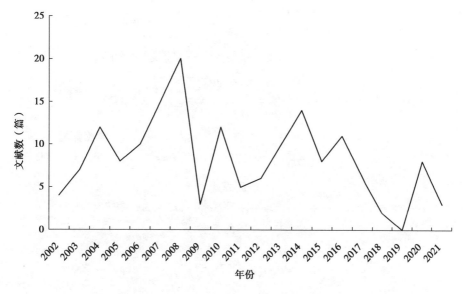

图 4 　校长专业化(发展)文章发表的时间趋势图(国内文献)

在图 5 所呈现的关键词共现图谱中,高频关键词包括"专业化""校长""中小学""校长培训""职业化""大学校长""培训模式""学校管理""大学治理"等。研究中节点较重要的有"专业化"(0.18)、"中小学"(0.17)、"校长"(0.16)、"校长培训"(0.14)、"培训模式"(0.11)等。

此外,从下面的研究机构共现图(图 6)和研究作者共现图(图 7)当中,可以一目了然地看到当前国内校长专业化发展研究的代表性机构及活跃作者。从图 6 可知,吉林省教育学院、浙江工业大学现代大学制度研究中心、北京教育学院、北京师范大学教育管理学院等是校长专业化发展领域比较有代表性的研究机构。从图 7 可知,形成了几个校长专业化发展研究的活跃作者群,首先是以褚宏启为核心的作者群,包括杨海燕、贾继娥等,在中小学校长专业化研究方面颇有话语权。其次是以宣勇为核心的作者群,包括钟伟军、凌健、张鹏等,在大学治理和大学校长专业化领域颇有影响力。其他较活跃的作者还有王水玉、王中华、王铁军、陈禹、林森、贺乐凡、姚晓峰、龚玲、王彭宇、张会武、巩达、翟姗姗、张鑫、张新平等。

图 5　关键词共现图谱(国内文献)

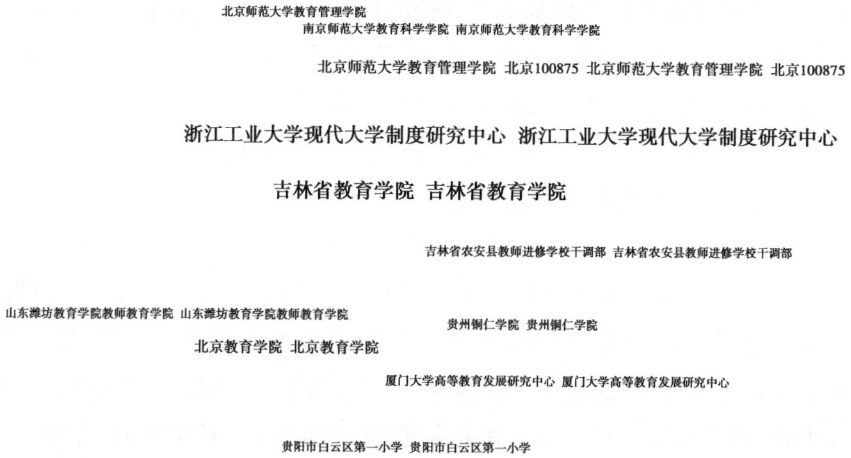

北京师范大学教育管理学院
南京师范大学教育科学学院 南京师范大学教育科学学院

北京师范大学教育管理学院 北京100875 北京师范大学教育管理学院 北京100875

浙江工业大学现代大学制度研究中心 浙江工业大学现代大学制度研究中心

吉林省教育学院 吉林省教育学院

吉林省农安县教师进修学校干训部 吉林省农安县教师进修学校干训部

山东潍坊教育学院教师教育学院 山东潍坊教育学院教师教育学院　　　　贵州铜仁学院 贵州铜仁学院
北京教育学院 北京教育学院

厦门大学高等教育发展研究中心 厦门大学高等教育发展研究中心

贵阳市白云区第一小学 贵阳市白云区第一小学

图6　研究机构共现图（国内文献）

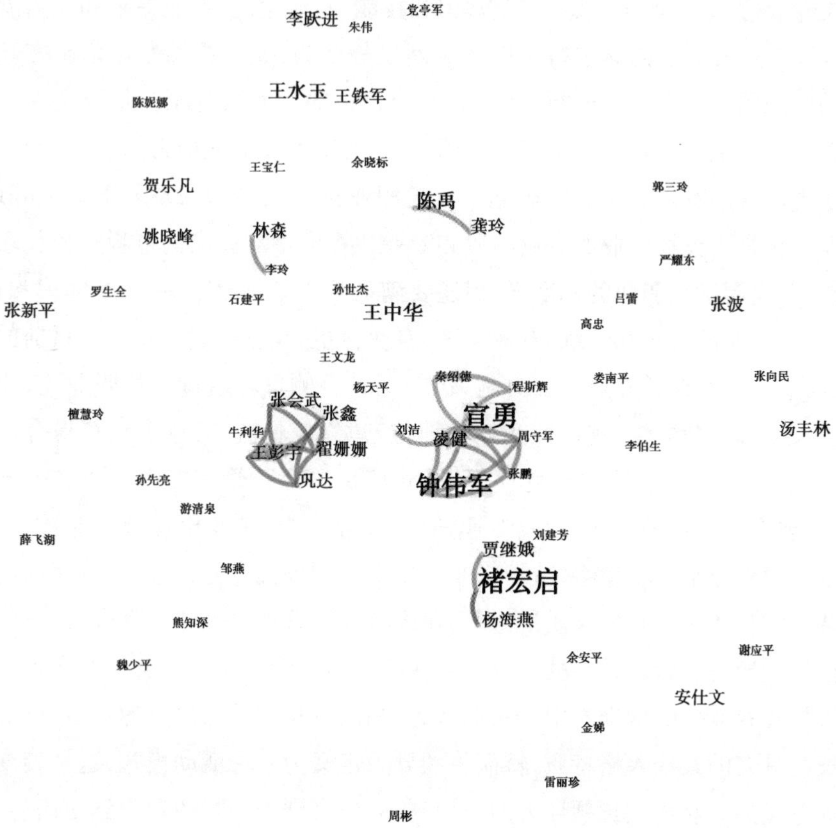

李跃进　党亭军　朱伟

陈妮娜　　王水玉 王铁军

贺乐凡　王宝仁　余晓标　　陈禹　　郭三玲
姚晓峰　林森　　　龚玲　　严耀东
　　　　　李玲
罗生全　石建平　孙世杰　　　吕蕾　张波
张新平　　　　　　王中华　高忠
　　　王文龙　　　　秦绍德　　娄南平　张向民
檀慧玲　张会武　杨天平　程斯辉　　　　汤丰林
　　牛利华　张鑫　刘洁　宜勇　周守军　李伯生
王彭宇 翟姗姗　凌健　张鹏
孙先亮　巩达　　钟伟军
游清泉
薛飞湖　邹燕　　　　刘建芳
　　　　　　　贾继娥
熊知深　　　　褚宏启
魏少平　　　杨海燕
　　　　余安平　谢应平
　　　　　　安仕文
金娜
雷丽珍
周彬

图7　研究作者共现图（国内文献）

在以上可视化分析的文献基础上，通过主题词检索，适当补足了一些校长领导力、治理能力方面的文献，再对这些文献进行聚焦式分析，按照不同的问题域，根据一定的逻辑体系梳理为三个方面的研究，分别为校长专业化的内涵及标准研究、校长专业化发展面临的困境及态势研究、校长专业化的实现策略及方法研究。

（1）校长专业化的内涵及标准研究

校长专业化也被称作"校长专业发展"，关于校长专业化的内涵，有学者指出，从职业群体的角度看，就是指校长职业由准专业阶段向专业阶段不断发展的过程，即在整个职业层面上逐渐达到专业标准的过程；从校长个体的角度看，是指校长的内在专业结构不断更新、演进和丰富的过程。褚宏启等学者持相同观点，认为就校长个体而言，校长专业化是指校长在专业精神、专业知识、专业能力、专业伦理、自我专业意识等方面持续发展的过程。李佩和钟婉娟结合教育治理现代化的理论，从校长专业意识、专业角色感、专业知识和技能、专业伦理、专业追求和动力五个方面对校长专业发展的内涵进行了阐述。刘玉静认为，大学校长专业化研究标准可以以两个问题为基点进行分析：是否是一个合格的专业教育家？是否是一个职业管理者？前者主要涉及内在知识能力因素，后者则涉及职业能力因素。

学者们普遍看到了校长专业化与校长职业化的区别和联系。李卫兵等认为，校长专业化是指校长职业的专业品质和专业化程度不断提高的过程。校长职业要专业化，首先需满足职业的标准，然后还要满足6条专业标准：专业的知识和技能、专业道德、专业的培养和训练、专业发展、专业自主、专业组织。在中国目前的情况下，校长职业化和校长专业化要并行发展，但各有侧重。通过校长职业化，我们要提高校长工作的独立性、规范性和社会地位，建立校长流动、竞争和获得合理报酬的市场机制，加强对校长的规范管理，培养校长的经营管理能力。通过校长专业化，我们要发展校长的专业精神、专业知识、专业能力、专业伦理和专业社会组织，提高校长的专业水平。最终，校长职业化将统一到校长专业化中去，从而提高我国校长队伍的整体素质和生存质量，提高我国教育的管理水平和教育质量。

校长领导力被认为是与校长专业化关系密切的能力之一，因此被纳入到衡量与评价校长专业化的标准当中。王磊认为，当前校长领导力研究的重点，已经从考虑校长所具有的某些人格特质，转而将领导力定义为一种活动模式，这种转变是有其实际意义的。对于校长领导力的知识基础，应有别于一般的理论学习内容，但也不能简单看成工作经验的积累。以下一些方面的内容是校长领导力知识基础中主要的实践理论成分,每一种成分都涵盖了一些校长们需要在工作中解决的问题:愿景与使命、学习的理论、培养和维持学习的环境、与大社会接轨、核心价值和理念、实施改革。这些知识基础和观念体系不但有助于高效领导和管理的实现,而且也是校长专业个性发展中不可少的原料。

以往有关校长领导力的研究可谓硕果累累,教学型领导力、变革型领导力、道德型领导力、价值型领导力、信息化领导力是几种较为主流的校长领导力模式。不管哪一种领导力都不是独立于其他领导力之外的,而是相互融合、相互支撑的,是校长整体领导力的有机组成部分,是校长综合素质的体现。傅蝶认为教学型领导力、变革型领导力和道德型领导力等模式主要是学校内部结构的一种调整,基本不触及学校外部的结构,虽说也是改善学校领导的有效尝试,但却不那么彻底。基于此,她提出了"治理型领导力"的概念。治理型领导力一方面强调校长在学校变革型发展中的使命担当,另一方面又强调学校内外结构的有机联动和所有利益相关者的共同参与,同时把领导力构成、形成和变化置于学校教育的大场域中,从而有着更强的理论解释力和实践引导力。以治理为指导的校长领导力意味着新的领导力特征与生成路径,其结构模型可诠释为:多元主体参与——领导权力的重构;有效互动——领导方式的更迭;实践中生成——领导机制的探寻。

胜任力是检验校长专业化与领导力达成度的关键词。胜任力定义中存在以下共性特征:胜任力是成功者的特质,由此也可将高绩效者与普通者区分开来;胜任力涉及个体的知识、技能、动机、自我意识、态度、信念等方面;胜任力总是与特定的职业与岗位或组织相联系,是个体在履行其相应职责时展现出来的行为特征。耶鲁大学第22任校长理查德·雷文在其著作《大学工作》中论及自己对胜任力的思考,认为大学校长职业是一份需要全力以赴去做的事业。

学界普遍认为校长专业化发展存在岗位适应期、称职期、成熟期、升华期等阶段。如高文心从生涯理论的视角,构建校长专业发展的三维模型,以描绘校长在职业生涯中从事务型校长迈向教育家型校长的上升轨迹。基于当前的研究基础,文章从目标追求、领导风格、思维方式和行为方式四个维度来梳理各层次校长的专业特质,并系统性地探讨其专业成长的路径,分别就岗位适应期、称职期、成熟期、升华期提出了履行职责、持续学习、实践反思、凝练思想、引领未来的发展策略。于慧对30名广东省义务教育学校校长进行深度访谈,通过研究校长专业发展不同阶段的相应治校行为发现:所有受访校长都认为义务教育学校校长虽然存在个性化的专业理念、专业知识、专业能力及行为表现差异，但总体而言在校长专业发展所经历的适应期、称职期、成熟期三个主要阶段具有相应治校行为的普遍规律。

（2）校长专业化发展面临的困境及态势研究

校长专业化的困境首先导源于对西方大学校长职业化发展的探究。邹宏美在其硕士论文中，基于对大学校长职业化本质的理解，评价了西方大学校长专业标准、校长角色、校长遴选、校长培训等成功经验及面临的困惑，思考了我国大学校长职业化进程中的困惑，突破以往"就职业化本身论职业化"的思路限制，试图从宏观、微观等方面探究，提出了我国大学校长职业化进程中市场经济成熟度、高等教育体制、大学校长职业管理制度以及大学校长个人发展四方面的困惑。研究丰富了我国大学校长职业化的理论体系，对于大学校长专业化亦具有一定的理论价值和实践指导意义。

我国大学校长职业化的发展存在着来自各方的阻碍，不仅有来自外部组织制度的阻碍，也有来自大学内部组织及大学校长自身的阻碍。比较有代表性的研究如陈治亚的《关于大学校长职业化的探究与思考》、张海清的《异化与优化：大学校长职业化发展路向选择》、李福华的《我国大学校长职业化的条件分析》等，认为大学内部组织结构的复杂化、承担功能的多样化给大学提出了变革要求，机构的运行方式与现存制度发生摩擦使得大学校长职业化的推进在组织的制度层面受阻，具体表现为：校长选拔制度缺乏市场化和流动性、评价制度尚不健全、职业规范不够科学合理、薪酬制度激励效用过低等。除此之外，办学体制中存在的一些弊端以及复杂社会风气对大学校长管理不力，也属于外部组织制度方面带给大学校长职业化进程的阻碍。朱庆葆的《教育家办学与校长职业化》、宣勇的《大学校长管理专业化研究的价值与基本问题》、胡银根的《我国大学校长职业化问题研究》等文献则从个人需求入手，认为社会固有旧观念，校长管理能力大小，工作热情程度，职业修养，对自我身份的认同以及对工作的专心性、专长性和专门性等同样给我国大学校长的职业化带来了不小的挑战，影响着我国大学校长的职业化进程。宣勇等认为，完善大学校长遴选机制，建立大学校长职业化市场是影响大学治理能力现代化进程的重要因素。高等教育治理能力现代化进程中，大学校长遴选要求变革一元主导的校长遴选制度，要求遴选职业化的校长对大学进行专业化管理，要求政府作为制度供给者建立大学校长职业化制度。

此外，现行的校长培训体制和管理机制无法有效助推校长专业化发展。周彬认为,推进校长专业化有必要性但缺少可行性,因为学校管理缺少系统知识,校长专业化缺少科学进程且校长深受"专业转换"的阻碍。目前,校长培训课程主要是学科知识、政策解读和专题讲解的简单组合,缺少系统整合;培训方式除了分级培训外,还包括名校长基地、影子校长、名校长导师制等多种形式,但形式间并不相互支撑;校长培训的师资队伍以兼职为主,缺少专业研究;管理机制主要采用"管办分离"的模式,让问题与对策相分离。

同时,大学内部的治理是以大学领导者(大学校长)为主导的治理,因此,学校内部治理环境对大学校长专业化发展亦会造成掣肘。李芳莹和眭依凡对国内十所大学主要领导者进行了访谈,访谈结果表明,大学内部治理能力对大学发展影响重大已成为大学领导者的理念共识。完善党委领导下的校长负责制、任用高素质大学领导者、完善校院两级治理体系、激发二级学院治理活力,完善学术委员会运行机制、培育学术委员会学术领导力是完善大学内部治理结构的重要着力点。办学自主权不足、外部评价导向偏颇、缺乏治理内生动力、章程文本尚未在治校实践中落实等为大学内部治理能力提升带来了挑战。

虽然我国大学校长职业化进程中面临着诸多困境,但仍处于一个不断发展的阶段。刘玉静通过对 75 所部属大学校长的调查分析,发现在大学校长职业化进程方面,我国与国外著名大学校长职业化水平的差距在逐渐缩小,同时,在教育理念、遴选制度、培训制度、评价标准等方面还需要进一步探索,以更好地促进大学校长职业化发展。

在中小学校长职业/专业发展相关研究上,校长专业化更多地与各种类型的培训相结合,专业化发展面临的困境或困惑往往也在于此。朱福建基于 TALIS 2018 校长问卷调查数据,对比分析上海市中学校长和其他参与国家或地区(尤其是经济合作与发展组织成员国)中学校长在职前专业准备、在职研修活动、专业发展需求等方面的异同。研究发现,上海校长虽然在学校管理经验上具有明显优势,但在学历准备、相关专项能力培训等方面有待加强,参加非正式的同侪学习活动相对较少,专业发展上存在与工作时间冲突、缺少激励措施及门槛限制等问题。于川和霍国强依据《义务教育学校校长专业标准》和《普通高中校长专业标准》,编制了涵盖规划学校发展、营造育人文化、领导课程教学、引领教师成长、优化内部管理、调试外部环境六个维度内容的调查问卷,对 H 省 7 市的 361 名中小学教师进行了问卷调查。结合问卷数据,通过教师视角发现,校长专业发展维度中存在较多问题的是管理层面,主要表现为制度执行虚化、民主化程度不高、对教师的个体关注缺失及社区支持互动受限等。

党的十八届三中全会提出:"全面深化改革的总目标是完善和发展中国特色社会主义制度,推进国家治理体系和治理能力现代化。"高等教育治理(大学治理)进入了学界的研究视野,与"大学校长管理专业化"这一主题耦合,产生了新的学术增长点。2013年以来,宣勇领衔的学术团队的教育部2011年哲学社会科学重大攻关招标课题"完善中国特色现代大学制度进程中的大学校长管理专业化研究"产出颇盛,代表性论文如《大学校长遴选与高等教育治理能力的现代化》《高等教育治理体系中大学校长的角色定位研究》《论我国大学治理能力现代化进程中的校长管理专业化》《校长管理专业化与我国大学校内领导体制的完善》《治理视野中的我国大学校长管理专业化》《高等教育治理现代化要求大学校长管理专业化》《我国高等教育治理:体系构建、逻辑审视与未来展望》《基于治理能力提升的中国大学校长管理专业化理论建构》。在对大学校长职业化探讨的基础上,创新了大学校长管理专业化的"两体三维"理论。按照这个分析框架,课题组通过对"211工程"大学书记、校长的问卷调查,网络信息跟踪调查,典型的书记、校长访谈,与美国教育委员会(ACE)发布的《美国大学校长(2012)》研究报告进行比较,从"两体三维"视角开展了大学校长管理专业化发展的状况分析,同时也对高等教育治理的体系构建、逻辑审视与未来展望进行了相关的描绘。大学校长专业化发展逐渐多了与高等教育治理能力相连的意味。

围绕着治理话题,亦有学者发表了相关论文。薛飞湖在研究中指出,从管理到治理,多方主体逐步参与高等教育管理活动。校长作为大学最高行政长官,其走向专业化发展道路,对高等教育治理体系和治理能力现代化有着重要的意义。然而大学校长专业化面临着观念角色模糊、素质参差不齐、评价体系失范的困境。在治理语境之下,还有学者对大学校长治理能力进行了分层别类的探讨,认为八个维度的治理能力是大学校长治理能力体系中需要关注的核心要素和考量方面。王飞通过对历史上大学校长的研究和对现实中大学校长的深度访谈,将大学校长的治理能力解析为变革力、诊断力、思想力、育人力、决策力、实践力、文化力,他认为优秀且成功的大学校长流露了四种品格:以实干为信仰的大学校长是身先士卒的"发起者";以事业为信仰的大学校长是创造希望的"鼓励者";以团体为信仰的大学校长是以人为本的"培养者";以公益为信仰的大学校长是乐于奉献的"主发条"。四种品格累积叠加,是大学校长成为教育家型校长的主要表征。此外,傅蝶和周彬也对校长治理能力建设的背景、要素与路径作了分析,为治理视野下校长专业化能力发展的路径提供了借鉴思路。

把治理与校长专业化相结合或者说治理视野下的校长专业化发展的研究,虽然更多见诸高等教育领域,但是在中小学领域,随着教育治理体系和治理能力现代化的提出,也越来越重视校长队伍专业化和治理能力的关联。在治理视阈下,中小学校长专业化发展领域近些年来比较突出的是关于校长职级制的探索。北京市教育委员会李奕认为,推行校长职级制是全面提升学校治理能力的迫切需要,中小学校长职级制开启了推进校长队伍专业化的新征程。通过校长职级制的实施,市区两级教育行政部门首次将校长、书记"一把手"队伍按照学历、年龄、专业技术职务(职称)、任职年限和能力水平诸要素进行系统梳理,整体"入级套改",用职级等次这种可视化方式形成校长梯队建设系列。在推进校长职级制过程中,把宏观中观层面的思想方法和工作要求向下延伸到副校长以下的管理干部。马景林认为,中学校长不仅要是教育家,还要是有"治理能力"的管理者。校长的"治理能力"对学校的发展至关重要,而影响校长"治理能力"的关键因素包括校长的使命感、思想方法,以及正确思想方法指导下的五种能力:对教育的理性思考力、对新生事物的现实判断力、对课堂教学的诊断和改造能力、对课程的理解和领导力、唤醒学生"生命自觉"的能力。

(3)校长专业化的实现策略及方法研究

校长的专业化发展过程包括以下活动:接受特殊的教育和培训、具备教育领域特定的知识技能、在社会共同标准基础上接受专业实践的锻炼。影响校长专业发展的因素是多方面的,是政府、社会、教育、制度、办学基础、个人等多种因素的交互作用,这些因素在影响校长的专业发展上具有不同的作用。从现有文献来看,校长专业化的实现策略和途径有如下五条:

第一,完善职前准备体系,优化在职培训制度设计、课程体系和实践路径。

朱福建通过国际比较研究得出,我国要完善校长职前培养体系,实现校长专业发展的一体化;丰富校长在职研修形式,确保校长专业发展的实效性;回应校长的困难和需求,提高校长专业发展的针对性。胡志强提出要借鉴美国中小学校长的职业准备方式,通过项目育人方式,以大学提供的校长准备项目实现高效化,具体是通过校长候选人的招募、选拔能够挑选出具备潜能的候选人,通过提供兼具内在一致性与实际导向性的课程，开展基于问题、依托团体的教学，借鉴实习，让校长候选人进行领导实践的初体验，再严把校长候选人的毕业关，以职业准备推动校长队伍专业化。张祥明认为，校长培训直接的目标是校长个人素质的提高，终极目标是学校的发展。培训对校长个人来说既更新了教育观念，又是校长个人素质和能力重新组合的过程。对学校来说，"校本战略规划"是培训内容的创新。变革培训方式，培训评价以"导"为主，"督""导"结合，评价主体多元化，充分重视校长专业组织对校长的评价。周彬建议逐步实现培训机构与培训任务的市场化对接，实现课程开发与培训项目的无缝对接，实现校长权利和管理能力的对接，以提高校长培训质量，提升校长专业品质。有学者给出了中小学校长轮岗交流问题的应对策略：一是转变思想观念，激发轮岗热情；二是推行职级制改革，打通交流渠道；三是开展专项培训，提升专业能力；四是加强制度建设，完善考评机制。哈尔滨市校长采用校长发展共同体的方式来推进校长专业化发展。校长发展共同体由领衔专家与成员校长共同构成，是研究校长专业发展与学校发展的研修团队。以共同愿景为灵魂、以制度体系为框架、以规则程序为纽带，共同体确定了"专家引领、团队互助、自主研修、课题牵动"的实践策略。通过构建研究型课程、共享型课程、交流型课程、引进型课程、访学型课程和线上型课程的课程新体系，在实践路径上使示范引领与互访交流相结合、诊断分析与专家指导相结合、课题研究与活动展示相结合、理论学习与考察访学相结合、自主研修与团队研修相结合、线上培训与线上教学相结合。田领红和苏锦萍以刘可钦校长工作室运行为例，坚持以问题导向促进校长专业化发展的创新培养模式，聚焦校长专业发展面临的基本问题，进行有针对性的引领和培养，为以名校长工作室方式开展校长培养提供了可供借鉴的工作模式和实践经验。

第二，深化职级制改革，构建治理体系，改良校长专业化发展的制度环境。

《国家中长期教育改革和发展规划纲要（2010—2020年）》明确制定了中小学校长的任职资格标准，要求实行校长职级制改革，积极推进校长专业化，提高学校管理水平。贾继娥等认为深化我国校长职级制改革的关键在于合理划分校长职级阶梯（结合校长成长周期的年限，将中级校长与高级校长分别划分为三等，形成四级八等的校长职级阶梯）；创设科学的校长职级评价模式；设置独立的校长职级序列；建立以能力和绩效为基础的"双核"薪酬体系。全树龙认为摆脱中小学校长职级制改革困境的对策如下：转变职级制改革路径，坚持自上而下的改革方式、加大国家对职级制改革的支持力度、充分调动校长群体参与职级制改革的积极性、加大职级制改革的社会支持力度。余晓标等认为,为实现困境突围,中小学校长职级制改革要做好以下工作:规范制度目标,聚焦校长专业化;紧随人事改革,夯实校长职级根基;重视副校长角色,明确其职级定位;建立进出机制,畅通校长与教师的流动渠道;明确薪酬依据,创新校长薪酬制度。赵同祥认为,在完善校长职级制科学运行的机制上,要完善校长选拔任用机制、完善校长评价机制、完善任期交流机制、完善校长培训机制、加强激励与制约机制建设、完善学校内部治理机制等。薛飞湖认为,实现大学校长专业化发展应着力于推动大学校长治理理念转换,优化大学内部现代治理体系,构建科学化共治评价机制。

第三,自主发展,提升专业素养。

贾磊立足于专业化应具备的专业素养以及专业化的校长应该是专家型、学术型、改革型校长的基本观点,提出了校长自我专业发展的七条策略与建议:积极自主的职业角色转型、树立强烈的专业意识和信念、持续的专业学习、导师跟学名家对话——学习实践性知识、潜心工作理性反思——实践中磨炼反思中进步、专业组织中学习提升、大胆改革勇于创新——教育大家的胆识。

《中国教育现代化2035》(以下简称《2035》)强调要"推进教育治理方式变革",包括推进管理精准化和决策科学化。AI时代的社会发展和技术变革,从治理的结构、形式和内容等方面对大学校长信息化治理提出了全新挑战。其面临的现实困境主要体现为制度层面的会议治校和文件治教等路径依赖,组织层面的层级管理和分层发包等科层制惯习,能力层面的信息素养缺失和学科知识结构固化。大学校长个性化的领导风格、领导艺术、领导才能以及在此基础上所形成的"治理机智",是无法被AI所取代的,这为大学校长信息化治理能力学习与培训开拓了新的发展空间。通过在大学校长信息化治理能力专项学习与培训过程中应用AI的技术手段,加入AI时代大学校长领导艺术相关的虚拟现实情境教育等内容,增加虚拟跨时空的大学领导力模拟训练,可以更加快捷、真实地提升大学校长的信息化治理能力和治理机智,增进大学校长对AI的亲和力,以及在此基础上强化对大学中其他治理主体的制度解释力和执行力。任冬梅认为,如果把校长的信息化力作为校长专业发展的一个重要组成部分,需要制定清晰的标准,让校长了解发展目标和努力方向。

第四,个体的内驱性策略和组织的外驱性策略协同。

林森认为,"从20世纪80年代至今的我国校长队伍建设的发展历程来看,校长专业化的实现主要是通过两个途径实现的：一个是外部的组织途径，主要包括行政部门的制度假设、业务单位的培训培养、社团组织的协会活动等；二是内部的个体途径，主要包括校长的自我工作实践、自我设计、自学、自研等"。农村校长专业化发展的外部组织途径一是要借助城镇化建构城乡互助一体化机制，保障农村校长专业发展，二是要改善现有培训机制，提升农村校长培训的实效性。农村校长专业发展的内部个体途径是校长要有专业发展的自主性，有执着的教育信念，善于学习，发挥教育实践中的反思性精神。张莹认为改进校长领导力的策略建议包括两方面：第一，个体的策略：提升校长实现愿景的毅力，充分发挥校长自身主动性；建立一种彼此互信的良好氛围。第二，系统的策略：发展与完善校长负责制；加强制度建设，促进校长专业发展水平的提升；大力促进学习型学校的建设。谢超认为有效提升中小学校长的信息化学习力需要从增强自身信息化学习能力、提升教育教学中的信息化领导力和完善开展信息化学习的外部激励和保障机制三方面着手。于川和霍国强认为进一步提升校长管理专业化水平，对内要注重管理中的个性化人文关怀，对外要挖掘学校—社区深度合作路径。张海蓉和胡东芳在促进校长专业发展的策略中，强调个体拉动的内驱性策略，包括实现角色认知、转变思维方式、形成自我省思、提升能力素养等四个方面；强调环境推动的外驱性策略，包括落实专业标准、规范资格制度、健全培训体系、对接评价与激励、建设专业组织等五个方面。在此基础上，通过借鉴班杜拉的三元交互决定理论，弥补既有研究对行为要素关注的不足，创造性地提出校长专业发展的三元交互策略，即个体拉动、环境推动、行为驱动三种策略相互作用，为校长专业发展提供新的思路。刘婷婷主张从自主性和外驱性两个层面提出我国在人工智能视阈下校长专业发展的相关策略。傅蝶等认为，校长治理能力的提升路径离不开政府部门的简政放权、校长自身道德领导力的构建，以及在学校现场解决具体问题的实践探索。

第五，根据校长专业化发展所处的阶段，适用不同的引领策略。

彭姗姗和张立明结合校长专业发展过程中知识的四种转换模式，根据中小学校长专业发展的阶段特征，提出相应的引领策略：①适应期阶段：从显性知识到显性知识，即知识的联合化过程。②发展期阶段：从显性知识到隐性知识，即知识的内在化过程，是指校长在反复学习和运用显性知识的过程中所达到的熟练程度。③成熟期阶段：从隐性知识到隐性知识，即知识的社会化过程，是直接分享他人直接经验的过程。④创造期阶段：从隐性知识到显性知识，即知识的外在化过程，通过这个过程,模糊的、未被意识到的知识变得明晰起来,这是一个从具体到抽象、从直接经验向间接经验转化的过程。

（三）研究述评

1.研究内容述评

（1）国外研究内容述评

国外的校长专业化研究在初始阶段,主要集中于中小学校长的角色以及职位的素质,但没有形成系统性的研究。20世纪90年代,教师专业化发展的研究日趋成熟,这极大地推动了学者对校长专业化问题的研究。之后,学者们开始将研究的重点转向校长专业标准、校长培训以及校长的管理制度上,形成了一系列水准较高的理论研究成果,尤其是欧美等发达国家在这方面的研究层次和水平比较突出,并已将研究成果转化到教育实践当中,形成了较为完善的中小学校长专业标准和系统的校长专业发展体系。

1991年开始,国外出现了与校长专业化发展相关的学术期刊论文,但更多是围绕学校而开展的研究,这也与关注校长专业发展的起始动因相对应。2000年以后,对于教育、改革、成就、校长、知识、教师、执行、领导力、专业发展、政策、校长领导力等的研究开始聚集,大规模研究成果出现,具体如图8所示。

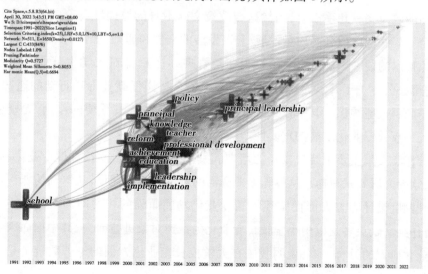

图8　关键词时区图谱（国外文献）

从前文所呈现的关键词共现图谱(国外文献)也可以得到印证,国外近30年来关于校长专业化发展的研究重点落在专业发展、教师、知识、领导力、教育、学校、校长等关键词上。校长专业化发展的研究整体上存在对于领导力的关注,同时校长专业发展问题的探讨往往更多地与教育和学校的发展以及教师、学生的发展研究联系在一起。

从校长职业化/专业化发展方面的著作和期刊论文来看,对于校长专业标准、遴选、角色及其转变、领导力方面的研究颇丰,且研究周期较长,像领导力这一方面更是长盛不衰的研究话题。对于一些发达国家而言,校长专业发展的策略研究往往更指向内引发展式,如关注校长领导力、校长智能素质的发展、校长对知识共享的认知差异、知识共享等;而对于一些欠发达国家来说,校长专业发展的策略研究往往更指向外导发展式,如关注校长的招聘、外在的校长制度的要求、作用及挑战等。

(2)国内研究内容述评

国内校长专业化发展的相关政策文献主要围绕着校长专业化标准的制定而展开。综观以"校长"为关键词检索的政策文献,其内容包含了校长专业发展和治理能力的内容性描述、如何保障校长专业化职责的履行,以及如何对校长专业发展(培训)的成效做出评价,涉及校长专业发展和治理能力的影响因素及内引策略方法方面的政策文献几乎没有,当然这与政策文献本身的导向性有着关系。近年来也出台了一些指向教育高质量发展/和谐发展的文件和通知,如针对中小学校园霸凌现象推出的《中小学法治副校长聘任与管理办法》、针对大学生就业难出台的《教育部办公厅关于开展全国高校书记校长访企拓岗促就业专项行动的通知》都在力争破解一些顽疾。其中校长的专业性角色起到了极其重要的作用,无疑也再次印证了校长专业化发展的重要性。

著作类文献主要围绕着校长的培训和发展、能力建设、校长管理专业化、制度体系、领导力研究来写作。从校长专业标准的理论到制度建设,从培训的课程设计到管理制度设计等方方面面阐述校长专业化发展面临的相关问题。值得注意的是,著作类文献更多是以中小学校长专业化为聚焦对象进行研究,其中面向大学校长专业化研究的只有一本,说明我国在大学校长专业化方面的论著数量上是较为贫乏的。

结合期刊论文的发表来看,内容聚焦则显得尤为突出。据图 9 可知,20 年来校长专业发展问题是国内学者持续关注的焦点,中小学校长是学者聚焦的主要研究对象。其中,校长专业化培训问题国内学者早在 2003 年就已经开始进行探讨,并陆续出现培训理念、培训模式、按需施教、培训课程、培训师资、培训需求、培训机构改革、农村校长培训、案例教学、研修文化等研究问题。中小学校长专业化发展研究的问题领域随时间推移而逐渐丰富。早期侧重校长角色定位以及管理职责探讨,随着 2008 年教育部关于《中小学校长专业标准研究》项目工作会议的召开,学界围绕校长专业标准问题进行了大量的探讨,初始主要集中于借鉴美国等国外中小学校长专业标准制定理论框架。2010 年,《中小学校长专业标准研究》出版,该书系统概括了校长负责制和校长专业发展理论研究的进展,深入了解中小学校长专业成长的历程,试图构建起既符合我国中小学管理体制改革现实和趋势,又顺应国际教育管理改革方向的校长专业及其发展的基本理论,从而为中国中小学校长专业标准的制定提供坚实的理论依据。2013 年教育部公布《义务教育学校校长专业标准》,2015 年初公布《普通高中校长专业标准》《中等职业学校校长专业标准》,学者将研究中心迁移至专业标准的完善以及落地实施等问题,就专业标准的模糊不清、实施困境及建议策略展开讨论。随着西方国家中小学校长领导力改革的成功推进,不少学者借鉴国外中小学校长专业发展经验,探讨我国中小学校长领导力发展问题,陆续出现了课程领导力、教学领导力、信息化领导力、价值领导力、道德领导力等研究问题。同时伴随着 2013 年教育治理体系与治理能力现代化建设首次以政策文本的形式提出,教育学界对于教育治理与校长专业化的关系研究拉开帷幕,汇聚了一批教育学和管理学学者投身于此话题的研究,产出了高质量的研究成果。

总体上来说,校长专业化发展的国内研究内容更聚焦于外在的教育体制、管理制度、培训体制,注重于校长专业化发展的外在导入和保障,对于校长专业化的内引式发展的研究相对欠缺,说明这是一个可供延展的地带。

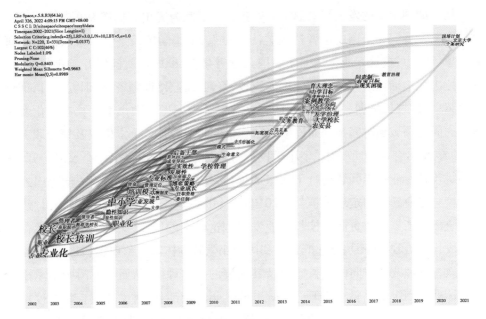

图9 关键词时区图谱(国内文献)

2.研究方法述评

从搜集的文献所用的研究方法可见,国外关于校长专业发展的相关研究从偏理论研究到相对更为注重对实践研究,这点从关于校长职业化/专业化/领导力方面的著作类文献、Web of Science 近三十年发表的该主题的学术期刊论文的时区图谱以及 EBSCOhost 近十几年来关于该主题的学术期刊论文都可以看出来。就整体研究风格而论,近十几年的研究在研究方法上更多地采用了问卷调查、访谈、个案研究等方式,通过定性和定量的分析得出相应的结论,并进行针对性的讨论。在涉及校长专业化策略的研究方法上,则更侧重于校长专业化的内引式发展策略的实证研究,如对校长领导力的研究更具有实践的贴合度。

而国内关于校长专业化发展的相关研究则刚好相反,规范研究较多,实证研究较少。多侧重于对校长专业化发展的内涵、标准、面临的困境和态势进行思辨性描述,对于校长专业化发展开展的实践研究风毛麟角,但是一旦有学者据此开展了相关的质性研究或定量研究,那么就具有相当的关注度,会产生相当的影响力。尤其值得注意的是,具体涉及治理视野下校长专业化(发展)的内引式发展的,几乎都是规范研究。这一方面是由于校长群体本身较少开展针对自身职业的专业化研究,另一方面也在于学者开展针对校长专业化发展的问卷调查及访谈类研究的难度比较大,尤其是当研究对象是较高教育层级的校长时,由于其事务的繁忙,导致接受问卷调查和访谈的意愿可能不是很强。但是随着口述史的重要性越来越为世人所认知,相信学界对于深度访谈的开展力度也会更大。当然,这一研究缺口也为我们后续的研究提供了启示和方向。

二、本方向研究趋势分析

(一)国外研究趋势分析

"突现"反映了在某一时段引用量有较大变化的情况,表示领域研究的活跃程度或新兴趋势。自 2008 年以来,国外校长专业化发展领域对以下关键词的研究日趋频繁,按照时间先后依次为:curriculum,elementary school,accountability,children,educational leadership, student achievement, perception, context, instructional leadership,distributed leadership,job satisfaction,teacher leadership,efficacy,capacity,professional learning community。尤其是包括教育领导力、教学领导力、分布式领导、教师领导力等的领导力研究,自 2015 年开始相当活跃。从关键词突现图可知,近两年亦兴起了对领导效能、领导能力、专业学习型社区共建的研究热潮,预计未来 3~5 年内,这些研究关键词仍将是研究热点,具体如图 10 所示。

CiteSpace 的关键词聚类可以明确某研究领域的热点和研究趋势,如图 11 所示,可以发现国外校长专业化发展研究主要有 13 个主题领域(#0—#12 共 13 个聚类):① 校长(school principal);② 效能(efficacy);③ 教师领导力(teacher leadership);④ 执行(implementation);⑤ 教育(education);⑥ 项目评估(program evaluation);⑦ 专业化发展(profession development);⑧ 工作环境(workplace condition);⑨专业化(professionalization);⑩工作满意度(job satisfaction);⑪沉浸式设计(design immersion);⑫培训(training);⑬测量特性评价(evaluation of measuring properties)。预计未来 3~5 年内,校长的执行效能、专业化、教师领导力、培训、沉浸式设计、测量特性评价仍将成为研究热点。

Top 15 Keywords with the Strongest Citation Bursts

Keywords	Year	Strength	Begin	End	1991–2022
curriculum	1991	2.6	2008	2014	
elementary school	1991	3.66	2009	2013	
accountability	1991	2.93	2010	2015	
children	1991	2.47	2012	2014	
educational leadership	1991	4.3	2015	2018	
student achievement	1991	3.52	2016	2017	
perception	1991	2.84	2018	2020	
context	1991	2.47	2018	2020	
instructional leadership	1991	2.98	2019	2020	
distributed leadership	1991	2.83	2019	2020	
job satisfaction	1991	2.65	2019	2022	
teacher leadership	1991	2.47	2019	2020	
efficacy	1991	3.26	2020	2022	
capacity	1991	2.48	2020	2022	
professional learning community	1991	2.48	2020	2022	

图 10 关键词突现图（国外文献）

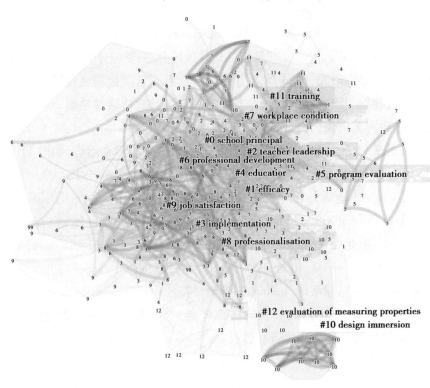

图 11 关键词聚类图谱（国外文献）

（二）国内研究趋势分析

如图 12 所示，可以发现国内校长专业化发展研究主要有四个主题领域：①专业化，这个主题下的研究多以宏观层面的理论研究为主，基于制度保障、治理、使命责任等方面对校长专业化发展进行探究。主要内容是校长专业化的标准，这既是设置校长选拔任用的基准、校长考核的依据，也是校长培训的参照，还是校长发展的重要标尺。2013 年，教育部研究制定了《义务教育学校校长专业标准》，首次以法规的形式规定了校长专业标准，极大地加快了校长专业标准的研究进程。②校长培训，这个主题下的研究以"如何推进校长专业化发展"为主要问题，基于校长培训专业化的模式进行分析。校长专业化培训是提升校长专业素质的有效方式。无论是校长群体，还是校长个体的发展，都必须借助持续的专业发展活动的支持，完备的校长培训体系是校长专业化发展的重要途径。不少学者针对校长专业化发展培训的内涵概念、课程体系、管理制度等内容进行了大量的探索。③中小学，这个主题的研究主要针对中小学校长的专业化发展，多从管理制度、发展模式等方面开展研究。④大学治理，这个主题的研究针对高等教育领域，对大学校长专业化发展展开研究，主要聚焦于大学校长管理专业化开展了一系列理论、实践研究。

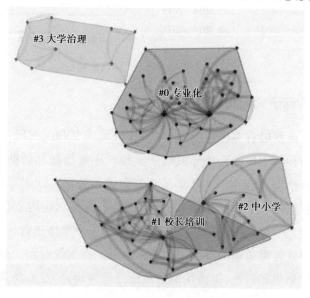

图 12　关键词聚类谱图（国内文献）

2002 年开始，校长专业化、中小学校长培训等关键词开始进入研究视野，迅即成为学界研究热点领域，随之中小学校长观、学校管理及专业标准也成为研究焦点。随着《国家中长期教育改革和发展规划纲要(2010—2020 年)》的出台，中小学校长职级制改革成为学界关注的焦点。2013 年 11 月，党的十八届三中全会首次提出"国家治理体系和治理能力现代化"，将治理理论上升到国家政策层面。高等教育学界掀起了对高等教育治理、大学校长管理专业化、大学治理能力的研究，且方兴未艾。预计未来 3~5 年内大学校长管理专业化、中小学校长职级制改革、高等教育治理、大学治理能力仍是研究的热点和研究趋势，具体如图 13 所示。

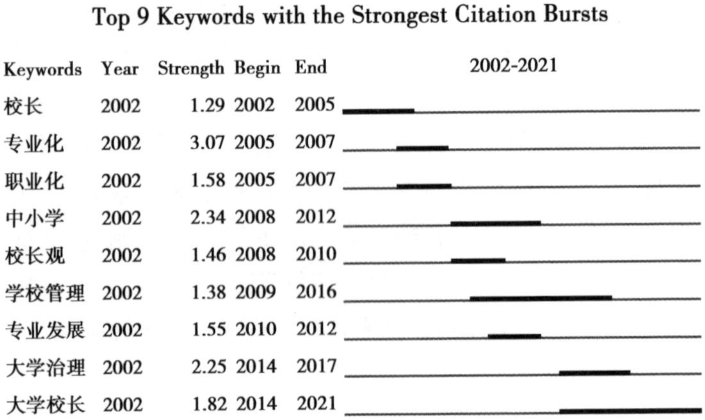

Top 9 Keywords with the Strongest Citation Bursts

Keywords	Year	Strength	Begin	End	2002-2021
校长	2002	1.29	2002	2005	
专业化	2002	3.07	2005	2007	
职业化	2002	1.58	2005	2007	
中小学	2002	2.34	2008	2012	
校长观	2002	1.46	2008	2010	
学校管理	2002	1.38	2009	2016	
专业发展	2002	1.55	2010	2012	
大学治理	2002	2.25	2014	2017	
大学校长	2002	1.82	2014	2021	

图 13　关键词突现图（国内文献）

（三）未来本方向研究问题设定

推进校长专业发展有多种策略和方式，校长实现专业化发展存在外导发展式和内引发展式两种基本模式。外导发展式是校长主要依托和借助外在的力量，如政府、社会、教育培训、政策制度、办学基础等方式和教育实践去寻求自身发展；内引式发展则是依据校长个人的知识、态度和技能去提炼和建构适合专业化发展的方法框架。当前，学界大多将校长专业化发展视为一个整体进行研究，对于校长实现专业化的内引式发展策略的专门研究尚不多见。目前仅看到一篇硕士论文对此问题进行过研究聚焦和讨论，但运用的方法还是思辨研究方法，尚未从实证研究或者访谈研究出发去寻求相应的佐证。

未来本方向可以"校长实现专业化的内引式发展策略"为研究问题设定，通过校长口述史研究及校长数据库的问卷调研,收集更多实证数据,为论证校长通过内引式发展策略实现专业化发展提供充足的资料。

参考文献

［1］北京教育科学研究院 教育发展研究中心.［EB/OL］.2022-04-13.

［2］陈栋,向文.AI 时代大学校长信息化治理:挑战、困境与能力变革［J］.教育理论与实践,2021（41）:8-11.

［3］褚宏启,杨海燕.校长专业化及其制度保障［J］.教育理论与实践,2002（11）:20-26.

［4］褚宏启,等.走向校长专业化［M］.上海:上海教育出版社,2009.

［5］傅蝶.治理视域下校长领导力的建构［J］.教育家,2020（12）:16-18.

［6］傅蝶,周彬.校长治理能力建设:背景、要素与路径［J］.现代基础教育研究,2021（1）:54-59.

［7］高文心.中小学校长专业发展的轨迹模型与上升路径研究［J］.重庆文理学院学报（社会科学版）,2021（6）:131-140.

［8］龚孝华,吴开华,贾江亮.校长专业发展与能力建设研究［M］.北京:中国轻工业出版社,2008.

［9］胡志强.美国中小学校长的职业准备研究［D］.南京:南京师范大学,2017.

［10］贾继娥,王刚,褚宏启.我国校长职级制改革的现实背景与主要策略［J］.教育科学,2012,28（1）:41-44.

［11］贾磊.专业化视角下的校长队伍建设及校长自我专业发展策略研究［D］.成都:四川师范大学,2012.

［12］（美）杰拉尔德·C.厄本恩,拉里·W.休斯,辛西娅·J.诺里斯.校长论:有效学校的创新型领导［M］.黄崴,龙君伟,等,译.重庆:重庆大学出版社,2004.

［13］李潮海.未来教育家:中小学校长队伍建设研究［M］.北京:高等教育出版社,2016.

［14］李德方.概念解析:高职院校校长胜任力［J］.职教通讯,2014（22）:1-4.

［15］李芳莹,眭依凡.大学内部治理能力提升:理念共识、实践路径、问题与挑战——基于对大学领导者的访谈［J］.西北工业大学学报（社会科学版）,2020（2）:31-37.

［16］李佩,钟婉娟.论教育治理现代化背景下的校长专业发展［J］.中小学校长,2015（7）:3-6.

［17］李卫兵,李轶.校长职业化与校长专业化［J］.中小学管理,2003（11）:4-6.

［18］李奕.整体推进校长职级制实施的"北京行动"［J］.中小学管理,2020（2）:12-14.

［19］林森.教育家办学导论——校长专业化发展的使命与策略［M］.北京:人民教育出版社,2010.

［20］刘婷婷.人工智能视阈下校长专业发展策略探析［J］.无线互联科技,2020,17（13）:125-126.

［21］刘玉静.大学校长专业化发展水平研究——基于 75 所部属大学校长的调查［J］.教育发展研究,2012,32（23）:16-21.

[22] 吕蕾.中小学校长培训专业化研究[M].北京:北京师范大学出版社,2010.

[23] 马景林.浅谈中学校长的"治理能力"[J].中小学校长,2019(12):18-20.

[24] 彭姗姗,张立明.中小学校长专业发展的阶段特征与引领策略[J].职业技术,2008(11):85-86.

[25] 全树龙.中小学校长职级制改革的现实困境及应对策略[D].曲阜:曲阜师范大学,2017.

[26] 任冬梅.校长专业化发展的新要求:信息化领导力[J].中小学电教,2008(9):23-26.

[27] 孙中华.城镇化背景下农村校长专业发展研究[D].长春:东北师范大学,2014.

[28] 孙中华.城镇化与农村校长专业发展[M].北京:科学出版社,2016.

[29] 王飞,王运来.大学校长治理能力论:从能力的制高点到能力的落脚点[J].黑龙江高教研究,2018,36(4):54-59.

[30] 王飞.解析大学校长治理能力中的品格[J].高教发展与评估,2019,35(5):38-50.

[31] 王磊.校长领导力的内涵与要素[J].当代教育论坛(校长教育研究),2007(6):25-26.

[32] 王世忠.现代校长专业发展与培训[M].北京:科学出版社,2017.

[33] 谢超.中小学校长信息化学习力的有效提升策略研究[J].成人教育,2015,35(2):53-56.

[34] 新华社.中共中央、国务院印发《中国教育现代化2035》[EB/OL].2022-04-21.

[35] 薛飞湖.治理理论视角下大学校长专业化探析[J].成都师范学院学报,2016,32(7):32-36.

[36] 闫生,史咏梅,王艳秀,等.新时代校长专业化的范式转化与模式创新——以哈尔滨市校长发展共同体为例[J].教育家,2020(46):38-39.

[37] 杨立国,程灵.校长培训与校长专业化发展[M].厦门:厦门大学出版社,2008.

[38] 于川,霍国强.教师视域下校长专业发展的困境及其解决——基于校长专业标准的调查分析[J].中小学校长,2022(2):58-61.

[39] 于慧.义务教育学校校长专业发展行为图谱——基于对广东省部分中小学校长的深度访谈[J].课程教学研究,2021(2):92-96.

[40] 余晓标,林天伦.中小学校长职级制施行的现实情境与破解之策[J].中小学管理,2020(2):5-8.

[41] 袁娜.大学校长专业化发展现状研究——以72所教育部直属高校为例[D].济南:山东财经大学,2012.

[42] (美)约瑟夫·F.墨菲.教育领导者专业标准:实证、道德及经验基础[M].鲍传友,译.北京:教育科学出版社,2020.

[43] 张海蓉,胡东芳.论校长专业发展的三元交互策略[J].中小学校长,2021(6):40-45.

[44] 张劼.中小学校长轮岗交流问题分析与应对策略[J].广东教育(综合版),2019(3):62-63.

[45] 张祥明.专业化视野中校长角色的定位及培训策略[J].中国教育学刊,2003(9):44-47.

[46] 张莹.校长领导力提升策略研究——基于对《第五项修炼:学习型组织的艺术与实务》的思

考[J].科教导刊(中旬刊),2013(12):3-4.

[47] 张兆林.时代呼唤职业校长——对教育改革的思索与展望[N].光明日报,2000-12-29.

[48] 赵同祥.中小学校长职级制研究[D].长春:东北师范大学,2013.

[49] 周彬.校长走向专业:困境、路径与制度保障[J].教师教育研究,2015,27(5):34-40.

[50] 朱福建.国际比较视域下的校长专业发展——基于TALIS 2018的数据分析[J].教育测量与评价,2021(7):11-18.

[51] 邹宏美.大学校长职业化的本质、困惑及路径选择[D].石家庄:河北科技大学,2015.

[52] 360° Reflection Tool Attributes Model[EB/OL].2019-10-23.

[53] Anastasia Athanasoula-Reppa, Angeliki Lazaridou.Requirements, Roles, and Challenges of the Principalship in Greece and Cyprus[J].European Education.2008,40(3).

[54] Suber C. Characteristics of Effective Principals in High-Poverty South Carolina Elementary Schools[J].International journal of Educational leadership preparation, 2012.7.

[55] Dian-Fu Chang, Sheng-Nan Chen, Wen-Ching Chou. Investigating the Major Effect of Principal's Change Leadership on School Teachers' Professional Development[J]. IAFOR Journal of Education, 2017(3).

[56] AlShehhi F, Alzouebi K. The Hiring Process of Principals in Public Schools in the United Arab Emirates: Practices and Policies[J]. International Journal of Education & Literacy Studies, 2020(1):74.

[57] Gümüş, E. Investigation of Mentorship Process and Programs for Professional Development of School Principals in the U.S.A.: The Case of Georgia[J]. International Journal of Educational Leadership and Management, 2019(1):2.

[58] Hayat A, Abdollahi B, Zainabadi H, ect. A study of the professional development needs of Shiraz high schools' principals in the are a of educational leadership[J]. J Adv Med Educ Prof, 2015(3):99-104.

[59] Isaac Mathibe. The professional development of school principals. South African Journal of Education, 2007(3).

[60] Tang J J. The Professional Development of Macau School Principals: Making the Most of the Best [J]. Chinese Education & Society, 2018:51(5):307-323.

[61] Katja Patojoki, Tiina Soini-Ikonen, Janne Pietarinen and Kirsi Pyhältö. Principals as Leading Learners in Finnish[J]. ISEA, 2021(2).

[62] Leadership Profiles[EB/OL]. 2019-10-25.

[63] Lee M. The Changing Nature of School Principals' Work: Lessons and Future Directions for School Leadership Research[J]. ISEA, 2016(3).

［64］ Pamela S. Salazar. The Professional Development Needs of Rural High School Principals：A Seven-state Study［J］. The Rural Educator，2007(3).

［65］ Ramazan Cansoy，Mahmut Polatcan. Examination of Instructional Leadership Research in Turkey［J］. International Online Journal of Educational Sciences，2018(1).

［66］ Rosário Serrão Cunha，Mireia Tintoré Ilídia Cabral and José Matias Alves. Portuguese Principals' Professional Development Needs and Preferred Learning Methods［J］. Education Science，2020,10(9):219.

［67］ The Australian Professional Standard for Principals［EB/OL］.2019-10-23.

［68］ Black W K，Martin G，and Arnold Danzig. Pathways for Performance：Recruitment and Selection，University Preparation，Licensure，and Professional Development for School Principals［J］. NCPEA Education Leadership Review，2014(2).

校长专业化发展制度保障的研究现状及趋势探析

王　佳

世界现代大学的经验表明,一所大学到底"办"得怎么样与校长有着密不可分的联系。校长是一所学校的灵魂,正如阿什比所言,每个大学能否健康发展就在于校内由哪些人主持工作。大学校长不再是一个荣誉性的或兼职性的角色,而是一项需要深谙大学之道、能够全身心投入和具备专业素养的工作,校长专业的治校角色和功能成为大学治理能力现代化的重要标志。对于日益强调大学内涵式发展、不断推进大学治理体系和治理能力现代化的中国大学来说,如何不断提升大学校长管理专业化水平的意义不言而喻。

在学界,早在 20 世纪 80 年代国内外有关大学校长管理专业化的探讨就从专业化的概念开始了。进入 90 年代,随着大学制度改革的不断推进,学者们对大学管理专业化的特征和实现的途径等基本问题进行了初步探讨。尽管在大学管理专业化的特征探究上略有差异,但学者们的基本共识是:大学管理必须走向专业化,大学管理专业化就是要使大学管理成为一种专门的职业。本文将从校长专业化发展的制度保障研究现状进行窥探,并尝试发现该领域的研究空间与未来发展趋势。

一、文献搜集与研究现状分析

(一)文献搜集

通过 CNKI 文献检索工具,输入"校长专业化制度""校长专业化制度保障""校长专业化保障"等关键词,发现"校长专业化制度"的搜索范围最为广泛,并涵盖了其他两个关键词所关联的文献。故本研究选取"校长专业化制度"为关键词,共获取学术成果 249 篇,其中学术期刊 95 篇、学位论文 82 篇、会议论文 4 篇、新闻报道 4 篇、其他特色期刊 83 篇。绝大多数的研究着眼于我国校长专业化制度,但国外部分的文献鲜有,仅有 3 篇硕士论文关注了美国校长专业化,且仅对校长专业化制度做了比较简要的介绍。整体上学术期刊较少,而学位论文成果较多。

以下就 95 篇学术期刊进行可视化分析。从图 1 中可以看到研究校长专业化或专业化制度的文章最早始于 2002 年,这缘起于 2002 年清华大学校长职业化研修中心执行主任王继华教授提出的"校长要走向职业化"和北京师范大学教育管理学院院长褚宏启教授提出的"校长要走向专业化"。《中国教育报》"现代校长周刊"就校长专业化与职业化问题组织了一场讨论,并衍生出一些不尽相同的看法。经过理论之间的不断探讨,我国校长发展的观点逐步走向融合,校长专业化与校长职业化既不对立,也不等同,校长专业化是校长职业化的高级阶段,这一观点得到了普遍的认同。2016 年发文数量达到了峰值,研究的内容多数集中在校长职级制度,这可能与 2013 年教育部印发的《义务教育学校校长专业标准》指出要"完善义务教育学校校长选拔任用制度,推行校长职级制"有关,从此校长职级制改革作为教育体制改革中的一项重要内容,受到越来越多的重视。从整体的研究量看,关于校长专业化制度保障的文献还是稀缺的。

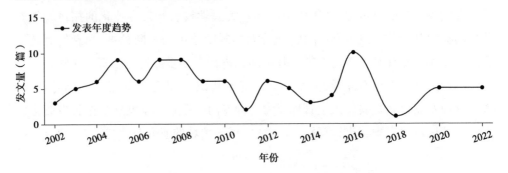

图 1 "校长专业化制度"相关文章发表年度趋势

从期刊论文研究内容看,研究的热点主要集中在校长专业化、校长职级制、专业标准等维度,详见图 2。文章涉及的学科主要分布在中等教育(49 篇,占总量的 50%)、教育理论与教育管理(31 篇,占总量的 31.63%)、高等教育(9 篇,占总量的 9.18%),详见图 3。

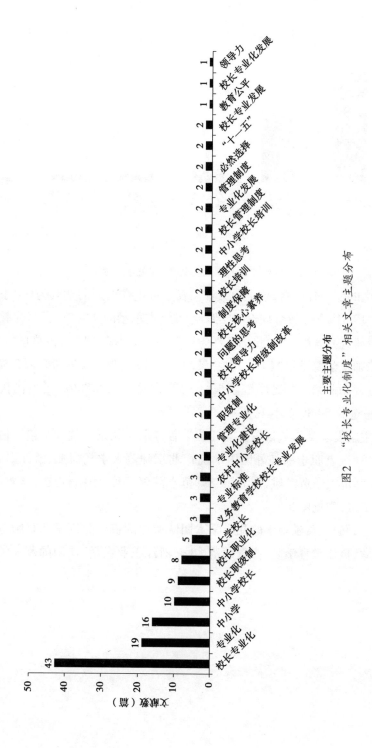

图2 "校长专业化制度"相关文章主题分布

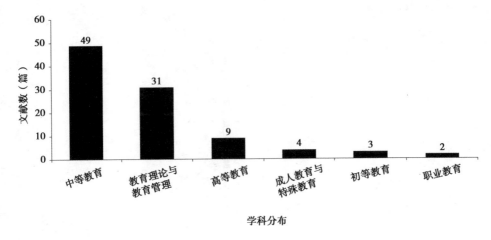

图3 "校长专业化制度"相关学科分布

从论文的期刊分布看,该主题文章发表数量排在前列的期刊为《中小学管理》(10篇,占19.61%)、《教育理论与实践》(5篇,占总量的9.80%)、《当代教育论坛》(校长教育研究)(5篇,占总量的9.80%)、《教学与管理》(4篇,占总量的7.84%)、《江苏第二师范学院学报》(4篇,占总量的7.84%)、《教育发展研究》(3篇,占总量的5.88%)、《湖北第二师范学院学报》(3篇,占总量的5.88%)、《当代教育科学》(3篇,占总量的5.88%),详见图4。

在该主题发表文献数量较多的几位学者分别是北京开放大学褚宏启、浙江工业大学宣勇(现就职于浙江外国语学院)、北京师范大学杨海燕、浙江财经大学钟伟军、北京师范大学贾继娥、湖北第二师范学院郭三玲、华中科技大学黄洪霖以及成都大学王岚,详见图5。

对该主题研究贡献最多的几个学术团队所在的机构分别是北京师范大学、华东师范大学、福建教育学院、南京师范大学、浙江工业大学、沈阳师范大学等,详见图6。

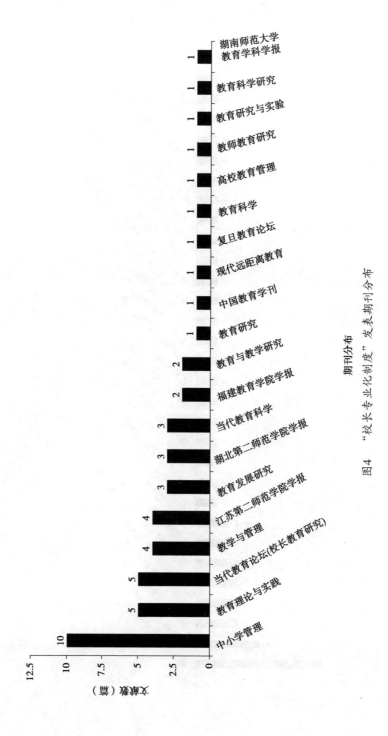

图4 "校长专业化制度"发表期刊分布

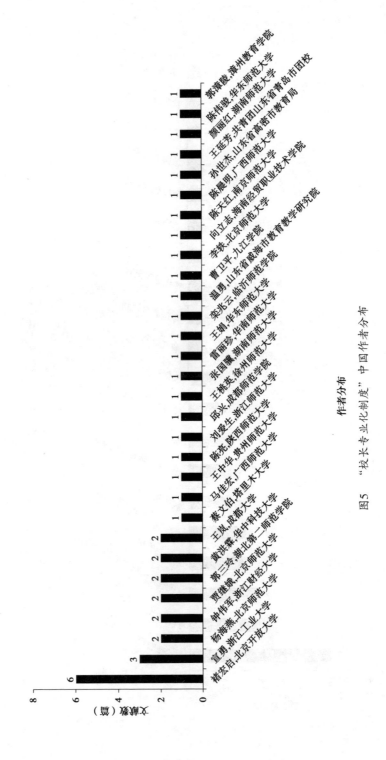

图5 "校长专业化制度"中国作者分布

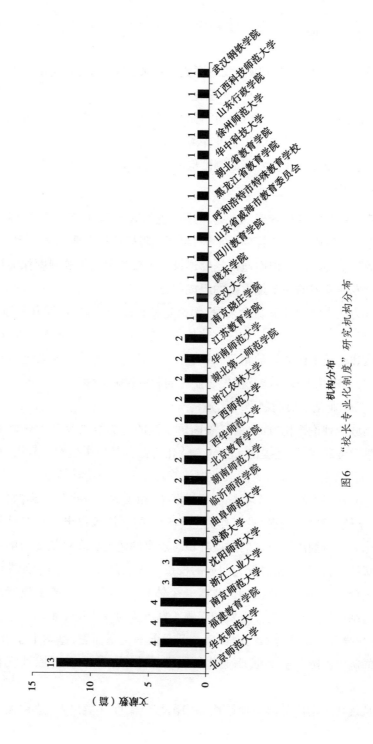

图6 "校长专业化制度"研究机构分布

（二）研究现状分析

大多数人都意识到，从我国校长的职业现状来看，校长的专业化程度与国际公认的专业化标准还有相当的距离，甚至比教师的专业化程度都低。而制约校长专业化最重要的因素是制度，尤其是校长管理制度，因而分析各种制度对校长专业发展的影响就成为寻求校长专业化制度保障的基础性工作。

目前关于对校长专业化发展的制度保障研究集中在以下几个方面：

1.基础理论研究

由于我国校长的各项管理制度是一个有机的联系体，任何一种管理制度的缺失或不健全都会影响到校长管理的水平，延缓或阻碍校长专业化的进程，构成校长专业发展的最主要障碍。因而通过制度建设寻求校长专业化的制度保障可以看成是推进校长专业发展的一个最重要的组成部分。

张波认为从当时的校长制度来看，无论是校长的资格制度、聘任制度，还是校长的培训制度、评价制度，都是从规范校长任职条件、严格校长任职标准、确保并提高校长素质和校长工作质量的角度，或者是从校长专业化的角度来进行相应的制度化建设的，其中几乎没有涉及校长职业化的制度保障问题。

（1）校长专业化发展的制度理论建构

在该领域的理论建构方面，浙江外国语学院的宣勇教授及其团队做出了较为引领性的学术突破，特别是提出了校长专业化价值及其分析框架。宣勇、钟伟军发表在《教育研究》上的一篇对中国大学校长管理专业化理论建构的文章认为：一是校长管理专业化一直缺乏一个系统的分析框架，相关的研究也处于离散化、片状化的状态，大学校长管理专业化没有作为一个专门的术语被提出来。二是大学校长管理专业化的分析抽离了所在的制度环境。现有的研究更多是从能力的或技术的角度来理解校长管理，存在着较为明显的校长专业能力、素养与制度无涉的理论预设。三是把校长管理专业化视为大学校长个体自身的问题，忽略了政府对大学校长的管理与制度供给这一同样重要的问题。宣勇认为专业化注重的是个体的素养提升，职业化强调的是外部的制度保障。就目前的文章而言，基本上学者们将"校长专业化的制度保障"与"校长职业化的制度保障"是混而言之的，并没有将两者进行严格的区分。

宣勇从现代大学内外部治理结构和中国特色制度环境出发，建构大学校长管理专业化的"两体三维"理论框架,如图7所示。"两体",指的是大学校长管理专业化包含政府与大学校长两个关键的主体,需要校长个人实现"专心、专长、专职"。"三维",指的是就政府这个主体而言,如何通过制度供给的方式,在党委领导下的校长负责制中,让大学校长有负责的动力、负责的权力和负责的能力的"三力"维度。该制度体系建立的基点在于提高政府对大学校长管理的专业化水平必须依照大学的内在逻辑,遵循大学作为学术组织的内在规律,给予并确保大学校长应有的自主性治理空间,积极转变政府的职能和管理方式,把主要精力放在为大学校长提供更好的服务、更好的制度环境、更有效的权力保障方面。

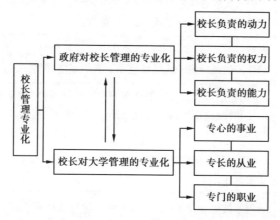

图7 大学校长管理专业化"两体三维"理论框架图

(2)校长专业化发展的制度保障内容

褚宏启对我国校长专业发展的制度环境做了较为全面的讨论。首先认为我国主要建立了以下几种校长管理制度:校长职责制度(具体表现为校长负责制)、校长任职资格制度以及校长培训制度,其中培训制度最为健全,详见表1。同时,他指出了我国校长管理制度建设中存在的不足,如校长管理制度不完整,没有形成完整、配套、均衡的校长管理制度,且不少重要制度如聘任制度、考核制度、监督制度、薪酬制度、奖惩制度、工作保障制度等仍处于缺失状态;已经形成的校长管理制度需要改进和完善,如校长负责制需要建立相关制度与之相配套等。这篇文章还介绍了1993年上海、1996年北京等地对校长职级制度的试点情况。在另一篇《对校长专业化的再认识》中对校长管理制度建设重点进行了补充论述,提出校长管理制度建设的重点是资格制度和激励制度(包括职务晋升制度和薪酬制度)。

表 1   我国主要校长管理制度内容文献及表述

校长管理 制度内容	年份	文件及表述
校长职责 制 度:校 长负责制	1991	原国家教委颁发的《全国中小学校长任职条件和岗位要求(试行)》第二部分明确规定了校长的主要职责。
	1993	中共中央、国务院印发的《中国教育改革与发展纲要》要求"中等及中等以下各类学校实行校长负责制"。
	1995	全国人大颁布实施的《中华人民共和国教育法》第三十一条规定,"学校的教学及其他行政管理,由校长负责。"
校长任职 资格制度	1984	原教育部党组《关于全日制普通中学学校领导班子调整工作的意见》虽对学校的领导班子成员标准作了五项规定,但要求仍然比较笼统。
	1991	《全国中小学校长任职条件和岗位要求(试行)》规定了校长任职的基本条件和校长的岗位要求(包括基本政治素养、岗位知识要求和岗位能力要求)。
	1992	《关于加强全国中小学校长队伍建设的意见(试行)》,对中小学校长的任免程序作了规定。
	1997	原国家教委颁发了《实行全国中小学校长持证上岗制度的规定》,进一步明确和规范了校长持证上岗制度。
校长培训 制度	1982	教育部《关于加强普通教育行政干部培训工作的意见》
	1989	《关于加强全国中小学校长培训工作的意见》
	1990	《关于开展中小学校长岗位培训的若干意见》
	1990	原国家教委颁发《全国中小学校长岗位培训课程教学大纲(试行)》
	1992	《关于加强全国中小学校长队伍建设的意见(试行)》
	1993	中共中央、国务院颁发了《中国教育改革和发展纲要》
	1994	《全国中小学校长岗位培训评估工作指导意见》
	1995	《关于"九五"期间全国中小学校长培训指导意见》
	1997	原国家教委发布《普通中小学校督导评估工作指导纲要(修订稿)》对中小学校及其校长评估的目的、内容、方法等作了规定。

续表

校长管理制度内容	年份	文件及表述
校长培训制度	1999	《中小学校长培训规定》第五条对校长资格制度作了如下规定:新任校长必须取得"任职资格培训合格证书",持证上岗,在职校长每五年必须接受国家规定时数的提高培训,并取得"提高培训合格证书"作为继续任职的必备条件。对中小学校长培训的时间要求、内容形式、组织管理等作了全面、系统的规定。
	2001	《关于举办全国中小学骨干校长高级研究班有关事项的通知》
	2001	《全国教育干部培训"十五"规划》
	2001	《国务院关于基础教育改革与发展的决定》中再次明确:中小学校长由县级教育行政部门选拔任用并归口管理。推行中小学校长聘任制,明确校长的任职资格,逐步建立校长公开招聘、竞争上岗的机制。实行校长任期制,可以连聘连任。
	2002	《关于进一步加强和改进中小学校长培训工作的意见》

褚宏启同时还对校长管理制度建设的难点——校长评估制度予以特别关注,他认为难就难在如何保证评估标准和评估程序的公正性。从国际上看,校长评估制度的建设普遍比较薄弱。为突破校长评估制度中如何保证评估标准和评估程序的公正性,尹祥从校长评价制度方面对校长专业化保障进行了探讨,提出依据萨乔万尼提出的道德领导理论可以构建一套完整的评估校长的标准体系。从评价的目标看,可以把是否把学校看作学习共同体作为考查的重要目标;从评价的内容看,校长的专业知识、专业道德(团队精神)和构建领导替身等是校长评价中的重要方面;从评价的目的看,促进校长专业提升及改善学校是评价校长的最终目的。萨乔万尼所倡导的道德领导理论认为,在学校组织领导实践中,除传统的科层权威、心理权威和技术-理性权威三种领导权威外,还有另外两种重要的权威来源。一种是以适用的技艺知识和个人专长为表现形式的专业权威;另一种是以宽广的共享价值观、信仰、理念、理想的义务和责任为表现形式的道德权威。正是这两种权威,才使教师产生真正来自内心深处的而非外力强迫的回应。因此,道德理论认为,对于校长培训内容的选择,也应该重点从校长的专业知识和专业道德方面择取。

其他学者指出影响校长专业化的因素很多,但最直接、最重要的制约因素是校长管理制度。就目前学术界的研究而言,校长专业化的制度保障大致包括校长资格制度、校长聘任制度、校长培训制度和校长评价制度等相关制度的制定与实施。杨海燕详细分析了对中小学校长专业发展起到重要作用的制度因素,包括专业教育、入职认证、职级晋升、保障与激励、考核与评价和专业组织的促进等。应俊峰等将以下制度作为促进校长专业发展的各项校长管理制度——校长资格制度、校长选拔制度、校长负责制度、校长任期制度、校长职级制度、校长培训制度、校长监督制度、校长年薪制度、校长退出制度、校长监督制度,并对以上制度的建立和完善提出了具体的措施。吴江亮提出了如下的制度规范:逐步淡化大学的行政级别和校长的“双重”身份,明晰校长的角色定位;制定合理的大学校长职业标准和任职资格,建立程序化、民主化的大学校长遴选制度;以建立合理的激励机制和薪酬体系为核心,逐步完善校长的职业保障体系;逐步完善大学校长的督导体系和评价制度,促进校长评价科学化;建立系统化的大学校长培训机制,合理推动校长职业培训的活性化。一些学者也对中小学校长管理制度的局限进行了总结,关于校长管理政策没有实质性的变化,职级制的实施还面临许多制约(校长职级制的接受程度不一;优质校长资源缺乏,校长流动困难;社会经济发展不均衡,教育投入严重不足,实施职级制的经济保障条件不够;校长评价考核制度有待进一步探索)。重点就中小学校长的资格制度、选拔任用制度、中小学校长负责制、评价制度进行了制度展望。姚晓峰(2007)分析了21世纪初期我国大学校长要实现专业化面临的诸多体制困境,如大学衙门化、校长官员化、学术行政化、管理经验化、制度严重老化等问题,同时提出了出路在于应该倡导大学自主化、校长职业化、决策民主化、管理专业化。

2.实践应用研究

(1)校长专业化整体制度相关研究

褚宏启在《走向校长专业化》一文中罗列了美国、英国、新西兰(表2)与中国校长专业标准中校长行为一览表(表3)。由此可知,我国校长群体专业化的实现,更多地依赖于政府对这个职业群体在职业资格、选聘条件、考核评估、薪酬待遇、级别晋升、专业组织等方面的宏观管理,依赖于资格制度、聘任制度、评估制度、薪酬制度、晋升制度等刚性的制度作保障。

表2　三个国家校长专业标准中校长工作行为一览表

国别 校长角色	美国	英国	新西兰
领导者	(1)创建学习愿景	(1)规划未来	(2)学校战略管理
	(5)行为合乎道德要求	(3)自我发展和与人合作	
	(6)应对并影响社会环境	(5)承担责任	
教育者	(2)指导学习与教学	(2)指导学习与教学	(1)专业引领(教与学)
管理者	(3)学校组织管理	(4)管理组织	(3)人力资源管理
			(4)学校公共关系管理
	(4)与家长和社区合作	(6)加强与社区的联系	(5)财务资源的管理
			(6)其他工作要求

注:表格内序号为重要性程度排序,资料来源为褚宏启《走向校长专业化》。

表3　中国校长当前应该重点做好的工作行为一览表

校长职业角色		校长的工作行为
教育者	领导课程教学	提供教育技术和教学材料、设备
		指导课程设计与研发
		指导与监督课程的实施
		评价课程与教学
	促进学生发展	正确督导和评价学生的发展
		关心、激励学生
		指导并促进学生学习
		指导学生心理健康教育和德育工作
领导者	学校战略管理	掌握学校发展现状
		制定学校发展规划
		领导学校成员共同实现规划目标
		持续监督和评估目标实现情况
	学校文化建设	发展学校特色
		营造和谐民主的学校氛围
		建设学习型学校

续表

校长职业角色	校长的工作行为	
管理者	人事管理	设计并建立学校的组织结构
		选拔和聘用教师
		关心和激励教职工
		评价、监督教职工工作
		鼓励和规划教师在职进修
	财务资源管理	校园建筑规划
		学校财政的编制与预算
		学校财产的安全使用与监督
		学校资源分配
	公共关系管理	学习和落实政策法规
		维持与上级机关的良好关系
		与家长建立密切联系
		构建校际合作伙伴关系

基于校长是最重要的人力资源，必须在人力资源理论指导下，通过人力资源的管理流程进行管理，才能科学地管理和开发校长资源，这种根据人力资源管理流程建立健全校长的人力资源管理制度，即校长管理制度。根据人力资源管理流程，应建立的校长管理制度包括校长职责制度、资格认证制度、聘任制度、培训制度、考核和监督制度、职务晋升制度、薪酬制度以及相关的工作保障制度。随后褚宏启等分析了不同制度的作用及其对校长专业化的保障，其中，校长职责制度是校长专业化的基础和前提条件，有助于校长明确自己的职业定位，形成自己的专业意识；校长资格认证制度是校长职业专业化的基本特征，是国家对专门从事学校教育教学管理的校长的基本要求，是有志成为校长的人士获得校长工作岗位的法定前提条件。从外部制度驱动以及外部保障对个体自我驱动（职级晋升、合理薪酬等激励制度）的角度，分述了以下制度的内容、作用、重要性等，并在此基础上提出了我国校长管理制度建设的未来趋势：

资格认证不仅要考核校长人选的学历水平，还要考核思想政治表现、职业道德水平、领导管理能力、教育教学能力、身体条件和个性特征等。聘任制度是任用制度的一种,与其他任用制度(委任制、选任制、考试录用制)相比,聘任制更能激发校长的职业热情、责任感和紧迫感。校长培训是校长专业教育的重要组成部分,包括入职培训和在职(职后)培训两种基本形式。入职培训的职能是使从业者全面了解职业领域内容,掌握从业知识和技能,建立正确的职业观念;在职培训是提高中小学校长专业素质的重要途径,参加培训是校长在自我专业发展意识指导下主动促进自身专业持续发展的有效方式。校长考核和监督制度是促进校长专业发展的重要制度。校长晋升制度、校长薪酬制度以及相关的工作保障制度都属于激励制度,校长的专业发展需要有内在的动力。在职业生涯中,职级晋升是激励个体不断追求自我职业价值的有效方式,职级制在一定程度上发挥着激励校长不断提高专业水准的作用;合理的薪酬制度是校长不断追求专业发展与职业自我实现的一种激励制度。校长的激励体制还应包含各种福利、社会保障制度,具体表现为补充性工资福利(带薪休假制度)、保险福利(参加各类保险制度)、退休福利(职业生涯结束后的社会保障制度)和其他个人服务福利(如住房福利、度假福利等)。

此外,我国校长管理制度建设的趋势应是:把应该建立而没有建立起来的制度建立起来;以科学、先进的人力资源管理理论为指导,根据人力资源管理流程的要求,建立一个良好、完整、均衡的校长管理制度框架,为校长管理制度的全面完善奠定坚实基础;把已经建立起来的几个校长管理制度完善起来。

杨东升认为目前校长专业化保障基本上都是从选拔、培训、考核、队伍建设、校长管理制度改革试点等维度进行探讨。

(2)校长资格、聘任、遴选制度相关研究

资格、聘任制度方面:目前就现已颁布并实施的有关中小学校长的资格、聘任、培训和评价等制度来看,正如一些学者指出的那样,中小学校长资格制度存在着校长资格获得与职务任命程序不合理、任职条件不适应岗位要求以及校长资格证书发放存在封闭性等问题。聘任制度上由于长期实行任命制,因此形成校长先上岗再培训、取得培训合格证书的模式,且在校长任命的标准掌握上缺乏统一的具体要求,所以上岗校长的水平参差不齐。马丽等认为实现校长专业化必须要有一系列的制度来加以支持和完善,其中校长的资格制度尤为重要。各国对校长任职资格都有比较严的要求,郭漳陵简要介绍了国外中小学校长资格证书制度,这在实行聘用制和考任制的国家比较完善,如英国、美国、日本。美国是实行中小学校长资格证书制度比较早也比较健全的国家,从事学校行政及教育行政工作的人员工作几年后可到大学研究所进修开设的课程,取得学分后可向所在的州政府教育厅申请校长资格证书,取得资格证书才可参加该州的中小学校长选拔。郭漳陵还提出由于校长管理制度的缺失和已有制度的不完善、不配套、不均衡及表面化,我国中小学校长专业化发展缓慢,因此必须要建立和完善校长管理制度。第一是完善校长资格制度。目前存在的问题有:资格获得与职务任命程序不合理,先上岗后培训、取得资格证书,岗位培训是短期集中培训,内容与考核不规范,这种速成培训存在先天不足,证书发放流于形式,难以保证素质及促进专业化;中小学校长资格证书制度的封闭性,校长资格证书不是向所有人开放,只有被任命的才有资格取得,失去了资格证书本来的意义;目前我国校长任命的标准仍然是"教而优则为校长",没有接受过教育管理课程学习的教师因教学成绩出众可以当上校长,然后再进行短期培训、取得教师资格证书,这对校长队伍建设和校长专业化作用不大。第二,应该改革任用制度,推行校长的聘任制度。第三,改革校长评价制度,推行职级制度。张峻在《中美校长角色的比较研究》中提出,目前我国中小学校长任用主要实行的是委任制,这种体制下,校长也将自己的角色定位于官员,身为官员听从上级指令办事,而不是按教育自身规律来办学。就世界范围而言,大多数国家实行校长聘任制。我国应该按照现代学校制度的要求采用竞争的用人机制——聘任制,把社会上优秀的人才选拔到校长岗位上来,同时实行校长职级制。这样,可以去除校长"演员身份",有利于校长进行正确角色定位,有利于调动校长办学的主动性、积极性,推进校长专业化发展。此外,校长任用时长与校长发展成就之间存在正向关系,这其实也可以看作是对校长专业化发展的制度保障之一。王莎研究了民国时期国立大学校长的专业化水平,其中介绍了民国时期政府关于大学校长任用的规定,即出任大学校长的人必须具有在专门以上高等学堂学习并毕业的经历,同时有在教育领域工作三年及以上的经历。总体上,民国时期国立大学校长的产生基本上是由政府任命的,只是不同时期发布的主体与发布的形式不同而已。通过研究35位国立大学校长,不难发现他们的学历水平高、学术造诣深,这与他们的高等教育经历、政府任职经历、学术研究经历等有关。当时的教育法规规定了国立大学校长一般不得兼任其他官职。此外,校长任期的长短对校长专业化也有重要作用,任期长达十年以上的大学校长有7人,他们是蔡元培、梅贻琦、何炳松、李登辉、竺可桢、林文庆、熊庆来。大学校长的任期一般与校长的成就成正向关系。大学校长任期越长,其取得成就的可能性就越大,大学校长的任期越短,其取得成就的可能性就越小。

遴选制度方面:宣勇认为对中国来说,核心在于在现有的制度逻辑与职业化的逻辑之间找到有效的均衡点,把政府和组织权威与民主化、竞争性的遴选有机地结合起来。大学校长的遴选必须坚持必要的组织权威,但是这种组织权威逻辑不能支配甚至替代专业化和职业化的逻辑。就目前来说,政府应该打破大学校长为行政职务的思维,视其为一种职业,并积极推动校长的遴选机制改革。在遴选过程中,政府应该把职能定位在资格条件和相关程序规范的制订、资格审查以及对大学自主遴选出来的校长人选的最终确认等环节,而具体的遴选过程则应该更好地交给大学自身,以此为切入点推动大学校长的去行政化和职业化过程。宣勇、郑莉着重研究了校长专业化的重要一环——大学校长遴选,通过介绍美国加利福尼亚大学总校长遴选中多元主体的参与、评选标准的变化性和制度保障等经验,为我国大学校长的遴选主体、遴选制度、遴选标准、遴选过程四个方面提供借鉴。其中,加利福尼亚大学校长遴选过程的制度保障有赖于遴选文件——如《董事会章程7101:关于大学校长任命的章程》《董事会章程1500:关于对大学校长期望的陈述》等,这些规定的制定以州的宪法或基本法为基础,以大学的办学章程为主要依据,是长久且相对稳定的规则。宣勇认为通过制度建设,保障和提升大学校长管理专业化水平,充分发挥校长的行政领导作用,使校长独立负责地行使行政管理职权,对完善中国特色现代大学制度意义重大。方春阳等从国外大学校长遴选制度入手,指出由遴选委员会所制定的大学校长候选人遴选胜任能力标准则是进行大学校长选拔的直接依据。遴选委员会用"可操作性行为"胜任特征指标体系实施科学化管理。在我国,应该借鉴西方的优秀经验,建立符合我国国情的大学校长胜任特征标准,对大学校长所需的胜任特征进行明确规定,并且以这些标准为基础来对大学校长进行选拔。此外,现在大学校长遴选制度有很大的缺陷,不成功的有相当大的比例,而且对许多大学的稳定发展起着决定性的影响。目前没有单独书面行文的制度,校长遴选都是参照一般干部选拔制度来做的。秦绍德提出了职业化遴选制度的核心是解决大学校长资源的市场化配置:通过形成大学校长的职业圈,建立人才库;委托人力资源公司进行大学校长遴选;高校建立遴选委员会主导遴选过程;政府部门审核批准等来优化校长遴选的过程。

(3)校长培训制度相关研究

吴开华认为培训制度上存在培训管理体制不完善、经费投入缺乏保障机制、培训基地设施较差、优质培训资源严重短缺、培训市场秩序较乱、师资培训能力较低、培训教材建设滞后以及培训模式方法僵化等问题。马丽等认为建立有效的校长培训机制,高质量、高效益的培训是促进校长专业化发展必不可少的条件。一方面要创造更多的培训机会,设计具有针对性和连贯性的培训内容;另一方面也要探索与尝试新的培训模式,以隐性知识显性化为校长专业化培训的核心,以专业化校长的自主持续发展为方向。

目前校长专业化发展制度保障中有相当一部分的研究成果集中在校长培训上。周彬指出了推进校长专业化具有必要性但缺少可行性,因为学校管理缺少系统知识,校长专业化缺少科学进程且校长深受"专业转换"的影响。着眼于分析校长专业化中培训方式的困境,并力图通过相应的制度保障来完善校长培训的相应机制。目前,校长培训课程主要是学科知识、政策解读和专题讲解的简单组合,缺少系统整合;培训方式除了分级培训外,还包括名校长基地、影子校长、名校长导师制等多种形式,但形式间并不相互支撑;校长培训的师资队伍以兼职为主,缺少专业研究;管理机制主要采用"管办分离"的模式,让问题与对策相分离。在校长培训过程中,既出现了按照行政规定必须学习的必修课程,也出现了根据学科本位需要学习的学科课程,还出现了根据工作分析需要研修的专题课程。但"当前中国最缺少的就是具有强烈使命感的校长,校长培训仅仅关注技术层面以及专业知识层面,是远远不够的。校长培训首先就是要帮助校长提升专业精神"。针对以上情况,提出推动校长专业化的制度保障,即着眼于为校长们提供一个系统化的专业课程和科学化的专业进程。系统化的专业课程和科学化的专业进程,才可能造就一大批专业化的校长,这才是管理制度的力量。周彬分别从管理和办理的关系、校长培训和专业研究的关系、校长职权和管理能力的关系为校长专业化的推动提供政策建议:第一,实现校长专业化在管理和办理上的彻底分离,实现培训任务与培训机构的市场化对接;第二,推进校长培训机构和研究项目的有机融合,实现课程开发与培训项目的无缝对接;第三,推进校长使用和校长资质的有机融合,实现校长在学校管理能力上与管理权利上的相对结合等以提高校长培训质量,提升校长专业品质。雷丽珍认为保障校长培训专业化,需要建立一系列的保障机制:一是建立校长培训机构认可制度。对申请承担中小学校长培训任务的机构,主管教育行政部门进行资格认证。二是建立校长培训课程鉴定制度。主管教育行政部门要对培训机构课程的结构、内容、安排等进行评估。三是校长培训机构的教师队伍要专业化。四是建立校长培训质量评估制度。五是校长培训研究要专业化。要实现校长培训工作的专业化,必须加强校长培训的研究,提高培训的科学水平。杨海燕也从校长培训的理念、内容、模式、师资角度指出校长培训是促进我国校长专业化的重要途径。夏永明运用案例研究方法,得出了我国校长专业化培训的发展水平与世界发达国家的差距体现在:重视理论学习,实用性不够;重视职前培训,忽视在职培训;培训不能做到经常性、有效性;培训内容陈旧,层级较低;忽视信息技术、外语等基础课程;培训机构单一,基地建设不够;注重教师讲授,实践环节匮乏;学员依赖性强,缺乏学习自主性等。并从理论与实践层面给出建议,其中实践制度层面应该尝试扩大校长职级制度的实施范围,完善资格证书制度,建设培训的监督评价体系,实现培训模式多样化、方法灵活化,注重培训师资的双重性。陈玉欢提出要聚焦培训重点问题,创新"两主线+三阶段"培训模式。两主线即以"学习赋能+问题解决"两大主线牵引,通过面授课程、标杆学习、经验分享等方式进行"学习赋能",通过组建学习小组,围绕重难点问题进行共研共创,制定解决方案,实现"问题解决";三阶段即将培训划分为集中培训、应用实践、学习总结三个阶段。提升高职校长的治理能力,通过学习赋能,从战略研判力、制度执行力、资源整合力、经营管理力四个方面系统设计高职校长治理能力提升培训内容。程振响指出美国在 20 世纪 90 年代就提出了校长专业标准。1996 年,美国跨州组织"州首席教育官员理事会"在吸收教育管理与领导研究成果、教育管理实践者的经验及公众意见的基础上,在 11 个全国性的专业团体参与下,经过两年研制颁布了《学校领导标准》。1998 年,美国根据《学校领导标准》开始实施"学校领导资格证书测试"制度。该制度主要通过对拟入职或已在职学校领导的知识、技能、能力等全面、公平、有效的测评,决定被测评者能否被授予新校长资格证书,也作为对在职校长的重新评估。同时,在学历教育和非学历培训项目中,也引入《学校领导标准》并将其作为开展校长培训的主要依据。郭漳陵介绍了英国教师培训署(TTA)组织有关专家开发的"国家校长标准"以及适用于备选(国家校长专业资格:NPQH)、入职(校长领导和管理计划:HEADLAMP)和在职提高(在职校长领导←计划:LPSH)三个阶段的校长培训计划。找寻适合我国校长专业化的培训十分必要,可以从树立校长专业持续发展的培训理念、注重培训目标的发展性、校长专业化知识培训、培训课程、培训模式探索的多样化、提高培训师资的素质、加强培训的法制化进行探讨。

（4）校长评价、激励、考核制度相关研究

杨海燕认为在评价制度上还没有形成系统的评价方案，以考核为主要手段进行评价的目的主要是决定校长的升留免降或褒奖惩戒，忽视了评价对校长工作的改进和促进校长的专业发展所产生的影响。江益群在硕士论文《中小学校长专业化研究》中认为，影响校长专业化的因素最直接、最重要的是校长的管理制度，其中，对校长的评价是促进校长专业化发展的指挥棒，科学的评价制度能充分调动校长学习和工作的积极性，最大限度地发挥校长的主观能动性。王建国提出校长考核是促进校长专业化发展的重要制度，考核应以校长的责任目标和工作职责为依据，对校长的实际工作绩效进行评定。因此，需要一种机制能较全面、客观、专业地对学校在原来基础上发展的状况进行鉴定性的评价并客观、公正、全面地对校长的工作绩效进行评价。黄宇在《小学校长专业化发展》中提出制度激励，政府和教育行政部门对校长的培训、轮换和荣誉制度，是校长专业化发展的助推器。其中，校长轮换制的实行打破了校长的"舒适圈"，促使校长要不断增强主动适应不同环境的意识和能力；荣誉制度是激发校长强烈的职业认同感和幸福感的重要途径。政府和教育主管部门给予校长办学成功的肯定和鼓励，以及进行的各种"优秀校长"的评定，为校长在社会舆论导向上营造了良好的个人形象，促成了校长个人价值的实现。薛飞湖从治理理论视角对大学校长专业化发展现实困境进行分析发现，大学校长评价激励机制不完善，如评价体系单一、激励效度不力、共治机制缺乏。由此他提出应构建共治评价激励机制：建立多元评价体系、充分保障激励效度、构筑共同治理机制等。

（5）校长薪酬制度相关研究

1986年前，校长的薪酬与行政级别挂钩，1986年开始，校长的薪酬待遇与教师专业技术职称挂钩，按照教师职称系列发放工资。这一方面促使校长继续坚守教学岗位；另一方面却对校长专业化发展不利。因此，部分地区进行了校长职级制改革，实行校长专门的职称系列的工资制度，但未全面普及。2009年，我国教育系统开始正式实行绩效工资制度，校长薪酬也随之按照绩效工资制度发放。部分地方将校长的奖励性绩效工资独立出学校，改为由行政部门进行奖励和发放，在一定程度上避免了校长与教师的绩效分配产生冲突。

（6）提升校长专业化的其他研究

组织建设、权力赋予方面：宣勇针对校长和党委书记角色冲突，提出应该建立一种让大学党委书记与大学校长角色差异化的制度安排。从权力来源上,大学党委书记直接由上级组织提名、民主选举产生,而大学校长可经过公开遴选产生。在职责履行上,党委书记作为党委集体领导的召集人,对学校重大问题的决策负责;校长是决策过程中的关键参与者,提出供决策选择的方案,更重要的是承担决策的执行,有义务与责任对党委的决策负责,向党委汇报决策的执行结果。还有学者通过对大学领导者的访谈,直接了解大学内部治理能力提升的问题,对于党委书记和校长职责之间如何建立高效的合作方式以增强领导合力,影响党政合作质量的主要因素是什么,宁波大学校长沈满洪认为:目前党委领导下的校长负责制在实际操作过程中,党委和校行政之间、书记和校长之间的协调合作在很大程度上还是取决于个人的素质。对此要建立制度上的约束和程序上的规范,哪些事情是校长直接可以定的,哪些事情是校长办公会来定,哪些事情是校长办公会研究后要上党委会的,都应该通过制度进行明确规定。

黄洪霖将"赋权"作为一种理论和实践,它以外在的权力赋予和内在的能力增长交互并行而形成一种综合成长机制,逐渐受到人们的价值认可。校长专业化在我国是一项未竟的事业,由于校长管理制度设计存在的不足以及受到外在行政力量的过度干预等,校长群体的权力和能力处于"弱权"状态,这与社会发展日益出现的新形势以及对校长提出的专业发展新要求形成一定的矛盾与冲突。"赋权校长"能够较好地解决这一问题,并激发校长办学治校的活力。

建立专业社团组织方面:金娣通过研究"英国有效校长评价情况"认为可以成立专业的社团组织促进我国校长专业化。社团组织可以对校长进行专业约束,并促进校长的专业发展。社团活动是校长专业活动的重要内容,也是校长专业发展的重要形式。应该参考借鉴美国校长协会模式,鼓励我国大学校长成立社团组织,让协会共同承担制定专业标准、进行专业交流的任务,丰富现有的组织服务内容,提高服务质量,最终促进大学校长专业化的发展。全国教育科学规划领导小组办公室指出在校长专业组织建设方面,政府有关部门要以职能转变为契机,放宽对校长协会等相关专业组织的审批与控制,减少直接管理,帮助校长专业组织的成立与发展。要依托教育学会等组织的发展,并且借助研究机构的发展,整合众多草根组织,丰富组织服务内容,扩展组织功能。有学者关注了国外中小学校长发展中,全国性的专业协会起到的重要作用。胡志强非常细致地研究了美国中小学校长职业准备中全国性专业协会通过开发和实施校长专业标准和准备项目标准,提出的对未来校长和培养这些校长的准备项目的期望和要求。各州的政策制定者通过利用校长执照监管和准备项目批准两大政策杠杆，规定申领校长执照、获得项目批准的基本要求，依靠"政策保障"推动校长职业准备的规制化；而大学作为校长准备项目的主要提供者，通过对招募与选拔、教材、课程、实习和评价等环节的精心设计和安排，综合培养校长候选人的态度、知识和能力，为其走上校长工作岗位做好准备，实现"项目育人"；同时，联邦、州、学区和基金会也通过自助、合作等方式，保障准备项目的持续发展。

宣传、社会监督与舆论方面：王翠提出健全校长管理制度，加大培训制度，鼓励校长成立社会团体、定期举行学术活动，另外还从加强宣传，形成社会舆论与监督角度提出促进校长专业化发展的措施。

（三）研究述评

实际上，从 2001 年开始至今，国内学者对校长专业化的内涵和构成要素、校长专业发展的制度环境和制度保障、推进校长专业化的策略、校长培训与校长专业发展等问题进行了颇有意义的探讨，特别是对大学校长的专业化问题如职业化与专业化的内涵、专业化的必要性、专业化的路径、大学校长个人的理念、角色、职责、权力、群体特征以及能力提升等进行了较为深入的探讨，相关研究成果也非常丰富。但对于校长专业化发展制度保障的研究仍显单薄，大多数的研究是将制度保障作为政策建议等嵌入在对校长专业化发展的探讨中的，缺少方法论的支持。杨海燕认为我国中小学校长管理制度的研究是不均衡、不系统的，除了培训制度研究一马当先外，其他制度的研究基本处于初始阶段，故今后，系统地研究校长管理制度，用理论引导校长人事制度的改革，是理论和实践领域都应该重视的问题。现有研究存在的不足具体体现在：

①研究对象上以中小学校长居多。整体上研究的对象较多地集中在中小学校长上。中小学校长的专业化制度建设与大学校长的专业化制度建设还是存在较大不同的，但目前的研究成果对两者的专业化制度保障基本趋同，缺少区分度。

②在研究内容上，首先是探讨内容单一。涉及专业化保障制度最多的是校长遴选、校长培训。关于校长培训的研究也往往只停留在培训的目的、理念、师资、机构设置等方面，虽然研究成果较多，但大多谈及的内容趋同，缺少创新性的研究。浙江外国语学院党委书记宣勇指出，目前校长培训研究多但效果差，这也说明了当

前校长专业化制度保障中培训制度的困境。另外,缺乏理论建构性文章。目前对校长专业化制度保障的理论建构文章非常稀缺,很难在现实中指导相关实践。再者是缺少理论建构。从已有研究来看,国内学者在讨论校长专业化的内涵、构成要素及标准、校长专业化的推进策略、校长培训与校长专业发展等问题时,主要采用的是思辨的方法,带有浓厚的思辨色彩,而对于校长角色定位、校长职业特点、校长专业结构、校长专业发展的阶段等缺少严谨的理论构建。最后是缺少实证研究。对在我国特定的国情和教育制度下,校长专业化"何以存在、何以可能、何以实践"等问题缺乏论证,几乎没有实证性的研究成果。

③从研究方法上看,期刊论文的研究方法较为单一,以理论思辨为主,缺少多样化的研究方法。学位论文中一般运用调查问卷、深度访谈、个案剖析等多种研究方法。

二、本方向研究趋势分析

当前我国正在建设高质量的教育,校长对于学校发展起到的引领作用不容忽视,而如何保障校长的专业化发展,任重道远。迫切要求研究者在学理层面为校长专业化的制度保障打下坚实、稳妥的研究基础,同时政府应在制度环境的营造上进行重大而细致的革新。

针对当前研究领域存在的真空,应该在如下方面加强研究。

①加强校长专业化制度保障的理论建构,通过理论的建立引导制度发展。可尝试结合区域教育特点,研究《指向共同富裕的浙江省校长专业化发展保障机制建构》。

②区分研究对象,尝试多维度的制度研究。针对目前校长薪酬、激励等制度研究的缺乏,已有研究也未明确针对的是中小学校长还是大学校长,可尝试对中小学校长、大学校长的激励制度如何为校长专业化方面提供驱动进行思考,探索更适合两者的不同激励保障机制。

③开拓创新性研究。针对目前校长培训研究丰富,但现实培训成效差,依旧缺乏有效研究的现状,可进一步深入探讨"培训无用"的根源及改善机制。

参考文献 ··

[1] 曹卫平.以校长专业化带动教师专业化——农村中小学教师专业化途径新探[J].当代教育论坛(校长教育研究),2008(9):97-99.

[2] 陈晨明.基于岗位胜任能力的中小学校长培训课程体系构建与实施路径的研究[J].高教论坛,2016(6):32-34.

[3] 陈亮.台湾地区公立中小学校长遴选考试制度分析——校长专业化发展的视角[J].世界教育信息,2015,28(23):68-71.

[4] 陈天红.校长职业化的科学定位[J].当代教育科学,2004(21):26-28.

[5] 陈伟骏.制约中小学校长专业化的因素分析[J].江苏教育学院学报(社会科学版),2005(4):34-36.

[6] 程振响.论中小学校长的专业标准及专业化发展[J].江苏教育学院学报(社会科学版),2008(3):27-30.

[7] 褚宏启.对校长专业化的再认识[J].教育理论与实践,2005(1):11-16.

[8] 褚宏启,贾继娥.我国校长专业标准:背景、结构与前景[J].中国教育学刊,2013(7):1-6.

[9] 褚宏启,杨海燕.校长专业化及其制度保障[J].教育理论与实践,2002(11):20-26.

[10] 褚宏启.走向校长专业化[J].教育研究,2007(1):80-85.

[11] 国家社会科学基金"十一五"教育学青年课题"校长专业化与校长人事制度改革研究"成果公报[J].当代教育论坛(下半月刊),2009(9):9-11.

[12] 郭景扬.中小学校长资格证书制度研究[J].河北师范大学学报(教育科学版),2002(4):34-38.

[13] 郭三玲.中小学校长专业化面临的主要问题及成因浅析[J].湖北第二师范学院学报,2009,26(4):95-97.

[14] 郭三玲.专业化背景下的中小学校长职业角色[J].湖北教育学院学报,2007(10):87-89.

[15] 郭学军,蔡文伯.试论中小学校长专业发展素质构成要素[J].兵团教育学院学报,2012,22(3):5-8.

[16] 郭漳陵.促进校长专业化发展的途径[J].厦门教育学院学报,2005(3):36-38.

[17] 韩少华.专业伦理:校长专业发展的应然内涵[J].现代远距离教育,2008(3):26-28.

[18] 贺乐凡.校长培训是为校长服务的事业[J].北京教育学院学报,2008(3):35-42.

[19] 胡淑云.中小学校长核心素养:溯源与务本——基于《义务教育学校校长专业标准》的探讨[J].中小学管理,2015(3):7-10.

[20] 黄洪霖.赋权校长:推进校长专业化发展的新趋势[J].福建教育学院学报,2018,19(10):72-74.

［21］黄洪霖,李太平.我国公立中小学校长制度演变的历程、机制与展望［J］.当代教育论坛,
　　　2020(6)：10-18.

［22］贾继娥,王刚,褚宏启.我国校长职级制改革的现实背景与主要策略［J］.教育科学,2012,28
　　　(1)：41-44.

［23］金建明.浅谈中小学校长职业化和专业化建设［J］.徐州教育学院学报,2005(2)：126-127.

［24］康丽.为校长专业化提供制度保障［N］.中国教师报,2013-03-06(1).

［25］雷丽珍.从校长专业化看我国的中小学校长培训［J］.现代教育论丛,2002(6)：43-48.

［26］李孔珍.校长职级制改革:从行政化走向专业化［J］.教育发展研究,2016,36(20)：3.

［27］李同胜.关于农村中小学校长专业发展的对策思考［J］.继续教育研究,2009(8)：52-54.

［28］李卫兵,李轶.校长职业化与校长专业化［J］.中小学管理,2003(11)：4-6.

［29］李雯.中小学校长职级制的功能、内容与实践推进［J］.中小学管理,2020(2)：19-21.

［30］李希贵.职级制,校长专业化的里程碑［J］.中小学管理,2020(2)：1.

［31］李小融,邱兴,高启明,等.“十一五”中学校长培训的背景分析［J］.四川教育学院学报,2006
　　　(7)：1-3.

［32］李轶,褚宏启.校长角色与职能的再认识［J］.教育理论与实践,2005(7)：24-28.

［33］李跃进.校长专业化需解决的六大问题［J］.教育理论与实践,2008,28(15)：17.

［34］林建华.校长专业化发展的必由之路——常州国际学校校长万小平的个案研究［J］.江苏教
　　　育学院学报(社会科学版),2003(6)：7-11.

［35］刘爱生.对中小学校长专业化说“不”［J］.教学与管理,2011(4)：39-40.

［36］刘玉静.大学校长专业化发展水平研究——基于75所部属大学校长的调查［J］.教育发展
　　　研究,2012,32(23)：16-21.

［37］娄南平.教育公平背景下校长职业的专业化发展［J］.黑龙江教育学院学报,2010,29(2)：
　　　40-41.

［38］栾兆云.校长专业化与大学校长的责任［J］.煤炭高等教育,2010,28(3)：17-20.

［39］罗忠实.道德领导理论视野下的校长专业化［J］.教学与管理,2013(21)：41-43.

［40］卢建平,何爱萍.关于中等职业学校校长专业化问题的思考——基于江西中职学校校长队
　　　伍建设情况的调查［J］.职教论坛,2016(1)：77-81.

［41］吕蕾.我国中小学校长薪酬制度改革刍议［J］.菏泽学院学报,2007(6)：112-115.

［42］马佳宏,许炬.校长职业化:命题的分析与检讨［J］.广西师范大学学报(哲学社会科学版),
　　　2005(2)：112-115.

［43］马丽,冯文全.大学校长专业化的实现路径研究［J］.教育与教学研究,2014,28(5)：33-35.

［44］苗洪霞.进展·问题·对策——关于校长职级制的理性思考［J］.职教通讯,2006(12)：
　　　32-35.

［45］莫东晓.我国中小学校长专业化存在的问题及对策［J］.教育导刊,2010(12):52-54.

［46］任学印.追求专业化:校长培训克服制度性障碍的必然选择［J］.中小学教师培训,2007
(12):21-22.

［47］山东行政学院调研组,高学栋.关于中小学校长职级制改革的调研与思考——基于对山东
潍坊等8市(区)的调查分析［J］.山东行政学院学报,2016(1):120-128.

［48］孙世杰.中小学校长职级制改革的实践与思考［J］.当代教育科学,2014(8):27-30.

［49］孙先亮.推行校长职级制的几个关键问题:基于校长的思考［J］.中小学管理,2020(2):
22-24.

［50］檀慧玲,李文燕.政策的理想与现实——关于《义务教育学校校长专业标准》实施的思考
［J］.教师教育学报,2016,3(5):69-74.

［51］陶克顺,陆艳清.广西农村中小学校长专业化建设的思考［J］.柳州师专学报,2008(4):
137-140.

［52］王翠.论中小学校长专业化发展的必要性及措施［J］.湖北教育学院学报,2005(4):85-87.

［53］王建国.运用教育督导评估机制 促进校长专业化的发展［J］.中国冶金教育,2004(2):
81-82.

［54］王娟.基于专业标准的校长领导力评价框架［J］.教育发展研究,2016,36(4):64-70.

［55］王岚.小学试行校长职级制研究——基于成都市青羊区的调查［J］.教育与教学研究,2012,
26(6):115-119.

［56］王桃英.现代学校制度视野中的校长专业化发展［J］.当代教育论坛(校长教育研究),2008
(10):13-15.

［57］王铁军.校长职业化的系统整体观［J］.江苏教育学院学报(社会科学版),2003(3):1-6.

［58］王文义.谈校长职业化和校长的内涵［J］.大学时代,2006(8):60-61.

［59］王新民,刘玲.校长评价:国内外已有的研究与实践［J］.中小学管理,2004(6):45-47.

［60］王延芳.关于中小学校长专业化几个理论问题的探索［J］.当代教育论坛(校长教育研究),
2007(1):39-41.

［61］温勇.基于在中小学推行校长职级制的理性思考［J］.当代教育科学,2005(18):25-27.

［62］吴开华.国内"校长专业化"研究述评［J］.广东教育学院学报,2004(3):35-41.

［63］向立志.论农村中小学校长专业化建设的必要性及实施途径［J］.当代教育论坛(校长教育
研究),2007(6):61-63.

［64］谢骏.浅论特教学校校长专业化成长之路［J］.现代特殊教育,2007(11):14-16.

［65］宣勇,秦绍德,程斯辉.笔谈:校长管理专业化［J］.高校教育管理,2016,10(4):6-11.

［66］宣勇,张鹏,钟伟军,等.大学校长管理专业化研究的价值与基本问题［J］.复旦教育论坛,
2013,11(5):5-13.

［67］宣勇,钟伟军,张凤娟.论我国现代大学制度建设的"中国特色"［J］.阅江学刊,2015,7(2):70-80.

［68］薛飞湖.治理理论视角下大学校长专业化探析［J］.成都师范学院学报,2016,32(7):32-36.

［69］余晓标,林天伦.中小学校长职级制施行的现实情境与破解之策［J］.中小学管理,2020(2):5-8.

［70］颜丽红.校长职业化与校长专业化——中国学校校长观念何去何从［J］.教育科学研究,2006(4):24-26.

［71］杨国顺.对上海中小学校长专业化问题的思考［J］.中小学管理,2004(2):23-25.

［72］杨海燕.建立和完善我国中小学校长管理制度——校长专业化的制度分析［J］.教育理论与实践,2005(1):17-21.

［73］杨海燕.盘点校长专业化——我国校长专业化理论及实践的进展［J］.中小学管理,2006(9):4-7.

［74］杨立国.推行校长职级制的若干思考［J］.内江师范学院学报,2010,25(11):117-120.

［75］杨攀.浅析校长专业化的必然性［J］.淮北职业技术学院学报,2014,13(2):24-25.

［76］杨洋.我国中小学校长的管理制度构建［J］.科教导刊(上旬刊),2012(23):180.

［77］姚晓峰.大学校长专业化面临的困境与思考［J］.黑龙江教育(高教研究与评估),2007(4):3-4.

［78］尹祥.道德领导视野下的校长专业化发展［J］.网络财富,2009(19):44-45.

［79］张波.校长专业化、职业化及其制度保障［J］.教学与管理,2009(1):8-10.

［80］张国骥.现代中小学校长管理制度研究［J］.湖南师范大学教育科学学报,2010,9(2):60-64.

［81］张祥明.专业化视野中校长角色的定位及培训策略［J］.中国教育学刊,2003(9):44-47.

［82］张祥明.当代校长的角色定位及专业化培训［J］.福建教育学院学报,2003(1):98-101.

［83］张新平.对校长职业化的若干思考［J］.教育研究与实验,2004(3):1-4.

［84］张彦聪,葛孝亿.我国中小学校长专业素质结构的发展研究——基于 N-Vivo 9.0 的政策文本分析［J］.基础教育,2016,13(2):39-47.

［85］张莹.校长领导力提升策略研究——基于对《第五项修炼:学习型组织的艺术与实务》的思考［J］.科教导刊(中旬刊),2013(12):3-4.

［86］赵茜.校长评价制度构建的策略［J］.当代教育论坛(校长教育研究),2007(6):29-32.

［87］郑凤霞.论提升校长专业化水平的途径［J］.绥化学院学报,2009,29(4):151-152.

［88］钟祖荣.加速校长专业化的进程［J］.中小学管理,2006(9):1.

［89］周彬.校长走向专业:困境、路径与制度保障［J］.教师教育研究,2015,27(5):34-40.

［90］朱开炎.论中小学校长的专业化［J］.教育评论,2003(2):63-65.

［91］本刊编辑部,朱雪林.校长专业化:教育发展的必然选择［J］.教育科学论坛,2008(10):75-79.